독문학 이해

고 익 환 저

대구대학교출판부

□ 저자 소개

고익환(高益煥)

저자는 경북대학교 사범대학 독어교육과를 졸업하고(1974) 독일 프랑크푸르트 대학에서 독문학을 연구한 후(1981) 경북대학교 대학원 독어독문학과에서 문학박사 학위(1986)를 취득했다. 현재 대구대학교 인문대학 독어독문학과에서 1981년부터 교수로 재직하고 있다. 독일문학 외에 상담학을 연구하여 학생생활상담센터 소장을 역임하고 리더십을 연구하여 리더십개발센터 소장을 역임했으며 지금은 인성개발연구소를 운영하고 있다. 저서로는 독일문학사, 되블린의 소설연구, 인성개발과 대인관계, 인성개발과 리더십, 문화와 리더십, 취업과 창업 등 20여권 및 논문으로는 되블린 소설에 나타난 성서적 영향 외 30여 편이 있다.

1판1쇄 | 2013년 2월 25일
1판2쇄 | 2014년 9월 05일
지은이 | 고익환
펴낸이 | 홍덕률
펴낸곳 | 대구대학교출판부
경북 경산시 진량읍 대구대로 201
전화 053) 850-5661~3 | 팩스 053) 850-5669
찍은곳 | 유림출판사
ISBN 978-89-7794-604-0-93850
정가 | 15,000원

머리말 Preface

문학은 삶을 인식하고 경험을 해석하는 특수한 구조이다. 문학은 삶은 이러한 것이라고 설명하지 않고 단지 제시하고 보여줄 뿐이다. 문학은 인간의 다양한 삶을 대변하는 것이기에 일명 인간학이라는 말로 표현되기도 한다. 문학작품을 읽는 것 자체가 마음을 치유하고 승화시키는 힐링의 힘이 있다고 본다. 또한 본 교재는 학생들이 문학일반론과 독일문학을 이해함으로써 자신의 삶을 새롭게 조명하고 새로운 삶의 계획을 설정하는데 복합적이고 융합적인 역량을 키워줄 수 있다는 점에서 학문적 기여도가 있다.

한 민족의 언어와 문학은 그 민족의 논리적 사고이자 철학이다. 또한 그 민족이 걸어온 발자취인 역사이며 혼(魂)일 것이다. 언어란 긴 세월 속에서 내려온 한 민족의 정신적 표현의 결정체로서 그 언어를 사용하는 민족의 체험과 혼이 섞인 본질일 것이다. 따라서 언어적 표현인 문학은 민족의 종교, 철학, 역사, 교육, 정치, 예술, 경제 등 정신세계의 총 집결의 소산이라고 볼 수 있다.

한 민족의 문학을 이해할 때는 그 문학의 정신 속에 파고들어 그 나라의 근원적인 정신세계를 이해할 뿐만 아니라, 그 민족의 문학을 이해함으로써 우리 자신에게 변화를 가져오게 되는 계기가 될 것이다. 괴테는 "외국어를 할 줄 모르는 사람은 자신의 모국어도 이해하지 못하는 사람"이라고 했다. 이것은 외국 문학을 모르는 사람은 자국 문학도 이해하기 어렵다는 의미로 해석될 수 있다.

본 교재는 문학일반론을 먼저 이해시키고자 한다. 독일문학을 이해하기 위해서는 문학일반 기본개념을 이해하는 것이 기본일 것이다. 문학일반론에서 문학의 개념과 특성, 문학의 기원과 기능, 문학의 요소와 언어, 문학의 장르와 문체, 문학의 연구방법론과 문학관을 정리했다. 이것을 바탕으로 독일문학을 객관적이고 보편적 가치관에서 정리했다. 이에 누구나 쉽게 접근할 수 있고 문학의 기본개념과 독일문학을 감상하는 데도 도움 되기 위해서 이 책을 펴내게 되었다. 본 교재는 독일문학을 단계적으로 쉽게 이해할 수 있도록 각 시대적 특징을 개관함과 동시에 작가와 작품을 소개했다. 그러나 본인의 부족한 역량으로 미흡한 점이 많으리라 본다.

이 책이 출간될 수 있도록 배려해 주신 대구대학교 당국과 출판부 관계자 여러분께 진심으로 감사의 말씀을 드린다.

2013년 1월 저자 씀

차례 Contents

| Chapter 1 |

문학의 □□

1. 문학의 개념

1) 문학이란 무엇인가?

문학은 자기의 정체를 분명하게 드러내지 않은 채 아니 오히려 드러내기를 거부한 채 존재한다. 이러한 문학의 속성은 다음과 같은 사실에서 연유한다. 가령 우리가 인생이란 무엇인가, 사랑이란 무엇인가와 같은 문제에 부딪칠 때 이에 대한 해석과 인식의 어려움을 종종 경험하게 된다. 이 어려움은 오히려 당연한 것인지도 모른다. 왜냐하면 인생과 사랑은 추상적 실체가 아니라 구체적 체험적 실체이기 때문이다. 삶을 영위한다는 것, 누구를 사랑한다는 것은 이론적인 설명이나 추상적 해명으로는 그 본질을 파악할 수 없다. 직접 그리고 구체적으로 살아 보아야 하고 사랑에 빠져 봐야만 그 의미와 본질을 파악하게 되는 것이다. 그리고 그것은 일차적으로 개인적인 차원에서의 문제이다. 삶과 사랑의 보편적 개념은 이러한 개별적 개념의 총화이다.

문학도 바로 이러한 삶과 사랑의 문제를 그 대상으로 한다. 따라서 문학 역시 체험적이고 구체적이고 개별적인 속성에서 벗어날 수 없다. 인생관이 다르듯이 문학관도 다를 수밖에 없는 것이다. 논리와 객관을 본질로 하는 자연과학의 세계에서는 1+1=2의 개념은 시공을 초월하여 존재하나 인간의 정서와 감정과 사상을 다루는 문학의 세계는 그 정서와 감정과 사상의 편차를 본질로 하고 있고 거기에서 얻는 자기의 감동과 정서체험을 기반으로 해서 얻어질 수밖에 없다. 즉 문학이란 무엇인가 하는 추상적 문제는 자신의 개별적 독서 체험에 의해서 만이 구체적인 해답이 얻어지는 것이다. 그만큼 귀납적이고 체험적인 과제이다. 아담스(H. Adams)는 이러한 문제를 다음과 같이 표현하고 있다. "문학이란 무엇인가 하는 질문은 생생한 질문이다. 그러나 그 질문에 대답할 수 없고 대답할 책도 없다." 비록 문학이란 무엇인가 하는 문제가 이와 같이 해명되기 어려운 과제라 할지라도 개별적 문학 인식의 공통 분모적인 개념을 어느 정도는 추출할 수 있을 것이다. 지금부터 논하는 문학에 대한 논의는 이러한 공통분모적인 요소들에 대한 검토에 지나지 않는다. 이것을 하나의 골격으로 하여 자기 자신의 생각을 붙여야 할 것이고 이는 스스로의 독서체험을 통해서 가능한 것이다. 문학에 대한 인식의 깊이는 독서체험의 정도에 비례한다고 할 수 있다.

괴테가 「시와 진실」에서 밝힌 다음과 같은 언급은 이러한 점에서 하나의 경구적인 의미를 갖는다. "실제로 작품을 쓰고 있는 예술가의 이야기를 듣는 것이 가장 좋다. 왜냐하면 진리에 가까운 이야기를 직접 말해줄 것이기 때문이다." 또 헤르만 헤세는 도스토예프스키의 작품을 읽고 「도스토예프스키에 대해서」에서 다음과 같이 말하였다. "우리가 도스토예프스키를 읽지 않으면 안 되는 계기는 우리가 비참해졌을 때이다. 괴로움을 참을 수 있는 한도까지 괴로워하고 삶의 모든 것을 뼈저리게 아픈 하나의 상처로서 생각할 때이다. 절망을 호흡하고 희망의 빛을 아주 잃어 버렸을 때이다. 그리고 그 비참한 가운데서 혼자 외롭게 자기 인생을 응시한 끝에 그 벅차고도 아름다운 잔인성에 질려 이미 삶의 의미를 파악할 수 없을 때 그때야말로 우리의 귀는 기막히게 멋진 시인의 음악을 듣는 것이다. 그때 우리는 이미 관중도 아니고 애독자도 비평가도 아니다. 그때 우리는 그의 작품 속의 불쌍한 인간들의 형제로서 그들의 괴로움을 더불어 괴로워하고 그들과 더불어 한구석으로 쫓겨나 숨을 헐떡이면서, 삶의 소용돌이와 죽음의 영원한 광경을 바라보는 것이다. 그와 동시에 도스토예프스키의 음악, 그의 위안, 그의 사랑에 귀를 기울여 비로소 등골이 오싹한 지옥의 모습과도 같은 그의 세계의 야릇한 의미를 체득하는 것이다."

이와 같은 헤세의 말은 도스토예프스키의 작품에 직접 접함으로써 자기 나름대로의 문학의 뜻을 구체적으로 찾아냈다는 의미를 내포하고 있다.

2) 문학정의

(1) 광의의 문학정의

문학(literature)이란 그 어원이 라틴어 litera에서 온 것으로 알려져 있다. 그런데 이 litera라는 단어는 지금의 letter의 뜻으로 문자로 표기된 모든 것 즉 학문, 저술, 문헌, 인쇄물 등을 총칭하고 있다. 즉 literature의 어원의 근본 뜻은 모든 문자행위를 의미했던 것이다. 이러한 문학의 어원적 자의에 근거하여 문학의 범주를 설정하는 것이 소위 광의의 문학 정의이다. 한국에서 문학이라는 어휘가 사용된 것은 개화기 이후이다. 일본에서 니시아마네(西周,1829~1897)라는 사람이 서구의 literature의 역어로서 '문학(文

學)'이라는 단어를 처음 사용하였고 이를 우리나라에서도 그대로 수용하였던 것이다.

이와 같은 문학의 어원적 뜻에 근거하고 있는 문학인식은 서구에서도 보편적인 것으로 나타나 있다. 그 몇 예를 들면 다음과 같다. 르네 웰렉(Rene Wellek)은 문학 정의의 범주를 다음 셋으로 나누고 있다. ① 하나의 방법은 문학을 인쇄된 모든 것이라고 정의하는 것이다. ② 또 하나의 방법은 문학을 위대한 책, 즉 주제가 무엇이든 문학형식과 표현으로 된 유명한 책에 한하는 것이다. ③ 문학이라는 말은 문학예술 즉 상상적 문학에 국한할 때 가장 좋게 생각된다. 물론 르네 웰렉은 이 중에서 ③의 입장을 취하고 있으나 ①②항에 해당되는 것이 광의의 문학정의인 것이다. 문학을 인쇄된 모든 것이라 할 때 여기에서는 당연히 14세기 의술학, 중세초기의 지동설, 나아가 영국에 있어서의 마술연구까지도 문학에 포함되는 것이다.

그러나 이러한 문학 정의는 현대의 문학인식으로서는 그 개념이 너무 포괄적이고 광범위하다. 모든 예술과 학문이 점점 전문화되어 가는 것이 현재의 추세이고 보면 광의의 문학인식은 적절하지 않음을 알 수 있다.

(2) 협의의 문학정의

광의의 문학정의로서는 현재의 문학적 실체를 파악하기 어려운 것이다. 따라서 좀 더 개념의 범주를 축소하여 문학인식에 접근할 필요가 생긴다. 기존에 논의된 협의의 문학 정의 중에서 대표적인 경우를 예거하면 다음과 같다.

"문학은 인간최고의 사상과 감정의 기록이다." -De Quincey-

"예술적인 언어의 구조를 문학이라 부른다."-Harold Osborne-

"문학은 가치 있는 인간적 체험의 기록이다."-최재서

단편적으로 언급된 이러한 발언들은 물론 문학실체의 일부분을 파악한 것에 지나지 않으나 이들의 견해를 종합하여 문학에 대한 일반적 개념을 정립하면 다음과 같다.

첫째 표현대상의 문제이다. 문학의 표현대상은 인간의 사상과 감정과 체험이다. 즉 인간탐구와 삶의 현장묘사가 문학이 궁극적으로 지향하는 세계이자 도달점이다. 특히 인간의 정서와 감정의 표현은 문학의 본령에 속한다. 비록 이데올로기 문학이나 목적문학 같은 것이 존재하기도 하나 문학의 본령은 그러한 사상이나 이념의 지향보다는 인간의 정서와 감정의 표현을 존중한다. 또한 체험의 형상화는 문학의 중요한 항목이다. 개인적 체험의 질서화가 작가의 창작과정인 것이고 그러한 질서화 과정에서 얻어지는 삶의 새로운 조명, 인생관의 제시 등을 통하여 독자는 폭넓은 간접체험과 선험을 이룰 수 있는 것이다.

둘째로 표현목적이다. 이는 표현대상의 문제와 긴밀히 관련되는 것으로서 문학의 존재이유에 해당된다. 왜 문학은 존재하는 것인가. 문학은 인간에게 어떤 봉사를 할 수 있는 것인가 하는 문제이다. 일반적으로 이에 대한 해답으로 널리 알려진 것으로서 문학은 우리에게 즐거움과 교훈을 준다는 것이다.

셋째 표현방식의 문제이다. 문학은 상상력의 소산이요 허구적 산물이다. 문학은 인간이 창출한 정신적 창조물의 꽃으로서 이러한 상상(imagination)과 허구(fiction)의 방식에 의해서 창출된다. 아리스토텔레스는 역사는 사실의 기록이고 문학은 가능한 세계의 기록으로 보고 있는데 이 허구란 말은 예술의 공통성으로서 상상의 세계를 의미한다. 그러나 문학적 상상은 미술이 가상공간(virtual space), 음악이 가상시간(virtual time)에 의한 상상임에 비해서 직관적 심상에 의한 사고(Denken durch Bilder)라는 점에서 다르다. 르네 월렉(Rene Wellek)도 문학의 이러한 특성을 고려하여 상상적 문학(imaginative literature)이라는 말을 사용하고 있다.

넷째 문학의 표현매체는 언어이다. 음악이 소리와 음으로, 미술이 선과 색체로 이루어지듯이 문학은 언어에 의해서 이루어진다. 기록언어이든 구비언어이든 말과 문자로 이루어진다는 점에서 문학의 특징이 있다 따라서 언어의 특질을 이해하지 못하고서는 문학의 실체에 접근하기 어려운 것이다. 문학을 언어예술(Wortkunst)로 명명하고 있는 독일어는 이러한 문학의 특질을 잘 나타내 준 용어로 볼 수 있다.

이상 논의된 것을 종합해 보면 문학은 언어라는 매체를 통하여 상상과 허구적 방식에 의해서 인간의 사상과 감정과 체험을 표현함으로써 우리의 삶을 좀 더 진지하고 풍요롭고 유쾌하게 해주는 것이라고 정의내릴 수 있을 것이다.

3) 문학개념의 변천

서구에서의 문학의 개념은 시대에 따라서 다소의 변동이 있어 왔다. 크게 나누어 볼 때 18세기 이전과 이후로 가름할 수 있는데 18세기 이전은 광의의 문학이, 이후는 협의의 문학이 정립된 것으로 볼 수 있다. 이를 좀 더 상세히 세분하면 12세기는 문학을 '글쓰기'라는 개념으로 인식했고 15세기에 와서 지식의 총체라는 것으로 인식했다. 그리하여 문학인은 곧 문법가 또는 지식인으로 통용되었던 것이다. 이때의 문학가는 바르트(Roland Barthes)에 따르면 네 가지로 분류된다. ① 남의 글을 그대로 베끼기만 하는 전사자(scriptor) ② 다른 사람의 의견을 약간 첨가할 수 있는 편찬자(compilator) ③ 남의 글에 자기의견을 첨삭하는 주석자(commentator) ④ 창작자인 저자(autor).

18세기 초까지 문학은 서지학(philology)이라는 개념으로 동일시되다가 18세기 이후에 와서야 예술로서의 문학, 통칭 순수문학의 개념이 정립될 수 있었던 것이다. 한편 18세기는 이러한 광의의 문학과 협의의 문학이 갈라지는 분수령을 이루는 중요한 시기였던 것과 아울러 문학 본질의 중요한 변화를 가져오는 시기였다는 점에 주목할 필요가 있다. 문학은 18세기 이전만 해도 하나의 독립된 자율적 영역이 아니라 그 문학인이 예속되어 있는 후원인(patron)에 의해 지배되는 타율적인 것이었다.

18세기까지 유럽에서는 예술 후원인 제도(patron system)가 있어 예술가들은 그들의 물질적 생활과 예술을 보호해주는 후원자(patron)들에 의해 강력한 지배를 받았던 것이다. 그들의 생계를 보장해 주는 대신 예술가들은 후원자의 통치이념이나 철학, 지배적 이데올로기를 전파해 주어야만 했다. 따라서 그들의 예술은 자기 자신의 예술이 아니라 후원자의 예술이었고 그들의 정치철학과 이념에 의해 침식될 수밖에 없었던 것이다. 문학은 정치에 긴밀히 예속되고 정치이념을 전파하기 위한 수단으로서 시녀 역할을 수행했던 것이다.

문학이 정치의 범주에 머물러 있었다는 사실은 한국의 경우도 마찬가지였다. 문학이라는 용어는 주로 벼슬의 이름으로 사용되었는데 고려시대의 경우 정육품에 해당되는 동궁(東宮)의 벼슬자리였고 이조시대에는 시강원(侍講院)에 해당되는 것이 문학이었던 것이다.

예술로서의 문학이라는 용어의 정착은 문장이라는 말이 사용되고 literature의 역어로서의 문학이 들어온 개화기 이후였던 것이다. 그러나 18세기 이후 특히 프랑스 대혁명(1789) 이후 신흥 부르조아(bourgeoisie)계급이 대두하면서 후원인 제도는 서서히 붕괴되기에 이른다. 문학가들은 그들의 예술을 억압하던 후원자의 손을 떠나 정치 지배 이데올로기에서 탈피하게 되고 문학의 자율성, 예술로서의 문학(l'art pour l'art)을 강하게 인식하게 된다. 즉 후원자의 목소리가 아닌 자기의 목소리를 갖게 되었던 것이다. 물론 예술이 정치로부터 이탈되면서 정치가나 후원자 쪽으로 부터 버림받고 문학가의 물질적 궁핍은 피할 수 없는 것이 되었다. 김립(金笠), 박지원(朴趾源) 등이 한국의 대표적인 사람들로 볼 수 있다. 그러나 이러한 과도기적 현상과 문학가들의 고난은 문학의 자율성과 순수성을 확보하기 위해서는 필수적인 것이었다. 따라서 그들이 겪은 시련과 고난은 통과의례에 수반되는 고통과 같은 의미를 갖는다.

2. 문학의 특성

문학은 상상과 감정의 소산으로서 작가의 상상과 감정을 통하여 독자의 상상과 감정에 호소함으로써 독자를 움직여야 한다. 다시 말해서 문학작품이 독자에게 주는 것은 독자의 상상을 환기하고 감정을 자극하여 독자를 감동케 해야 하는 것이다. 이에 대해서는 디킨스(De Quincey)가 세상에는 지식의 문학(literature of knowledge)이 있고 또 힘의 문학(literature of power)이 있어, 전자의 기능은 가르치는 것이고, 후자의 기능은 움직이는 데 있다고 했다. 여기서 지식의 문학은 과학을 말하고, 힘의 문학이 곧 협의의 문학을 말하는데, 그렇다면 이 문학은 어떻게 해서 독자를 움직인다는 말인가? 그 특성은 무엇인가?

문학의 특성에 대해서는 미국의 윈체스터(T.C. Winchester)가 「문예비평의 제 원리」(Some Principles of Literary Criticism)에서 항구성(permanence)과 보편성(universality) 그리고 개성(individuality)의 셋 으로 나눈 것이 유명한 견해로서, 이를 중심으로 그 특성을 살펴보기로 하자.

1) 문학의 항구성과 보편성

(1) 문학의 항구성

윈체스터에 의하면 위대한 문학은 항구성과 보편성을 지닌다고 말한다. 문학의 항구성이란 시간적인 영속성을 의미하고, 보편성이란 공간적으로 널리 생명 있게 한다는 뜻이다. 문학의 이러한 특성은 그것이 인간의 감정 정서에 호소하는 힘을 갖고 있기 때문이다. 감정 정서에 호소하여 사람을 감동시키기 때문이다. 그리고 감정에 호소하는 힘을 가지는 것이 어떻게 해서 문학에 영속성, 불멸성을 부여하는 것이 되는가? 이에 대해서 윈체스터는 다음과 같이 설명하고 있다.

지식과 정서가 서로 다른 이유의 하나는 지식은 연속하고 정서는 이내 소멸하는 데 있다. 우리가 어떠한 사실 또는 진리를 충분히 습득하게 되면 그 만큼 많이 지식의 창고에 축적한 것이 된다. 따라서 지식에 호소하는 어떤 논문은 한 번 읽어서 충분히 내 것으로 만들고 나면 두 번 다시 읽을 필요를 느끼지 않는다. 정서는 이와는 달리 그 성질상 순간적인 것이다. 왜냐하면 지식은 일종의 영구적 습득이지만 정서는 부단히 변화하는 경험의 연속이기 때문이다. 한 편의 시를 읽고 받은 감동은 곧 소멸할 수도 있으나 훗날 그 시를 다시 읽었을 때 우리는 마음속에 새로운 감동을 불러일으키게 된다. 훌륭한 고전이 시간과 시대를 초월하여 되풀이 읽히게 되는 이유가 바로 그것이며, 따라서 이것이 문학이 항구적인 생명을 갖게 되는 까닭이라 할 수이다.

(2) 문학의 보편성

감정이나 정서가 순간적이지만 그것은 동시에 보편적인 것이다. 부모의 자식에 대한 사랑의 정서는 개인의 기질이나 상황에 따라 정도의 차는 있을 수 있지만 동서고금을 막론하고 변하지 않는 감정이다. 사랑의 정서 뿐 아니라 슬픔과 기쁨, 공포와 경이, 노여움과 반가움 등 모든 정서는 시간과 공간을 초월해서 변함이 없는 것이다. 고대의 시가를 읽어서 우리가 감동을 받는 것은 그런 까닭에서다.

윈체스터는 다시 설명하기를 호머(Homeros)시대의 학문은 벌써 퇴색했지만 호머가 아직도 퇴색하지 않는 것은 그가 인간의 불멸의 정서에 호소하였기 때문이라 하고, 또 '개개의 정서는 순간적이지만, 인간정서의 일반적 성질은 크게 변하는 것이 아니다'라고 말하면서, '연속하고 있는 각 감정의 물결은 잠시 동안 일어나 부서져 없어지지만, 물결의 대양은 여러 시대에 걸쳐서 끊임없이 일렁이고 있다'고 비유하였다. 인간의 정서나 감정은 시대를 따라 다소 변할 수는 있지만 인류의 기본정서는 그 성격상 거의 변화하는 것이 아니다. 변하는 것은 정서가 아니고 사상이며, 정서 자체가 아니고 표현 방법인 것이다.

영국의 러스킨(A. Ruskin)이 「근대화가론」(The Modern Painters)에서 문학의 보편성을 강조하고 있다. 문학의 보편성을 가장 열심히 주장한 사람 가운데는 귀요(M.J. Guyau)와 톨스토이(Tolstoi)를 들 수 있다. 특히 귀요는 프랑스의 미학자로서, 사회학적 미학으로는 근대미학 상 중요한 위치를 차지하고 있는 그의 저서 「사회학상으로 본 예술」에서 보편적인 생명이란 곧 사회적 특질, 바꿔 말하면 사회성을 이르는 말이라고 한다. 그에게 있어서 위대한 문학, 위대한 예술이란 개인적인생명을 넘어 보편적 생명으로까지 확대하여 사회성을 획득함으로써만 가능한 것이 된다.

요컨대, 위대한 문학, 생명 있는 문학은 시간적으로 영속하고 공간적으로 보편적인 특질을 지니는 문학이라고 할 것이다. 그것은 시간과 공간을 초월하여 인간에게 정서적 감동을 주는 문학이 되어야 한다는 말이다.

2) 문학의 개성

(1) 문학의 개성

항구성과 보편성이 문학의 특성이 된다. 또한 문학의 특성은 개성적인 것이다. 문학에서 표현되는 정서는 작가의 개인적 정서이며, 이를 향수하는 것도 역시 독자의 개인적 정서다. 다 같이 연애 감정을 소재로 한 작품이라고 하더라도 A와 B의 그것은 서로 인격이 다르듯이 거기에 표현된 연애 감정 또한 다른 것이다. '직선은 두 점간의 최단의 거리'라고 하는 과학적 객관적 기술에는 그 기술자의 개성과 아무 상관이 없지만 문학과 예술은 그 작품을 쓴 주제자인 작가의 주관과 개성이 거의 절대적이라 할 수 있다.

독일의 철학자 쉴레겔(A.W. Schlegel)은 '인간은 그 자신을 제외하고는 아무것도 형제들에게 줄 것이 없다'고 한 말은 문학예술에 있어 더욱 그러하다.

(2) 문체와 인간

시인 괴테(J.W. Goethe)는 「에커만과의 대화」에서 '작가의 문체는 작가 그 사람의 내적 자아의 진정한 표현이다'고 했다. 누구든지 명석한 문체를 가지려거든 먼저 자신의 정신을 명석하게 가질 일이다. 누구든지 위대한 문체를 가지려거든, 그는 먼저 위대한 주인공이 되지 않으면 안 된다는 것을 명심하라고 고 한 말이나, '문체는 곧 사람이다'(Le Style est l' homme)고 한 프랑스의 뷔퐁(Buffon)의 말은 너무도 유명한 경구이다. 또한 글과 인격과의 불가분의 관계를 간결하게 설파한 명제라 할 수 있다.

프랑스의 미학자 고티에(P. Gautier)는 「예술의 의의」(Le Sense De L'Art)에서 예술작품의 독자성, 독특한 인상, 독창력 등은 그 작가가 그 작품 속에 쏟아 넣는 것, 그의 꿈, 그의 슬픔, 그의 야심, 그의 희망 등, 모두 그의 가슴에 살고 또 그의 심금에 닿은 것을 그 작품 속에 쏟아 넣는 데서부터 생겨난다고 했다. 참다운 예술품은 그 선과 가락에 있어 작가 그 사람의 마음의 세계를 표명하지 않은 것은 하나도 없다. 화가와 음악가는 작품 속에서 그 자신을 노래하는 것이라고 하였다. 그가 대상으로 한 것은 주로 조형미술이었으나, 이 예술과 개성의 관계론은 문학에 있어서도 타당한 말임은 말할 나위도 없다.

사실상, 위대한 문학, 훌륭한 작품일수록 그 작가가 위대하고 훌륭한 인격과 개성의 소유자라 함은 상식이다. 그 반대도 또한 그러하다. 위대한 작품, 훌륭한 작품으로서 그 작가가 인간으로서 왜소하고 비속하며, 천박한 경우는 결코 있을 수 없는 일인 것이다.

(3) 보편과 개성

문학은 작가의 개성적인 체험의 표현이다. 그렇다면 앞에서 말한 바와 같이 문학은 보편적인 정서를 다룬다고 하였을 때, 이 보편성과 개성의 관계는 서로 모순 대립되는 개념이 아닌가? 이에 대해서 최재서는 '개성에 철저하면 보편성에 도달한다는 말은 문학에서는 역설이 아니라 진리다'라고 하여, 문학은 보편성을 추구하면서도 가장 개성적이고 독창적인 것을 생명으로 삼고 있다고 주장하였다. 엘리어트(T.S. Eliot)는 「시와 주장」(Poetry and Propaganda)에서 '시는 정서의 해방이 아니라 정서로부터의 도피다'라고 했다. 그러나 정서가 개성으로부터 도피하려고 바라는 일이 무엇을 의미하는가는 물론 개성의 정서를 가진 사람만이 이해할 수 있다고 하고, '예술가의 진보는 끊임없는 자기희생이며, 끊임없는 개성의 멸각'이라고 선언하면서, 개성의 멸각은 개성의 완전한 사멸을 의미하지 않고 자기에게 고유한 것이 비개인적이며 일반적인 것에 혼융되어 완성됨과 같은 방식으로 더욱 풍부해지고 확대되고 진전되어 비고유한 것이 됨에 따라 일층 고유한 것이 됨을 의미한다고 하였다.

그가 이른바 몰개성론(theory of impersonality)을 주장하였을 때, 이는 개성적인 가치를 높이 평가하는 낭만주의에 대립하여 보편적인 가치를 높이 평가하는 새로운 고전주의의 선언이라고 할 수 있다. 그의 말은 서구문학의 큰 물줄기라는 전통 속에 개성이 용해되고 반면에 천재적인 개성은 문학의 전통을 변용시킨다는데 그 참뜻이 있는 것으로, 문학의 보편성과 개성은 오히려 상보적인 관계를 이루면서 그것을 더욱 심화 확대하는 것이라 할 수 있다.

최재서는 다시 이상의 세 개념인 개성과 보편성과 항구성을 한데 결합하는 이념은 고전(classic)이라고 하였는데, 문학의 궁극적인 목적은 시대와 역사를 초월하여 그 가치와 생명이 인정되는 고전이 되는 것이라 하겠다.

요컨대, 문학은 감정 정서를 통하여 감정 정서에 호소하는 것이지만, 그 감정 정서는 순간적인 것으로서 영구성을 지니는 것이며, 또 그것은 개인에 따라 차이가 있으나 근본적인 의미에 있어 보편성을 지니고 있는 것이다. 따라서 항구적이고 보편적이며, 또한 개성적인 감정 정서를 전달하는 문학은 동시에 항구적, 보편적, 개성적인 특성을 가진 것이라고 말할 수 있을 것이다.

3. 문학관의 유형

1) 모방의 개념

(1) 아리스토텔레스의 모방개념

고대로부터 18세기에 이르기까지 유럽 문학론에서 가장 중심이 되었던 것은 문학을 일종의 모방(imitation, mimesis)으로 보는 입장이다. 일찍이 아리스토텔레스는 모든 예술을 모방이라 규정하고, 이 모방은 인간의 원초적 본능이며, 본능의 만족은 즐거운 것이라 주장했다. 인간성이 불변하는 한, 문학을 포함한 모든 예술은 인간과 더불어 생겨날 수밖에 없고 또한 거기서 즐거움을 얻지 않을 수가 없다는 것이다.

모방은 지상에 사는 인간과 관계없는 관념의 세계에 관한 것이 아니라, 인간이 살고 있는 세상에서 모방하는 것이다. 모방은 사물의 본질이 사물과 동떨어져 있는 것이 아니라 사물 속에 내재하는 것이다. 인생의 본질은 인생 자체에서 발견할 수 있는 것으로서 결국 보편적인 사실이 본질인 것이다. 인생의 보편적인 본질은 개별적인 특수한 사실 한 가지에서는 찾을 수 없다. 역사는 개별적인 사실을 기술하는 것이기에 인생의 보다 가치 있는 진실을 다루는 것이 못된다. 문학은 역사처럼 한 번 있었던 일을 다루지 않고 있음직한 일, 있을 수 있는 개연적인 일을 다루므로 인생의 보편적 진실을 다루는 것이 된다. 따라서 문학은 역사보다 훨씬 가치 있는 진실을 다룬다. 이런 의미에서 문학은 인생의 진실을, 즉 개연성을 모방한다는 것이다.

이러한 아리스토텔레스의 견해는 예술(문학)의 독자성을 확립시키는 데 크게 이바지하였다. 예술이 정치나 종교의 지배를 벗어나 교육이나 도덕의 증진을 목적으로 하는 것과는 다르게, 인간정신의 자유롭고 독립된 활동으로서의 예술의 개념을 처음으로 밝힌 것은 아리스토텔레스이다.

그의 '예술은 자연을 모방한다'는 명제는 인생(현실)의 일면적 특수성만을 나타내는 것이 아니라, 전면적인 보편성을 나타내는 것을 강조하고 있다. 따라서 그는 유기체로서의 자연물처럼 문학은 잘 조직되어 있는 하나의 실체로 보고 있다. 가령 문학작품이 하나의 유기체와도 같은 생명적 조직을 가진 존재로 본다면, 부분과 부분들은 하나의 전체를 이루는데 있어서 하나도 없어서는 안 될 부분 요소인 것처럼, 문학도 그 자체 안에 수없이 많은 부분적 요소가 있는데, 이것들은 전체를 형성하는 데 긴요한 자리를 차지하고 있어야 한다는 것이다. 이런 측면에서 문학은 유기체적 자연물처럼 실체를 이룬다는 점에서 자연을 모방한다고 아리스토텔레스는 주장했다.

(2) 플라톤의 모방개념

아리스토텔레스의 이러한 주장과는 달리 플라톤은 그 누구보다 시적 감정을 가진 철학자 이면서도 시에 대해서 매우 부정적 입장을 내세운 사람이었다. 그는 그의 「국가」 편에서 문학과 미술이 실재 즉 진실을 발견하든가 전달하지 못하고 그러한 실재의 그림자에 불과한, 눈에 보이는 사물만을 그대로 복사한다고 하였다. 플라톤에 의하면 실재, 즉 진실이란 눈에 보이지 않는 순수관념이라는 것이다. 이러한 것을 설명함에 있어 그는 유명한 '세 개의 침대'를 예로 들었다. 세 개의 침대란 첫째는 신의 창조에 의해 만들어진 침대, 즉 그것은 유일한 침대의 이데아를 의미하는 것이고, 둘째는 이데아를 원상(原像)으로 하여 목수가 만든 침대, 셋째는 제2의 목수가 만든 침대를 대상으로 해서 화자가 모방한 침대, 이렇게 그는 세 개의 침대를 예로 하여 명명하였다. 첫 번째의 신이 만든 침대를 창조자, 두 번째 목수가 만든 것을 제조자, 세 번째 침대는 목수가 만든 침대의 모방으로 화가는 그 침대의 모방자라고 하였다. 따라서 화가 곧 시인은 사물의 실체를 그린 것이 아니라 실재의 현상의 그림자를 묘사한 것에 다름 아니라는 것이다. 그러므로 이러한 의미에서 시인이나 화가가 같은 모방자는 진리에서 떨어지기가 3단계나 된다고 했다.

침대라는 관념이 감각적인 사물로 나타난 것이 우리가 일상 사용하는 침대인데, 이 침대는 관념에 비하면 조잡한 상태의 것이다. 다시 목수가 만든 침대는 어쨌든 실용가치가 있는 것이다. 그러나 화가가 그려놓은 침대는 순수하지도 않고 실용성도 없는 전혀 무가치한 존재밖에 되지 못하다는 것이다.

플라톤은 이처럼 화가가 그린 침대가 무가치한 것처럼 시인의 작품도 아무런 가치가 없다고 보고 예술 자체를 반대했던 것이다. 그의 유명한 '시인 추방론'은 이렇게 해서 제기되었던 것이다.

시인은 부도덕하고 무가치한 대상을 모방하므로 그의 공화국에서는 일체 용납할 수 없다는 것이다. 이상국을 의미하는 공화국에서는 진리가 이념이 되고 오로지 정의가 실현되어야 하는 것이다. 진리라는 실재의 세계는 다만 순수한 이성을 통해서만 파악될 뿐이다. 그럼에도 불구하고 시는 언제나 보이는 현실세계만을 대상으로 하여 그들을 모방하는 데 그치고 있으니, 그야말로 가상의 그림자에 불과하다고 본 것이다.

2) 두 개의 문학관

(1) 예술을 위한 예술

이렇듯 모방에 대하여 아리스토텔레스와 플라톤의 견해는 서로 다르게 나타났다. 아리스토텔레스의 경우, 모방은 즐거운 행위이며 실제보다 모방을 대하면 즐거움을 느낀다고 하였다. 이러한 문학 쾌락설은 카타르시스(katharsis)에서 잘 나타나고 있다.

카타르시스란 아리스토텔레스의 「시학」(Poetica)에 나오는 것으로서 비극에서 관객의 울적한 감정이나 격정을 방출하고 정화하는 의미로 쓰고 있다. 말하자면 비극에서 서로 모순되는 두 개의 감정, 곧 공포와 연민을 통하여 독자의 마음은 흥분하고 안정된다. 이것을 그는 즐거움이라 부르지 않고 카타르시스라 불렀다. 그러나 그것 역시 일종의 쾌락임을 부인할 수 없다. 비극이 주는 즐거움이란 바로 지나치게 고조되었던 감정들이 스스로 풀려나갈 때의 쾌감이기 때문이다. 따라서 비극 역시 모방이고, 모방은 근본적으로 즐거운 것이다.

19세기 후반에 이르러 예술은 정치나 도덕, 기타 비예술적 표준에 의하여 판단될 수 없다는 사조로서 예술이 유행한 것은 아리스토텔레스의 문학관에서 발전한 것이라 할 수 있다.

예술을 위한 예술(art for art's sake)론은 프랑스의 보들레르가 유미주의 구호를 실제 인생에 적용시켜 예술을 위해 현실생활 전부를 바쳐야 한다는 이른바 예술지상주의에서 주장됐다. 예술은 오로지 예술 그 자체의 가치와 존엄성을 위해 기여할 뿐이라는 것이다. 예술의 쾌락은 근대에 이르러 쇼펜하우어(A. Schopenhauer)가 문학의 본질은 미(美)의 추구에 있으며, 그 미는 전적으로 이해관계에서 벗어나는 것, 즉 인간의 세속적인 이해에서 해방되어 윤리, 도덕과 단절된 것이라 했다. 칸트(Kant)도 미가 또 다른 목적에 의존할 수 없다는 이른바 무목적의 목적설을 설파했다.

그리고 독일의 작가 토마스 만(T. Mann)은 예술은 가벼운 웃음과 오락형식으로 이루어진다고 말하고, 예술가에게는 원래부터 방랑기질(bohemian temper)이란 것이 있는데, 이것은 모두 사회적 반칙을 의미한다고 했다. 그리하여 그는 예술작품에 도덕적 목적을 요구할 수 없으며, 또 예술작품에 또 다른 목적의식, 즉 현실고발 내지 허무주의적 삶의 제시 같은 것을 요구할 수 없다고 못 박았다.

(2) 인생을 위한 예술

일체가 오직 예술을 위해 존재한다는 주장과는 달리 예술은 인생을 위해 존재한다는 상반된 견해가 있다. 플라톤의 모방은 가상의 그림자에 불과한 것이므로 예술가의 존재를 부정하고 공화국에서 시인을 추방코자 했다. 그는 예술이 도덕적 덕목을 위해 기여해야 한다고 했다. 그러므로 예술은 인생을 위해 부수적으로 존재한다는 견해에 다름 아니다. 예술의 종속성, 요컨대 예술 그 자체보다 도덕・종교・정치 등 기타를 위해서 예술이 존재한다고 보는 견해다. 우리는 이러한 견해에 맞는 문학작품을 숱하게 보아왔다. 가령 이러한 견해에서 작품을 쓴 대표적 작가로서 톨스토이(Tolstoi)와 사르트르를 들 수 있다. 우리나라에서도 춘원 이광수와 1920년대 후반기에 우리 문단을 석권했던 프롤레타리아 작가들은 그 좋은 예가 된다.

톨스토이는 먼저 도덕을 희생시키는 예술을 부정하고, 예술은 오로지 사회봉사를 위해 기여해야 한다고 주장했다. 더 나아가서 그는 좋은 예술이란 선과 악이 어디에 있는가 보여주는 데 있고, 인생의 의의가 자기를 동물과 식물에서 해방시키는 일에 있다면, 정신을 고양하고 육체를 낮추게 하는 마음을 나타내게 하는 데 있다고 했다.

사르트르도 작가는 허물어져 가는 인간성 회복을 위하여 적극 사회에 참여해야 한다고 말하고 있다. 오늘날 인간을 둘러싼 갖가지 폭력 장치에서 벗어나 인간다운 실존을 회복시키는데 있어서 문학은 적극 참여하여야 한다고 보고 있다.

우리나라의 춘원도 문학은 종교라 하면서 문학이 아니고서는 표현할 수 없는 인생경험의 표현이라 말하였다. 20년대 후반기 맹렬하게 불붙었던 프로문학도 문학은 가난한 자들의 계급해방을 위해 놓여있다고 주장함으로써 순수한 그대로의 문학 독자성을 인정하려 하지 않았다.

(3) 니체의 문학관

이와 같이 상반되는 두 개의 문학관은 오랜 역사 동안 되풀이 반복되었던 것이다. 우리는 이 자리에서 이들 두 가지 문학관 가운데 어느 것이 옳고 그르다는 판단을 할 수 없다. 이들의 우열을 가린다는 것은 마치 닭이 먼저냐 달걀이 먼저냐를 따지는 것과 같다.

우리는 두 개의 문학관을 폭넓게 이해할 필요가 있다. 과연 상반되는 두 개의 문학관이 극단적으로 대립・분화하는 것이 바람직할 것인가? 플라톤의 이성중심의 문학관과 아리스토텔레스의 감성중심의 문학관을 상호절충하고 통합할 수는 없을 것인가?

니체(F. Nietzche)는 이 양자의 균형 잡힌 고조를 요구하고 있다. 가령 로고스(logos)

를 바탕으로 하는 아폴론(apollon)적인 것과 파토스(pathos)를 바탕으로 하는 디오니소스(dionysus)적인 것의 결합, 이것이 니체가 갈망하는 문학의 최고 이상이라 했다. 디오니소스적 예술성은 화해와 축연을 의미하며, 아폴론적인 윤리는 절도와 자기인식을 요구한다. 이 양자 사이의 보다 건전한 산아가 문학이라는 것이다. 이 근본적인 양극성의 조화는 모든 위대한 문학작품의 본질이며, 그것은 대립하는 두 개의 상호 보완적인 연관 위에서 나타난다. 꿈의 상태(예술성)와 위풍 있는 태도(사회성)가 하나의 구조적인 전체에 통합하여 비로소 위대한 작품으로 이루어진다고 니체는 본 것이다.

실상 동서고금을 통해 볼 때 불후의 명작이라 일컫는 고전(classic)작품은 이러한 두 개의 정신이 서로 알맞게 조화를 이루고 상호보완적 관계에 놓여 있는 것을 목격할 수 있다. 깊이 있고 참다운 문학이 도달해야 할 최고의 이상은 이처럼 극단적인 두 세계를 상호 절충하여 제 3의 세계를 수립하는 단계라 할 것이다.

3) 네 개의 문학관

(1) 객관주의 문학관

최재서는 「문학원론」에서 사상의 문제를 계기로 해서 네 부류의 문학관을 구별해 낼 수 있다고 했다. 즉 사상의 성질에 따라 객관주의 문학관과 주관주의 문학관, 그리고 문학적 태도로서 표현주의 문학관과 인간주의 문학관이 그것이다.

객관주의 문학관에 대해서 먼저 다음과 같이 말하고 있다. 사상이 외부환경에서 영향을 받는 일면에 주목할 때에 객관성이 의식된다. 사상의 객관성은 진리로서 나타나는데, 진리는 언어진술과 언어표시물, 즉 사상과 외부의 사상이 완전히 일치함으로써 성립된다. 그러한 진리는 엄밀한 의미에 있어 과학적 진술에서만 볼 수 있다. 문학은 언어의 지시적 사용보다는 더 많이 함축적 사용이니까, 진술의 객관적 진리는 문제가 되지 않는다. 현대 리얼리즘은 사상의 객관성을 특별히 강조하는 문학정신이지만, 만일 그들이 객관성의 조건으로서 과학적 진리를 문학에다 요구한다면, 그것은 전연 부당한 일이다.

말하자면 자아와 세계의 상호관계 파악으로 볼 때, 전적으로 세계라는 현실 쪽에 매달려 전개하는 문학을 일컫는다. 현실에 놓여 있는 모든 사물을 있는 그대로 반영하려는 태도는 고대 희랍의 문학론에서 비롯되었던 것이다. 이것이 19세기에 이르러 극단화한 것이 리얼리즘 문학이다. 리얼리즘 문학은 사실에 집착하여 그것을 묘사하기 위한 방법을 가장 철저하게 개발했던 문예사조이다.

(2) 주관주의 문학관

객관주의 문학관과 달리 최재서는 또 사상이 우리의 내면적 요구에 응해서 정위(定位)되는 일면에 주목할 때에 주관성이 의식된다고 했다. 객관주의가 요구하는 일체의 전통과 권위를 배척하고, 자아 쪽의 내면적 정신구조를 직시하여 그 기초 위에다 그들의 문학론을 구축하려 하는 것이다. 그러므로 비록 주관주의라 할 수 있지만, 현대 심리학처럼 다분히 과학적인 것이다. 그리고 이들의 문학관은 대체로 심리적 리얼리즘이란 말로 일컬을 수 있는데, 그 대표자를 올러스 헉슬리(A. Huxley)에서 엿볼 수 있다고 했다.

가령 우리나라의 경우, 현진건의 리얼리즘은 철저히 객관주의 문학관에 입각해 있는가 하면, 이상은 심리적 리얼리즘이다. 1920년대의 현진건은 당대 현실에 처해 있는 여러 유형의 인간상들을 가시적 안목으로 치밀하게 묘사함으로써 작가적 사명을 수행했던 것이다. 그에게 있어서 현실은 모든 작품의 근간이 되었던 것이다.

그런가 하면 1930년대의 이상은 인간심리의 미묘한 반응을 바탕으로 하고 있다. 의식의 비대증 환자처럼 그의 작품에서는 현실 사상(事象)보다 심리가 언제나 중요하게 대두하고 있다.

(3) 표현주의 문학관

예술(문학)에서 사고를 중시할 때 말할 필요 없이 사상이 중시되지 않을 수 없다. 그러나 이러한 사고나 사상을 외면하고 전적으로 표현을 중시하는 태도의 문학관에 표현주의가 있다. 예술적 표현은 개인적인 충동에서 시작되지만, 정서를 표현하는 데는 그 전달자로서의 사상이 필요하니까, 시인은 그 시대의 사상가들에게 적당한 사상을 빌어 올뿐이다. 이들의 견해에 의하면 사상은 작품의 예술적 효과를 내기 위해서 한 요소로서 도입 될 뿐이니까, 사상 자체의 진실성이라든가 위대성 같은 것은 문제가 되지 않는다. 또 작가는 자기가 취급하는 사상에 대해서 신념을 가질 수도 없거니와 가질 필요도 없다고 최재서는 이야기 했다.

이들의 태도는 처음부터 사상을 문제시하지 않고, 예술적 효과만을 생각하기 때문에, 그들의 문학정신을 예술주의라 불러도 좋지만, 향락적인 예술지상주의와 구별하기 위해서 최재서는 표현주의라 부른다고 했다. 그리고 이 계열의 대표자로 엘리엇(T.S. Eliot)를 지목하고 있다. 사실 엘리엇은 사상을 신념으로부터 분리함으로써 비로소 사상을 예술적으로 표현할 수 있는 가능성을 발견했다는 것이다.

향락적인 요소가 지나치게 드러나 있긴 하지만, 예술지상주의도 사고보다 표현의 효과에 주력했던 것은 사실이다. 프랑스의 고티에(Gautier)나 영국의 오스카 와일드(Oscar Wilde)같은 유미주의는 그러한 예에 속하는 시인이며 작가들이었다. 우리나라의 김동인이나 이효석도 표현의 효과, 즉 기법의 다양성을 통해 여려 편의 작품을 썼던 것을 기억할 수 있다.

(4) 인간주의 문학관

그런 반면 또 표현의 효과보다 사상문제에 가장 관심을 많이 두는 쪽은 휴머니스트(humanist)들이라 할 수 있다. 그들은 이 세계에 개인의 욕망이나 능력을 초월하여 완전하고 아름다운 이념들이 객관적으로 존재하고 있음을 확신하기 때문이라 했다. 그리고 그들은 문학의 필수적 요건으로 사상을 엄격히 요구하고, 작가 자신이 이념을 사랑하고 신앙하고 그것에 귀의함으로써만 문학은 위대해질 수 있다고 믿기 때문이라면서 최재서는 다음과 같이 말했다. 휴머니즘은 완전한 인간성을 탐구하는 정신이기 때문에 일그러진 인간성에 대해서는 참을 수 없는 굴욕과 비애를 느낀다. 휴머니스트에게 대해서 사상은 체험의 한 단계 로서 감각이나 감정과 불가분한 관계에 있다. 그는 체험의 요소들이 결합해서 생동하는 모양에 늘 주목하기 때문에, 사상의 객관성과 주관성의 차별을 예민하게 의식하지 않는다. 그는 사상과 정서의 융합된 상태를 추구하여 그것을 문학적으로 표현하는데 흥미를 갖는다.

이 경우 우리는 톨스토이를 생각해 볼 수 있다. 그는 부유하고 유서 깊은 명문 귀족의 4남으로 태어나 파란만장의 인생역정을 살다가 「전쟁과 평화」, 「안나 카레니나」, 「부활」 등의 인도주의적 색채가 강한 작품을 썼다. 이러한 작품의 기초가 되는 세계관은 악에 대한 무지함, 선과 사랑에 의한 세계의 구제, 사회생활에 있어서의 모든 강제적 형식의 부정 등으로 나타나 있다. 모든 인간의 일을 인간적 입장에서 관찰하고, 철저히 인간적 의미와 가치를 따지기 때문에 비평적인 성격을 띠는 것이 또한 특징이다. 말하자면 문학은 어디까지나 이러한 인간주의 사상을 고취하는데 하나의 수단으로 생각하기 때문에 사상만이 중요한 것이고 표현의 효과에는 그다지 문제 삼지 않는다는 것이 이들 문학관의 특징이라 할 수 있다.

4. 문학의 기원

문학이 인간정신을 표현하는 하나의 형태이기 때문에 문학의 기원을 따진다는 것은 인간이 어떻게 자신을 표현하기 시작하였는가를 따지는 것과 같다. 모든 분야의 기원을 밝힘으로써 현재의 실상을 확인하려는 이러한 추구는 자연과학에 비하여, 인문과학 쪽이 별다른 진전을 보여 주지 못하고 있는 것이 사실이다. 왜냐하면 인문과학적인 연구에 의한 가설은 자연과학의 그것처럼 그 검증이 불가능하기 때문이다.

따라서 언어에 의한 인간정신의 표현인 문학의 기원에 대한 학설도 여러 가지가 있으나, 대체로 심리학적인 경우와 사회학적인 경우, 그리고 발라드댄스(ballad dance)설 등이 일반적인 것이다.

1) 심리학적 기원설

(1) 모방 본능설

심리학적인 기원설은 예술의 심리작용, 곧 예술충동(art impulse)을 중심으로 예술의 발생을 고찰하는 경우로서, 이에는 모방본능설(imitative impulse), 유희본능설(play impulse), 흡인본능설(instinct to attract others by pleasing) 그리고 자기표현본능설(selfexpressive instinct)등 네 가지가 있다.

모방 본능설은 고대 희랍의 철학자 아리스토텔레스가 그의 저서 「시학」(Poetica)에서 주장한 이론이다. 그는 예술을 자연의 모방이라 하여 인간에게는 본래 모방의 본능이 있어 문학과 예술은 이 본능으로 발생하였으며 또 모방된 것에 희열을 느끼는 것도 인간의 본능이라고 주장한 데서 시작된 이론이다.

아리스토텔레스는 「시학」에서 시는 일반적으로 두 개의 원인에 의하여 생겨나며, 이 두 개의 원인은 인간의 본능에 근거를 가지고 있는 것 같다. 첫째로 모방본능은 인간 본성에 내재하고 있으며, 인간이 다른 동물과 다른 점도 그가 모방을 가장 잘 하고, 그의 지식도 모방에서 시작한다는 것이다. 그리고 모방에서 희열을 느끼는 점도 인간의 본성에 속한고 하여 문학은 인간의 본성인 모방본능에서 시작되었다는 것이다. 이 모방본능설은 오랫동안 문학의 고전적인 정통이론으로 받아들여지던 것이 칸트의 유희본능설이 나옴으로써 비판을 받게 되었다.

(2) 유희 본능설

유희 본능설은 독일의 관념철학자 칸트의 '노동에 비하여 예술은 유희로 생각된다' 고 한 말을 기초로 쉴러(Schiller)가 학설로서 체계화한 것을 다시 영국의 철학자 스펜서(Spencer)가 사회 철학적 관점에서 발전시킨 것이다. 스펜서의 지적은 예술은 실제생활과는 아무 관계가 없는 것으로서 칸트가 예술을 상상력의 자유로운 유희(a free play of the imagintion) 또는 관심 없는 관심사라고 규정한 견해와 맥을 같이 하게 된다. 모든 동물은 생명보존 본능과 종족보존 본능이 있어서 이를 충족시키기 위하여 모든 에너지를 써 버리지만 사람은 예외로서 정력의 과잉(surplus of energy)현상이 있는데, 이것이 예술발생의 동력인 유희본능의 바탕이 된다는 것이다. 따라서 예술은 무상의 활동이며 이른바 무목적의 목적이라는 말이다.

(3) 흡인 본능설

이 학설은 다아윈(Charles Darwin)과 같은 진화론자에 의해서 주장되었다. 인간도 짐승과 같이 남을 끌어들이려는 흡인본능이 있어서 문학예술을 창조해 낸다는 견해이다. 카나리아가 아름다운 목소리로 우는 것이라든지 수꿩이나 공작의 꼬리가 영롱하고 아름다운 것 등은 다른 새를 끌어 모으기 위한 흡인본능의 작용이라는 것이다. 사람도 남의 관심을 끌기 위하여 장식물을 붙이고 기성을 발하고 치장을 하는데, 이러한 흡인본능이 곧 문학의 창작으로 나타나게 된다. 그러나 실제에 있어서 흡인본능 때문에 작품을 쓰게 된다는 이 견해는 보편성을 지니기 어려운 면이 없지 않다. 자기 자신을 내세우고 관심을 끌기 위해서만 작품이 창작되는 것이라면, 고대의 대부분의 그것이 작자미상이라는 사실은 설명하기 어렵기 때문이다.

(4) 자기표현 본능설

허드슨(W.H. Hudson)이 주장한 학설로서, 문학은 자기를 표현하려는 본능에 의하여 창작되어진다는 것이다. 인간은 자신의 사상과 감정을 다른 사람에게 이야기하고 싶어 하는 강한 욕구를 가지고 있는 것이 사실이다. 그러한 욕구가 언어에 의해 표현될 때 문학이 발생하게 된다.

위에서 네 가지 심리학적 기원설을 살펴보았다. 이러한 학설들은 문학예술을 주로 인간의 본성에서 그 기원을 찾으려는 주장들로서 각기 장단점을 가지고 있으나 그 중에도 자기표현 본능설과 유희본능설이 주목할 만한 것으로 알려지고 있다.

2) 사회학적 기원설

이 학설은 고고학이나 인류학적 입장에서 문학예술을 발생학적으로 연구한 것으로서, 히른(Hirn)이나 그로쎄(Grosse), 맥켄지(Mackenzie)등이 주장한 것이다. 이들은 주로 박물관에 보관되어 있는 인류학, 고고학, 고대 원시민족의 유품이라든지 오늘날 원시민족의 실제생활을 관찰하는 가운데 실증적으로 세워진 학설이기 때문에 가설에서 출발한 심리학적 기원설에 비하여 상당히 객관성을 지닐 수 있다고 보여 진다. 이들의 주장에 의할 것 같으면 문학예술의 발생은 단순히 심미성에서 출발한 것이 아니고 실용성에서 비롯되었다는 것이다.

(1) 히른과 그로세의 기원설

히른(Yrjo Hirn)은 「예술의 기원」(The Origins of Art)에서 예술은 유희 이상의 어떤 것이라고 말하고 있다. 히른은 문학예술의 발생은 실제생활과 관련되어 있으며 또한 실용성에 의해 비롯되었다고 지적하고 있다. 히른은 노동력을 증진시키고 협동심을 고무시키기 위해서 예술은 필요하다고 말하면서 오스트렐리아 토인들이나 나일 강 뱃사공들의 노동요(worksong)를 예로 들었다.

또한 그로쎄(Ernst Grosse)도 그의 「예술의 기원」에서 원시민족의 예술 작품의 대부분은 순수한 심미적 동기에서 이루어진 것이 아니고 어떤 실제적 목적에 알맞도록 계획되어 있다고 했다. 실제적 목적이 먼저 있고, 심미적 요구가 다음에 생긴 것이다. 예컨대 원시인의 장식물은 주로 실제적 의미의 표지나 상징으로 만들어진 것이지 단순한 장식물로 고안된 것이 아니라고 말함으로써 역시 예술의 기원이 실용성에 있음을 주장하고 있다.

「문학의 진화」(The Evolution of Literature)를 쓴 맥켄지도 그의 독자적인 리듬론의 입장에서 원시시대의 시, 음악, 무용의 삼위일체설을 주장하고, 시가의 소재가 주로 수렵 · 전쟁 · 연애 · 풍자 · 노동 · 애곡 등인 것을 지적하며 문학도 특히 원시시대 것은 단순한 소일이나 유희본능에서 온 것이 아니고 실제생활상의 필요에서 생긴 것이라 말하였다. 그리고는 '문학이란 그 본질에 있어서 사회적 현상이다'라고 덧붙이고 있다. 이러한 발생학적 기원설은 사회경제사, 또는 사회주의 이데올로기에 결부되어 그 이론이 극단화되고 있는 느낌을 주고 있다.

하우저(Arnold Hauser)는 예술도 식량 곧 먹이를 얻기 위한 수단 이상의 다른 목적을 인정할 수 없다는 주장이다. 다시 말해서 예술은 주술의 수단이며 경제적 이득을 위한 실용적인 기능이었다는 것이다.

(2) 랭거의 비판

사회학적 발생설은 요즘 들어 유력해지고 있는 학설임에도 불구하고 이에 대한 반론과 비판도 더욱 거세어지고 있다. 언어 및 예술의 실용적 발생설을 강력하게 부정하는 랭거(Sausanne K. Langer)는 '언어의 첫 발성은 어떤 욕구의 사인이 아니라, 단지 기쁨의 부르짖는 소리에 지나지 않다'고 하면서 전달기능에 앞선 상징으로서의 언어 자체의 발생을 말하고 있다. 이와 같은 언어관을 바탕으로 한 그의 예술발생에 관한 견해는 실용적 발생설을 부정하게 된다. 아이들이 그림을 그리거나 인형을 가지고 노는 현상에서 실용성이 거의 없는 예술발생의 쾌락적 동기를 발견할 수 있을 것이다.

3) 발라드댄스(Ballad Dance)설

(1) 원시종합예술

사회학적인 경우 문학예술의 기원이 심미성보다 실용성에 의하여 발생하였음을 실증적 논거를 들어 주장하고 있음을 볼 수 있었다. 그러나 오늘날에 와서 학자들은 종합예술인 민요무용(ballad dance)에서 출발한 것으로 보는 이가 많다.

모울톤(R. G. Moulton)은 「문학의 근대적 연구」(The Modern Study of Literature)에서 문학형태의 근본적 요소는 민요무용(ballad dance)이라고 한다. 이것은 운문과 음악의 반주와 무용의 결합인 것이다. 문학이 처음 자연발생적으로 나타나는 경우에는 이러한 형태를 취한다고 한 말은 타당성이 있는 견해로 보여 진다.

어느 부족이나 국가이든, 고대로 거슬러 올라가면 제천의식과 음주가무가 곁들여진 발라드 댄스를 찾아 볼 수 있다. 고대 희랍의 디오니소스(dionysus)축제나 우리나라 상고사에서 볼 수 있는 동맹, 무천, 영고, 혹은 삼한의 제천의식은 모두 발라드 댄스이다. 곧 원시종합예술의 형태를 취했던 것이다. 다시 말하면 원시 종합예술인 발라드 댄스는 실용성과 심미성이 동시에 작용하였으리라는 것이다.

그리고 발라드 댄스에서 발생한 문학이나 예술은 처음에는 미분화 상태로 섞여 있지만 차차 서로 영향을 주면서 몸짓은 무용과 연극으로, 소리는 음악으로, 말은 시로 분화되고 독립된다. 이렇게 분화 발전된 문학도 처음에는 구전문학(oral literature)의 단계를 거쳐 문자의 발생 이후 기록문학(written literature)으로 정착하게 된 것이다. 우리나라의 민요나 고려속요 등이 입에서 입으로 구전되어 오던 것이 문자로 정착된 것은 한글 창제 이후라 함은 주지의 사실이다.

5. 문학의 기능

1) 문학의 필요성

문학은 왜 존재하는가. 문학은 우리 인간에게 어떠한 의미가 있으며 어떠한 측면에서 작용하는가. 이러한 원초적인 문제들에 대한 논의는 수많은 사람들의 지속적인 숙제요 과제였다. 또한 이 문제는 문학이란 무엇인가 하는 문학의 본질론과 밀접한 상관관계를 갖는다. 도대체 문학을 해서 무엇에 써먹을 것인가. 문학은 빵 굽는 기술을 가르치는 것도 아니고 옥수수를 재배하는 방법을 배우는 것도 아니다. 분명 실용적인 것과는 거리가 먼 분야이다.

그러나 자세히 관찰하면 문학의 역학은 실용적인 차원 이전에 근원적인 어떤 세계에 관련되고 있음을 발견할 수 있다. 돈은 분명 필요한 존재이다. 그러나 필요한 만큼 돈은 우리를 구속한다. 때로는 돈 때문에 자신의 양심과 도덕과 인격마저 포기해 버릴 경우가 있다. 문학은 돈을 버는 학문은 아니지만 이러한 돈의 구속성 그리하여 황금만능의 부도덕성을 고발하고 비판할 수 있다. 그리하여 문학은 우리 인간으로 하여금 잃어버린 인격과 양심을 되찾게 해 준다. 또한 문학은 배고픈 거지에게 빵 한 조각 줄 수 없는 것이지만 배고픈 거지가 존재하고 있는 우리 사회의 부조리나 부끄러움을 드러낼 수 있다. 전쟁의 극한 상황 속에서 오직 톨스토이, 뜨르게네프 등의 작품을 읽음으로써 정신적 구원은 물론 생명까지 보존할 수 있었던 러시아의 한 소녀 이야기는 이러한 점에서 시사(示唆)하는 바가 크다. 2차 세계대전 때 참호의 어두운 등불 밑에서 「파우스트」를 읽고 정신적 위안을 얻던 독일 병사들의 행위를 우리는 어떻게 받아들여야 할 것인가? 이렇게 볼 때 문학은 분명 필요한 것이다. 현상적 피상적인 것이 아닌 근원적 정신적 차원에서 작용하는 것이다.

2) 문학기능의 개념

(1) 문학기능론의 세계관

문학의 이원적 기능의 흐름 즉 헬레니즘(hellenism)과 헤브라이즘(hebraism)에 그 근거를 두고 있다. 헬레니즘은 일종의 낭만적 패턴(romantic pattern)으로서 인간중심, 육체적 본능, 개인주의와 자유정신, 미의 숭배, 향락주의 등을 그 속성으로 하고 있다. 이 헬레니즘은 문학의 한 구조(framework)로서 낭만주의, 상징주의, 예술지상주의로

이어지며, 키트(Keats), 무제(Musset), 포(Poe), 보드레르(Baudelaire), 와일드(Oscar Wilde)등의 인맥을 형성하고 있다. "아름다운 것은 영원한 기쁨이다. 위대한 시인에게 필요한 것은 모든 생각을 잊게 하는 미의 센스뿐이다."라는 키트(Keats)의 말이나 "어떤 것이든 아름다운 것은 쾌락을 일으킨다." 라는 리차드(I.A. Richards)의 말은 이러한 헬레니즘 정신에서 나온 것이고 그것이 바로 문학의 쾌락적 기능의 세계관을 뒷받침하고 있다.

이에 비해서 헤브라이즘은 고전적 패턴으로서 기독교의 신 중심사상이었다. 따라서 권위주위, 정의주의, 금욕주의, 교권주위, 이상주의적 세계관을 특징으로 한다. 이러한 헤브라이즘적 도덕주의, 정의주의의 세계관에 의해 뒷받침되고 있는 것이 문학의 교시(敎示)적기능인 것이다. 인간을 가르치고 지도하여 교양 있는 인간 그리하여 도덕적이고 정의로운 세계를 건설하는 것을 문학의 목적으로 인식하는 것이다.

(2) 플라톤의 시인 추방론과 아리스토텔레스의 개연(蓋然)성 이론

문학의 이원적 기능의 입장을 대표하는 플라톤과 아리스토텔레스의 문학관이 일목요연하게 드러나고 있는 것이 「시인추방론」과 「개연성의 이론」이다.

플라톤은 그의 「공화국」 10장에서 시인 추방론을 논하고 있다. 플라톤이 설정한 이상국과 공과국은 진리가 이념이 되고 정의가 실현되는 곳이다. 특히 플라톤은 삼라만상을 이원적 세계상으로 나누고 있는데 그것이 현상계와 본체계이다. 현상계는 눈에 보이는 가시의 세계로서 사물의 피상적인 면만을 나타낸다. 이에 비해 본체계는 모든 사물의 이데아(idea) 즉 본질과 원리가 존재하는 곳으로 불가시의 세계, 신이 지배하는 세계이다. 그런데 시인은 이 이데아의 세계가 아닌 현상계를 모방하는 자이다. 더구나 시인들은 이러한 사물의 본질이 아닌 현상계를 모방할 뿐 아니라 인간의 감정적 쾌락을 조장하여 인류와 사회에 해가 되는 자들이다. 따라서 시인은 정의로운 이상국인 공화국에서 추방되어야 한다는 것이다. 그러나 플라톤은 시인이 악을 물리치고 선을 조장하는 경우에는 그의 추방을 유보시킬 것을 전체하고 있다. 진리와 정의에 입각한 공화국에서 가공적으로 꾸민 이야기인 문학은 바로 교육적, 도덕적인 입장을 취하는 경우에만 그 존재가 허용됐던 것이다. 이렇게 볼 때 플라톤은 철저히 공리주의적, 교시주의적 입장에서 문학을 인식했었음을 알 수 있다.

이에 비해 아리스토텔레스의 개연성의 이론은 시인옹호의 입장에 서있는 이론이다. 아리스토텔레스 역시 시인을 모방자로 보고 있으나 그의 모방대상은 현상계가 아닌 인간의 행동이다. 개별적이고 구체적인 인간의 행동을 모방함으로써 보편적 진리에 도달할 수 있다는 것이 아리스토텔레스의 생각이었다. 일상적 현상을 지배하는 공통된 법칙 즉 개연(蓋然)성(probability)을 획득하기 위해서 도입한 개념이 허구(fiction)였다. 춘원의 「이순신」은 여러 가지 허구적 이야기로 꾸며져 있으나 독자들로 하여금 누구나 수긍할 수 있는 보편적 개연성을 획득하고 있다. 이렇게 시인은 인간의 개별적 행동을 모방함으로써 보편적 진리 즉 플라톤적 의미에서의 이데아의 세계에 도달할 수 있는 만큼 당연히 옹호를 받아야 한다는 것이 아리스토텔레스의 입장이었다.

3) 문학기능의 유형

(1) 교시(敎示)적 기능

문학의 교시적 기능에 대해서 플라톤의 시인 추방론을 중심으로 하여 여러 가지 이론이 제시되어 있다. 동양에서 플라톤의 입장에 견줄 수 있는 사람은 공자였다. 공자는 「논어」 위정편에서 시삼백(詩三百)(문학)은 인간의 마음을 순화시키는 역할을 한다는 것이다. 인간의 성정을 바르게 하는 것이 문학이라는 생각은 곧 도덕적 교훈설의 입장인 것이다.

루크레티우스(Lucretius)의 문학당의정설이나 호라티우스(Horatius)의 공리설 역시 효용론적 입장의 문학관이었고 이러한 공리주의적 기능설은 고전파 시학자나 계몽주의 문학인들에게 계승되고 있다. 비교적 최근에 등장한 공리주의적 기능론들을 몇 개 예거하면 다음과 같다.

사르트르는 산문적 언어활동을 세계개혁의 행위로 못 받고 문학은 대중에게 자유를 주고 자유의 귀중함을 인식시키는 데 그 목적이 있음을 천명하고 있다. 특히 문학의 이러한 목적을 위하여 봉사하는 것으로서 운문보다는 산문에 역점을 두어 옹호하고 있음이 특징적이다. 리차드(I.A. Richards)는 문학의 기능을 심리학적 측면으로 확대하여 해석하고 있는데, 그는 예술의 독자적 미적 체험을 인정하지 않고 예술의 체험은 바로 일상생활과 밀접한 관련을 맺는 것으로 본다. 예술이란 생활체험에 질서와 조직을 부여하는 것이다. 생활체험은 여러 가지 욕망과 충동의 혼란상태의 것인데 이것들을 질서화하고 조직화하여 조화와 균형 있는 상태를 실현하는 것이라고 했다. 곧 문학의 가치는 생활력의 향상에 있다고 보는 것이다. 또한 예술문학을 계급적 인식의 수단이나 현실에 대한 계급적 작용으로 규정한다든지 문학을 조직, 계획, 통합된 사회상의 과업의 한 구성 부분으로 인식하는 마르크스주의 문학관은 이러한 문학의 효용적 기능을 첨예하게 극단화시킨 경우로 볼 수 있다.

이 밖에 문학은 인간에게 지식을 제공하고 우리가 체험하지 못한 것을 제공하는 것으로 본 포스터(E.M. Foster), 시에 의해서 하늘로 탈출할 것을 노래한 말라르메(Mallarme), 문학가를 책임 있는 선전가로 본 엘리엇(T.S. Eliot), 시인을 교사로 본 워즈워드(Wordsworth)등도 이 계열에 속한다고 볼 수 있다. 문학의 공리주의적 기능관은 나름대로의 한계를 갖고 있지만 볼테르(Voltaire)와 루소(Rousseau), 톨스토이(Tolstoi)와 투르게네프(Turgenev), 입센(Ibsen)등의 작품들이 근세의 역사공간에서 이루어낸 성과는 충분히 주목해야 할 사항들인 것이다.

(2) 쾌락적 기능

쾌락적 기능설의 효시를 이루는 것은 역시 아리스토텔레스(Aristoteles)의 모방론이었다. 그는 인간에게는 두 개의 본능이 존재하는데 하나는 대상을 모방하려는 본능이고, 또 하나는 모방된 대상에서 쾌락을 얻는 본능이라고 말하고 있다. 모방에서 오는 기쁨은 일종의 인식의 기쁨이고 이것은 동물과 인간을 구별 짓는 특징도 된다. 그는 아무리 혐오스러운 대상이라 하더라도 그것이 여실히 모방되면 쾌락을 준다는 가정을 세우고 있다. 이러한 모방의 본능이 곧 예술창작의 동기로 보고 있는 것이다.

이러한 쾌락설은 비극의 구조와 효과의 설명에서도 나타난다. 비극에서 두 개의 대립감정 즉 공포와 연민을 통하여 독자의 정서는 갈등과 안정을 경험하게 된다. 갈등과 긴장 뒤에 오는 심적 안정감과 정서적 쾌감을 그는 카타르시스의 효과라고 불렀다. 즉 감정과 정서의 억압상태에서 해방되면서 얻어지는 쾌락을 중시했던 것이다. 이러한 카타르시시의 효과는 소화제, 종교의식에서의 정화작용, 배설, 정신의학 등 다양한 방면에서 사용되고 있으나 때로는 문학에서 작가의 창작심리의 한 현상을 의미하는 경우도 있다. '임금님 귀는 당나귀 귀'라는 알레고리(allegory)라든지 「젊은 베르테르의 슬픔」을 써서 실연에서 온 세계고에서 해방된 괴테, 「의사 지바고」를 통해 정치적 패배감을 극복했던 파스테르나크(Pasternak), 역사적 수치감에서 해방되기 위해 「하늘과 바람과 별과 시」를 썼던 윤동주 등 작가 자신의 시대고와 세계고의 카타르시스가 창작의 동기가 되고 있는 것이다.

쾌락설의 주요한 또 하나의 개념이 감정이입(empathy)현상이다. 독자는 작품을 읽어가면서 작중인물과 동일시(identifying)되는 착각을 일으킨다. 스스로가 로미오가 되기도 하고 줄리엣이 되기도 하여 작중인물과 똑같이 호흡하고 생각하고 느끼게 된다. 그리하여 현실에서 이루지 못한 정신적 승화됨을 맛보기도 하고 절망과 깊은 번민에 싸이기도 한다. 이것이 바로 문학에 접하는 독자의 원초적 체험인 것이다.

쇼펜하우어 역시 미학적 차원에서 쾌락의 기능을 설명하고 있다. 그에 따르면 문학의 본질은 미의 추구에 있고 그 미는 이해관계에서의 이탈(Interesselosigkeit)에서 오는 체험이라고 했다. 이해관계에서의 이탈이란 세속적인 이해에서 벗어나 윤리 도덕과는 일차적으로 단절된 차원의 체험을 말한다. 이러한 체험이 정신적 쾌감을 동반한다고 말하고 있다.

콜리지(Coleridge)는 예술의 본질을 쾌락의 추구로 못 박고 다시 쾌락을 ① 관능적 쾌락(sensual pleasure) ② 미적 쾌락(aesthetic pleasure) ③ 지적 쾌락(intellectual pleasure) 등으로 분류하여 참다운 예술의 쾌락은 이 세 가지 쾌락의 참다운 조화에서 얻어진다고 하였다.

그 밖에 고전이란 독자들이 거기에서 열렬하고 계속적인 즐거움을 발견하는 것이라고 말한 베네트(Arnold Benett), 문학은 단순히 쾌락만을 제공하고 향수하는 쪽에서도 쾌락만을 문제 삼아야 한다는 교훈적인 이설(異說)을 발표한 포(E.A. Poe), 미적인 창조활동을 유희충동의 대상화로 본 쉴러(F. Schiller)등의 견해가 다 문학의 쾌락적 기능을 설명한 것들이다. 이와 같이 쾌락적기능설은 아리스토텔레스를 효시로 해서 쇼펜하우어(Schopenhauer), 칸트의 미학을 낳고 키트(J. Keats), 무제(C. Musset)등이 이를 계승하여 상징파 및 예술지상주의로 발전하는 계기를 마련했던 것이다.

(3) 기능론 비판

문학 기능의 두 개의 교시적 기능과 쾌락적 기능은 분명 그 중요성이 클 것임에는 틀림없으나 그 어느 하나가 편중적으로 극단화될 때는 커다란 부작용을 일으킬 수 있음을 유의해야 한다.

교시적 기능의 경우 문학의 역할을 사회개혁이나 이데올로기의 전파, 교육적 계몽적 수단으로만 인식될 경우 문학의 순수한 자율성은 상실되고 문학이 어떤 목적에 봉사하는 중간매체로 전락하게 된다. 그러한 경우의 문학을 선전문학, 목적문학, 이데올로기 문학, 어용문학 등으로 부르게 되는데 1920년대 프로문학이 절정에 이를 무렵 문학이 이미 그 본령을 잃고 계급투쟁과 이념전파의 선전(propaganda)된 경우가 그 대표적인 예이다. 마르크스주의 문학론이나 사회주의적 리얼리즘이 이러한 위험성을 보여 준 것이었고 어느 특정인의 지배 이데올로기를 전파하기 위한 어용문학 역시 이러한 범주에서 벗어나기 어려운 것이다.

문학이 진정한 교시적 기능을 갖기 위해서는 디킨스(De Quincey)가 지적했듯이 지식의 문학(literature of knowledge)이 아닌 힘의 문학(literature of power)이 되어야 한다. 즉 직접적으로 가르치고 교육하는 것이 아니라 깊은 공감력에 의해 마음을 움직이게 하는 것이어야 한다. “위대한 작품은 우리를 가르치지 않고 우리를 변화시킬 뿐이다”고 한 괴테의 말은 이러한 점에서 시사적이며 엘리엇은 이러한 감동을 설복(persuade)이라는 말로 쓰고 있다. 생소한 이념이나 사상의 전수를 위한 것이라면 사상서나 철학서를 택하는 것이 오히려 유익하다. 그러나 독자들이 오히려 「무정」을 선택하는 이유는 무엇인가. 워즈워드(Wordsworth)가 문학의 사상을 감동적 사상이라 했고 발레리(Valery)가 사고는 시귀(詩句)속에서 마치 과일 속에 묻힌 영양소와 같이 숨겨져 있어야 한다고 한 말은 이러한 차원에서 음미해야 할 발언들이다.

쾌락적 기능 역시 그 극단화는 커다란 부작용을 유발한다. 콜리지(Coleridge)가 이미 쾌락의 유형을 세 가지로 나누고 있지만 이 세 유형의 쾌락이 조화되지 못하고 특히 제 1유형 즉 관능적이고 원초적인 본능적 쾌락만을 문학이 추구할 때는 문학은 이미 문학이 아닌 상업주의 또는 소비문학으로 전락하게 된다. 흔히들 일회용 문학이라는 말을 하고 있듯이 순간적인 쾌락주의(hedonism)의 추구에 봉사하고 소멸해 버리는 것이다. 통속적인 신문 연재물, 저속한 주간지의 연애 소설 등은 물론 인기위주의 통속작가의 작품들은 문학의 고상한 쾌락과 정신적 승화감, 카타르시시의 효과를 외면한 채 감각적이고 도피적인 쾌락과 흥미의 추구에 몰두하는 것이다.

문학의 형식과 내용은 두 개이면서 하나이다. 두 가지 기능 역시 마찬가지다. 동전의 표리와 같은 관계에 있다. 쾌락만을 추구해서도 안 되고 교훈만을 추구해서도 안 된다. 이 두 개의 기능은 상호보완적인 관계에 있어야 한다. 예술은 본질적으로 아름답고 속성적으로 진실하다고 한 르네 웰렉(Rene Wellek)의 말이나 쾌락과 정서는 필요한 것이나 고상성(nobleness)이 희생되어서는 안 되며 고상성 또한 필요한 것이나 쾌락이 희생되어서는 안 된다는 보상크(Bosanquet)의 말은 이러한 점을 분명히 밝히고 있는 것이다. 문학의 즐거움이 고상한 즐거움(higher pleasure)으로서, 문학의 효용이 미적 진지성(aesthetic seriousness)으로서 조화로운 결합을 이룰 때, 문학의 기능은 참다운 본질을 발휘할 수 있는 것이다.

6. 문학의 요소

1) 문학의 형성요소

문학이 문학으로 존재하게 하는 요소란 무엇인가? 문학은 단순히 작품만으로 존재하고 그 작품만 연구한다면 모든 것이 다 끝났다고 할 수 있을 것인가? 문학은 결코 작품에만 국한하고 있는 것이 아니다. 적어도 문학을 본격적으로 연구하고 이해하려 한다면, 작품을 창작한 작가나 작품을 읽고 감상하는 독자의 문제도 중요한 요소가 되는 것이다. 그러므로 문학작품을 중심으로 하여 사물과의 관계, 독자와의 관계, 작가와의 관계 그리고 작품자체에 내재해 있는 유기적인 구조 등을 추적하는데 따라 문학연구의 분야가 갈라진다. 에이브럼즈(M.H. Abrams)는 이것을 모방론, 효용론, 표현론, 존재론으로 나누고 문학론의 근본체계를 수립했다.

작가와 작품과 독자 사이에서 문학을 대하는 서로 다른 관점(문학론)이 나타난다고 볼 수 있다. 따라서 작가와 작품과 독자는 각각 문학을 존립케 하는 중요한 요소가 되고 있는 것이다.

(1) 작가의 체험세계

먼저 작가는 작품으로 표현할 재료를 체험에서 얻는다. 작가의 체험은 직접 경험에서 얻은 모든 것이 포함된다. 그리고 한 작가의 모든 체험이 종합되고 축적되어서 한 작가의 인격체(personality)로 나타나는 것은 당연한 결과다. 나아가서 작가의 인격은 무의식적으로 사고와 행동을 결정하게 된다. 작가가 직접적으로나 간접적으로 체험한 세계는 한 작품에 내재하는 인생관, 세계관 형성에 지대한 영향을 미치게 되는 것도 사실이다. 참다운 의미에서 문학을 이해하기 위해서는 작품 속에 자리 잡고 있는 사상만이 아니라, 작가 쪽의 인격이나 인생관에 관한 이해도 중요한 것이다. 작가의 인격이나 인생관의 차이로 인해 지금까지 수많은 전쟁 이야기나 사랑의 이야기가 있지만, 서로 다른 사상과 주제를 드러내고 있는 예가 허다하기 때문이다.

문학연구에서 작가론의 경우, 전적으로 이 작가의 문제를 중요시하고 있다. 어떤 작품을 낳게 한 작가의 모든 것을 구체적으로 조사하여 마치 전기와 흡사하게 엮어 나가는 작업이다. 이때 작가의 모든 것은 사소한 것에 이르기까지 조사되고 종합되어 하나의 체계를 세우게 된다. 가령 작가의 출생, 환경, 가계, 성격, 기호 등을 통해 작품에 미친 영향, 그리고 어쩔 수 없이 그렇게 밖에 씌어 질 수 없었던 결정적 요인을 설명하게 되는 것이다. 그러므로 작가는 문학을 이룩하게 하는 첫 요소가 되지 않을 수 없는 것이다. 어떤 작품이라도 작가의 결정적인 충동작용이 없고서는 작품이 탄생할 수 없기 때문이다.

(2) 작품구조

문학작품은 하나의 자족적 실체로 인식될 만큼 형식주의자들은 작품자체를 중시한다. 작품은 존재양식, 구조, 미적 범주 등의 측면에서 고찰될 수 있다. 작품구조 면에서 살펴보면 구조란 작품의 각 부분의 요소들이 전체를 이루고 있는 짜임새를 말한다. 즉 요소와 요소들이 긴밀한 상호연관을 가짐으로써 완결된 의미의 덩어리를 형성하게 될 때, 이처럼 치밀한 내부적 조직을 가지고 있는 하나의 완성된 현상을 이룩한다. 문학의 구조란 하나의 전체를 이루는 모든 요소들의 총합으로 본다.

시의 행과 연은 각각 시 작품 사이에 유기적 관련을 맺고 있어 엘리엇(T.S. Eliot)는 시는 어디까지나 시 자체로 보아야 한다고 했다. 또 소설에 있어서도 각 사건과 사건, 삽화의 단계와 소설작품 사이의 유기적 결합을 나타내는 구조파악들은 모두 부분적 구조(하위구조)가 전체구조(상위구조)의 형성을 위해 필요 불가결한 기능을 가지고 있음을 알 수 있다. 따라서 각 부분은 유기적 통일을 유지하고 있으므로 전체 작품을 완결체로 만드는 것이다.

(3) 독자의 수용미학

독자가 작품을 이해하는 과정은 긍정적인 의미에서의 공감과 부정적인 의미에서의 비판으로 갈라 생각할 수 있다. 똑 같은 작품이라 할지라도 독자 쪽에서의 공감과 비판 폭은 얼마든지 달라질 수 있다. 공감과 비판은 작품에 나타나 있는 인생관과 독자가 가진 인생관과의 관계에서 생겨나기 때문이다. 말하자면 작품과 독자의 인생관이 서로 일치할 때 공감이 일어나며, 서로 다르게 나타날 때 비판이 일어난다. 먼저 독자 쪽에서 일어나는 공감의 경우를 몇 가지 살펴보자.

첫째 독자가 막연하게 또는 어슴푸레하게 생각하고 있던 일을 작품을 통해서 재확인하였을 때 느끼는 경우다. 우리가 작품을 읽는 이유 중의 하나로서 무엇보다 그 작품을 읽고 즐거움을 느끼는 데도 있다. 재인식의 경험은 현실이라고 하는 막연하고 잡다한 혼돈 속에서 그저 어슴푸레하게 또는 한 순간 별똥처럼 번쩍이다만 이미지의 단편이나 섬광을 작가가 작품 속에 포착하여 뚜렷하게 체계를 세운 것을 독자가 재확인하고 재발견하는 경험이다.

그러므로 두 번째 공감을 얻는 경우는 리얼리티를 터득했을 때다. 사실 우리는 하루도 일상현실을 떠나서 살 수 없다. 그러나 그 일상을 구체적으로 느끼며 살아가지 않는다. 막연하게 생각하고 느끼며 살아갈 뿐이다. 그런데 어느 날 그렇게 막연하게 생각하고 살아왔던 현실에 대하여 구체적이고 치밀하며 박진감 있게 작품으로 보여주고 있을 때, 그 작품을 통해 독자는 무한한 공감을 체득하게 된다. 이것은 리얼리티를 통해 받은 즐거움이요, 감동이 아닐 수 없다. 이렇게 하여 독자는 막연하게 생각해 왔던 그런 현실을 구체적으로 재확인 했을 때 받아들인 공감대로서 계속해서 작품을 읽게 되는 것이다.

그런 반면 작품을 읽고 부정적인 비판이 끊임없이 제기되는 경우도 있다. 비판이란 일정한 가치기준에 따른 판단이므로 가치기준이 무엇이냐에 따라 비판의 기준은 얼마든지 달라질 수 있다. 가령 독자 쪽의 주관적 기준에만 전적으로 매달려 비판하는 경우와 독자의 가치기준은 전연 무시하고 작품 쪽에만 가치기준의 절대치를 두고 비판하는 객관적 태도가 있다. 전자는 개인의 취미 또는 기호에 따라 달라지기 때문에, 자신의 취미 또는 기호와 어긋난 작품에 대하여 가차 없이 비판을 가하게 된다. 따라서 이러한 경우 독자 개인의 지적 수준, 즉 지식의 넓이나 깊이의 문제가 대두되지 않을 수 없다. 그런 반면 후자는 작품에 실재하고 있는 가치가 하나로 독립해 있다고 보고 그 실체를 비판한다. 널리 알려져 온 형식비평은 어느 작품이나 언어 예술로 이루어져 있으므로 그 언어구조를 면밀하게 분석 검토하여 작품의 가치를 비판하게 된다.

2) 문학의 4요소

(1) 허드슨의 견해

영국의 문학자 윈체스터(Winchester)는 문학의 네 가지 요소로서 정치 · 상상 · 사상 · 형식을 들고 있다. 그리고 이와 비슷하게 허드슨(W.H. Hudson)도 「문학연구의 입문」(An Introduction to the Study of Literature)에서 지적 요소와 정서적 요소와 상상의 요소, 그리고 창작과 양식의 요소로 나누고 있다.

창작으로서의 문학은 언어로 표현되는 세계인만큼 형식이 필수조건이지만, 또 감정과 정서 중심의 정신활동이라 하더라도 감정만의 활동이 아닌 이상 감정에 상응할 사상 곧 지적 세계가 필연적으로 동반되지 않을 수 없다. 또 이미 놓여있는 세계의 설명이 아니라, 창조의 세계인 관계로 상상이 특히 중요한 요소로 지적되지 않을 수 없다. 결국 문학의 요소로서 이들 4가지를 빼 놓을 수 없다.

(2) 감정과 정서

감정(feeling)과 정서(emotion)란 낱말은 우리나라에서는 명백하게 구분해서 쓰고 있지 않다. 국어사전에 의하면 감정은 '사물에 느끼어 일어나는 희로애락 등의 심정'이라 했고, 정서는 '생각에 따라 일어나는 감정의 실마리'로 풀이하고 있다. 단순히 이렇게 볼 때 감정은 정서보다 저급한 것으로 생각되기도 한다. 그러나 이 둘은 문학에 있어서 매우 중요한 기능과 영역을 차지하고 있는 것이다. 가령 오관기능을 통해 일어나는 느낌이나 여러 가지 생각에 따라 일어나는 느낌은 모두 문학에 있어서 매우 중요한 역할을 수행한다고 보기 때문이다. 그럼에도 불구하고 문학에서는 감정이란 말 대신에 정서란 말을 널리 쓰고 있다.

정서는 사상과 달리 주관적인 것이 특징이다. 제임스(W. James)는 정서를 '자극이 되는 사실을 지각한 뒤를 따라 신체적 변화들이 나타나는데 그 변화의 의식이 곧 정서인 것'이라 정의했다. 예컨대 한 송이 아름다운 꽃을 보면 누구나 안정된 미소가 피어오른다든지, 또 느닷없이 그림자가 나타나면 등골이 움칫해지는 것은 전자가 환희의 정서를 느낀 것이고, 후자는 공포의 정서를 느낀 결과다. 이런 것은 모두 미적 정서(aesthetic emotion)를 유발한 것이다. 문학에서 이러한 미적 정서는 중요하다.

보산퀘(Bosanquet)는 우리에게 즐거움을 줄 수 있는 미적 정서의 3대 특질을 영속적, 상관적, 공통적인 것이라 규정하고 미적 정서를 경험하는 우리의 마음은 관조적이어야 하며 정서는 구체적이고 형성화되어야 한다고 했다. 즉 첫째의 영속적이란 아무리 누려도 포만하지 않고 언제까지나 계속될 수 있다는 뜻이요, 둘째의 상관적이란 것은 미적 대상이 자기 자신의 일이 아닌, 작가와는 일정한 거리가 있다는 뜻이며, 셋째의 공통적이란 언제든지 누구든지 향유할 수 있도록 일정한 대상 속에 구현된 정서란 것이다.

문학에서는 미적정서를 제 일차적인 본질요소로 갖추지 않으면 안 된다. 문학은 어디까지나 이 정서를 표현하고 난삽한 관념이나 사상까지 정화시켜 나타내므로 독자에게 단순한 지식을 심어주는 대신 영원한 감동을 주게 되는 것이다.

(3) 상상세계

문학에서 상상요소는 무엇보다 창조성과 직결되는 세계이다. 그럼에도 불구하고 상상은 베이컨(F. Bacon)이전까지 별로 이렇다 할 만큼 각광을 받지 못하고 있었다. 말하자면, 아리스토텔레스 이후 신고전주의 시대까지 모방론이 문학의 주류를 형성해 왔기 때문에 상상보다는 이성을 더 중시했다. 그러나 베이컨은 '역사는 기억, 문학은 상상, 철학은 이성'에 직결되어 있다고 말하면서 역사와 철학이 사실 또는 실재를 다루는 데 반하여 문학은 사실에 대한 지식을 가지고 유희하는 것이라 하였다.

제임스(W. James)는 상상을 정의하여 '상상은 과거에 느꼈던 원물의 모상을 재생하는 능력을 일컫는 명칭'이라 했다. 그러므로 상상은 과거에 느꼈던 사실의 세계에 매이지 않고 사실보다 더 아름답게, 훌륭하게, 다양하게 만들어 즐기는 세계이다. 감각적 체험의 잔재들을 가지고 새로운 심상을 만들어 내는 능력은 문학의 값진 창조세계가 되는 것이다. 상상은 모든 예술을 창조하는 근원적 능력으로서 중요한 요소가 되고 있는 것은 사실이다.

(4) 주제와 사상

문학에서 사상은 작품전체를 위대하게 결정해 주는 요소다. 따라서 정서나 상상은 문학의 독창성을 만들어 준다는 의미에서 부분적 요소에 불과한 것이다. 그만큼 동서고금을 통해 문학의 사상은 아주 가치 있게 다루어 왔다.

문학에서 말하는 사상은 작가의 인생관이나 세계관에 의해서 결정되고 작품 속에 숨겨진 의미 내용을 가리키고 있다. 사실 문학에서 말하는 사상은 필요하면서 충분한 조건은 되지 못한다. 정서나 상상이라는 요소가 자리 잡고 있는 한 문학에서 사상성을 고도로 요구하면 할수록 그것은 이율배반적인 것이 되기 때문이다. 요컨대 정서나 상상이 인간의 주관적 세계라 할 파토스를 지향한다면, 사상은 엄격한 로고스를 지향하기 때문이다. 이처럼 두 개의 상반되는 정신세계이지만 작품 속에서 사상성은 언제나 작품의 무게나 가치를 결정해 주기 위해 필요한 요소로 나타난다.

대체로 이러한 사상을 작품에서 드러나게 하는 직접적인 계기는 주제로서 구현된다. 한 마디로 말해 주제란 작가가 작품을 통해 궁극적으로 말하고자 하는 사상이나 감정이다. 따라서 주제는 도덕적인 것, 철학적인 것, 현실적인 것 등으로 얼마든지 다양하게 표출될 수 있다. 우리나라의 고대소설에서 많이 찾아볼 수 있는 권선징악적 주제, 개화기 신소설이나 춘원소설에 이르기까지 열렬이 다루어 왔던 신문화, 신문명에 대한 계몽적 주제, 그리고 프로 문학에서 공식적, 상투적으로 다투어 왔던 빈부 갈등에서 빚어진 계급 투쟁적 주제 등은 다 그러한 예이다. 그러나 중요한 것은 이러한 주제가 작가의 인생관, 세계관과 결부하여 사상으로 승화되어 나타나기까지 어떻게 감정이나 상상의 영역과 조화를 이루고 있는가에 있다.

그것은 근대에 이르러 문학을 사상주의로 매도한 예가 허다했기 때문이다. 극심한 경우는 사상을 정책주의로 몰아넣으려는 경향까지 있었는데, 이것은 문학의 독자성을 위해 매우 위험한 사태로 보지 않을 수 없다. 문학은 어디까지나 문학이라는 독자성을 허물어뜨릴 수 없다. 그러므로 문학을 특정한 사상의 설명이나 선전의 도구로 생각하는 것은 지극히 위험스럽고 그릇된 생각이 아닐 수 없다.

문학에서 사상은 중요한 요소이다. 그러나 그것을 미적 요소라 할 정서나 상상과 알맞게 조화를 이루지 않으면 안 되는 일정한 한계를 지니고 있다는 것을 인식해야 할 것이다.

(5) 형식 기교

작품의 형식은 편의상 내용과 구별해서 말하고 있지만, 이것은 엄격한 의미에서 구별되어 질 수 없는 세계이다. 문학작품은 내용과 형식이 유기적으로 결합된 하나의 통일체이며 전일체이기 때문이다.

내용은 형식을 결정하고 형식은 내용을 결정한다는 말이 있듯이 이들은 불가분리의 관계에 놓여 있다.

'모든 예술은 음악을 지향한다'는 페이터(W. Pater)의 말은 모든 예술은 내용과 형식의 완전한 일치를 이상으로 생각하는데, 그것이 실현되는 곳은 오직 음악뿐이라는 것이다. 그러므로 음악을 제외한 모든 예술은 형식과 내용의 일치를 요구하고 있지만, 거의 일치된 상태가 아니라 괴리된 상태에 놓여있다고 말한다.

문학은 다른 예술보다 더 폭넓고 복잡한 인생의 모습을 반영하고 있다. 그러므로 여러 가지 요소들이 하나의 질서 속에 통일을 지향하지 못할 때, 그 부분적 요소들은 무가치한 것이 되거나 그 작품의 가치를 파괴하는 역할로 밖에 되지 못한다. 그러므로 문학형식에 관계되는 모든 요건들은 통일성을 지향한다. 통일성은 완전, 방법, 그리고 조화의 세 가지 조건들을 전제한다.

완전은 형식에 있어서 어떠한 부족함을 허용치 않는 것을 의미하고, 방법은 한 작품의 구성물을 적절한 순서와 조화로운 비율에 따라 전체적인 조율로 구성시키는 것을 말한다. 그리고 조화는 작품에 부적당하고 불합리한 것들을 제거하는 것은 물론, 합당하고 합리적인 것일지라도 작품전체를 감소시키거나 전체적인 정서의 흐름을 둔화시키는 것들을 제거하는 것을 말한다.

말하자면, 문학의 형식은 내용과 유기적으로 결합되어 구체적인 작품을 형성하는 요소로서, 예술적인 미를 조성하는데 크게 기여한다고 볼 수 있다.

7. 문학의 언어

문학은 언어 예술이다. 모든 예술은 각각 그 특정의 매체를 가진다. 무용의 그것은 몸이여, 음악은 소리, 그림은 색채, 조각은 대리석 등이 듯이 문학의 매체는 언어인 것이다. 근대이전의 문학이 대체로 무엇을 표현하느냐는, 곧 내용성에 치중한 것이라면, 현대문학에 이르러서는 어떻게 표현하느냐는, 형식적인 문제 곧 언어조건에 힘을 기울이는 경향이 있기 때문이다. 랜섬(Ransom)등의 신비평은 물론이지만 문체론적 비평이나 형식주의 비평 등이 현대문학의 이러한 경향을 보이는 주된 비평적 입장이다.

그러나 언어는 문학만을 위하여 존재하는 것은 아니다. 언어는 역사적 사회적 소산이기 때문에 시대성을 투영하고 있으며, 사회적인 약속으로서 일반적인 의미를 담고 있게 마련이다. 문학이 언어를 수단으로 삼는 점에서는 과학과도 일치하지만, 그것이 서로 다른 것은 언어의 사용 방법이라 할 수 있다. 문학가(文學家)는 모든 사상전달의 도구로서 언어를 가지고 내면 감정을 표현해야 하기 때문에 그것이 지닌 특수한 기능중의 어느 것을 사용해야 하느냐하는 어려움이 있게 마련이다.

1) 외면적 언어와 내포적 언어

(1) 외면적 · 내포적 언어

언어의 과학적 사용은 개념의 정확성을 목표로 삼아야 한다. 하나의 언어는 하나의 사물만을 정확하게 지시해야 하는 것으로 더 다른 의미가 부가되어서는 안 된다. 그 때문에 언어와 그 언어가 지시하는 사물 사이에는 1 : 1의 정확한 대응관계가 성립한다. 곧 언어(言語)와 그것이 지시하는 사물과는 '기호=사물'의 등식으로 표시되며 누구에게나 하나의 명백한 의미만이 전달되도록 해야 하는 것이다. 언어의 이러한 사용법을 외연(denotation)이라 하는데, 이를 달리 언어의 지시적, 논리적 용법이라고도 할 수 있다.

그러나 문학적 언어는 사전적 의미 뿐 아니라 전혀 특수한 의미, 또는 비논리적 비합리적인 의미를 형성하게 된다. 언어의 특수하고도 개별적인 의미를 추구하려는 것이 문학인 것이다. 한 마디로 말에서 되도록 많은 의미를 포함하려는 이러한 사용법을 내포(connotation), 또는 언어의 함축적 사용이라고 한다.

웰렉(R. Wellek)은 「문학의 이론」(Theory of Literature)에서 과학적 용어는 순수하게 외연적(denotation)인데 비해, 문학적 언어는 내포적(connotation)이라고 하였다.

그리고 리처드(I.A. Richards)도 「문학비평의 원리」(Principles of Literary Criticism)에서 언어의 성질을 구별하여 정서적 용어와 비정서적 용어로 나누면서 문학은 감정적인 전자로, 과학은 추상적인 후자로 표현된다고 하고, 지시에 의한 언어의 과학적 용법과 허구에 의한 언어의 환경적 용법에 대해 설명하고 있다. 비합리적인 애매모호한 문장은 과학적 문장에서는 금물이다. 이런 어법을 외연적 언어라고 하는 것이다.

그러나 서정주는 그의 「국화 옆에서」라는 시에서 '국화'를 '누님'으로 비유하고 있다. 이런 표현은 실재하는 국화의 사전적 의미와는 거리가 먼 논리성이나 실증성과도 무관한 것이다. 외연적 언어가 언어의 지시적이고 표시적인 기능을 추구하는데 반하여 내포적 언어는 함축적인 것이다.

이와 같이 언어가 내포적으로 사용하면 사용할수록 문학적이고 미학적인 것에 가까워지고 그 언어가 외연적으로 사용하면 사용할수록 과학적인 것에 가까워진다. 한 언어가 문학적으로 쓰여 졌느냐 않느냐 하는 것은 그 언어의 외연적 사용 혹은 내포적 사용이 어떻게 쓰여 졌느냐에 의해서 결정되는 것이다. 다시 말해서 문학적 언어는 함축적이고 내포적이며 상징적이고 암시적이다.

2) 구체적 언어

(1) 구체적 언어

언어는 본래 추상적이지만 문학작품의 표현은 구체적이라야 한다. 언어의 사용을 방법에 따라서 진술(statement)과 표현(expression)으로 나누기도 한다. 과학은 설명적인 언어표현을 매개로 하지만, 문학의 경우는 구체적인 표현을 통해서만 그 효과를 거둘 수 있다.

문학의 이러한 구체성은 철학이나 미학에 있어서는 보다 많은 지식적 소산의 개념을 취급하는 만큼 비교적 그 해결이 빠르지만 정서, 상상의 소산인 문학에서는 내용이 벌써 뉘앙스가 짙은 애매성을 띠기 때문에 적확한 표현을 기한다는 것은 사실상 용이한 일이 아니다. 아리스토텔레스가 훌륭한 문체의 조건의 하나로 '적당한 언어'라는 말로 그 중요성을 지적하고 있는 것도 그러한 의미에서다. 영국의 문학자 스위프트(Swifit)도 문체를 정의하여 '적당한 말을 적당한 장소에 배치한다'(the right word in the right place)고 주장한 것도 같은 맥락에서다.

다시 말해서 문학어의 구체성은 언어의 선명성(vividness) 또는 정확성(accuracy) 진실성(reality)까지를 뜻한다고 할 수 있다.

요컨대 문학은 언어를 매체로 한 예술로서 문학어는 첫째로 내포적 함축적 상징적 암시적이고 둘째로 구체적이며 그리고 셋째로 정서적 표현이라야 한다는 말이다.

8. 문학의 장르

1) 장르의 개념

(1) 장르의 의미

장르(genre)란 라틴어(genus)에서 유래된 말로서 이것이 프랑스어에서는 genre, 영어로서는 genus, 독일어에서는 Genus로 각각 표시되고 있다.

장르의 개념을 한 마디로 작품의 객관적 구성, 가령 형식, 내용, 표현양식 등에 관해 공통된 특징을 갖는 무리로서 구별되는 일종의 틀(pattern)로 규정하고 오늘날 문학을 어떤 객관적 기준 곧 구분원리의 차이에 따라 장르도 다양하게 설정된 것으로 본다.

그리고 장르는 시대와 지역에 구애됨이 없이 공통되게 나타나는 장르를 Gattung, 시대와 지역의 영향을 받은 장르 류가 변형된 형태로 나타난 것을 art라고 하여 두 종류로 대별된다. 말하자면 유개념과 종개념으로 대별되는 셈인데, 상위개념으로서 유개념은 서정양식, 서사양식, 극 양식으로 나누어지고, 이러한 상위개념 밑에 하위개념으로 종개념의 장르가 여러 갈래로 분화된다.

2) 장르의 구분

(1) 아리스토텔레스의 분류

아리스토텔레스는 그의 「시학」에서 일찍이 문학을 모방의 대상, 모방의 양식에 따라 분류했다. 아리스토텔레스는 문학양식에 대한 구분을 막연하지만 시도하고 있었다. 그 후 많은 문예 이론가들은 제각기 특색 있는 분류기준으로서 문학의 장르를 설정하려 했다.

(2) 허드슨의 분류

허드슨(W.H. Hudson)은 문학을 분류하는 기준으로서 문학을 생산하는 충동과 작품과 다루는 제재의 두 가지를 설정하고 이 기준에 따라 문학을 다음과 같이 셋으로 분류했다. 첫째로 자기표현의 문학, 둘째로 작가가 자기 자신에서 벗어나 인간의 외부적 생활과 활동의 세계로 나가는 문학, 셋째로 묘사의 문학이다. 이것은 자아와 세계 사이의 역동성의 문제이다. 자아를 문제 삼는 것과 세계를 문제 삼는 것, 그리고 이들의 상호작용이 빚어내는 가운데 나타나는 문제로 분류하고 있다.

(3) 슈타이거의 분류

슈타이거(E. Steiger)는 「시학의 근본개념」에서 장르를 서정서, 서사시, 극시로 분류한 것을 시간적 개념으로 해석하여 주목을 끌었다. 그에 의하면 서정적 양식(lyrischer Stil)은 현재시간의 회상(erinnerung), 서사적 양식(epischer Stil)은 과거시간의 표상(vorstellung), 극적 양식(dramatischer Stil)은 미래시간의 긴장(spannung)으로 각각 대응시켜 각 장르의 범주를 구분하려 했다.

서정 · 서사 · 극이란 3분법이 인간문제의 근원적인 능력으로서 정감적인 것과 형상적인 것과 논리적인 것의 총체가 마치 유년기와 청년기, 그리고 성년기를 구별 짓는 것과 같이 독자적으로 존재한다는 것이다.

(4) 콜웰과 프라이의 4분법

슈타이거의 서정양식 · 서사양식 · 극양식이란 3분법과 달리 콜웰(C. Colwell)은 소설 · 희곡 · 에세이 · 서정시란 4분법에 의해 장르를 설정했다. 그의 이 4분법은 작자, 작품 그리고 청중과의 상호관계에서 파악되는 제시방법과 구조라는 두 가지 구분 원리에 따르고 있다. 말하자면 각 장르의 제시방법의 측면에서 보면, 소설은 청중만 존재하고, 희곡은 청중과 작품이 존재하며, 에세이는 청중과 예술가가 존재하며, 서정시는 예술가와 작품이 존재한다는 것이다. 그리고 각 장르의 구조는 그 장르를 규정짓는 제시방법에 기인한다는 것이다. 그래서 소설의 구조는 의식(consciousness)이고 희곡은 사건, 에세이는 테마, 서정시는 토운에서 자리 잡는다고 했다.

한편 신화비평의 이론을 확립한 프라이(N. Frye)는 그의 저서 「비평의 해부」(Anatomy of Criticism)에서 인류의 근본적 신화라고 보여 지는 봄, 여름, 가을, 겨울의 4계절에 관련해서 문학의 4대 장르인 봄의 신화(희극), 여름의 신화(로망스), 가을의 신화(비극), 겨울의 신화(아이러니와 풍자)라는 특이한 도식을 작성하여 문학 장르의 원형을 밝히고 있다. 이것은 어디까지나 신화를 문학의 원형으로 삼을 때 가능한 얘기이나 장르의 혼란을 극복하려는 의지를 보여준 점에서 일단 주목할 가치가 있는 것이다.

9. 문학의 문체

1) 문체의 개념

(1) 문체의 어원

문체의 어원은 원래 라틴어 스틸루스(stilus)에서 유래한다. 문체의 개념에 대한 몇 사람의 정의를 살펴봄으로써 보다 분명한 이해를 할 수 있으리라 생각한다. 머리(J.M. Murry)에 따르면 문체라는 것은 개인의 사고하는 방법 혹은 감정, 감각의 차이, 사상의 체계 등 개별적이고도 특수한 것 즉 개인마다 다른 자기의 독특한 사상이나 감정 등을 독자적인 방법으로 전달하려는 언어활동 행위라는 것이다.

기요(Guyau)는 문체는 표현의 기교라는 입장에 서고 있다. 머리와 기요는 두 사람 다 '문체는 작가의 표현 방법이나 기교다'라는 면에서, 작가의 정신과 작가의 그 표현 능력을 합한 의미로 보고 있다.

웰렉과 워렌(Rene Wellek & Austin Warren)은 「문학의 이론」(Theory of Literature)에서 문체는 문학과 수사학의 분야와 밀접한 관계에 있고 문학에 예속되는 것이 아니라고 하여 문체론도 하나의 독립적인 학문분야임을 인정하고 있다.

(2) 문체의 정의

에이브럼즈(M.H. Abrams)의 문체에 대한 정의를 살펴보면 문체는 산문이나 운문에 있어서 언어의 표현 방식으로써 그것은 무엇을 말하든 간에 화자(speaker)나 작가(writer)가 어떻게(how)말하는가 하는 그 방법이다. 작품이나 작가의 특색 있는 문체는 어법(diction), 즉 낱말의 선택과 문장구조 및 언어 구사 법(syntax), 비유적 언어의 사용회수와 유형, 그리고 나아가 리듬의 양상, 구성요소의 음성, 그 밖의 다른 형식적인 특징 및 수사학적 목적과 장치에 의해서 분석될 수 있다.

문학 연구에 있어서 문체는 작가의 개성, 작품의 주제, 작품의 미학적 가치, 다시 말해서 문학이라는 특수한 영역이 목적하는 바를 독특하고도 개성적으로 가장 잘 수행하기 위한 언어 전달 행위라 하겠다.

2) 문체론의 성립

문체론이라는 용어는 1950년대 이래 문학작품의 분석 방법에 적용되어 왔다. 문체론(stylistique)이라는 명칭은 라틴어의 '수사학적 용법을 가르치는 학술'이라는 의미로 사용되어 왔다. 문체론은 이제 사회학, 심리학, 미학, 문예학, 수사학, 문법론 등의 보조학문의 지원을 받아 문학작품에서 작가 개인적인 문체를 고찰함으로써 그 작품의 표현미학과 구조미학을 구명하는 독립된 학문으로 부상한 것이다.

3) 문체론와 수사학과의 관계

수사학(rhetoric)은 아리스토텔레스, 퀸틸리아누스(Quintilianus), 롱기누수(Longinus) 등에 의하여 하나의 학문으로 체계화 되어, 중세의 대학에서는 문법(grammar), 논리학(logic)과 함께 3학의 하나로 간주되었다. 퀸틸리아누스는 수사학의 문체를 명백체(plain style), 장중체(grand style), 미문체(florid style) 등으로 나누고 있는데, 그에 의하면 문체는 수사학의 일부 영역으로 간주되는 것이다. 이러한 수사학이 서양에서는 웅변술(eloquence)로 간주되어 차차 궤변(sophism)으로까지 발전하였고, 동양에서는 시(時)와 문(文)의 작법을 위한 관심의 대상이 되었다.

'문체는 개성이다', '문체는 인간 자체다', '문체는 작가의 대현실 안이다'라는 말을 환기시켜 볼 때 위의 수사학적인 유형과 문체는 거리가 멀다는 것을 직감하게 된다.

문체란 개인의 사고하는 방법, 감정이나 감각의 차이 등 특유한 것, 개별적인 특수성을 독자적인 방법으로 문자를 통해 표현한 것이다. 그러므로 문체는 작가의 정신이나 이념보다도 훨씬 리얼한 것이다.

4) 스타일과 토운(Tone)

우리는 흔히 문체를 언급하면서 토운을 곁들이는 것을 보게 된다. 그러면 문체와 토운의 관계를 살피기로 하자. 그럼으로써 문체에 대한 보다 명쾌한 이해를 할 수 있을 것이다.

시에 있어서 토운은 주제(subject)와 향수자(audience), 때로는 작가 자신을 통한 작가의 태도(attitude)를 의미한다. 엄격히 말해서 토운이란 하나의 은유(metaphor)인데, 그것은 연설이나 노래안에서 음의 색깔로부터 이끌려 나온 은유인 것이다.

대화를 하다보면 우리는 가끔 우리의 태도를 함축하는 수가 있다. 그리하여 무엇인가를 말하는 함축적인 토운에 의하여 우리가 진정으로 뜻하는 의미를 전달할 수 있는 것이다.

단순한 한 마디 '예, 그래요'란 말의 의미는 단지 토운의 변화에 따라서 열정적이거나 존경스러운 찬성을 표시하는 어떤 의미를 지닌 것 외에 반대의 모욕적인 의미를 지니는 수도 있다.

결국 우리는 토운과 문체와의 관계를 다음과 같이 말할 수 있게 된다. 토운은 주제(subject)와 향수자(the reader)에 따라서 달라질 수 있는 작가의 태도이므로 교훈적인 주제를 전달하려는 작가의 태도와 감미로운 청춘남녀의 사랑 이야기를 전달하려는 작가의 태도와는 분명히 다르다. 마찬가지로 유치원생이나 초등학교 학생들을 제일 독자로 간주하고 쓰는 글과 대학생이나 성인을 제일 독자로 생각하고 쓰는 글은 그 토운이 다르다. 그러므로 주제를 보는 작가의 눈인 문체와 주제를 전달하려는 작가의 태도인 토운과의 관계는 토운이 문체의 한 부분임을 알 수 있다.

10. 문학의 미학

1) 문학 미학의 개념

(1) 문학의 미

문학은 이원적 세계상을 드러내고 있다. 즉 문학외적 측면에서의 효용성과 문학내적 차원에서의 예술성이 그것이다. 문학이 사회, 정치, 역사, 철학 등 인간의 제 분야와 밀접히 관련을 맺고 있고 그러한 분야와의 역동적인 관계 구조에 놓여 있음은 주지의 사실이다. 문학은 엄연히 예술인만큼 일정한 예술적 원리에 의하여 그 고유의 구조와 미적 가치를 소유하는 것이다. 즉 문학은 예술성을 그 고유의 영역으로 하고 있다. 바로 문학이 고유의 영역으로 삼고 있는 예술성은 미를 드러내고 미의 추구를 속성으로 한다. 따라서 문학은 사회개조와 윤리도덕을 드높이기 이전에 이러한 미를 드러냄과 미의 추구를 본질로 하고 있는 것이다. 철학의 새 분야인 미학을 성립시킨 쇼펜하우어도 이미 문학의 본질은 미의 추구에 있다고 못 박았던 것이다. 그러나 문학의 이러한 이원적 성격은 서로 대립적이거나 상호불용적인 것은 결코 아니다. 문학에서의 미의 추구는 시대와 사회의 변천과 전혀 무관하게 이루어지는 것은 아니다. 당대의 세계관,

가치관의 변천에 따라서 문학이 추구하고 지향하는 미의 세계도 영향을 받는다.

문학의 미는 바로 작가의 세계관에 직결되는 문제이다. 따라서 미적 범주는 작가의 세계관 감수성의 차이, 제재를 다루는 기법정신에 따라 달라질 수 있는 것이다. 톨스토이 입장에서는 숭고한 인간의 윤리성이 미의 정점에 서나 보들레르에게는 악마적 퇴폐성이 미의 정점에 놓이는 것이다.

이러한 현상은 독자 편에서도 마찬가지이다. 같은 작품에서 서로 다른 미적 체험을 겪는 것은 바로 독자의 세계관의 차이에서 비롯된다. 예술에서의 미학적 고찰은 칸트가 「판단력 비판」에서 미 특히 숭고미(das Erhabene)에 대해서 집중적인 분석이 가해진 이후 지속적인 과제로 검토되고 있다.

(2) 미적 범주

데소이르(Max Dessoir)는 미의 범주를 크게 숭고미(Erhaben)와 비장미(Tragisch), 우아미(Niedlich)와 희극미(Komisch) 넷으로 나누고 있다. 그의 구분을 도식화해 보면 다음과 같다.

데소이르는 이 네 개의 미적 범주의 상호 관련성과 대립성을 논하고 있는데 숭고미와 비장미는 객체(대상)가 주체(자아)보다 우월할 때 생기는 것이고, 우아미와 희극미는 그 반대의 경우에 생성되는 것으로 보고 있다. 즉 관찰의 주체와 그 대상의 조화문제에서 미의 범주가 이루어지는 것이다. 추(haesslich)는 부조화이기 때문에 미적 범주에 들어갈 수 없으나 미에서 볼 때 각 범주의 계기를 이루고 있다. 한편 볼프(Wolf)는 숭고미와 우아미는 긍정적 가치로 비장미와 희극미는 부정적 가치로 보고 있다.

따라서 숭고미는 객체가 우월하다는 점에서 비장미와 같으나, 긍정적 가치라는 점에서 비장미와 대립된다. 또 우아미하고는 긍정적 가치라는 점에서 일치되나, 객체가 우월하다는 점에서 대립된다. 이렇게 네 개의 미적 범주는 서로 대립하거나 미묘하게 연관괴어 있는 것이다. 혹자는 숭고미의 변형으로서 비장미를, 희극미의 변형으로서 우아미를 논하기도 한다. 데소이르(Dessoir)는 숭고미와 우아미를 양감정(Quantitätsgefühl), 비장미와 희극미를 혼합감정(Mischgefühl)등으로 구분하기도 하였다. 한편 헤겔은 미(Schön)를 자연미와 예술미로 구분하고 다음과 같이 설명하고 있다. 자연미는 이미 주어진 고정된 아름다움이고 그 자체가 미가 아니라, 인간의 의식에 의해서만 가능한 미이다. 그러나 예술미는 인간의 정신에 의한 것, 즉 인간의 끊임없는 정신활동에 의한 산물이다. 따라서 문학이 추구하는 미는 바로 이러한 예술적 미이며 부단한 인간의 정신활동에 의해서만 새로이 창조될 수 있는 것이다.

2) 문학미의 유형

(1) 숭고미

숭고미는 롱기누스(Longinus)의 「숭고에 관하여」에서 처음 논의되었고 칸트도 「판단력 비판」에서 그 특질을 규명한 바 있다. 산타야나(G. Santayana)는 「미의식」에서 숭고미의 속성을 두 가지로 나누어 분석하고 있는데 정열성과 고매성이 그 하나이고 종교성과 신비성이 나머지 하나이다. 쉴러(Schiller)는 이성이 감성에 대하여 우월하고 충동이 도덕적 힘에 의해 지배될 경우에 숭고미가 나타난다고 보고 있다. 그 만큼 숭고미는 이성적이고 도덕적인 속성을 갖고 있는 것이다.

한편 미학의 체계를 세운 하르트만(Hartmann)은 숭고미와 우아미의 차이를 검토하여 숭고미는 내면적 참여(inneranteil)로서 위압적이고 엄숙한 속성을 드러내는 반면에 우아미는 외면적 효과(Oberflächenwirkung)로서 경쾌하고 감미로움을 나타낸다고 결론지었다.

이를 다시 정리하면 숭고미는 내면적인 장중한 미의식인 남성적인 미인 반면에 우아미는 외향적이고 순응적인 여성적 미로 규정될 수 있다. 쉴러가 구별하고 있듯이 숭고미의 일반적 특질을 객관적 측면에서 보면 대상이 수량이나 힘에 있어서 방대하고 절대적인 것이어서 무한정성을 나타내게 된다. 한편 주관적 측면에서 보면 주체가 이러한 객체에 압도되고는 있으나 이를 극복하고 주체적 자아를 고양시켜 나감으로써 얻어지는 정신적 승화감을 나타내기도 한다.

(2) 우아미

우아미(Das Niedliche)는 청초하고 매력적인 아름다움을 속성으로 하는 여성적 미이다. 쉴러도 이런 관점에서 우아미를 남성에게 결여된 여성적 덕의 표출이라고 정의 내린 바 있다. 때로 우아미는 순수미의 개념으로 쓰일 때가 있어 나머지 미적 범주를 포괄하기도 한다. 쉴러는 「우아미와 위엄에 대하여」(über Anmut und Würde)에서 미를 구조의 미(Schönheit des Baues)와 유희의 미(Schönheit des Spiele)로 나누고 우아미를 유희의 미에 포함시키고 있다. 구조의 미는 자연의 필연적 법칙에 의해 형성된 미이나 유희의 미는 인간의 자유로움에 의해 생성된 미이다. 따라서 살아있는 미이고 현실적인 미이다. 이 점에서 우아미가 외면적 효과에 관련된다는 하르트만(Hartmann)의 견해와 일치되고 있다. 우아미는 이와 같이 현실의 긍정적 수용에서 얻어지는 아름다움이고 아름다운 혼의 여성적 표현이기도 하다. 쉴러는 우아미를 이성과 감정의 완전한 조화인 아름다운 영혼의 현상 표현으로 정의하고 더 나아가 우아미를 고귀한 우아미(Hohe Anmut)와 사랑스러운 우아미(Liebliche Anmut)로 나누고 있다. 전자는 품위 있는 고전주의 문학에서의 여성적 표현이라면 후자는 있는 그대로의 연민과 동정을 수반하는 아름다움이다. 「죄와 벌」의 쏘냐나
「무정」의 영채 같은 인물에서 엿볼 수 있는 아름다움이다.

(3) 비장미

데소이르(Max Dessoir)는 비장미와 희극미를 혼합감정으로 분석한 바 있다. 이 두 개의 미적 범주는 일원적 양면성을 지니고 있다. 비장미와 희극미를 슬픔과 기쁨으로 대치해 놓고 보면 이러한 특성은 쉽사리 드러난다. 이별(슬픔) 속에 내재한 만남(기쁨)의 기대라든지 커다란 기쁨위에 오는 허전함, 아픈 과거의 회상이 달콤한 감정을 동반하는 것 등이 이러한 예이다. '찬란한 슬픔'이라는 모순형용법(oxymoron)도 여기에 포함된다. 데소이르는 이러한 비장미와 희극미의 일원적 양면성을 인정하면서도 다음과 같은 차이점을 규명하고 있다. 즉 비장미는 객체와 현실이 우위에 서서 자아를 지배하는 경우에 나타나고 희극미는 주체가 객체와 현실을 지배할 경우 나타난다고 하고 있다. 다시 말해 비극미는 객체가 주체의 우위에서 그의 행동과 운명을 가름할 때 나타나고 희극미는 주체가 객체의 우위의 입장에서 인식할 때 생기는 것이다.

이런 관점에서 폴켈트(J. Volkelt)도 「비극의 미학」(Ästhetik des Tragischen)에서 비극미는 인간적 위대성이 몰락해가는 과정에서 즉 위대한 것에 대한 동경과 기대가 무자비하게 파괴될 때 일어난다고 보고 있다. 이와 같이 비장미는 적극적이고 절대적인 가치가 침해되어 붕괴하는 과정이나 그 결과 때문에 일어나는 고뇌나 동정에 의한 것이라고 볼 수 있다. 「오이디프스왕」의 비참한 최후 등은 이러한 좋은 예이다. 비장미는 인간적인 것의 한계를 넘어 초인적인 것에도 생성되고 있기 때문에 숭고미와 불가분의 관계를 가지고 있다. 다시 말해서 숭고미와 비장미는 위대성이라는 점에 공통적인 특징이 있다. 한편 쉴러(Schliller)는 비장미가 인간의 의지와 행위에 의해 이루어지는 것으로 윤리적 가치의 범주에 드는 것으로 보고 있다. 그러나 악인의 경우에도 윤리적 선 가치가 이룰 경우 역시 비장미를 가져 온다.

(4) 희극미

왜소하고 비천한 것이 때로는 왜곡된 것에서 웃음을 터뜨려 부정에 의하여 고양되는 혼합감정이 희극미이다. 즉 위대하지 않은 것이 위대함을 가장하고 나타날 때 오는 웃

음과 다시 본래적으로 환원되는 기쁨이 희극미의 쾌감인 것이다. 희극미는 엄숙함과 긴장 상태에서 뜻밖의 사태에 의하여 감정과 분위기가 이완될 때 발생된다. 폴켈트(Volkelt)는 희극미는 비정한 쾌감과 잔인한 즐거움으로 존재하며 숭고를 부정하는데 희극미의 특징이 있다고 설명하고 있다. 한편 하르트만(D. Hartmann)은 희극미를 비장미와 비교하여 그 특질을 규명하고 있다. 그에 의하면 비장미가 중압감과 존경, 공포감을 주고 있음에 반하여 희극미는 마음의 경쾌함(Erleichterung), 중압으로 부터의 해방(Entlastung), 정신의 자유로움을 느끼게 해주는 것으로 규정된다. 또한 비장미는 가치 있는 것이 부정됨에 대하여 내적 반항감이 일어나 인간의 중요한 가치의 전정함을 한층 더 깊게 체험하는 것이고 희극미는 예기치 않은 돌발성에 의하여 경악하게 되며 가치추구의 공허함을 명확히 체험하는 것이다. 즉 기대된 것과 실현된 것 사이의 양과 질의 모순을 느끼는데 이 모순에서 느끼는 불쾌감이 주체의 유희적 태도에 의하여 극복되는데 미적 쾌감이 있다고 한다. 또한 그는 희극미를 객관적인 것과 주관적인 것으로 나누어 객관적 희극미로서 ① 성질, 형체의 이성(異性)에서 오는 외형적 희극미(Komik der ȁusseren Erscheinung) ② 착오나 이상성(理想性)을 범하기 쉬운 성격에서 오는 성격적 희극미(Charackter Komik) ③ 착오적인 행동에서 오는 행위적 희극미(Handlungs Komik)로 삼분하고 주관적 희극미로서 풍자(satire), 기지(witz), 반어(irony), 유모어(humor)를 들고 있다.

11. 문학 연구 방법론

1) 문학연구의 의의

(1) 문학과 문학연구

문학이란 무엇이고 문학연구란 무엇인가? 문학은 과연 연구의 대상이 될 수 있는 것인가? 이러한 원론적인 질문에 대한 해명은 모든 창작행위와 문학현상 그리고 문학의 이론과 방법론의 이해를 위하여 선결되어야 할 과제이다. 문학은 하나의 창조 행위이다. 인간의 상상력에 의하여 정신적 산물을 산출하는 형성적 행위이다. 그것은 분명 창작이요 예술의 범주에 속한다. 그러나 문학연구는 과학적 방법론에 의한 논리적 질서화 행위이다. 그리고 그것은 분석과 평가가 동반되는 가치 판단적인 행위이다. 전자가 창작이요 예술임에 비해서 후자는 하나의 지식이요 학문(wissenschaft)의 세계이다.

창작으로서의 문학과 학문으로서의 문학 연구는 다음과 같은 점에서 그 상이성을 드러낸다. 문학은 감성적 세계이다. 즉 인간의 정서와 감정의 흐름이 문학의 세계이다. 따라서 문학은 극단적이고 비논리적이고 심리적이며 때로는 비합리적이다. 그러나 학문의 세계는 이성적(logos) 세계이다. 즉 정확한 이론과 방법론에 의한 진실의 탐구가 학문의 본질이다. 따라서 학문은 객관적이고 논리적이고 실증적이며 합리적이어야 한다. 1+1이 때로는 2가 되고 때로는 3이 된다면 그것은 학문으로서 성립될 수 없다. 지식의 세계는 냉정한 객관정신과 보편타당한 법칙을 생명으로 하는 것이다.

그러나 문학은 이러한 보편성과 사실성의 추구에 반하여 오히려 개성과 허구성을 드러냄에 특성이 있다. 문학의 허구성은 이미 아리스토텔레스 이후 문학의 고전적 특징으로 인식되고 있다. 그는 이러한 관점에서 시는 역사보다 진실하다고 간파했던 것이다. 역사는 사실의 세계에 머물지만 문학은 허구의 세계를 통하여 진실의 세계로 승화된다. 문학이 인간의 감정을 다루는 세계라는 것은 문학의 신(神)인 뮤즈(Muse)가 희랍신들 중에 질투가 가장 심한 여신이었다는 점에서도 잘 나타난다. 질투는 감정의 대표적 표상이 아닌가. 해를 연구하는 과학자에게는 아침에 떠오르는 해는 하나의 해이지만 시인에게는 떠오르는 해마다 모두 새로운 해이고 그때마다 느낀 감정은 모두 진실인 것이다. 이러한 차이점이 문학과 문학연구 사이에 존재한다. 어떻게 보면 서로 용납될 수 없는 이질적이고 대립적인 것들이다. 이렇게 보면 문학은 연구의 대상으로 불가능한 것처럼 보인다. 감정과 주관, 허구적인 것과 개성적인 것, 비논리적이고 비합리적인 것을 어떻게 이성적이고 객관적인 것, 합리와 논리의 실증적, 보편적 세계로 전환시키느냐가 문학연구의 어려움이자 관건인 것이다.

(2) 문학연구의 필요성

문학연구는 필요한 것인가? 문학의 체험은 분명 일차적으로는 일종의 감상행위이다. 문학을 즐기고 향수하는 데는 논리와 이론적 설명을 필요로 하지 않는 것이다. 우리는 물의 구성 성분이 무엇인지 모르면서 물의 맛을 즐길 수 있으며 꽃의 생태를 모르면서 꽃의 아름다움을 만끽할 수 있다. 문학행위도 그러한 범주에 속한다. 이런 점에서 엘리엇은 시는 이해되기 전에 전달된다고 하였다. 문학의 감상은 취미영역이다. 따라서 그것은 가치평가가 불가능한 것이다. 취미활동은 가치판단의 영역에서 벗어난 것이고 지적 체계화도 불가능하다. 축구를 좋아하느냐 혹은 야구를 좋아하느냐 하는 문제는 분명 옳고 그름을 가름할 수 없는 한 개인의 고유의 영역에 속하는 문제이다.

그러나 문학연구는 필요하다. 문학연구는 감상을 방해하거나 취미생활을 훼손하는 것이 아니다. 오히려 그 반대의 입장이다. 로드웨이(Rodway)가 비평의 기능을 비평가보다 덜 무장된 일부의 독자 대중을 계발하고 독자의 감상을 고양시키는 것으로 보고 있다든지, 슈라이버(S.M. Schreiber)가 텍스트가 구성된 원래의 환경들을 재창조하여 독자의 이해를 돕는 것으로 보고 있는 것은 이와 같은 사실을 뒷받침하는 견해들이다. 개인적인 문학체험과 보편적인 문학체험의 만남을 가능케 함으로써 완전한 문학체험을 달성시키고자 함에 문학연구의 일차적인 목적이 있다. 문학연구는 문학의 올바른 이해와 감상, 취미 영역의 심화와 확대를 위하여 존재하는 것이다.

2) 문학 연구의 방법

(1) 문학 연구의 문제점

문학은 과연 연구될 수 있는 것인가? 문학의 속성은 이러한 가능성을 거부하고 있는 것처럼 보인다. 폴만(Pollmann)은 문학은 서술될 수 있는 것이긴 해도 결코 학문적으로 묶어 놓을 수 있는 것이 아니며, 만일 문학을 어떤 체계적 지식으로 묶어 놓으려 한다면 문학연구는 사실상 환상에 지나지 않는다고 말하고 있다. 우선 작품의 해석문제에 부딪친다. 작품의 해석은 평가와 연구의 과정에서 첫 번째 단계로 볼 수 있다. 그러나 작품의 해석이 가능하다. 리차드(I.A. Richards)는 이러한 속성을 극단화하여 문학의 해석을 일종의 추측놀이(guesswork)라고 까지 보고 있다. 작품 자체가 작가의 주관적 세계의 표출이고 그것을 수용하는 독자의 반응 역시 그의 세계관(Weltanschauung)에 좌우되는 것이다. 때로 독자의 문학해석은 독자의 개별적 상황에 따라 변하기도 한다. 독자의 심적 상태, 체험의 차이, 인식의 깊이에 따라 같은 작품이라도 얼마든지 그 반응의 양상은 달라질 수 있는 것이다. 중학교 때 읽었던 「파우스트」가 대학에 와서 그 의미가 사뭇 달라지는 경험은 흔히 일어나는 일인 것이다. 작품은 의미를 가진 것이 아니라 의미능력을 가지고 그것을 자기 정황에 맞게 해석하는 것이라는 정황적 해석(situational interpretation)의 문제도 이러한 사실과 관련된다.

이와 같이 문학의 의미는 끝없는 수평선 같은 것이고 관계를 모르는 유기체이기도 한 것이다. 이렇게 고정되어 있지 않은 대상, 수많은 개별적 편차를 드러내는 대상을 과연 연구의 대상으로 삼을 수 있을 것인가? 보편적인 이론으로 체계화하거나 객관 타당한 어떤 사실을 도출할 수 있는 것인가? 하는 회의론에 빠지게 된다.

이에 반하여 비트겐슈타인(Wittgenstein)은 언어의 논리를 비논리적 영역으로 확장하여 언어의 비지시적 양상에 가치적 우위를 인정하여 비평연구는 비논리적이고 암시적 존재로서 가치를 지닌다고 보고 있다. 한편 문학연구가 부딪치는 또 하나의 문제는 연구의 영역문제이나 문학연구를 문학 그 자체로 국한시키느냐 아니면 그 인접분야로까지 확대시키느냐 라는 문제이다. 이것은 이미 웰렉(Rene Wellek)에 의해서 내재적 연구(intrinsic study)와 외재적 연구(extrinsic study)로 개념화된 바 있다. 실지로 우리가 문학을 연구할 때 작품을 하나의 객관적 존재로 독립시켜야 할 것인가 아니면 작품을 산출한 작가와 시대로 소급해야 할 것인가 하는 문제에 부딪친다. 즉 문학을 문학으로 연구해야 하느냐 아니면 문학외적인 것으로 연구해야 하는 것이다. 전자의 입장에 있는 것이 아리스토텔레스(Aristoteles), 엘리엇(T.S. Eliot), 웰렉(Rene Wellek) 등이고 후자에 있는 것이 플라톤(Platon), 테느(Taine), 브룬티에르(Bruntiere) 등이다. 그러나 이 양자의 대립 역시 진정한 문학연구를 위해서 그 극단을 피하고 상호보완적 관계를 유지해야 한다.

(2) 문학연구의 단계

정확한 이론의 수립이나 연구를 위해서 무엇보다 선행되어야 할 과제는 충실한 독서와 감상이다. 그것 없이는 문학연구가 공허한 이론의 누각으로 끝날 가능성이 있다. 바꾸어 말하면 훌륭한 문학 연구가가 되기 위해서는 훌륭한 독자가 되어야만 한다는 이야기다. 독서와 감상은 필수적이다. 이런 점에서 카이저(Kayser)는 문학연구가의 2대 요소로서 예술적 감수성과 이론적 재능을 들고 있다. 다양한 독서체험과 풍부한 감수성의 소유가 문학연구의 출발점이 되는 것이다. 이러한 다양한 독서체험과 감수성이 완비된 후 살펴야 할 과제가 방법론의 모색이다. 기존에 어떠한 연구들이 나와 있으며 그 이론들의 특징과 장단점을 헤아리는 작업은 연구 성과의 승패를 가름하는 지름길이다. 그 연구대상에 알맞은 방법론을 적용하느냐 못하느냐는 많은 훈련과 이론적 성찰을 필요로 한다. 어떠한 이론이든지 그 이론의 배후에는 하나의 세계관이 존재한다. 이러한 세계관의 인식 없이 적용된 그 연구의 효과는 무가치하거나 공허한 것으로 되기 십상이다.

(3) 문예학의 성립과 역사

문학연구를 학문적으로 명명할 때는 문예학으로 불린다. 문학연구가 하나의 학문으로서 문학과학(Literaturwissenschaft)으로 정립된 것은 19세기 독일에서 비롯된 것이고, 영미에서는 문학연구(literary scholarship), 문학비평(literary criticism) 등의 용어로 보이고 프랑스에서는 어문학(philologie), 비평(critique) 등으로 불리었고 문학과학

(science de la literature)이라는 명칭은 바르트(Roland Barthes) 일파가 신비평과 구조주의를 지칭하여 사용하고 있다. 문학연구의 효시는 아리스토텔레스의 「시학」(Poetics), 호라티우스(Horatius)의 「시론」(Ars Poetica), 키케로의 「웅변론」, 퀸틸리아누스의 「변증적 교정(敎程)」 등을 들 수 있다. 19세기에 와서 문학연구는 실증주의의 이론적 바탕과 연구방법의 영역이 심화되는 계기를 마련하게 된다. 19세기는 문학연구가 하나의 학문으로 정착되는 시기였던 것이다. 독일에서 문예학이 19세기에 정착된 것과 마찬가지로 프랑스 역시 문학연구 방법론의 확립은 19세기에 이루어 졌다. 플로베르, 발자크, 졸라 등은 이러한 방법론을 창작에 수용하여 리얼리즘 문학을 창출하였던 것이다.

(4) 해석학적 방법

해석학(Hermeneutik) 또는 해석학적 방법(Kunst der Interpreation)은 독일 문예학에서 발전한 연구 방법론이다. 해석학은 원래 희랍신인 헤르메스(Hermes)에서 파생된 것인데 산의 요정인 마이아(Maia)의 아들인 그는 이복형제인 아폴로(Apollo)에게서부터 금으로 된 마술단장을 얻어 몸을 감추는 신력으로 신과 인간 사이를 중개하게 된다. 즉 신의 언어를 인간에게 설명해 주는 통역자였던 것이다. 해석학은(Hermeneutik)는 hermeneuen의 추상명사인데 이는 '설명하다'(auslegen)라는 뜻을 가지고 있어 신화적 사실과 잘 부합되고 있다. 이 해석학은 고대의 호머 작품을 해석하는 데서 출발하였고 B.C. 1C~A.D. 1C사이의 알렉산더학파는 엄격한 문법과 역사철학의 방법으로 기독교 성경을 주해하는데 전력을 기울였다. 이후 성경의 원전해석에 충실했던 루터(Luther), 역사의 해석학을 정립한 슐라이어마허(Schleiermacher), 생의 체험을 바탕으로 한 정신과학의 해석법을 문예학에 도입한 딜타이(Dilthey)등이 면면히 그 계보를 잇고 있다. 이후 슈타이거(Emil Staiger), 카이저(Wolfgang Kayser)가 중심이 되는 해석학파가 등장하여 기존의 해석학은 철학의 일부에 불과하다고 비판하고 문학을 순수한 언어예술로 인식함으로써 작품 그 자체를 분석하는데 초점을 맞추게 된다. 문학의 예술성과 진리는 순수한 미학적 입장에서 언어구조나 문체 분석을 통해서 찾아내고자 했던 것이다.

슈피쳐(Leo Spitzer)등에 의해 추방된 해석학은 1940년대 카이저(Kayer), 슈타이거(Emil Staiger)등에 의해 체계화를 이루었으며 1950년대에 결정을 이룬다. 슈타이거의 「시학의 근본개념」,「언어예술론」 등이 이러한 연구의 소산이고 특히 슈타이거는 문체연구에 관심을 쏟았다. 이후 하이네즈(Heinez), 오토(Otto), 버글러(Burgler)등이 좋은 업적을 내놓았으나 60년대 후반에 접어들어 문학사회학(Literatursoziolgie)이 등장함에 따라 그 빛을 잃게 되었다. 아무튼 해석학은 나름대로의 한계를 갖는 것이지만 신비평이나 형식주의와 아울러 문학의 내재적 연구에 커다란 방법론적 공적을 남겼던 것이다.

(5) 실증주의 방법

실증주의(positivism)는 19세기말 자연과학의 발달에 영향을 받아 일어난 것으로 자연과학적 방법을 문학의 연구 방법에 도입한 방법론이다. 쉐러(W. Scherer)와 그의 학파에 의해 주창된 실증주의는 측정할 수 있는 것, 기록될 수 있는 것, 정확히 규정할 수 있는 것을 방법론의 생명으로 한다. 실증주의 철학의 효시인 콩트(Auguste Comte)도 이미 실증적인 것의 개념을 사실적인 것, 경험적인 것, 현실적인 것, 이론의 여지가 없는 확고한 것 등으로 정의 내리고 있는 것이다. 오늘날 문헌의 근원연구나 작가연구 등은 이 방법에 크게 의존하고 있다. 그러나 이 방법은 반 형이상학적인 것으로 자유로운 창작정신이나 예술성을 도외시하는 한계를 갖고 있다. 이 방법으로 작가의 생애와 배경을 연구하는 전기주의(Biographismus)가 대표적인 것이고 사회, 작가, 작품, 독자의 관계를 원인과 결과의 관계(Ursache-Folge-Relation)로 인식하는 인과율(causality), 합리적 해명은 명료하고 직접적이며 체험 가능한 사실적 자료의 범위 내에서만 행해져야 한다는 가능성(possibility), 문학 개개 요소의 상호의존성 즉 하나의 관련 조직 내에서 개개 요소가 어떻게 상호 조건지우고 있는가를 규명하는 기능성(Funktionalität), 유사성에 근거하여 개별적 사실들의 동일유형을 찾아내는 유추(analogie), 그 밖에 분석(analyse), 비교와 그룹화(Vergleich und Gruppierung), 귀납성(Induktion) 등이 있다.

(6) 통계학적 방법

문학연구에 있어 자연과학적 방법을 가장 직접적으로 받아들인 것이 통계학적 방법이다. 문학작품을 수나 그라프 등 양적인 면에서 분석하여 그 특질을 규명코자 하는 태도이다. 그러나 정신과학 분야에 대한 통계학적 방법의 적용은 특히 문학연구가들에 의해 오늘날 심각한 회의에 부딪치고 있다. 그 회의의 주된 내용은 인간의 상상력과 정신적 산물인 문학이 통계학적인 수치로 과연 그 특질을 드러낼 수 있는가 하는 문제이다. 개별적인 몇 편의 텍스트가 그러한 기대에 부응할지 모르나 과연 통계적 결과가 보편적인 미학적 가치분석에 도달될 수 있을 것인가 하는 것에 대한 의문이 제기된다. 더욱 문학연구는 가치평가와 직결되는 만큼 평가의 문제를 통계학적 수치와 결부시키는 것은 어려운 일일 것이다. 그러나 연구가나 분석가의 자의적이고 주관적인 해석이나 판단의 편차를 극소화 시키고 어느 정도 객관적인 데이터를 제시할 수 있다는 점에서 통계학적 방법의 장점을 인정할 수 있다. 이러한 점에서 통계적 방법은 문학연구보다는 언어학, 사회학, 심리학의 분석에 크게 활용되고 있다. 언어학에서 통계학적 처리는 19세기 중반 이후 지금까지 주요한 방법론으로 활용되고 있다.

(7) 현상학적 방법

현상학적 방법(Phänomenologie)은 철학에 그 발생 근거를 두고 있는데 특히 1910년대에서 20년대 사이의 훗셀(Husserl)과 그 후계자 하이덱거(Heidegger)등에서 출발되어 1930년대 말 문학연구에 수용된 것이다. 1939년 코메럴(Kommerell)의 「문학의 정신과 문자」(Geist und Buchstabe der Dichtung)가 효시이며 1945년 이후 카이저(Kayser)와 슈타이거(Staiger)등이 이를 계승하고 있다. 현상의 개념은 나타남(Erscheinung)으로서 다른 것에 의존하지 않고 스스로 자신을 드러내는 그 자체, 플라톤(Platon)적 의미에서의 물자체(物自體, Ansich)를 의미한다. 또한 관찰자 역시 직접적으로 이것을 인식할 수 있다고 보고 있다. 현상학은 이러한 현상에 관한 학문으로서 본질자체에 대한 학문이 아니라, 본질을 직관하는 의식에 관한 학문으로 규정하고 있다. 이와 같이 현상학은 하나의 방법론 탐구의 분야이었던 만큼 문학연구에도 자연스럽게 수용될 수 있었다. 문학은 하이덱거에 있어서 무엇인가 존재하는 것이며 훗설에게는 의식현상에 투사되는 그 무엇이었던 것이다. 즉 문학도 하나의 현상인 것이다. 그것이 나타나 있는 대로, 관찰자에게 보이고 있는 그대로 문학은 있는 것이다. 문학 현상학(Literaturphänomenologie)으로서의 문예학은 단지 이 현상 즉 문학작품만으로 관심을 돌려야 한다. 그러므로 어떠한 문학외적 영역을 통한 우회도 결코 용납될 수 없는 것이다. 실증주의나 정신사, 심리주의, 사회학적 방법은 당연히 비판의 대상이 된다. 이들 방법들은 현상학적 관점으로 보아서는 사물을 멀리한 비본질적인 것을 인용하고 있는 오류이며 혹은 사물을 오해케 하는 왜곡인 셈이다. "현상적, 현대적인 것 배후에서의 파악은 허공에서의 파악이다. 거울 뒤에는 알아 볼 것이 아무 것도 없다."라고 언명한 파이퍼(Pfeiffer)의 지적은 이러한 현상학적 방법의 특질을 극명하게 나타낸 것이다. 즉 '사물 그 자체로'가 '작품 그 자체로'(zu den Werkenselbst)로 대치된 것이다. 콤메럴(Kommerell)역시 대상의 편견 없는 조회를 주장하고 있고 하이덱거(Heidegger)도 작품은 작품자체로서 작품을 통해서 열려지는 영역에만 유일하게 속할 뿐이라고 하고 있다. 결국 현상학적 문학연구는 작품 내재적 연구라는 점에서 영미의 신비평이나, 러시아의 포말리즘(formalism), 독일의 해석학과 동일한 범주에 속한다.

12. 문학과 인접학문

1) 문학의 지향성

(1) 문학과 도덕

문학에서 진 · 선 · 미와의 상호관계는 매우 중요하게 다루어 왔다. 왜냐하면 예로부터 오늘에 이르기까지 문학은 참되고, 착하며, 아름다움과 어떤 형태로든 결합하지 않는다면 가치 있는 작품이라 할 수 없기 때문이다. 그러나 이 세 가지 요소가 알맞게 조화를 이루며 상호 보완적 관계에 놓여 있다면, 그 이상 바랄 것이 없겠으나 시대에 따라 작가에 따라 대부분의 작품은 어느 한 쪽으로 편중하고 있었던 것이 사실이다.

가령 문학과 선의 문제, 곧 윤리와 도덕을 무엇보다 강하게 설정한 예는 동서를 막론하고 끊임없이 제기 되었다. 서양의 중세 기독교가 지배하던 시대에는 기독교적 윤리관에 따라 문학의 존재가치가 놓여있었던 것이며, 동양에서도 유교 도덕률이 지배하던 시절은 유교적 가치관에 따라 문학의 가치가 결정되었던 것을 보아도 잘 알 수 있다.

요컨대 오늘날에 와서 작품 중심으로 말하는 문학의 본질적 요건은 부차적인 문제일 뿐이고, 문학의 외적 조건에 더 의식하는 태도라 할 수 있다.

그럼에도 불구하고, 문학에서 오래 동안 문학의 주제로 다루어져 왔던 것은 이 도덕의 문제였다. 인간의 삶이 존재하는 곳에서는 누구나 악보다 선을 추구하려는 성정이 자리 잡고 있기 때문이다. 따라서 대부분의 서사적 장르의 작품에서는 선악 갈등으로 표상되는 것을 볼 수 있다. 주인공(protagonist)은 선지향의 인물이고, 적대자(antagonist)는 악지향의 인물로 등장하여 서로 갈등을 조성하다가 결말 부분에 이르러 악인은 패하고 선인은 행복하게 된다는 이야기에서 많은 독자는 갈채를 보내었던 것이다. 따라서 독자들은 이러한 작품을 읽고 실생활에서도 직접 선행을 하고자 노력했던 것이다. 이렇게 되면 작가는 말할 것도 없이 소기의 목적을 달성한 것이므로 만족해하는 것이다.

우리가 알고 있는 단테(Dante)의 「신곡」, 밀턴(Milton)의 「실락원」, 괴테(Goethe)의 「파우스트」(Faust), 그리고 셰익스피어(Shakespeare)의 여러 작품들은 모두 이러한 도덕률을 확보하고자 했던 노력의 결실이었다. 우리나라에서도 이조시대의 유교 도덕이 지배하는 시절 씌어졌던 수많은 시조나 가사 작품에서 계세징인(戒世懲人)의 주제를 많이 볼 수 있는 것도 문학에서 도덕성을 중시했던 까닭이다. 춘원의 경우에서도 신구갈등 상을 통해 새로운 문물에 눈떠 나아가려는 인물을 옹호함으로써 문학의 새로운 도덕성(morality)을 확립했던 것이다.

(2) 문학과 미

미의식은 문학이 예술로써 자리 잡게 하는 최후의 보루다. 어떤 형태로든 미적 정서가 자극되지 않는 경우 우리는 문학을 가치 있는 예술로 문제 삼을 수 없다.

그러나 이러한 미적 요소를 알맞게 조정할 때와는 달리 극단화할 때 또 문제가 생기는 것이다. 가령 19세기의 보드레러(Baudelaire)나 포우(E.A. Poe), 그리고 오스카 와일드(O. Wilde)같은 시인은 문학에서 다른 모든 요소는 일체 거세하고 오로지 아름다움(美)만을 위해 기여해야 한다는 주장을 폈다.

이 때문에 이들의 문학에서는 인간이 인간으로서 소중히 다루어야 할 윤리나 도덕, 그리고 진실이란 문제까지 깡그리 팽개치고 미적 감흥을 어떻게 하면 더욱 더 강렬하게 제고할 것인가에 온 심혈을 기울였던 것이다. 그러므로 이들의 문학에는 일정한 도덕이나 윤리규범도 없고, 진실이란 문제마저도 뛰어넘어 기상천외한 전율(典律)성을 보여주게 된다. 따라서 문학은 쾌락과 타락으로 인간정신을 마구 헝클어 놓고 쾌재를 부르는 것이다.

이러한 운동은 19세기 말 전 유럽에 흘러넘치게 되었는데, 이는 처음 순수한 미적 경험이란 그 실재에, 다시 말하면 그 유용성이나 도덕성의 외재적인 목적에 관계없이 그 미적 대상에 대한 사심 없는 관조로 이루어진다는 칸트에 의해 제시된 이론에 기초를 두고 있다. 특히 프랑스 작가들은 당시의 공리적이고 사회적인 가치관을 고취시키지 못했던 모든 예술에 대하여 그들의 사회가 보여준 무관심이나 적개심에도 상관치 않고, 예술은 그 스스로 존재할 수 있는 것이며, 또 그 자체의 존재 이상 어떤 목적도 가지고 있지 않기 때문에 예술이 인간 작품 가운데서 최고의 것이라는 학설을 발전시켰던 것이다. 말하자면 예술의 목적은 오로지 그 형식적 완성에서 존재해야 하며 또 아름다워야 한다는 것이다.

미는 예술의 영역에서 중요한 비중을 차지할 것은 사실이나, 극단화하여 악마주의 또는 야수주의와 결합되는 것은 바람직한 결과라 할 수 없다.

(3) 문학과 진실

진실성은 문학에서 성실성과 직결되고 있다. 성실하지 않는 작품에 진실이란 있을 수 없기 때문이다. 그러므로 예로부터 문학은 작가의 참다움, 즉 진실성 여부로서 평가되어 왔다고 해도 과언이 아닐 것이다. 우리가 수없이 많이 접해온 여러 고전작품은 어떤 측면에서든 작가의 성실하고 진실한 목소리가 살아 숨 쉬고 있는 것을 볼 수 있다. 허위와 가식에 물든 일시적인 것이 아니라 인간의 삶이 지속되는 한 누구도 부인 못할 정정당당한 것, 그것은 세월이 가고 시대가 변해도 영원히 살아남는 작품이 될 것이다.

우선 우리는 로렌스(D.H. Lawrence)의 「채털리 부인의 사랑」(Lady Chaterley's Lover)을 생각해 보면 역력히 드러난다. 이 작품이 처음 발표되었을 때 수많은 사람들은 외설소설이라 하여 비난의 화살을 퍼부었다. 도덕적 측면으로 볼 때 이 작품이 끼칠 악영향은 너무나 무서운 것으로 판단했던 것이다. 그러나 로렌스는 인간의 육체 속에 간직된 본질적 성욕 면을 조금도 가식 없이 드러내었던 것이다. 비난의 화살을 퍼부었던 많은 사람들은 차츰 자신의 진실된 면을 발견하고 숙연해지지 않을 수 없었던 것이다. 허위와 가식으로 포장된 어느 에로틱한 소설과는 근본적으로 다르다는 것을 알아 차렸던 것이다. 말하자면 작가는 조금도 불건전한 생각이나 희롱조를 띄지 않고 성실하게 이 섹스문제를 다루었던 것이다.

19세기 유럽에서 나타는 리얼리즘 문학은 리얼리티를 문학의 생명으로 생각했다. 리얼리티란 무엇인가? 「소설의 이해」(Understanding fiction)에서는 이를 로직(logic)이라 규정하고, 이 로직으로 인하여 전체적인 작품의 통일을 이룬다고 하였다. 현실생활에서처럼 무질서하고 잡다한 세계가 아니라, 플롯이나 인물, 그리고 배경 등은 모두 원인과 결과에 따라 불가피성(inevitability)으로 연결되며 전체적인 통일을 기해 질서가 주어질 때 리얼리티가 성립된다고 했다.

리얼리즘은 따라서 단순한 사실을 사실만으로 나열하는 것이 아니고, 작가의 주관을 거친 것을 중시했다.

문학에서 진 · 선 · 미는 시대에 따라 작가에 따라 어느 한 쪽으로만 편중해 왔던 것이다. 여기에 따라 사실주의 문학관(진), 인도주의 문학관(선), 탐미주의 문학관(미) 같은 것이 극단화해서 나타났던 것이다. 따라서 1차적으로 그 작가가 어떠한 인생관에서 출발하고 있는가를 살펴나가는 일이 선행될 때, 문학연구의 바람직한 길이 열릴 수 있을 것이다.

2) 문학의 비본질적 요건

(1) 문학과 전기

웰렉(Wellek)과 워렌(Warren)은 「문학의 이론」(Theory of Literature)에서 문학적

체험을 학문으로 표현하기 위해서는, 즉 문학이라고 하는 예술을 어떻게 지적으로 취급할 것인가에 대해 크게 두 가지 관점이 있을 수 있다고 했다. 하나는 내적요소(internal terms)라 할 문학의 본질적 연구(the intrinsic study of literature)이고 다른 하나는 외적 요소(external terms)라 할 비본질적 연구(the extrinsic study of literature)가 그것이다.

문학이란 언어와 문자를 통해서 인생을 표현한다고 볼 때, 전적으로 작품자체의 내적 요소만으로 그 연구가 가능하다고 보는 신 비평가들의 견해는 문학의 본질적 연구에 기여하는 것이다. 그러나 문학의 매체인 언어 그 자체도 사회성과 역사성을 지닌다고 볼 때, 문학을 둘러싼 역사나 사회, 전기나 심리, 기타 여러 관념들을 통해서도 문학을 연구할 수 있다고 믿는 것은 문학의 비본질적 연구와 관계된다고 볼 수 있다.

이러한 비본질적 태도에서도 전기(biography)적 방법은 작품과 그것을 쓴 작가와 분리시켜 생각할 수 없다는 태도다. 이것은 19세기 생뜨 뵈브(Sainte Berve)와 테느(H. Taine)에 의해 본격적으로 문학연구의 방법으로 등장하기에 이르렀다. 이들은 실증주의 역사관을 토대로 하여 개인에 관한 모든 기록을 수집하여 엄격한 심사와 진위를 거쳐 이것을 기초 자료로 하여 작가의 역사를 발생순서 대로 객관적으로 기술해 나갔다.

이렇게 하는 것은 문학작품이란 결국 그 작품을 쓴 작가를 보다 정확히 알기 위한 수단에 불과하다는 견해이기 때문이다. 그러나 대체로 전기 작가는 자칫 상상으로 조립하여 작가의 생애를 마구 오도할 위험성을 내포하고 있다.

문학작품의 올바른 이해를 위하여 작가의 문제에 관심을 갖는다는 것은 결코 헛된 노력이라 할 수 없다. 그러나 이상적인 것은 작가와 작품을 유기적 관련 속에서 함께 파악하는 것이 훨씬 효과적이라는 사실이다.

(2) 문학과 심리학

「문학의 이론」에서는 문학과 심리학의 관계를 ① 작가의 심리학적 연구 ② 창작과정의 연구 ③ 문학작품 속에 있는 심리학상의 법칙 연구 ④ 독자에게 주는 문학의 영향 연구 등 4가지로 나누고 있다. 사실 작가와 작품과 독자 사이에 관계되는 모든 문제를 심리학적 측면에서 살펴보면 크게 세 갈래로 적용해 볼 수 있다.

첫째로 창작심리학이라 할 작가에 대한 심리학적 고찰이다. 시인의 영감에 의해 창작된다는 플라톤의 학설 이래, 프로이트(S. Freud)는 작가의 무의식의 작용에 의해 이루어진다는 학설을 제기했다. 작가가 갖는 좌절이나 억압, 그리고 미해결에 대한 반동, 즉 의식생활에서 못 이룬 바를 작품으로 실현한 것이라는 견해다.

둘째로 작품심리학으로 작품자체가 내포하는 심리현상을 해석하는 것이다. 복잡한 심리 현상을 드러내는 작중인물, 가령 햄릿, 라스콜리니코프, 뫼르소 등에 대한 설명은 작품심리학의 본령이라 할 수 있다. 외디프스적인 복합심리를 간직하고 있는 햄릿, 그리고 노파를 살해하고 번민하는 라스콜리니코프의 행적에 대한 이상심리의 징후를 분석하여 작가의 심리까지 엿볼 수 있게 한다.

셋째로 독장에게 미친 문학의 심리적 영향을 살피는 독자심리학이다. 아리스토텔레스가 말한 카타르시스(katharsis)를 억압된 감정의 대리적 만족, 또는 환상의 해방이라는 심리작용으로 해석되는 것은 독자 쪽의 반응을 통해 파악되는 심리현상이다. 역사책과 역사소설을 대하는 독자 측의 서로 다른 반응도 마찬가지다. 역사책에서는 이성적 판단, 정보에 대한 기억 등 부담감이 있으나 역사소설에 대해서는 저자가 마련 해준 적절한 방법으로 무의식의 욕구를 해소시킬 환상에 정신을 맡겨버린다는 것이다.

프로이트(S. Freud)가 의식세계는 무의식(id)에서 자아(ego), 그리고 초자아(super-ego)의 단계를 거치는데 무엇보다 무의식(unconsciousness)이 중시되어야 한다고 했다. 이러한 무의식의 심층심리 때문에 표면의 행위에 대한 본질이 많이 해명되기도 했다. 그리고 융(C. G. Jung)에 이르러 새로이 개인무의식 안에 집단무의식이 있다고 가정, 그것을 '심상과 형상의 바다'라 주장하고, 이것을 원형(archetypes)이라 하여 인간의식의 가장 중요한 것으로 파악했다. 그리고 융은 자아의 속성을 내향과 외향의 대립적 관계로 파악하고 이 대립은 어떤 생명력에 의해 통일될 때 창조적 능력인 환타지(phantasy)에 도달 된다는 것이다.

20세기에 이르러 문학은 프로이트와 융의 영향을 크게 힘입고 인간심리의 적나라한 표출을 의식의 흐름(stream of consciousness)으로 완성시켰다. 조이서(J. Joyce)의 「율리시즈」, 프로스트(M. Proust)의 「잃어버린 시간을 찾아서」, 울프(V. Woolf)의 「델로웨이 부인」 등은 모두 인간의 내면세계를 깊이 있게 탐험하여 새로운 문학의 세계를 열었던 것이다.

(3) 문학과 사회

문학은 어떤 형태로든 사회와 밀접한 관계를 가지고 있다. 따라서 엄격한 의미에서 사회의 문제를 떠나 문학은 존재할 수 없다는 것이다. 이것은 무엇보다 문학이 언어예술, 곧 언어를 매체로 해서 이루어지는 만큼 그 언어의 속성은 말할 나위도 없이 사회성을 띠고 있기 때문에 더욱 그러하다. 언어는 문학의 표현 수단이기에 앞서 사회의 산물이며 사회전체의 공동재산인 것이다.

한편 문학의 재료로 다루어지는 사랑과 미움, 화합과 갈등, 참여와 소외 같은 것은 모두 사회문제와 직접 관련을 맺고 있는 주제들이다. 이러한 주제들은 모두 인간 사이에서 벌어지는 사회관계의 여러 양상들이다. 어떤 작품에서나 이러한 주제가 성립된다면 일단 사회적 측면에서 접근해 보지 않을 수 없을 것이다.

리얼리즘 문학에서는 작품 속에 들어있는 사회적 요소가 얼마나 정직하게 당대 사회의 모습을 반영하고 있는가의 측면에서 평가되기도 한다. 가령 리얼리즘의 전제는 사회 환경의 절대적 위력에서 결정된다고 보기 때문에 사회라는 환경을 면밀하게 검토하고 있다. 19세기 리얼리즘 소설은 한 결 같이 당대의 시대나 사회가 폭넓게 그려져 있는 것을 볼 수 있다. 발자크(H. Balzac)의 「인간희극」이 그렇고, 프로베르(Flaubert)의 「마담 보봐리」, 그리고 졸라(E. Zola)의 「루공 마꽈르 총서」에 담겨 있는 20권의 소설은 프랑스 제 2 제정시대의 사회상이 여실하게 재현되고 있는 것을 볼 수 있다.

그러나 우리는 이들이 그려내고 있는 사회가 거울에 비친 그대로 또는 사진을 찍듯이 재현했다고 볼 수 없다. 현실을 있는 그대로 재현한다고 했지만 그것은 어디까지나 작가의 주관을 거친, 말하자면 작가에 의해 질서부여를 마친 뒤의 현실로 재구성한 것이라는 사실을 이해해야 한다. 즉 작가가 사회적 체험내용을 그의 독특한 입장에서 독특한 언어로 재구성하여 한 편의 소설을 문학적 요건으로 형상화한 것에 지나지 않는 것이다. 따라서 우리는 작가가 창조한 작품을 통해서 그 시대와 사회를 이해할 수 있다는 말이지 직접 그 사회를 보는 것은 아니라는 사실이다.

(4) 문학과 관념

문학을 관념의 표현, 곧 철학의 일분야로 파악하려는 경우와 이와 정반대로 철학과의 관련을 시인하지 않는 경우가 있다.

특히 전자는 지성의 역사와 병행하여 지성의 역사를 반영하고 있는 까닭으로 문학은 여러 관념과 철학의 역사에 있어서 문헌으로 취급되고 있다. 가령 어떤 시인은 특정의 철학을 신봉하고 있는 것을 풍유로 지적하는 수가 있으며, 혹은 시인이 유명한 철학과 직접적인 교섭을 가지고 있거나 그러한 철학의 일반적인 가설을 알고 있다는 것을 나타내는 수가 많은 것이다.

수많은 시인 · 작가들은 직접간접으로 어떤 철학이나 사상의 관념을 끌어들여 그것을 토대로 문학을 전개시킨 예가 허다했다. 예컨대 물질로부터 천상미를 향해 신 플라톤풍으로 상승하는 것을 4편의 찬미가에 담고 있는 스펜서로부터 셰익스피어, 밀턴, 드라이던 등은 신과 우주의 문제, 영혼사멸의 문제, 정치적 · 과학적 제반문제를 작품에

담아왔다. 특히 낭만파 시인가운데 코올리지(S.T.Coleridge)나 워즈워드(Wordsworth), 그리고 쉘리(Shelly)는 다 같이 철학에 관심을 두었던 시인이었다. 코올리지에게는 칸트로부터 많은 독일의 관념, 즉 신 플라톤파의 관념을 수용했는가하면, 워즈워드도 칸트에서 심리학자 하르트레이(Hartley)의 면밀한 연구자였다는 점과 쉘리는 18세기 프랑스의 철학자들과 만년에는 스피노자(Spinoza), 버어클레이(Berkeley) 및 플라톤에게서 많은 관념을 전수 받았던 것이다.

이렇듯 어떤 형태로든 관념을 선험하여 문학의 세계를 구축하려 했던 것을 보면, 문학외적인 정치, 경제, 사회, 철학, 종교, 도덕 등 여러 분야와 밀접한 연관성을 맺고 있었던 것을 알 수 있다. 그러나 이러한 여러 관념들은 분명히 문학에서 다루어질 때와 독립해서 놓여있을 때와 구별되어 진다는 것을 잊어서는 안 된다. 말하자면 이들이 독자적으로 독립해서 놓여있을 때는 현실적으로 자체의 힘으로 실현시키는 것이 생리며 성격인데 반하여, 문학과 용해되어 나타날 경우 작가의 인생관이나 세계관과 결부되는 것이 생리며 성격이 된다는 점에서 그 특색을 지닌다.

| Chapter 2 |

고대 독일문학

고대희랍에서, 지각된 모든 것에 대한 의문을 제기하는 서구적인 사고방식과 체계적인 학문의 기초가 형성되었을 뿐만 아니라, 서정시·서사시·드라마·역사·대화 등의 문학쟝르도 발전되었다. 서정시와 비극은 자아의 심중의 토로를 반영한다. 모든 시대의 작가들은 희랍의 소재를 인간적인 근본상황의 모범으로 삼고 있다. 로마의 문학은 희랍의 자극을 받아서 생겨났다. 특히 고대희랍의 전형적인 희극은 플라우투스와 테렌쯔의 모범이 되었고, 비극은 세네카에 의해서 그 명맥이 이어진다; 버어질은 「아에네이스」를 호머의 서사시와 필적시키려 하였다. 희랍의 영향 없이 호라쯔의 서정시는 생각할 수 없다.

고대 독일문학도 그 영향을 받았다고 본다.

1. 고대 게르만 민족

독일문학을 거슬러 올라가면 고대 게르만 문학에 그 뿌리가 있다. 고대 게르만족은 인도 게르만 어족(語族)인 아리안 인종의 일 분파로서 지금 독일인들의 선조에 해당된다. 이들은 지금으로부터 수천 년 전 스칸디나비아 남부, 덴마크, 북부 독일 지방에서 농업과 수렵에 종사하던 소박한 민족이었는데, 인구 증가와 기후, 풍토의 악조건으로 보다 좋은 생활여건을 찾아 3파로 나뉘어져 각지로 세력을 확장해 나갔다. 스칸디나비아로 향한 北게르만인은 스웨덴, 노르웨이, 덴마크 등지에 머물렀고, 동쪽으로 향한 게르만인들은 스스로 고트인이라 칭하면서 흑해 연안까지 이르렀다. 또 하나의 대부족인 서게르만인은 발상지인 슐레스비히 홀슈타인 지방에서 원주민 켈트인을 몰아내면서 서서히 남하하여 기원전 1세기경에는 라인, 도나우 강선(江線)까지 이르러 로마 제국과 접하게 되었다.

게르만인들은 로마와 강화를 맺고 약 200년간 평화를 유지하였으나, 인구 증가와 경지 부족으로 로마 제국의 변경을 늘 위협하고 있었다. 특히 동게르만족인 고트인들이 그러하였다. 4세기경 훈족이 서쪽으로 이동하여 흑해 연안의 동고트족을 습격한 것이 발단이 되어 게르만족은 민족 대이동을 시작하게 되었다. 이 때문에 유럽은 근 5세기 동안 일대 혼란 속에 빠졌다. 수많은 충돌과 전쟁 속에서 게르만의 모든 부족들은 흥망과 변전을 거듭하면서 정주할 땅을 찾아 유럽 각지를 헤매고 다녔다.

동고트족은 이탈리아로 이동하였고, 서고트족은 로마 제국의 영토를 거쳐 스페인 지방으로, 반달족은 북아프리카로 이동하여 제각기 왕국을 세웠으나 얼마 못가서 멸망하였다. 부르군트족은 훈족과 싸우다가 멸망하였고, 랑고바르트족은 북부 이탈리아를 점령하여 왕국을 세웠으나 오래가지 못했다. 이렇게 하여 동게르만족은 지상에서 자취를 감추어 버렸다. 이러한 대변동 속에서 가장 성공한 부족은 서게르만에 속하는 프랑크인이었다. 그들은 앵글로 색슨족과 마찬가지로 가까운 데로 서서히, 신중히 옮아가서 메로빙 일족을 중심으로 하여 프랑크 왕국을 세웠다. 이 프랑크 왕국에서 프랑스와 독일이 탄생됐다. 이 왕국은 7세기 말부터 카롤링 왕조로 계승되어 카를대제(Karl der Große)에 의해 전성기를 맞이했다.

고대 게르만인에 대한 가장 오래된 기록으로는 로마의 역사가 타키투스(Tacitus, 55~118)가 남긴 「게르마니아(Germania)」가 있으며 그것을 통해서 우리는 그들의 생활과 문화를 어느 정도 짐작하는 것이다. 특히 타키투스는 그들 원시민의 소박하고 활발한 성질과 생활을 로마의 화려한 문화와 퇴폐적인 풍조에 비교하면서 상세히 기술하였다.

고대 게르만인들은 루네(Rune)라는 문자를 가지고 있었는데, 긴 문장으로 된 것은 발견할 수 없고 나무나 돌에 새긴 짤막한 이름만 있어 그 정체를 알지 못한다. 추측컨대 이 문자는 사물 이해의 수단으로 사용된 것이 아니고 주문풀이가 그 목적이 아니었던가 한다.

게르만어라는 하나의 언어 공동체가 기원전 2000년경에 제각기 독자적인 발전을 하여 3개의 큰 그룹으로 분화되었다. 즉, 동게르만어, 북게르만어, 서게르만어가 바로 그것이다.

동게르만어는 동게르만인들이 사용하였던 언어인데, 일명 고트어라고도 한다. 이 언어는 민족이동 이후 부족이 멸망함에 따라 언어 자체도 지상에서 그 자취를 감추었다. 그러나 동고트족의 주교인 불필라(Wulfila, 311~383년경)가 고트어로 번역한 성서가 전해져 고대 게르만어 연구의 귀중한 자료가 되고 있다. 이 성서는 게르만어로 된 최초의 문헌이며, 불필라는 게르만어권 내에서 이름이 밝혀진 최초의 저술가이다. 루네 문자가 아니고 라틴어와 희랍어에서 차용한 고유한 문자로 쓰여져 있다. 이 은박성서는 지금 스웨덴의 웁살라(Uppsala)대학이 보물로 보관하고 있다.

북게르만어는 북유럽 쪽으로 향한 북게르만족들의 언어인데, 지금의 덴마크, 스웨덴, 노르웨이어들은 모두 여기에 속한다. 고문헌으로서는 뒷날 아이슬랜드어로 필사한 「엣다(Edda)」와 설화집 「자가(Saga)」가 있다. 「엣다」는 고대 북유럽의 신들과 영웅들의 업적을 노래한 가요를 집대성하고 있다.

2. 고대 게르만 문학

고대 게르만 문학은 문자가 없는 시기여서 암흑기에 해당된다. 그것은 게르만 종족의 종교 의식적이고 사회적이며 호전적인 관습에 그 근원을 두고 있다. 그 내용은 주로 기도, 마법, 주문 등으로 이루어져 있다. 훈족이 동게르만 민족의 한 민족인 고트제국에 침입하였기에 게르만 민족은 대이동을 한 후, 로마 제국 내에서 독자적인 국가를 건설했을 때 비로소 풍부한 영웅 문학이 생겨났다. 그 영웅 문학에는 민족 대이동 시기의 격변이 반영되어 있다. 왕의 궁정에는 명문의 악사들이 등장하였다. 그들은 영주의 업적을 찬미하고 희생자들의 운명을 노래로 읊었다. 이러한 이교도적인 문학은 기독교의 유포로 멀리 북게르만 지역으로 밀려나게 된다. 이 문학은 아이슬랜드에서 가장 번성하는데 격언시와 함께 신찬미가(神讚美歌) 및 영웅시들이 북유럽의 신화전설집인 「엣다」에 기록되어 있다.

Altgermanische Dichtung

Im antiken Griechenland werden nicht nur die Grundlagen der abendländischen Denkformen und der systematischen Wissenschaften gelegt, sondern auch die literarischen Gattungen entwickelt : Epik, Lyrik, Drama, Historie, Dialog usw. Lyrik und Tragödie spiegeln die Entdeckung des Ich wider. Dichter aller Epochen greifen griechische Stoffe als Modelle menschlicher Grundsituationen auf. Die römische Dichtung entsteht erst durch griechische Anregung. Vor allem die hellenistische Typen-Komödie ist Vorbild für Plautus und Terenz, die Tragödie lebt bei Seneca fort ; den homerischen Epen will Vergil mit der 「Aeneis」 etwas Gleichwertiges an die Seite stellen ; die Lyrik des Horaz ist ohne die griechischen Vorgänger nicht denkbar.

Die altgermanische Dichtung liegt im Dunkel der schriftlosen Zeit. Sie wurzelt im religiös-kultischen, sozialen und kriegerischen Brauchtum der germanischen Stämme. Gebet, Zauber und Beschwörung sind ihr Hauptinhalt. Erst als die Hunnen ins Gotenreich einbrechen und germanische Völkerschaften nach weiten Wanderungen im Römischen Reich eigene Herrschaften gründen, entsteht eine reiche Heldendichtung, in der sich die Erschütterungen der Völkerwanderungszeit widerspiegeln. An den Königshöfen treten adlige Sänger auf, die die Taten der Fürsten verherrlichen und das Schicksal Verstorbener besingen. Mit der Ausbreitung des Christentums wird diese heidnische Dichtung weitgehend in den nordgermanischen Raum verdrängt.

| Chapter 3 |

중세 독일문학

1. 고고 독일어 시대(750~1050)

게르만인의 출현은 로마 제국을 멸망케 하고, 고대세계의 종말을 가져오게 했을 때부터 게르만족은 서양사상에서 큰 의의를 지니게 된다. 그들은 유럽을 재구성했다. 게르만족이 오랜 이동의 시기를 통해서 분열되었고, 타민족과의 혼합이 진행되어 게르만인이라는 총칭이 점차 의미를 상실하고, 새로운 국토와 새로운 이름으로 불리어지게 되었을 때는 유럽의 세계는 이미 중세기 중반에 접어든다. 이때부터 분화된 게르만인들은 제각기 독자적인 발전을 하게 되며, 기록문학이 시작되고 독자적인 문학사를 가지게 된다.

고고독일어(Althochdeutsch)는 서게르만어에서 발전한 현재의 표준독일어인 고지독일어(Hochdeutsch)의 고형(古形)이다. 쓰여진 시기는 750년경부터 1050년경까지이며, 프랑크 왕국의 카를대제 시대에서 루드비히 경건왕을 거쳐 신성로마 제국을 건설한 오토 1세 치하의 시대까지 약 300년간이다. 이 시대에는 다음과 같은 종류의 문학이 있었다.

1) 카롤링거 왕조 시대의 독일문학(크리스트교 문학)

게르만 민족은 프랑크 제국에 통합되는 때와 함께 크리스트교로 편입된다. 이로 말미암아 서구 크리스트교 국가로서의 정신적, 종교적 공동체가 성립된다. 교회는 전도의 사명은 물론이고 후기 고대의 유일한 정신적 유산의 전수자 역할을 담당한다. 외부의 개종으로 인해 크리스트교와의 내적 갈등이 수 세기 동안 계속된다. 게르만 민족성, 크리스트교의 신앙, 고대의 특질들이 서로 뒤섞여 당시의 문화를 형성하게 된다. 문학 작품은 주로 크리스트교를 가르치는 데 기여한다.

이 시대는 역대의 황제가 제국 통치의 정책으로서 크리스트교를 장려했기 때문에,

크리스트교 문화가 독일 민족 속에 깊숙이 뿌리를 내렸다. 따라서 정신적인 지주인 승려 계급이 필연적으로 문화 및 문학의 담당자가 되었다. 그들은 포교의 목적으로 시를 썼기 때문에, 그 내용은 모두 종교적인 것이었다. 설사 포교의 목적은 없다 해도 크리스트교적인 색채만은 피할 수 없었다. 「베소브룬의 기도서」를 위시한 현존하는 몇몇 문헌들 모두 크리스트교적인 것이 그 내용으로 되어 있다.

2) 오토 왕조 시대의 독일문학(라틴어 문학)

동 프랑크의 카롤링거 왕조의 몰락과 함께 오토 황제 치하의 유럽제국이 부흥됨으로써 독일은 고대 유산의 영향을 점점 더 강하게 받는다.

독일어를 사용한 문학은 점차 사라지고, 약 150년간 라틴어가 문학어로 사용된다. 독일전설의 소재조차도 라틴어로 쓰여 진다. 그리고 같은 시기에 비잔틴이 희랍과 동양 문화를 밀접하게 연결시킴으로써 문학의 정신적인 영역은 확장되고 그 주제도 풍부해진다. 라틴어로만 된 문학 외에도 라틴어와 독일어가 혼합된 작품도 있다. 이는 이곳저곳으로 옮겨 다니며 고대의 전설을 구전(口傳)시키는 방랑악단에 의해서 전수된다.

시대의 변천은 문학에도 반영된다. 크리스트교에 의해 제국을 통일하려는 통치정책 때문에 황제와 교황과의 관계가 밀접해졌다. 926년 오토 1세가 신성로마 제국을 건설한 후부터는 궁정의 번영과 더불어 크리스트교적인 라틴문화가 대량으로 유입되었다. 이 문화의 향유자는 귀족과 승려들이었으며, 그들은 독일어를 서민적이라 하여 기피하고 라틴어를 상용어로 사용하였다. 그래서 문학도 모두 라틴어로 쓰여 지게 되었다. 한편 이때는 이미 크리스트교가 잘 보급되었기 때문에, 문학이 굳이 포교의 수단이 될 필요가 없었다. 지식인들은 문학을 교양과 취미와 오락의 대상으로만 생각하게 되었다. 그래서 문학의 내용도 자연히 이교도적이고, 세속적인 것으로 바뀌어졌으며, 이러한 내용들을 모두 라틴어로 기술하였다. 영웅 서사시 「발타리우스」, 기사서사시 「루오틀리프」 등이 그 대표적인 것들이다.

2. 중고 독일어 시대(1050~1500)

11세기 후반부터는 다시 독일어의 발달이 현저해져, 라틴어 대신에 독일어로 쓰여진 문학이 급속히 증가한다. 호엔슈타우펜(Hohenstaufen) 왕조의 전성기인 1190년부터

1250년에 걸친 시대에는 독일문학에 있어서 최초의 고전기라 할 수 있는 중세 독일문학의 번성기가 이룩된다. 이 문학의 수단인 언어가 바로 중고 독일어(Mittelhochdeutsch)이다. 이 중고 독일어는 1050년경부터 1500년경까지 사용된 독일어로서 어미의 간략화 등 고고 독일어의 형태가 많이 바뀌어 진 것이 그 특징이다.

이 시대는 정치적으로는 역대의 황제가 통치권 문제로 로마 교황과 끈질긴 투쟁을 계속한 것이 시대적 특색이다. 사회적으로는 중세의 봉건제도가 확립되고, 기사계급이 하나의 사회적 신분으로 정착되어 문화의 지도적 역할을 담당한다. 정신적으로는 게르만 고유의 세계관과 크리스트교와 라틴 문화가 대립과 융화 속에서 서로 교류되던 시대이다. 문학적으로는 고고독일어 시대의 문학이 주로 종교문학이었던 데 비해, 이 시대에는 승려문학, 기사문학, 서민문학 등이 융성한다. 이 중에서도 특히 기사문학은 고도로 번창하여 중세문학의 황금기를 이룩한다. 문학의 담당자도 승려에서 기사 내지 일반 시민으로 옮겨진다.

1) 승려문학

잘리에르 및 초기 슈타우펜 왕조 시대는 획기적인 변혁의 시대로 알려져 있다. 10세기경 부르군트의 클루니 수도원에서 시작된 종교와 윤리의 개혁 운동이 독일을 휩쓸게 된다. 이러한 운동은 우선 승려계급에서 시작되어, 모든 크리스트교도들에게 덧없는 세상으로부터 하루 빨리 돌아설 것을 요구한다. 이것은 인간의 죄악과 현세적인 모든 것에 대한 무상함을 부르짖으며 세속적인 것을 무시하고 금욕과 참회를 하도록 설교한다. 이 시대의 모든 문학은 이러한 운동의 영향을 받는다. 속죄와 참회, 서정적인 성모 마리아의 시, 성자의 전설 등이 그 테마를 이룬다. 12세기 중반에 들어 그러한 경향에 따라 세속적인 반대 운동이 일어나게 된다. 십자군 원정에서 종교의 신성함을 깨닫게 된 기사 계급이 차츰 문학을 주도하게 된다. 한편 라틴어로 쓰인 방랑 시인의 감각적인 서정시가 번창하게 된다.

세속적, 현세적 풍조는 벌써 고고 독일어 시대 말기부터 싹이 텄다. 이러한 경향이 중고독일어 시대에 와서 더욱 고조되고 일반화되기 시작하였다. 이와 같은 시대적 요구에 따라 승려들도 세속적인 문학을 독일어로 쓰려고 노력했다.

수도원의 승려들이 새로운 시대적인 추세에 따라 세속문학을 썼으나, 다양한 세속적인 소재를 그들은 소화할 수가 없었다. 이때 승려 계급과는 별도로 일반 민중들 가운데서 가인(歌人)들이 나와 일반의 요구에 응할 수 있는 문학을 만들어 내었으니, 이들이 음유시인이다. 음유시인이란 민족이동시대에 각 궁정을 찾아다니면서 영웅들의 사적을 들려주었던 스코펜(Skopen)의 후예에 해당한다. 이들은 각지를 돌아다니면서 많이 모이는 곳에 가서 공상적이고 유머러스한 모험담을 민중들의 구미에 맞도록 재미나게 들려주었다.

2) 기사문학

2)-1 궁정 서사시

프리드리히 대왕의 등장과 슈타우펜 왕조의 세력이 확장됨에 따라 문학에 있어서 성직자들의 주도적 역할은 끝나게 된다. 대신 기사 계급의 문화가 등장하는데 그들은 문학 작품속에 독자적 형식으로 그들 자신을 표현하게 된다. 문학 창작의 요람은 영주의 궁정이었다. 영주는 흔히 글을 쓰는 기사들의 후원자이거나 주문자가 된다. 그래서 이러한 문학을 궁중 문학이라 부르게 된다. 십자군 원정은 기사 계급에게 소명의식을 갖게 해주고 미지의 것에 눈을 뜨게 해 주었다. 확립된 가치 체계와, 경건하나 현세에 역점을 두는 경향과 함께 범 유럽적이며 크리스트교적인 문화권이 나타난다. 궁정 서사시에는 기사적인 세계와 그의 인간관이 문학적으로 고상하게 나타난다. 슈타우펜의 고전시대는 독일문학 최초의 번창기가 된다. 하인리히 폰 펠데케가 이러한 길을 마련하고 하르트만 폰 아우에, 볼프람 폰 에셴바하, 고트프리트 폰 슈트라스부르크는 궁중 서사시의 완성자이다.

볼프람 폰 에셴바하, 고트프리트 폰 슈트라스부르크와 함께 중세의 서사 문학은 절정에 달한다. 프랑크의 기사 볼프람은 작품 「파르찌발」에서 경건한 성배 기사들의 세계를 통해서 아더 기사의 궁정적·모험적 세계를 더욱 승화시켜 묘사하고 있다.

주인공의 역정은 '어리석은 바보'에서 아더왕의 기사로, 그리고 오류, 고뇌, 절망에도 불구하고 성배의 왕으로 이어진다. 동시에 세속적인 행위와 크리스트교적인 경건성을 조화시키게 된다. 궁중 문학 중 가장 훌륭한 이 작품은 크리스트교, 기사적 생활양식을 대변하기도 한다. 알자스의 시민인 고트프리트는 미완성 소설 「트리스탄과 이졸데」에서 관습이나 규정된 신분보다 더 강한, 고귀한 사랑의 노래를 묘사한다.

독일 기사문화의 특징은 게르만적 생활감정과 크리스트교적 신앙 그리고 라틴 문화의 세 요소가 혼합, 조화된 데 있다. 기사들은 무사로서 용감 성실해야 될 뿐만 아니라, 크리스트교도로서 깊은 신앙심을 가져야 되고, 지와 덕을 겸비한 조화된 인격도 갖추어야만 되었다. 이것은 기사들이 쌓아야 하는 덕목 속에서도 잘 나타나 있는데, 명예, 성실, 절도, 신의 은총, 연애봉사 등등이 바로 그것이다. 명예와 성실은 기사들이 무엇보다도 숭상하는 덕목 중의 하나이다. 성실은 왕에 대한 충성, 씨족 간의 연대감, 부부간의 정절 등을 뜻하는 것인데, 이 명예와 성실은 게르만적인 윤리이다. 절도라는 것은 거칠은 행동을 하지 말고, 예의범절을 중히 여기며, 행동을 우아하게, 덕스럽게 하라는 뜻이다. 이것은 형식미를 중시하는 라틴문화의 감화라고 할 수 있다. 신의 은총은 말할 것도 없이 크리스트교적인 사상이다. 연애봉사는 여성을 남성보다 우위한 존재로 보고 여성에게 봉사함으로써 자기의 내면적 성장을 기대하고자 하는 것이다. 이것은 남쪽 프랑스의 궁정 풍습을 본딴 것이며, 한편 당시 유행했던 마리아 숭배의 영향이기도 하다. 이러한 연애봉사가 뒤에 언급될 민네장(Minnesang)의 계기가 된다.

이와 같은 새로운 모랄과 생활감정을 토대로 궁정과 기사들의 생활을 테마로 한 새로운 문학이 기사들의 손으로 만들어지게 되었다. 특히 이것이 12세기 말부터 13세기 전반에 대유행을 하게 되었는데, 이때가 바로 기사문학의 번창기이요, 중세문학의 황금기이다. 기사문학의 대표적 쟝르는 궁정서사시와 민네장이다.

궁정서사시는 문학을 하는 기사들이 주로 궁정을 무대로 시작을 하였고, 궁정인들이 그 애호자이며, 주문자였기 때문에 이렇게 불리어진다.

(1) 하르트만 폰 아우에(Hartmann von Aue)

슈바벤 출신의 기사로서 영국에서 발전된 아르투스(Artus) 전설을 처음으로 독일에 이끌어 들인 서사 시인이다. 펠데케가 궁정서사시의 선구자라면, 하르트만은 본격적인 창시자라 할 수 있다. 그는 모두 4편의 서사시를 썼는데, 그 중 두 편(에레크, 이바인)은 기사 이야기이고, 다른 두 편(그레고리우스, 가련한 하인리히)은 성자 이야기이다.

① 「그레고리우스」(Gregorius, 1198년경)

외디프스(Ödipus) 모티프를 가진 성자 이야기이며, 프랑스의 교황 그레고아르전에 의거한 작품이다. 토마스 만의 「선택된 인간(Der Erwählte)」은 이것을 소설화한 것이다. 그 내용은 남매간의 근친상간에서 태어난 그레고리우스(Gregorius)는 버림을 받고, 이국 땅에서 자라 기사가 된다. 우연히 고국에 정착한 그는 적을 물리치고 많은 공을 세워 여왕과 결혼을 하였는데, 알고 보니 그녀가 바로 그의 어머니였다(외디푸스 모티프). 그는 그의 업보를 속죄하기 위해 17년간 호수의 바위 위에서 고행을 한 다음 신의 계시에 의해 로마 교황으로 선출된다는 것이다.

② 「가련한 하인리히」(Der arme Heinrich)

성자 이야기 중에서 크리스트교적 신앙이 기사에게 얼마나 중요한가를 말하는 서사시이다. 이것은 그 시대의 많은 시인들이 소재를 전설에서 혹은 외국에서 빌려온 것과는 달리 순수한 그의 독창물로 간주되고 있다. 그 내용은 젊은 기사 하인리히 폰 아우에(Heinrich von Aue)는 신을 저버린 죄로 문둥병에 걸린다. 아무리 치료를 해도 낫지를 않는다. 어느날 의사가 말하기를 순결한 처녀가 자진해서 제공해 주는 심장의 피를 마시면 나을 수 있다고 한다. 그러나 자진해서 문둥병 환자에게 목숨을 바칠 처녀가 있을 리 없다. 실망한 하인리히는 불쌍한 사람들에게 재산을 나누어 준 후 세상을 등지고 어느 시골 농가에 몸을 의탁한다. 3년이 지난 후 그를 보살펴 주던 농부의 딸이 피를 제공해 주겠다고 나선다. 그와 농부가 반대를 했으나 한사코 듣지를 않는다. 하는 수 없이 하인리히는 소녀를 데리고 의사에게 간다. 의사는 소녀의 진심을 확인한 다음 수술대에 눕히고 메스를 든다. 그 순간 옆방에서 보고 있던 하인리히는 자기 때문에 하나의 생명이 희생되는 것을 참을 수 없어 수술 중지를 명령한다. 그때 갑자기 신의 은총이 내려 하인리히의 병이 씻은 듯 낫는다. 신이 모든 시련을 겪은 두 사람을 축복해 준 것이다. 그 후 하인리히는 그 소녀와 결혼하여 신앙심 깊은 기사로서 행복하게 산다는 것이다.

이 작품은 신의 은총과 현세의 행복문제를 다룬 것으로서 극기, 겸허, 성실, 자기희생을 인간 최고의 미덕이라고 생각하는 작자의 사상이 잘 나타나 있다. 게르하르트 하우프트만(Gerhart Hauptmann)의 동명의 희곡은 이것을 소재로 하여 근대적인 해석을 시도한 작품이다.

(2) 볼프람 폰 에셴바하(Wolfram von Eschenbach, 1170~1220)

볼프람은 중세기 최대의 서사 시인이지만, 그의 생애에 대해서는 많이 알려져 있지 않다. 그저 가난한 기사로서 작품 활동을 하다가 출생지인 에셴바하에서 죽었다는 것이 고작이다. 그는 정규의 교육을 못 받아 무식하다고 작품 속에서 스스로 말하고 있지만, 풍부한 식견과 심오한 사상의 소유자라는 것을 그의 작품이 증명하고 있다. 그는 깊은 사상과 유머, 독창력, 기교 등을 겸비한 시인으로서 그의 작품 「파르찌발」은 중세문학을 대표할 수 있는 최고의 걸작이다.

① 「파르찌발」(Parzival, 1200~1210년경)

약 2만 5천행으로 되어 있는 대서사시이다. 프랑스의 시인 크레티엥 드 트르와(Chretian de Troyes)의 「페르스발 혹은 성배전설」을 소재로 했으나, 단순한 모방에

그친 것이 아니고 주인공의 정신적 발전 과정을 그림으로써, 독일 소설 특유의 장르인 교양소설(Bildungsroman) 또는 발전소설(Entwicklungsroman)의 시조라고 볼 수 있다. 그 내용은 기사의 싸움에서 남편을 잃은 헤르쩨로이데(Herzeloide)는 유복자인 외아들 파르찌발(Parzival)만은 기사로 만들지 않겠다고 마음먹고 아들과 함께 조용한 숲 속에서 숨어서 산다. 그래서 파르찌발은 세상 물정을 모르는 순진한 아이로 성장한다. 어느 날 숲속에서 말을 타고 달리는 늠름한 기사의 모습을 본 그는 그때부터 자기도 기사가 되겠다고 결심한다. 그는 기사가 되기 위해서 만류하는 어머니를 겨우 설득시켜 넓은 세상으로 나간다.

파르찌발은 아르투스 궁정에 들어가 공을 세우고 기사 수업을 더 계속하기 위해서 모험길에 오른다. 도중에 그는 늙은 기사 구르네만츠(Gurnemanz)를 만나 기사는 경솔한 질문과 말을 조심하라는 가르침을 받는다. 그 후 어느 성으로 가서 적에게 포위된 여왕 콘트비라무어(Kondwiramur)를 구출하고, 그녀와 결혼한다. 그는 또 모험을 하기 위해 여행길에 오른다. 오랫동안 편력한 후 그는 성배의 성(Gralsburg)에 도착한다. 암포르타스가 성배를 지키는 왕이었다. 그는 후한 왕의 대접을 받는다. 그의 앞에 성배가 운반되더니, 그 성배 속에서 산해진미가 마구 쏟아져 나와 삽시간에 호화로운 연회석이 마련된다. 그러나 왕의 얼굴에는 고통의 표정이 가득차 있다. 왕은 율법을 지키지 않았기 때문에 신벌을 받아 중병에 걸린 것이다. 이 병은 선택된 기사가 자발적으로 성배의 유래와 왕이 앓고 있는 병의 원인을 물으면 곧 낫게 되어 있다. 그러나 과묵의 미덕을 배운 파르찌발은 질문을 하지 않고 그 성을 떠난다.

성(城)을 나와 다시 편력 길에 오른 그는 도중에 아르투스 왕을 만나 평생 염원이었던 원탁의 기사로 봉해진다. 그러나 얼마 되지 않아 성배성에서 사자가 와서 파르찌발이 암포르타스 왕의 고통을 보고도 질문을 하지 않고 그대로 가버렸다고 일러 바쳤기 때문에, 파르찌발은 원탁의 기사 자리에서 쫓겨난다. 그는 신을 원망하며 다시 유랑 길을 떠난다.

그는 숲속에서 순례자를 만나 신세타령을 한다. 그 순례자는 동굴 속에서 은거하고 은둔자를 찾아가 의논해 보라고 한다. 그는 동굴을 찾아가 은둔자에게 모든 것을 고백한다. 그의 고백을 들은 은둔자는 그가 자기의 생질이며, 그의 어머니가 죽었다는 것을 알려준 다음, 성배에 대해 설명을 해 준다. 즉, 성배는 신이 이 지상에 내린 것으로서 크리스트교도 이외에는 접근할 수 없으며 신비한 힘을 지니고 있어서 접하는 자는 불로장생의 생명을 누릴 수 있고, 바라는 자는 무한한 음식을 얻을 수 있다는 것이다. 그리고 성배의 수호자는 특정한 가계의 후예자로 한정되어 있으며, 수호 왕으로 선택된 자는 처 이외의 여성과 관계를 맺어서는 안 되는데, 지금의 수호자인 암포르타스 왕은 법을 어기고 다른 여자와 관계를 맺다가 신벌을 받아 중병에 걸린 것이라고 설명해 준다.

파르찌발은 외삼촌인 은둔자에게 머무는 동안 신의 길에 대해서 가르침을 받고 확고한 신앙을 갖게 된다. 그 후 그는 다시 아르투스 왕의 휘하에 들어가 원탁의 기사가 된다. 그때 또 성배 성으로부터 사자가 와서 파르찌발에게 급히 성배 왕을 구출해 달라고 애원한다. 그는 성배 왕을 구출하기 위해 성배 성으로 가서 왕에게 병의 원인을 묻자 암포르타스 왕은 그 자리에서 병이 낫는다. 성배의 신탁에 따라 파르찌발이 성배 왕이 되고, 오랫동안 헤어져 있던 처와 다시 만나 행복하게 산다는 내용이다.

(3) 고트프리트 폰 슈트라스부르크(Gottfried von Straßburg)

이 사람의 전기도 명확하지 않다. 기사가 아니고 학식이 많은 시민일 것이라고 추정되고 있다. 그의 대표작은 순수한 연애 서사시인 「트리스탄과 이졸데」이다.

① 「트리스탄과 이졸데」(Tristan und Isolde, 1210년경)

이 서사시는 전체의 3분의 2정도에서 중단되고 있다. 나머지 부분은 후대의 시인 울리히 폰 투르하임(Ulrich von Turheim)과 하인리히 폰 프라이베르크(Heinrich von Freiberg)가 가필한 것이다. 원전은 프랑스의 작가 토마의 「트리스탕과 이쥐」 이야기이다. 그 내용은 아버지는 전쟁에서 죽고 어머니도 아이를 낳자 곧 죽는다. 이 버려진 아이를 충신이 거두어 트리스탄이라고 이름을 붙여 준다. 트리스탄이란 프랑스어인 triste(悲愁)에서 나온 말이다. 그는 어릴 때부터 무예에 뛰어나 소질을 나타내었으나, 상인에게 꾀여 방랑하다가 외삼촌인 마르케(Marke) 왕을 만나 왕세자로 책봉된다. 트리스탄의 행운을 시기하던 일파가 그의 왕위 계승을 방해하기 위해서 마르케 왕에게 결혼할 것을 권한다. 왕은 별로 생각이 없었으나, 아일랜드의 공주인 금발의 이졸데(Isolde)를 왕비로 맞이하게 된다. 그 사신으로 트리스탄이 아일랜드로 가서 이졸데를 데리고 오게 되었다. 돌아오는 도중 배안에서 목이 마른 트리스탄과 이졸데는 시녀가 내어주는 포도주를 마신다. 이 포도주는 이졸데의 어머니가 늙은 왕과 이졸데를 위해 특별히 만든 마약이었다. 이 약 때문에 갑자기 사랑의 포로가 된 두 남녀는 모든 제약을 무시하고 오로지 정욕에만 몸을 맡긴다. 이졸데와 마르케 왕이 결혼한 초야에도 시녀가 대신 가서 왕을 속이는 등, 이 두 사람은 온갖 지혜를 다 짜내어 왕 몰래 애욕에 빠진다. 그들의 사랑 속에는 왕에 대한 죄의식 같은 것은 전혀 없다.

드디어 불의가 발각되어 트리스탄은 도망가서, 아룬델 나라의 요펠린 公의 휘하에서 무공을 세워 그곳에 머무르게 된다. 그런데 공교롭게도 요펠린 公의 딸의 이름이 이졸데인데 별명이 하얀 손이다. 거기서 공주 하얀 손의 이졸데를 만나 사랑하는 사이가 된다. 그러나 금발의 이졸데를 잊을 수가 없다. 아무리 하얀 손의 이졸데를 사랑하려고 애써도 뜻대로 되지를 않는다. 트리스탄의 마음은 찢어질 뿐이고, 새로운 고민만 더해 갈 따름이다.(원작은 여기서 중단되고 나머지 부분은 가필한 것이다)

그 후 트리스탄은 하얀 손의 이졸데와 결혼한다. 어느 때 트리스탄이 전쟁터에서 부상을 입자, 그를 치료하기 위해서 금발의 이졸데가 불려온다. 금발의 이졸데는 어머니에게서 선약 만드는 방법을 배웠기 때문에, 그녀만이 죽음의 상처를 고칠 수 있었다. 하얀 손의 이졸데는 질투가 나서 금발의 이졸데가 오지 않는다고 거짓말을 한다. 금발의 이졸데가 나타나기를 고대하던 트리스탄은 절망 끝에 죽어버린다. 급히 달려온 금발의 이졸데는 그의 시체를 부둥켜안고 통곡하다가 그를 따라 죽는다. 마르케 왕은 이 두 남녀를 고이 묻어주고, 트리스탄의 무덤에는 장미를, 이졸데의 무덤에는 포도를 심게 한다. 장미와 포도 넝쿨이 자라 서로 엉킨다. 그들은 죽음에 의해서 영원히 맺어진다는 것이다.

이 작품은 당시의 서사시가 기사의 모험이나 종교 문제를 취급한 것과는 달리 순수한 애정 문제만을 다루고 있다. 연애를 위해 모든 제약을 초월한 주인공의 내면적인 체험만을 추구한 점에서 다른 기사 문학과는 그 취향이 전혀 다르다. 절대적인 연애 찬미와 정열적인 묘사, 그리고 미묘한 심리 해부 등은 근대 예술에 가깝다. 이 작품은 중세 문학에서 제일급에 속하는 연애 문학으로서 후대에까지 많은 영향을 끼쳤다.

2)-2 서정시(민네장)

연애시는 궁중 서사시와 같이 신분문학이다. 연애시는 스페인의 무어족에 자극 받아 12세기 남프랑스의 프로방스 지방에서 발생했다. 남프랑스의 프로방스 지방의 연애시인들은 사회적으로 신분이 높은 봉건 영주의 부인들의 생활을 통해 봉건제도의 양식을 전하는데, 예술성이 풍부한 연애시로서 그 부인들에게 사랑을 호소하나 그들의 구애가 실현되지는 않는다. 오히려 거절하는 부인들의 냉정함을 호소함으로써 그들의 고통스러운 사모의 호소는 그녀들의 명성을 높여준다. 프로방스의 연애시는 독일에 보급되어 도나우 지역에서 발생한 감성적·사실적인 연애서정시와 통합적 형태를 이룬다. 시기적으로 연애시가 나타날 즈음에 라틴어 및 라틴독일어로 쓰여 진 서정시가 많이 발달되는데, 이런 시의 작가와 전수자는 방랑 시인이다. 그들은 삶의 기쁨을 찬양하고 사회와 교회의 폐단을 비판한다.

1190년은 바르바로사 시대 작가들의 마지막을 의미한다. 프리드리히 폰 하우젠은 소아시아에서의 십자군 원정 도중 그의 황제보다 조금 빨리 죽는다. 또한 하인리히 폰 펠데케는 갑자기 침묵하게 된다. 하르트만 폰 아우에, 하인리히 폰 모룽겐, 라인마르 폰 하게나우, 발터 폰 포겔바이데가 궁중 서정시의 완성자들이다. 연애시가 프로방스의 연애시를 모범으로 하는 제한된 테두리에서 벗어나 독자적인 특징을 갖게 된다. 고상한 연애가 당시의 주된 테마가 된다. 그런데 이러한 테마는 시인 각자의 취향에 따라 작품으로 형성된다. 라인마르가 죽은 후 발터는 탁월한 서정 시인으로 간주되었다. 그에게 있어 슈타우펜가의 기사로서의 용기와 긍지는 따뜻한 인간적인 감정과 결합되고 궁중인의 지조는 분노와 증오를 시적으로 표현할 수 있는 사랑과 여유로 결합되어 나타난다. 정치적 격언시에서는 슈타우펜 제국의 이념에 입각한 올바른 세계질서가 요망된다.

중세기 기사들이 읊은 서정시를 보통 민네장(Minnesang)이라고 한다. 연가(戀歌)의 일종으로 이 시가에 나타난 연정(戀情)(Minne)은 무엇을 갈구하는 애정이 아니라, 은근한 경의(敬意)라고 표현할 수 있다. 연애 가(歌)는 본디 남쪽 프랑스의 프로방스 지방의 습성인 부인 숭배에서 유래한다. 이 지방에서는 옛 부터 기사들이 귀부인을 존경의 대상으로 삼고, 귀부인에게 봉사함으로써 자기 자신을 향상시킬 수 있다고 생각했다. 이러한 습성이 독일로 건너와 연애가에 직접 영향을 미치게 된 것이다. 연애가의 내용은 우리가 흔히 생각할 수 있는 통속적인 성애(性愛)감정을 읊는 것이 아니고, 손이 미칠 수 없는 고귀한 부인을 예찬하고, 그 부인에게 바치는 봉사와 접근의 기쁨을, 혹은 이별의 슬픔을 노래하는 것이다. 이와 같이 비현실적인 이상만을 노래하기 때문에, 이 서정시는 자유로운 체험의 표명이 될 수 없고 어디까지나 이상의 표명에 그치고 만다. 시인들은 이와 같은 내용의 부족을 메우기 위해서 아름다운 형식, 우아한 용어, 운, 시의 구조 등에 면밀한 주의를 기울인다.

Höfisches Epos

Mit Friedrich Barbarossa und der Machtentfaltung des staufischen Kaisertums

geht die Vorherrschaft der Geistlichen in der Literatur zu Ende. Es entsteht

die Kultur des Rittertums, das auch in der Dichtung nach Selbstdarstellung in eigenen Formen drängt. Pflegestätten des dichterischen Schaffens sind die Fürstenhöfe. Fürstliche Herren sind häufig Gönner oder Auftraggeber der dichtenden Ritter. Die Literatur wird daher „höfisch“ genannt. Die Kreuzzüge haben dem Rittertum sein Sendungsbewußtsein verliehen und den Blick für das Fremde geöffnet. Es entsteht ein gemeineuropäisch-christliches Kulturgefühl mit einer festgefügten Wertordnung und einer frommen, aber diesseits gerichteten Haltung. Im höfischen Epos erscheinen diese ritterliche Welt und ihr Menschenbild dichterisch verklärt. Die Epoche der staufischen Klassik wird zur ersten Blütezeit der deutschen Literatur. Heinrich von Veldeke ist Wegbereiter, Hartmann von Aue, Wolfram von Eschenbach und Gottfried von Straßburg sind die Vollender des höfischen Epos.

Mit Wolfram von Eschenbach und Gottfried von Straßburg erreicht die epische Dichtung des Mittelalters ihren Höhepunkt. Der Weg seines Helden führt vom „tumben toren“ zum Artusritter und, trotz Irrtum, Leid und Verzweiflung, zum Gralskönigtum und damit zur Harmonie von weltlichem Tun und christlicher Frömmigkeit. Das glanzvollste Buch höfischer Literatur ist zugleich eine Darstellung christlich-ritterlicher Lebensform.

2)-3 영웅 서사시(민족 서사시)

슈타우펜 왕조 시대에 대부분 프랑스의 작품을 본 따던 하르트만, 볼프람, 고트프리트의 궁중 서사시와 더불어 민족 대이동 때의 고대 영웅시를 소재의 기반으로 삼는 서사시가 생겨났다. 이런 노래는 수백 년 간 민중 속에서 구전되어 방랑악단에 의해 유포되어 다양한 형식으로 변형되기도 한다. 1200년경 어느 무명시인이 지크프리트의 장가(長歌)와 부르군트족의 몰락을 다룬 장가를 결합하여 서사시 니벨룽겐을 만들었다. 이 작품은 고중세의 번창과 생활양식을 반영하지만 그 속에는 신하의 충성, 혈족의 신뢰, 그리고 복수의 법칙이 지배하는 영웅 비극적, 이교도적 생활방식 등이 생생하게 담겨져 있다. 올바른 기사의 행동은 무엇인가 하는 문제, 연애, 신의 은총 등이 중심 테마가 되는 궁중 서사시와 함께 멀어진 세계에서 영웅들이 가차 없이 멸망하는 「니벨룽겐의 노래」가 존재한다.

그에 반해서 후에 나타난 「구드룬의 노래」는 궁중적, 기사적 문학의 영향이 보다 강하게 나타나 조화를 이룬다.

중고 독일어 시대의 문학 가운데 영웅서사시(Heldenepos)라는 또 하나의 중요한 분야가 있다. 「니벨룽겐의 노래」와 「구드룬」처럼 기사문화와는 관계없이 순수한 게르만적인 생활감정을 내용으로 하는 국민적 영웅서사시가 바로 그것이다. 이것은 입으로 전해오던 민족이동시대의 영웅전설이 이 시대에 와서 장대한 서사시로 집대성된 것이다. 기사문학인 궁정서사시는 특정한 개인의 작품이지만, 이 영웅서사시는 개인이 만든 것이 아니고 그저 국민들 사이에서 불리어져 내려온 민족전설을 바탕으로 했다고 해서 국민서사시(Volksepos)라고도 한다. 그러나 이 국민서사시도 최종적으로는 이름은 모르지만 위대한 시인의 손에 의해 완성된 것만은 사실이다.

① 「니벨룽겐의 노래」(Nibelungenlied)

1200년경 오스트리아 지방의 어느 기사가 두 개의 민간전설을 종합하여 비극적인 서사시를 만들었다고 한다. 두 전설 가운데 하나는 지크프리트(Siegfried)의 전설이고, 다른 하나는 부르군트(Burgund)족의 멸망사이다. 이 전설들은 원형대로 전해오는 것은 없고, 북유럽으로 건너가 북구적인 요소가 가미되어 새로운 형태가 된 것들이다. 그것이 엣다(Edda)에 수록되어 지금까지 보존되고 있다.

이 서사시는 질적으로나 양적으로 중세기 영웅서사시 중에서 최고의 작품이다. 모두 2부 39장으로 되어 있으며, 행마다 각운(Endreim)을 밟은 4행 1절의 운문형식이다.

제1부는 지크프리트의 죽음에 관한 이야기이고, 제2부는 그의 아내 크림힐트

(Kriemhild)의 남편 복수에 관한 이야기이다. 그 내용은 다음과 같다:

라인 강 상류 보름스(Worms) 지방에 부르군트족의 나라가 있었다. 왕의 이름은 군터(Gunther)이고, 그의 누이동생 크림힐트(Kriemhild)가 천하의 절색이었다. 이 소식을 들은 네덜란드의 왕자 지크프리트가 그녀에게 청혼하기 위해 수도 보름스로 와서, 그녀의 오빠인 군터 왕을 도와 많은 공을 세웠다. 마침 그때 아일랜드의 여왕 브룬힐트(Brunhild)가 미인이라는 소문을 들은 군터왕이 그녀에게 청혼을 하기 위해 지크프리트를 부하로 대동하고 아이슬랜드로 갔다. 브룬힐트는 미인일 뿐만 아니라, 무술에도 뛰어나 시합을 해서 자기를 이겨야만 청혼을 허락한다는 여자였다. 수많은 영웅들이 그녀와의 시합에서 목숨을 잃었고, 그래서 그녀의 이름은 사해에 널리 알려져 있었다.

군터 왕은 무술에 자신이 없었다. 그래서 지크프리트에게 목적을 달성시켜 주면 크림힐트와의 결혼을 허락하겠다고 약속하고 협력해 줄 것을 부탁했다. 지크프리트는 불사신의 용사였다. 그는 언젠가 니벨룽겐 족을 정복하였을 때 입수한 몸 숨기는 마법의 외투(Tarnkappe)를 입고 몸을 감추어 왕을 도와 그를 이기게 하였다. 브룬힐트는 패하였기 때문에 군터 왕과 결혼을 하고, 지크프리트도 약속대로 크림힐트와 결혼하였다.

그러나 브룬힐트는 왕에 대한 불만에서 첫날밤에 왕을 묶어 매달아 버렸다. 왕은 다시 지크프리트의 도움을 청했다. 지크프리트는 또 마법의 외투에 몸을 숨기고 그녀를 굴복시켰다. 그때 지크프리트는 왕비의 반지와 처녀 대를 훔쳐 크림힐트에게 선물로 주었다. 그리고 그는 아내를 데리고 귀국하였다.

몇 년이 지났다. 브룬힐트의 간청으로 왕은 지크프리트 부부를 보름스로 초대하였다. 여흥으로 무술 경기가 벌어졌을 때, 그것을 구경하던 브룬힐트와 크림힐트는 서로 자기 남편자랑을 하였고, 경기가 끝나고 예배 차 교회로 갈 때는 서로 앞서가기 위해 순위 다툼을 하였다. 드디어 두 사람은 입 싸움을 하였다. 이때 브룬힐트가 너는 내 남편의 첩이라고 응수하였다. 증거를 대라고 하자 크림힐트는 남편에게서 선물 받은 브룬힐트의 반지와 처녀 대를 보여주며 첫날밤의 사건을 폭로해 버렸다. 치명적인 모욕을 받은 브룬힐트는 복수할 것을 굳게 맹세하였다.

부르군트의 왕가에는 하겐(Hagen)이라는 충신이 있었다. 그가 왕가의 명예를 위해 왕비의 원한을 풀어주겠다고 약속했다. 그는 자기보다 강한 영웅을 없애버리는 것이 부르군트를 위해서도 좋은 일이며, 지크프리트가 가지고 있는 니벨룽겐족의 많은 보물이 탐이 났기 때문이다. 하겐은 계략을 써서 지크프리트를 없애려고 하였다. 그는 불사신인 지크프리트의 단 한 군데 약점을 알고 있었다. 그 약점이란 지크프리트가 언젠가 용을 퇴치하였을 때 강물처럼 흐르는 용의 피 속에 온 몸이 잠겼는데, 그때 나뭇잎이 어깨에 떨어져 그곳에 피가 묻지 아니하였다. 그곳이 바로 그의 급소였다. 이 비밀을 알고 있는 하겐은 그를 사냥가자고 꾀어내었다. 그리고 교묘한 방법으로 크림힐트를 구슬러, 그 급소 자리에 미리 표시를 하게 하였다. 사냥을 하다가 갈증이 난 지크프리트는 물을 마시려고 샘에서 허리를 구부리는 순간, 하겐은 표시해 둔 곳을 겨냥하여 창을 던져 그를 죽였다. 그리고 많은 보물을 약탈하여 라인 강에 깊숙히 숨겨 두었다. 비탄에 잠긴 크림힐트는 남편의 복수를 굳게 다짐하였다.

13년이 지난 후, 크림힐트는 훈족의 왕 에첼(Etzel)로부터 청혼을 받았다. 정숙한 그녀는 마음이 내키지 않았으나, 훈족의 힘을 빌려 남편의 원수를 갚기 위해 결혼을 하였다. 다시 13년이 지났다. 그녀는 왕에게 간청하여 부르군트 일가를 초대하기로 했다. 하겐은 그녀의 속셈을 알아차리고 왕에게 거절하라고 부탁하였으나, 군터 왕은 듣지 않았다. 일행이 도나우 강을 내려갈 때, 인어가 나타나 불길함을 예고하여 주었으나 그대로 갔다. 일행이 목적지에 이르렀을 때, 강변에 매복시켰던 병사들의 일제공격으로 복수 계획을 실행에 옮겼다. 처참한 격전 끝에 양편 모두 수많은 사람들이 목숨을 잃었다. 부르군트족 가운데서 살아남은 사람은 군터 왕과 하겐 두 사람뿐이었다. 크림힐트는 결박되어 꿇어앉은 하겐에게 보물을 감추어 둔위치를 물었으나, 왕이 살아 있는 한 알려 줄 수 없다고 버티었다. 그래서 크림힐트는 오빠인 왕을 죽이고 재차 물었으나, 하겐은 이제는 왕도 죽었으니 나하나 죽으면 그만이다 하고는 입을 열지 않았다. 그녀는 남편이 쓰던 칼을 뽑아 하겐의 목을 쳤다. 이로써 부르군트족은 왕을 비롯하여 모두 몰살당했다. 이것을 보고 있던 디이트리히 왕의 신하인 힐데브란트가 잔인한 포악상을 참다못해 크림힐트를 베어버렸다. 이로써 니벨룽겐의 노래는 막을 내린다.

이 작품은 게르만적인 색채가 농후하여 명예가 작품의 주제를 이루고 있다. 이 서사시는 게르만 인들의 성실과 영웅주의를 잘 나타내고 있다. 민족이동 시대의 게르만 인들에게는 주인에 대한 부하의 성실, 남편에 대한 아내의 성실, 붕우간의 성실 등이 무엇보다도 숭상되는 것이 그들의 미덕이었고, 한번 약속한 것은 어떤 일이 있어도 지키며, 한번 결심한 계획은 죽는 한이 있더라도 실행한다는 것이 그들의 생활감정이요, 윤리관이었다. 이것을 소재로 해서 후대의 사람들이 많은 작품을 썼는데, 그 중에서도 헵벨(Hebbel)의 희곡 「니벨룽겐(Die Nibelungen)」과 바그너(Wagner)의 악극 「니벨룽겐의 반지(Der Ring des Nibelungen)」가 유명하다.

2)-4 시민문학

전형적인 중세 문학의 주요 테마인 궁중적·기사적 이상 세계는 거의 반세기가 지나자 그 테두리에서 벗어나게 된다. 그 첫 번째 비평가이자 파괴자는 기사인 나이트하르트 폰 로이엔탈이다. 슈타우펜 왕가의 몰락과 더불어 기사계급의 정치적, 사회적, 문화적 몰락이 시작된다. 신흥 도시의 시민계급이 문학의 대표자로서 중요한 역할을 하게 된다. 프로방스의 연애 서정시나 방랑 서정시는 통속문학으로 격하되고 웅장한 기사 서사시도 민중 소설의 토대가 된다. 중세 후기의 서정시와 서사시는 궁중 문학과 관계하지만 드라마 쪽에서는 종교적인 바탕에서 민중문학이 나타난다.

중세 말기는 역사적으로 봉건제도와 기사계급이 몰락하고, 시민계급이 대두하는 시기이다. 슈타우펜 왕조의 몰락과 더불어 독일은 중앙 집권적인 권력이 무너지고, 제후들에 의해서 지방의 발달이 촉진된다. 여기서 시민계급이 등장하게 된다. 새로 등장한 시민계급들은 십자군의 원정이 몰고 온 상업의 번창과 기술의 발달로 생활이 부유해졌고, 따라서 독자적인 사회질서를 가지는 신흥 도시를 발전시켜 새로운 세력으로 성장해 나갔다. 점차 그들은 교양도 쌓고, 경제력을 배경으로 정치에 관여도 함으로써 문화적 실권도 장악하기에 이르렀다.

문학의 담당자가 기사계급에서 시민계급으로 옮겨지자, 문학하는 장소도 성(城)에서 도시로 바뀌어졌다. 그러나 아직 교양이 부족하고 생활상의 실리만을 추구하던 그들에게는 독자적인 문학을 만들어낼 능력이 부족하였다. 그래서 전대의 기사문학을 그대로 전승받아 그것을 민중화하고, 통속화하는 데 그쳤다. 고급문학을 표준으로 한다면, 이 시대의 문학은 보잘것없는 것이지만, 특수 계급적 색채를 버리고 대중화의 경향을 띤 점과 여러 부문으로 분화된 점이 큰 역사적 의의다.

나이트하르트 폰 로이엔탈(Neidhart von Reuenthal)은 새로운 경향을 보인 시인으로, 그의 연가에서는 무대가 궁중에서 마을로 옮겨졌고, 궁정시에서는 볼 수 없는 농민이 등장한다. 다시 말해서 기사의 경의와 동경의 대상이었던 귀부인이 아니라 마을의 처녀가 주인공으로 등장한다. 그리고 기사들도 자기의 체면을 지키지 못하고 그 속에 말려든다. 이런 형식으로 그는 기존 형식을 파괴했다.

① 장인가(Meistergesang)

장인가는 명칭이 말하듯이 화공, 직조공, 도공 등 수공업자들이 읊은 일종의 서정시이다. 기사들의 연애 시(Minnesang)가 장인계급으로 옮겨져 직장가가 된 것으로 주로 그 형식을 모방한 것이다. 이 시들의 예술적 가치는 거의 논할 처지가 못 되지만, 문학사적인 가치는 매우 크다 하겠다.

② 민요(Volkslied)

민요는 옛날부터 발생하여 시대가 바뀌어도 변하지 않고 사람들의 온갖 감정을 단순, 소박하게 읊는 것이 민요의 세계이다. 이러한 민요가 입으로만 전해져 오다가 14세기경부터 문자로 기록되기 시작하였으며, 15세기 후반에는 이것을 모은 가요집이 나오고, 18세기 후반에는 낭만주의 작가들의 큰 관심거리가 되었다. 민요의 큰 특징은 작가의 이름을 모른다는 점과 민중들 사이에서 널리 불리어진다는 점, 누구에게든지 통할 수 있는 정서를 누구든지 알 수 있도록 쉬운 내용과 형식으로 이루어져 있는 점이다. 그래서 민요는 자유분방하다. 테마는 연애를 위시해서 동경과 희망, 이별의 슬픔, 우정과 주연, 봄의 기쁨과 겨울의 쓰라림, 민중들의 일반생활 등등 통속적인 것을 비롯하여 크리스마스와 부활제, 신의 사랑과 죽음에 관한 것 등등, 종교적인 것까지 합쳐 그 범위는 지극히 넓다.

③ 민중 본(Volksbücher)

민중 본은 민중들을 위한 흥미 본위의 산문 이야기책이다. 구텐베르크(Gutenberg)가 발명한 금속활자로 인쇄된 조잡한 소책자로 이루어져 있다. 이야기의 소재는 궁정서사시를 산문으로 옮겨놓은 것과 프랑스의 산문 영웅담을 번안한 것, 그리고 중세 말기의 설화 및 전설을 다룬 것이 많다. 내용은 교훈적이거나 오락 위주의 우스개나 괴기 담 등이며, 문장은 격조 높은 기사문학과는 달리 아주 조잡하다. 그러나 이것에 의해서 문학이 서서히 서민들 속으로 파고들기 시작했다. 16세기에 와서는 새로운 민중본이 나와 독일 산문 발전에 크게 기여하였다.

④ 풍자문학

풍자문학은 민중본의 교훈적, 오락적 요소에다가 실생활의 객관적 관찰과 비판을 익살적으로 가미한 것이다. 현실과 속세에 얽매이는 시민계급으로서는 주관적이고, 정감적인 것보다 객관적이고, 풍자적인 것에 흥미를 가지는 것이 당연한 일이다. 이 풍자문학은 기사문학의 아류라고 할 수 있는 민중본의 관념적인 이야기에 비해서, 그 묘사가 훨씬 사실적이며, 구체적이다. 그 대표적인 작품이 제바스티안 브란트(Sebastian Brant, 1457~1521)가 1494년에 쓴 「바보船(Das Narrenschiff)」이다. 이것은 여러 바보들을 한배에 싣고 우인 국(愚人國)으로 가는 이야기인데, 인간의 악덕과 번뇌와 결점이 바보의 모습을 빌어 잘 집약되어 있다. 유명한 동물우화 「여우 라이네케(Reineke de vos)」도 풍자 서사시이다. 하인리히 비텐바일러(Heinrich Wittenweiler)의 「반지(Der Ring)」와 「틸 오일렌슈피겔(Till Eulenspiegel)」은 농민들을, 그리고 도시 소시민들의 탐욕을 조소 풍자한 슈방크(Schwank)풍의 서사시이다.

⑤ 연극

연극은 이미 크리스트교가 들어오기 전에 제사 때나 생일, 결혼식 등에 상징적인 노래를 합창하면서 무용풍의 동작을 가미한 것이 있었지만, 이것은 연극이라기보다는 그 시초에 불과했다. 그러다가 10세기경에 와서 종교극이 발생했다. 종교극이란 크리스마스나 부활절에 승려들이 2군(群)으로 나뉘어져 문답식으로 크리스트의 업적을 노래하는 데서부터 시작한다. 그리고 이 종교극이 분화되어 성탄 극(Weihnachtsspiel), 수난극(Passionsspiel), 부활 극(Osterspiel)으로 각각 독립하기에 이르렀으며, 연기자도 승려에서 시민으로 바뀌어졌다. 15세기경에는 독일 전역에서 이러한 극이 성행하였다.

종교극 이외에 세속 극이라는 것도 있었다. 이것은 종교극과는 달리 그 출발이 시민들에게 있었으며, 사육제날에 행한다고 사육제극이라고도 한다. 이 극은 사육제의 가장 행렬이 암시하듯이 연기자들이 이상야릇한 분장을 하고, 이상한 몸짓을 하며, 웃음을 자극하는 순 오락적 소극(笑劇)이다. 그 제재는 부부싸움, 파렴치한 자, 도적 이야기, 재판 광경 등이 많았고, 때로는 시국을 풍자하는 것도 있었다. 작자의 대부분은 장인들이었으며, 뉘른베르크(Nürnberg)와 같은 상공업이 발달한 도시에서 성행했다.

⑥ 신비주의(Mystik)

신비주의는 영국의 안젤름 폰 칸터베리, 프랑스의 페터 아베라르트, 독일의 알베르투스 마구누스 등의 인물로 대표되는 스콜라 철학의 오성의 인식을 통해서 신앙의 진리를 파악하고자 한다. 토마스 아퀴나스는 중세의 방대한 철학적 신학적 체계서인 「신학대전」에서 지식과 신앙을 결합시킨다. 그런데 신학적 사변(思辨)은 종교적·사회적 불안과 공포로 동요하는 시대에는 만족될 수 없다. 교리 분열은 언제나 교회 분열을 야기하고 고귀한 승려들은 세속화된다. 영혼의 구원을 얻기 위해 고심하는 인간은 프란츠 폰 아시시와 베른하르트 폰 클레르보를 모범으로 삼는다. 새로운 종교관 즉 신비주의는 자신의 영혼 속에 침잠함으로써 신을 파악하고자 한다. 마이스터 에크하르트와 그의 제자들은 독일어의 언어 창조자 중에서도 가장 중요한 인물에 속한다.

신비란 종교 속에 깊이 빠져 들어간 자만이 체득할 수 있는 초감각적인 경험과 인식의 영역을 말한다. 신비주의를 제창하는 사람들은 교회의 예배와 의식을 거부하고, 오로지 기도와 명상과 금욕으로 신과의 직접적, 개인적 교류를 시도한다. 그들은 외계에 주의를 기울이지 않고, 자기의 혼(魂)에만 사념을 집중시켜 기도하고, 명상하고, 금욕하면, 인간의 혼이 신성(神性)(Gottheit)과 일치하는 상태에 도달할 수 있다고 믿는다. 지극히 개인적이고, 감정적이다. 이러한 신비사상은 신플라톤학파의 영향을 받아 발달한 것인데, 독일 땅에서 가장 유효적절하게 개화하여, 이후 독일 민족성의 일면을 대표하리만큼 중요한 사상적인 경향이 되었다.

독일에서 신비주의 사상을 처음으로 제창한 사람은 마이스터 에크하르트(Meister Eckhart, 1260-1327)이다. 그는 존재와 인식은 하나이며, 인간의 영혼은 무한한 신의 존재와 동일하고, 이 양자가 서로 만나는 곳을 영혼의 바닥으로 보았다.

신비주의가 문학에 공헌한 점은 독일어 발달의 촉진이다. 그들은 독특한 사상과 미묘한 정서를 표현하기 위해서 독일어의 세련에 많은 노력을 경주하였다. 그들의 장중하고 유연한 논문과 설교들은 독일 산문 발달에 크게 기여했다.

Vom Rittertum zum Bürgertum

Die höfisch-ritterliche Idealwelt, die das Hauptthema der klassischen hochmittelalterlichen Literatur war, verliert schon nach einem knappen halben Jahrhundert ihre Verbindlichkeit. Ihr erster Kritiker und Zerstörer ist selbst Ritter, Neidhart und Reuenthal. Mit dem Zusammenbruch des staufischen Kaisertums beginnt auch der politische, soziale, wirtschaftliche und kulturelle Verfall des Ritterstandes; die Bedeutung des aufstrebenden Stadtbürgertums als Träger der Literatur dagegen wächst. Die Troubadour- und Vagantenlyrik sinkt zum volkstümlichen Lied herab, die gro ß en Ritterepen werden zur stofflichen Grundlage der „Volksbücher". Während Lyrik und Epik des Spätmittelalters an die höfische Dichtung anknüpfen, entsteht im Drama eine Volksdichtung aus religiöser Wurzel.

| Chapter 4 |

르네상스, 인문주의, 종교개혁

(1470~1600)

르네상스는 중세에서 근대로의 전환점이 되는 범 유럽적인 문화가 부흥한 시기이다. 르네상스는 중세의 세계관과 인생관, 종래의 국가질서 및 사회질서를 극복한다. 권위의 믿음 대신 비판적 탐구 정신이 등장한다. 인간은 모든 사물의 척도가 된다. 국가의 이성이 정치의 원리가 된다. 이탈리아 제후의 궁정 특히 메디치가(家)의 플로렌츠가 유럽 문화의 본보기가 된다. 고대 문학의 연구는 비잔틴 제국과 희랍이 터키에 의해 정복된 뒤 피난민으로서 이태리에 건너온 비잔틴 학자들에 의해 자극을 받게 된다. 고대의 예술관과 생활관이 인문주의자들의 전형이다. 종교개혁은 종교의 일치를 반대한다. 인문주의자의 라틴 문학과 더불어 독일에서는 문학 활동에 풍성한 발전을 가져 오게 된다. 책을 인쇄함으로써 문학작품은 빠른 시간 내에 교양 있는 모든 사람들의 공유물이 된다.

르네상스, 인문주의, 종교개혁이 근본적으로 가지고 있는 공통된 특징은 이 모두가 정신적·종교적 혁신을 꿈꾸는 인간의 동경에서 생겨났다는 것이다. 이들은 다 같이 고대의 근원으로 되돌아간다. 즉 르네상스는 로마예술에 근원을 두고 인문주의는 고대철학자, 사학자, 시인들에게 새로운 삶을 일깨워주며 종교개혁은 희랍어나 히브리어로 된 성서를 번역하게 한다.

중세 말에서 근대 초기에 이르는 문학은 거의 시민계급의 문학뿐이다. 상업과 산업 활동으로 유복해지고 성벽으로 쌓인 도시 내에 고딕식 돔이나 시청을 세우는 시민은 문학에서도 독자적인 표현형식을 추구하게 된다. 이 시기에는 생에 대한 불안한 정서도 여러 가지 문학형식으로 반영된다. 조합 규약에 따르는 우직한 수공업자의 장인가요는 연애시와 궁중 격언 문학을 모방한다. 기사문학에서는 국민문고 즉 오락적인 산문체 소설이 발전된다. 소극집이나 사육제극도 오락적인 내용을 담고 있다. 풍부한 내용의 풍자문학은 시대의 폐단과 인간의 어리석음을 비난한다.

1. 르네상스(Renaissance)와 인문주의(Humanismus)

유럽의 16세기는 위대한 세기이다. 14세기 이탈리아에서 시작된 르네상스(Renaissance) 운동과 그에 따른 인문주의 사상이 이 세기에 와서 유럽 여러 나라에 널리 보급되어 각국마다 찬란한 학예의 꽃을 피웠다. 독일에서는 다른 유럽 제국에 비해 다소 늦기는 하였으나, 이탈리아에 가까운 남부 지방에서 이 운동이 전개되어 주로 학문과 사상 방면에서 많은 공적을 남겼다.

르네상스란 「재생」 혹은 「부활」을 의미하는 프랑스어로서 희랍, 로마의 고전적 고대 문화를 부흥시켜 보겠다는 뜻이다. 처음은 고대 미술의 부흥이라고 하여 주로 미술사에서 사용하였던 말인데, 후에 의미가 확대되어 고대 정신의 전반적 재생을 의미하게 된 것이다. 고대는 모든 것이 신에 의해서 결정되는 중세와는 달리 인간에 의해서 결정되는 인간 중심의 세계였다. 희랍인들도 물론 신이 있었다. 그러나 희랍인들의 신은 절대적인 중세의 신과는 달리 인간과 밀접한 관계를 맺고 있었으며, 신이 인간화되어 있었다. 신이 인간에게 명령하는 일도 없고, 절대적이고, 무섭고, 사람을 지배하고 벌하는 존재가 아니었다. 희랍인들은 그저 신의 이름을 빌려 자기의 가치를 발휘하려고 했을 뿐이다. 그들은 인간이 약하고 한계가 있다는 것을 잘 알고 있었다. 그들은 그것을 슬퍼하기는 하였으나 결코 인간을 무시하지 않고, 생을 부인하지 않고, 세상을 포기하지 않고, 신에게 모든 것을 바치려 하지 않고, 그 한계 속에서 최선을 다하면서 행동하고 싸웠다. 예컨대 그들은 어디까지나 인간 자신을 믿는 인간중심의 사상을 소유하고 있었던 것이다. 이것이 중세에 와서는 모든 것을 신에만 의존하고, 피안의 세계만 바라보는 신 중심의 세계로 바뀌어졌던 것이다. 이러한 신의 굴레에서 벗어나고자 하였던 르네상스인들은 인간 중심적인 고대의 정신형태에 매력을 느꼈고, 고대의 철학과 예술 속에서 진정한 인간의 가치를 발견하였다. 이와 같이 고대 정신에서 인간의 가치를 발견한 그들은 고대 문화를 거울삼아 그동안 크리스트 교권(教權)에 의해서 잃어버렸던 인간성을 다시 찾고, 신보다 인간 자체를, 개성과 개인의 인격을 중히 여기고, 세계에서 인간이 본위가 되는 인간중심의 문화를 창조해 보자는 운동을 전개하였다. 이것이 인문주의(Humanismus)이다.

독일의 인문주의는 르네상스의 발상지인 이탈리아에 일찍부터 문호를 개방한 프라하(Prag) 궁정에서 싹이 텄다. 황제 카를 4세는 이탈리아를 여행하여 르네상스 문화를 몸소 접해 보고, 페트라르카(Petrarca)와 같은 인문주의자들을 궁정으로 초대하여 그들의 강의를 듣기도 하고, 대학을 개설하여 학술 이입(移入)의 문을 열었다. 이렇게 하여 이식된 독일의 인문주의는 미술과 문예 방면보다도 주로 학문과 사상 방면에서, 특히 종교 방면에서 전개되었다. 이것이 밑거름이 되어 드디어는 종교개혁이 폭발하였고, 종교개혁에 너무 열중한 나머지 문학은 다른 나라에 비해 뒤떨어지지 않을 수 없었다.

2. 종교개혁(Reformation)

종교개혁은 르네상스와 더불어 근세 초를 장식하는 중요한 정신운동 가운데 하나이다. 인문주의의 개인존중 사상과 비판정신이 종교계 내부까지 침투하여 카톨릭 교회의 횡포와 부패에 대한 반성의 촉구가 고조되기 시작하였을 때, 루터(Luther)가 교회의 폐단을 공격하고 개인 신앙의 우위를 부르짖음으로써, 종교개혁 운동이 일거에 폭발한 것이다. 중세에서는 인간이 영혼을 구제받기 위해서는 무엇보다도 중개자인 교회가 필요했으며, 교회 없는 구제는 생각도 할 수 없었다. 이것은 인간이 교회의 노예이지, 독립된 자율적인 존재가 아니라는 것을 의미한다. 이것에 대해서 개혁파들은 우선 교회의 권위를 부정하였다. 신과 신도를 연결해 주는 매개체로서의 교회를 부정하고, 외적 권위의 매개 없이 개인이 직접 성서의 복음에 따라 신앙과 행동으로 구제받을 권리를 주창하였다. 이것이 종교개혁의 근본취지이다. 이 점에서 보면 종교개혁은 마이스터 에크하르트(Meister Eckhard) 등이 주창한 중세 신비주의자들의 종교사상을 이어 받은 바가 많다고 할 수 있다. 사실 루터 자신이 신비주의자들의 종교 체험에 깊이 감동되어 그들의 영향을 많이 받은 바 있다.

종교개혁 이후의 독일문학은 문학적인 창조라기보다 오히려 신앙의 시녀가 되어 버렸다. 인문주의자 울리히 폰 훗텐(Ulrich von Hutten)이 종교개혁을 위해서 싸우거나, 토마스 무르너(Thomas Murner)가 루터를 풍자하는 것이나, 모두 이런 사정을 말해주는 것이다. 그러나 루터의 성서번역은 독일 문학에 새로운 전기를 마련해 주었다. 그는 성서를 번역함으로써 새로운 독일어 신고독일어(新高獨逸語)(Neuhochdeutsch)의 성립과 발달을 위해서 절대적인 역할을 했으며 독일 문학이 일반 서민들에게서도 공감될 수 있는 길을 개척하였다.

(1) 마르틴 루터(Martin Luther, 1483~1546)

루터는 종교개혁으로 근세 초를 수놓았을 뿐만 아니라, 성서 번역으로 문학사상에도 불후의 공적을 남긴 인물이다. 그는 성서를 일반 민중들에게 읽힐 목적으로 신약성서를 희랍 원전에서, 구약성서를 헤브라이 원전에서 번역하였다. 당시의 독일어는 통일된 표준어가 없어 각 지방마다 제각기 다른 수많은 방언을 쓰고 있었다.

우선 성서를 보급시키기 위해서는 어느 방언권에서나 보다 용이하게 이해될 수 있는 독일어가 필요했다. 루터가 성서를 번역하는데 있어서 가장 어려운 문제가 바로 이 점이었으며, 이것 때문에 많은 고심을 하였다고 한다. 그래서 택한 것이 정치적으로나 지리적으로 가장 많이 통용되었던 프라하의 관청어였다. 그러나 관청 용어는 어디까지나 공문서식에 쓰이는 사무적인 용어이기 때문에, 그 내용이 딱딱하고 무미건조하였으며, 희로애락 등 사람의 감정을 생기 있고 실감나게 표현하기 위해서는 그 어휘가 너무나 부족했다. 그래도 유통성을 고려하여 이 관청어로 문법적인 체계를 세우기로 하였다. 그리고 부족한 어휘들은 중부 지방에 위치하는 마이센(Meißen) 지방의 서민들 용어에서 많이 택하여 신선하고 활기에 찬 신시대의 문장을 만들어 내었다. 이것이 지금의 표준 독일어인 신고(新高)독일어(Neuhochdeutsch)의 발상이다. 그는 적절한 번역어 한 마디를 발견하기 위해 때로는 몇 일, 몇 주일이 걸렸다고 하며, 심지어는 거리에서 아이들이 지껄이는 말, 싸움하는 욕지거리 등도 수집하여 취사선택하였다고 한다.

루터가 번역한 성서의 보급은 독일어, 나아가서는 독일 문학에 지대한 영향을 미쳤다. 즉 중고(中高)독일어 시대까지 각 지방에서 제멋대로 사용되던 무수한 방언이 성서의 용어에 의해서 점점 통일되어 표준어가 형성되어 갔다. 이것이 18세기의 고전 시인 괴테(Goethe)와 쉴러(Schiller)에 의해 세련되어, 지금의 표준 독일어가 확립된 것이다. 루터의 성서 번역 사업은 표준어 형성 이외에, 성서를 일반 서민들의 애독서로 만들었으며, 나아가서는 서민이 문학에 참여하고, 문학이 서민의 것으로 될 수 있는 기반을 구축하였다.

루터는 성서 번역 이외에도 문학에 공헌한 업적이 있다. 그는 소년들을 위해서 너무 교훈적이고 딱딱하던 우화(Fabel)를 소년들의 취미에 맞게끔 개작하였다. 그리고 그는 찬송가도 썼다. 특히 그의 찬송가는 독일 찬송가 중에서 가장 뛰어난 것으로 평가되고 있다.

3. 문학 활동

인문주의 운동과 종교개혁 운동은 역사적인 대사건이었지만, 사상과 종교 방면에 너무 치중한 나머지 문학 방면에는 새로운 변화가 별로 없었다. 르네상스의 고전 부흥이라는 슬로건 때문에, 지식인들이 희랍, 라틴의 고전 연구에 몰두하다 보니, 자연히 독일 문학과 독일어는 경시되기 마련이었다. 그래서 독일어에 의한 독일 문학은 그대로 연장된 것 같은 느낌을 준다. 그리고 이 시대는 종교싸움으로 풍자적이고 전투적인 논쟁이 난무하던 때였던 만큼, 풍자적이고 해학적인 요소가 모든 문학 분야에서 두드러지게 나타난다.

1) 풍자문학과 골계문학(Satire und Schwank)

종교적인 싸움은 국민들의 힘을 소모시켰다. 전국은 종교개혁에 대한 풍자 문이나 소책자 등의 찬반 논쟁서로 들끓었다. 전도유망하게 시작된 초기 인문주의는 더 이상 발전하지 못했다. 이 시기에 가장 즐겨 사용되던 문학적 투쟁수단은 풍자나 골계였다. 그리스 시대에도 풍자문학은 있었으나, 로마시대에 비로소 독립된 장르로 취급되었다. 골계 또한 우스꽝스러우면서도 어떤 핵심이 들어있는 사건을 운문이나 산문으로 표현하는 문학형식이다. 보카치오(Boccaccio)의 단편 순환소설 「데카메론(Decamerone, 1348)」이 세계적인 성공을 거둔 풍자문학이다. 풍자문학에 속하는 저지독어로 된 동물 서사시 「여우 라이네케(Reineke Fuchs)」는 조야한 유머와 상류계급에 대한 비판으로 된 내용인데 성공한 작품이다. 괴테도 「여우 라이네케」라는 서사시 속에서 이 소재를 새로이 다룬바 있다.

2) 민중본의 전성

중세 말기 시민 문학의 한 장르였던 민중본이 16세기에 들어와서는 더욱 더 융성해진다. 「실트의 시민들(Die Schildbürger, 1598)」, 「포르트나투스(Fortnatus, 1509)」, 「영원한 유태인(Der ewige Jude, 1602)」, 「틸 오일렌슈피겔(Till Eulenspiegel, 1515)」, 「파우스트 박사 이야기(Historia von Dr. Fausten)」등은 순 독일적인 소재다. 이중 「파우스트 박사 이야기」는 괴테의 명작 「파우스트(Faust)」의 소재로서 유명하다.

파우스트 박사는 만능의 대학자이다. 그는 자기의 호기심을 충족시키기 위해서 악마와 계약하여 지상, 지하의 모든 쾌락과 신비를 경험하였으나, 드디어 계약기간이 끝나 파멸한다는 이야기이다. 이와 같은 전설적 존재인 파우스트 박사의 일대기 속에는 르네상스 시대의 학문과 기술 발달로 넓어진 세계에 대한 민중들의 경이와 기쁨, 의혹과 두려움이 반영되어 있다.

실존인물인 위대한 마법을 자랑하는 게오르크 파우스트(Georg Faust, 1480~1540) 박사를 에워싸고 마술에 대한 이야기가 떠돌았는데, 여러 가지 전설이 생겨났다. 이 전설을 많은 작가들이 소재로 삼아 작품을 썼는데 1587년 프랑크푸르트에서 「요한 파우스트 박사의 사어(史語)(Historia von D. Johann Fausten)」라는 민중본이 생겨났다. 이것을 요한 슈피쓰(Johann Spieß)가 프랑스어, 영어, 네덜란드어로 번역된 책을 출판했다. 1588년에는 영국작가 크리스토퍼 말로(Christopher Marlowe)가 「파우스트」를 집필했고, 1755년에 렛싱(Lessing)이 「단편 파우스트」를 집필했는데, 파우스트의 구원의 모티프를 제공하고, 1808년에 괴테가 「파우스트 1부」를, 1832년에 「파우스트 2부」를 완성했다. 또한 그랍베(Grabbe)가 「돈 주앙과 파우스트, Don Juan und Faust」를, 1836년에 레나우(Lenau)가 서사시 「파우스트」를, 1851년에 하이네(Heine)가 「파우스트 박사, Der Doktor Faust」를, 1947년에 토마스 만(Th. Mann)이 「파우스트 박사, Doktor Faustus」를 집필했다.

Renaissance - Humanismus - Reformation

Die Renaissance ist die große gemeineuropäische Kulturepoche, die die Wende vom Mittelalter zur Neuzeit umfaßt. Sie überwindet das mittelalterliche Welt- und Menschenbild und die überkommene Staats- und Gesellschaftsordnung. An die Stelle des Autoritäts- glaubens tritt der Geist kritischer Forschung; der Mensch wird zum Maß aller Dinge; die Staatsraison zum Prinzip der Politik. Die italienischen Fürstenhöfe - besonders das Florenz der Medici - sind beispielhaft für Europa. Das Studium der antiken Literatur wird durch byzantinische Gelehrte angeregt, die als Flüchlinge nach der Eroberung von Byzanz und Griechenland durch die Türken nach Italien gelangen, Kunst- und Lebensauffassung der Antike gelten den Humanisten als Vorbild. Die Reformation zerstört die Einheit des Glaubens. Neben der lateinischen Dichtung der Humanisten entwickelt sich in Deutschland ein reiches literarisches Leben. Durch den Buchdruck werden die literarischen Erzeugnisse rasch zum Gemeingut aller Gebildeten.

Renaissance, Humanismus und Reformation erwachsen aus der Sehnsucht des Menschen nach geistiger und religiöser Erneuerung. Sie greifen gleichermaßen auf die antiken Quellen zurück: Die Renaissance orientiert sich an der römischen Kunst, der Humanismus erweckt die antiken Philosophen, Historiker und Dichter zu neuem Leben, die Reformation macht die Bibelübersetzung nach dem griechischen und hebräischen Urtext verbindlich.

| Chapter 5 |

바로크 문학

(1600~1720)

1. 바로크 문학의 본질

종교개혁과 반종교개혁의 시대에 독일이 종교전쟁의 와중에 있는 동안, 필립 3세와 4세하의 스페인, 엘리자베드 여왕의 영국, 리셀리외와 루이 14세의 프랑스 등은 문학의 전성기를 이루게 된다. 바로크는 드라마가 번성하던 시기이다. 로페드 베가, 칼데론, 셰익스피어, 꼬르네이유, 라신느, 몰리에르 등은 각자 자기 국가의 주요 도시에서 당시의 유럽극단을 풍미하던 작품을 창작한다. 장편소설도 전성기를 맞이하게 된다. 신성로마 제국의 정치적 운명도 넓게 보면 거대한 힘에 의해 좌우되었듯이 그 나라의 문학 역시 외국의 영향 하에 놓이게 된다.

본래 17세기 조형예술에만 사용되던 포르투갈어에서 유래한 불규칙적이며 찌그러진 진주라는 뜻의 바로크라는 개념은 오늘날 반종교개혁 및 절대주의 시대의 문학과 음악에도 사용된다. 모든 영역의 예술에서 사용되는 바로크의 개념은 명쾌하며 조화로운 르네상스의 양식에서 탈피하여 장식이나 율동, 사치 등을 선호하는 의미를 갖는다. 마르틴 오피츠는 고대, 이탈리아, 프랑스, 네덜란드 문학이론에 의거하여 외국의 뛰어난 문학에 버금가는 독일문학을 창작하고자 한다. 그의 이름은 고트셰트에 이르기까지 거의 보편 타당한 효력을 발휘하게 된다.

바로크 문학은 강한 대립성과 긴장감으로 특징 지워진다. 생의 즐거움은 죽음의 공포와, 낙천주의는 허무주의나 염세주의와 공존한다. 이 시대의 많은 문학작품들은 종교적인 색채를 강하게 풍기는데 기본적 경향은 30년 전쟁의 공포를 통해서 언제나 감지되는 세속적인 모든 것에 대한 허무함의 체험이다.
신과 세계, 무한과 유한, 영혼과 육체, 죽음과 세속적인 행복, 금욕과 세속적 쾌락, 지식과 믿음 간의 어느 곳에나 심연(深淵)이 놓여있다. 야콥 뵈메는 신비적인 인식 욕으로 이러한 대립을 해소시키고 신의 본질을 규명하고자 했다.

17세기 독일문학을 바로크(Barock) 문학이라고 한다. 그 본질은 이원성, 모순성, 부조화 등을 과장된 표현으로 풍만하고 장엄하게 묘사하는데 있다.

2. 국어(독일어)순화 운동

17세기 바로크 시대는 정치적으로는 30년 전쟁의 시대이며 황제의 권위가 땅에 떨어지고 각지의 제후가 각자의 주권을 장악하게 되어 독일 전체가 중심을 잃고 분열된 시기이다. 30년 전쟁을 전후해서 독일에 외국 문화가 대규모로 유입되었다. 이때는 특히 외래어가 범람하여 독일어는 그 순수성을 잃고 혼란한 양상을 띠게 되었다. 그래서 통일된 독일어의 문체를 확립할 수 없게 되었으므로 여러 학자들이 그것을 정돈하고 독일어를 순화해야겠다는 취지로 모여서 언어협회(Sprachgesellschaft)라는 것을 만들어 국어순화운동을 벌이게 되었다. 그들은 철자법과 문법을 규제하고 속어와 외래어를 추방하려고 했다. 이 운동은 지나친 감이 없지 않아서 배타적이고 국수주의적인 인상을 강하게 남겼지만, 독일어 발달에 기여한 공적은 지대하다고 할 수 있다.

(1) 마르틴 오피츠(Martin Opitz, 1597~1639)

마르틴 오피츠는 슐레지엔(Schlesien) 출신으로 17세기 최대의 문화적 지도자이다. 그는 국어순화운동의 일익을 맡기도 했으며, 뒤떨어진 독일 문학을 유럽적 수준으로 높이기 위해서 독일 최초의 문학 이론서인 「독일 시학의 서(書)(Das Buch von der deutschen Poeterey, 1624)」를 저술했다. 그의 이론에 따르면, 시는 학습으로 습득할 수 있으며, 희랍, 로마의 고전은 물론 여러 외국 작품의 우수한 형식을 모방해야 한다고 한다. 그는 또 장식적이고 품위 있고 충실하고 힘찬 언어를 사용해야 되며, 표현이란 사상(事像)을 단순히 지칭하는데 그칠 것이 아니라, 장려하고 고상한 말로써 장중한 맛이 나도록 표명해야 한다고 한다. 이러한 오피츠의 이론에 의해 그 당시 문학에는 수사적인 언어와 장엄한 내용이 중첩된 바로크적 문체가 유행했던 것이다.

그는 독자적인 운율 법을 개발하여 종래의 시처럼 장단에 의하지 않고, 억양을 기준으로 해야 한다고 주장하였다. 그래서 그는 프랑스의 12음절 6각시형인 알렉산드리너(Alexandriner)를 수입하여 독일 시형을 풍부하게 하였다. 그는 또 희곡에 관해서 언급하기를, 비극에는 그 숭고한 내용에 어울릴 수 있도록 신분이 높은 인물이 등장해야 되며, 희극에는 성질상 신분이 낮은 인물이 등장해야 된다고 주장하여, 희곡의 장르를 명확히 규정하였다. 그의 문학관은 풍부한 공상과 깊은 감정보다도 명료하고, 총명한 형식을 중히 여겼으며, 문학의 교훈성을 강조하였다. 그는 이러한 합리주의적 문학태도가 당시의 독일 문학을 혼란 상태에서 구해내는데 가장 필수적인 요소라고 생각했다. 이것은 계몽주의에 이어진다. 오피츠는 많은 번역과 시작(詩作)과 창작을 했지만, 시인으로서보다 문학의 계몽가로서 많은 공적을 남겼다.

3. 서정시인들

바로크의 이원성, 모순성을 단적으로, 직접적으로 가장 잘 표출한 것이 그 당시의 서정시 분야이다. 서정시는 시대의 성질상 종교시가 많았는데, 이 방면에서 시대 감정을 가장 잘 표출하였다. 예를 들면, 바로크 최대의 서정시인인 파울 플레밍(Paul Fleming, 1609~1640)은 깊은 신앙심의 소유자이면서 인생과 사랑을 긍정하였다. 그는 「독일시집(Teutsche Poemata, 1642)」에서 개인적인 색채가 농후한 동시에 남성적이고 확고한 고백적인 시를 지었다. 지몬 다하(Simon Dach, 1605~1659)는 그의 서정시 속에서 속세의 기쁨을 노래하였다. 앙겔리우스 질레지우스(Angelius Silesius, 1624~1677)와 신교파의 종교시인 파울 게르하르트(Paul Gerhardt, 1607~1676)는 단순히 현세를 고통스러운 세계로, 인간을 죄인으로 보지 않고, 인간을 신뢰하고, 자연의 아름다움과 현세의 행복을 수용할 줄 아는 시인이었다.

질레지우스는 「방랑하는 천사(Der cherubinische Wandersmann, 1674)」라는 신비주의적 금언의 대 시집을 집필했는데, 형식은 경구 형식의 알렉산더 시구(詩句)로 구성되어 있으며, 재치가 넘치고 날카롭게 연마된 짜임새 있는 작품이다.

게르하르트의 찬송가들은 신교의 성가 중 백미에 속한다. 루터의 찬송가와는 달리 그의 찬송가에는 부드럽고 내면적인 경건함과 신의 본성에 대한 진실한 귀의가 드러나 있다. 문체는 감정과 이성 사이의 조정에 의해 나타난다.

요한 크리스티안 귄터(Johann Christian Günther, 1695~1723)의 시(詩)는 자기고백이었던바, 그로 인해서 그의 서정시에는 미래지향적인 의미가 내포되어 있다. 그의 감정은 단어 속에 직접적으로 스며들어 있었다.

4. 소설가들

바로크 시대에는 외국의 소설을 모방한 여러 방면의 소설이 많이 나왔는데, 대별하면 대충 귀족적, 이상주의적, 심미적 계열과 민중적, 현실적, 풍자적 계열로 나눌 수 있다. 전자는 프랑스 계통의 영웅 연애 소설(Der heroischgalante Roman)과 이탈리아 계통의 현실 도피적인 목인(牧人)소설(Schäferroman)류이다. 후자는 스페인 계통의 사실적, 서민적 악한소설(Schelmenroman)을 이어받은 것으로서, 그림멜스하우젠이 특히 유명하다.

(1) 그림멜스하우젠(H.J.Christoph Grimmelshausen, 1625~76)

그림멜스하우젠은 30년 전쟁 중 사병으로 각지를 전전하면서 많은 경험을 쌓았고, 전쟁 후에는 농장 관리인으로 일하다가 마을 촌장을 지낸 인물이다. 그가 남긴 20여편의 작품 중 「모험가 짐플리찌시무스」는 그의 대표작일 뿐만 아니라, 바로크 시대의 소설을 대표하는 최고의 걸작이다.

① 모험가 짐플리찌시무스(Der abenteuerliche Simplicissimus, 1688)

이 소설은 스페인 계통인 악한소설(惡漢小說)(Schelmenroman)의 흐름을 이어받은 것으로서 30년 전쟁 중 양진영을 전전하던 작가가 자기의 경험을 토대로 인간의 성장과정과 영혼의 구제를 그려낸 것이다. 세상 물정을 모르던 한 소년이 전쟁이라는 틈바구니의 파란 많은 생활 속에서 성장하여, 현세의 무상을 깨닫고 남해의 고도에서 은거할 때까지의 경로를 묘사한 것인데, 이 속에는 르네상스적인 세계 긍정 사상과 크리스트교적인 세계 도피사상과의 딜레마 속에서 고민하는 바로크적 인간상의 장대한 영상이 잘 나타나 있다. 동시에 이 소설은 30년 전쟁 시대의 독일 사회를 적극적으로 묘사한 문화사적 화폭이기도 하다. 그리고 한 인간의 성장문제를 추구한 점으로 미루어 보면 파르찌발과 마찬가지로 독일 교양 소설의 한 정점을 이루고 있다.

소설의 내용은 다음과 같다: 전쟁 때문에 아버지와 생이별을 한 주인공 짐플리찌시무스(Simplicissimus)가 산중에서 어느 농부에게 교육도 받지 못하고 세상 물정도 모른 채 자라다가, 적의 습격을 받아 숲속으로 도망친다. 숲속에서 늙은 은둔자의 구조를 받고, 거기서 머무는 동안 처음으로 교육이라는 것을 받는다. 그 은둔자가 그의 진짜 아버지였으나, 그들은 모르고 지낸다. 2년간 교육을 받은 주인공은 은둔자가 죽은 후 세상으로 나가 스웨덴 총독의 시동 노릇을 하다가 바보 역을 맡은 광대가 된다. 짐플리찌시무스(Simplicissimus)라는 말은 원래 단순한 남자라는 뜻이다. 그는 바보 역을 맡은 광대이기는 하지만 너무나 총명하여 그를 우롱하는 자를 도리어 놀려 주기도 한다. 그는 바보 역을 하면서 많은 경험을 쌓고 있는데, 어느 날 황제군(軍)에게 붙잡힌다. 대장의 눈에 들어 약탈의 명수로서 뛰어난 재주를 보인다. 그는 치부도 한다. 그 후 그는 적군에게 붙들려 6개월 동안 연금된다. 그동안에 여성 편력을 하다가, 정조를 빼앗은 어느 여성으로부터 결혼을 강요받아 하는 수없이 결혼한다. 결혼 1주일 후 재산 정리를 하기 위해 쾰른(Köln)으로 갔으나, 관리자가 도주를 해버렸기 때문에 파리로 향한다. 파리에서 그는 뛰어난 연주 기술과 미성과 단정한 용모 덕분으로 파리 상류부인들 사이에서 큰 인기를 얻는다. 그러나 밤의 봉사가 너무 힘겨워 독일로 도망친다. 여러 가지 사건을 겪은 후 빈(Wien)에 도착한 그는 황제군의 중대장이 되었으나, 곧 사임한다. 그리고 처가 죽었다는 소식을 듣고 농부의 딸과 재혼한다.

이 무렵에 양부를 만나 자기가 고귀한 가문의 후예라는 것을 알게 되며, 숲속의 은둔자는 그의 친아버지이고, 스웨덴 총독은 그의 외삼촌이라는 것도 알게 된다. 곧 두 번 째 처가 죽는다. 여기서 이야기는 신비적 삽화로 옮겨진다. 그는 슈바르츠발트에 있는 무멜(Mummel)호수에 가라앉아 물의 요정세계에서 하계(下界)의 비밀을 듣기도 한다. 운명은 그를 휴식시키지 않았다. 곧 그는 스페인의 어느 대령에게 꾀여 모스크바로 간다. 거기서 타타르(Tatar)인과 싸우다가 포로가 되어 한국으로 보내진다. 다시 일본, 마카오를 유전하다가, 드디어는 터키인의 노예가 된다. 그러자 곧 평화 조약이 체결되었기 때문에 석방되어, 슈바르츠발트의 농장으로 돌아간다. 이로써 주인공 짐플리찌시무스는 파란 많은 생활과 세계 체험을 끝내고 편안한 나날을 보내게 된다. 이 소설 전 5권은 여기서 일단 끝나고, 로빈슨 크루소적인 제6권이 속편으로 첨가된다. 주인공은 과거의 죄업을 참회하기 위해 예루살렘으로 순례 길을 떠난다. 도중에 그는 태풍으로 배가 난파하여 남해에 있는 어느 고도에 도착한다. 그 섬에서 그는 명상을 하고 영혼의 평화를 구하면서 안일한 여생을 보낸다.

5. 연극가들

17세기 말엽은 점점 현세적 인식이 커지고 죽음의 피안과 교회에 대한 신앙은 그 세력이 감퇴되어 갔다. 그래서 희곡에 있어서도 향락, 호색, 범죄, 잔인 등이 과장되어 표현되었으며 연출에 있어서도 인간의 심리적 현상을 지나치게 표현했다. 이와 같이 과장되고 왜곡된 표정 등이 찌그러진 진주를 의미하는 「바로크」란 명칭과 부합되는 것 같다. 오피츠에게서 감화를 받고 이탈리아 극을 모방한 호프만스발다우(Christian von Hoffmannswaldau, 1617~1679)와 로엔슈타인(Daniel Gasper von Lohenstein, 1635~1685)의 작품이 과장극의 대표적인 것이다. 그러나 17세기의 대표적인 극작가는 안드레아스 그리피우스이다. 또한 연극의 선전효과를 인식하게 된 예수이트(Jesuit)파들이 예수이트극(Jesuitdrama)을 집필 연출하기도 했다. 이 파의 최대의 극작가로는 야콥 비더만을 들 수 있다.

Barock

Während Deutschland im Zeitalter der Reformation und Gegenreformation von Glaubenskämpfen beherrscht wird, erreichen Spanien unter Philipp III. und Philipp IV., das elisabethanische England und Frankreich unter Richelieu und Ludwig XIV. Höhepunkte ihrer Literatur. Der Barock ist die große Epoche des Dramas. Lope de Vega, Calderon, Shakespeare, Corneille, Racine und Molière schaffen in den Hauptstädten ihrer Länder die bedeutendsten Werke des europäischen Theaters in dieser Zeit. Auch der Roman erlebt eine Blütezeit. Wie das politische Schicksal des Heiligen Römischen Reiches Deutscher Nation weitgehend durch die großen Mächte bestimmt wird, so steht auch seine Dichtung unter ausländischem Einfluß.

Die ursprünglich nur für die bildende Kunst des 17. Jahrhunderts gebräuchliche

Bezeichnung „Barock"(port. barocco= unregelmäßige, schiefe Perle) wird heute auch für die durch Gegenreformation und Absolutismus bestimmte Epoche der Literatur und Musik verwendet. Sie drückt in allen Kunstbereichen die Abkehr von den klaren, harmonischen Formen der Renaissance aus und die Vorliebe für Schmuck, Bewegtheit und Üppigkeit. Die Dichtung des Barocks ist durch starke Gegensätze und Spannungen geprägt. Lebenslust steht neben Todesangst, Weltbejahung neben Vergänglichkeitsbewußtsein und Weltverachtung.

| Chapter 6 |

계몽주의

(1720~1779)

1. 계몽주의의 개념

현대 합리주의의 창시자인 프랑스의 철학자 데카르트(Rene Decartes, 1596~1650)가 「나는 생각한다 고로 나는 존재한다(Cogito ergo sum)」를 철학의 명제로 삼은 그의 작품에 의해서 기반이 마련되고, 영국의 로크(John Lock, 1632~1704)와 흄(David Hume, 1711~1776)의 철학과 심리학에 의해서 보충되며, 독일 철학자 라이프니츠(Gottfried Wilhelm Leipniz, 1646~1716)의 세계관에 의해 그 본질이 규정되는 계몽주의는 18세기를 특징짓는 정신사조가 된다.

논리적인 이성의 사고와 현실에 입각한 자각적인 학문은 이 세상을 기적의 산물로 나타낸다. 그 속에서 인간은 자신의 정신적 능력에 힘입어 자아를 주장하고 발전시킨다. 외견상으로 경건주의는 계몽주의와 반대로 발전된다. 그것의 창시자인 알자스 지방의 슈페너는 순수한 신앙의 시금석은 독단과 교리에 얽매여 있는 것이 아니라 감정이 살아 숨쉬는 경건성 뿐이라고 생각한다. 고트셰트, 스위스의 보드머 및 브라이팅거가 추구한 문학은 아나크레온풍의 유희적이며 우아한 예술과 같은 종류의 정신적 배경에서 이해할 수 있다. 로코코 양식의 문학에 관해 말한다면 그것은 바로크적인 유산, 합리적인 경험, 감정이 풍부한 낙천주의 등을 연결한 것이라 할 수 있다.

고트셰트가 주장하는 이성(理性)의 냉정한 사고와 함께 경건주의와 보드머(Johann Jakob Bodmer, 1698~1783)로 대변되는 감정과 환상의 감수성은 계몽주의 문학의 특징이다. 클롭슈토크(Friedrich Gottfried Klopstock, 1724~1803), 빈켈만(Johann Joachim Winckelmann, 1717~1768), 렛싱(Ephraim Lessing, 1729~1781) 등에서도 이러한 전통은 나타나지만 동시에 이것을 넘어서고 있다. 클롭슈토크의 작품에는 영혼의 감동과 문학적 소명의식이 최선의 세계에 살고 있다는 계몽된 인간의 확신과 연결되어 있다. 빈켈만은 희랍의 예술 세계를 접할 수 있는 방향을 제시해 주고 그것에 의해 독일 문학의 발전에 중요한 분야를 개척하게 된다.

렛싱은 계몽주의의 정신적인 무장으로 합리주의의 고루한 편협성을 극복한다. 이론가이며 비평가로서 그는 여러 예술 장르에 대해 그 본질에 상응하는 위치를 제시하려고 노력한다. 또한 그는 아리스토텔레스의 이론의 바탕 위에 셰익스피어 극을 모범으로 하여 독일 드라마에 새로운 드라마 이론의 토대를 마련한다. 비평적·신학적 저서에서도 그는 점점 모호해지는 권력의 침해에 맞서 인간의 정신적 자유를 옹호한다. 작가로서 렛싱은 독일 문학에서 위대한 인물에 해당한다.

렛싱의 문학 작품은 그의 이론적 비평서와 밀접한 연관 관계를 지어 파악해야 한다. 사상과 언어의 명확성이 뛰어난 그의 우화는 이솝의 작품을 모범으로 하는데 또한 이 것이 이 장르의 본질을 밝히는 논문의 기저가 되기도 한다.

극작가로서 렛싱은 「젊은 학자(Der junge Gelehrte, 1747)」같은 작품에서 유형희극의 영향을 받지만, 「필로타스(Philotas, 1759)」와 「미스 사라 삼프손(Miss Sara Sampson, 1755)」의 작품에 이르러서는 벌써 독자적인 진로를 밟게 된다. 「라오콘(Laokoon, 1776)」이나 「함부르크 희곡론(Hamburgische Dramaturgie, 1767~1769)」과 같은 연구 논문은 작품 「에밀리아 갈로티(Emilia Galotti, 1772)」와 「현인 나탄(Nathan der Weise, 1779)」의 이론적 바탕이 된다.

계몽주의(Aufklärung)는 18세기 유럽을 지배한 구사상 타파의 정신 운동으로, 먼저 영국에서 발생하여 프랑스를 거쳐 독일로 들어왔다.

계몽이란 인간이 이성과 지식과 경험을 바탕으로 인간 상호간의 관계, 인간과 자연과의 관계, 인간과 신과의 관계를 규정짓고, 무지와 몽매를 계발시켜 인간 생활의 진보와 개선을 도모하고자 하는 합리주의적 사고 경향을 말한다.

당시의 사람들은 확실히 많은 불합리 속에서 생활하고 있었다. 우선 인간이 신의 은총에 의해서만이 행복할 수 있다는 자체가 불합리적인 것이다. 그러면 무엇에 의해서 인간이 행복할 수 있느냐가 문제되었을 때, 계몽주의자들은 신 대신에 이성과 지식과 경험을 내세웠던 것이다. 그들은 신 대신에 이성을 생의 유일한 지침으로 삼았고, 이성을 토대로 모든 인간 생활의 태도를 규정짓고, 세계를 합리적으로 개선하려고 했다. 그러기 위해서는 우선 인간들을 무지와 몽매에서 계발시킬 필요가 있었다. 이것이 계몽주의이며, 계몽주의라는 이름도 바로 거기서 연유하는 것이다.

이 운동은 많은 결과를 낳았다. 우선 정신적으로는 옛날부터 내려오는 전통과 권위에 항거하면서 생활의 목표를 영혼의 구제에 두지 않고, 현세에 있어서의 개인의 행복에 두게 되었으며, 인류는 점차로 진보하는 것이라고 생각하는 실용주의적 경향이 짙어졌다. 사회적으로는 인간이 본래 지닌 것으로서 외부적인 의지에 의해서 박탈당할 수 없는 자연권(Naturrecht)에 대한 생각과 그것에 따르는 자연권의 이념이 수립되고,

개인의 권리와 자유가 존중되는 민주주의 사상이 뿌리내리기 시작하였다.

이 사상은 훗날 프랑스 혁명의 기틀이 된다. 당시의 전제 군주들도 이 사상에 영향을 입어 전제적인 횡포를 일소하고 국가를 국민의 복리를 증진시키는 수단으로 생각하기에 이르렀다. 대자연관은 자연을 그저 신의 창조물이라고만 생각하지 않고 합리적인 법칙이 지배하는 것으로 간주, 이것을 법칙적으로 설명하려는 근대 자연 과학의 근본 관념이 확립되었다. 종교 면에서는 성서의 합리적 해석이 행해졌고, 교회의 교의가 비판되었으며, 신앙의 자유가 제창되었다. 그리고 종교를 도덕의 체계로 보고, 신앙을 도외시하는 경향도 강하게 일어났다.

이와 같은 사조가 독일에도 파급되어 1720년부터 계몽주의 시대가 전개된다. 독일의 정신 운동의 대부분이 늘 그랬듯이, 계몽주의도 외국의 영향으로 개화된 것이지만, 그 이전에 계몽주의적 요소가 전혀 없었던 것은 아니다. 그 이전부터 계몽주의의 원형이 있었으며, 그것을 받아들일 만한 소지가 충분히 있었다. 즉 17세기부터 독일인들의 마음을 강하게 지배하고 있던 경건주의(Pietismus)와 철학자 라이프니츠의 사상이 바로 그것이다.

1) 경건주의(Pietismus)

경직된 교회의 전통주의가 세기의 전환기에 사람들의 종교적 여망에 부응하지 못하니 1670년에 슈페너(Jakob Spener, 1635~1705)는 프랑크푸르트에 경건회(Collegia Pietatis)라는 구제집회를 교회밖에 세웠다. 이것이 소위 경건주의의 시작이다.

그는 개인의 인격과 개인의 신앙을 존중하였으며, 교회와 승려의 매개 없이 직접 신과 접하겠다는 중세 신비주의 전통을 이어받아 개인의 내적 신앙 체험을 중히 여기고, 교의적인 것보다 도덕적인 면을 중시하며, 언제나 엄숙하고 경건한 생활을 하였다. 그는 엄숙과 경건이 생활의 모토였기 때문에, 심지어 극(劇)과 댄스까지도 악이라고 생각했다. 이 사상은 얼핏 보면 합리주의와는 상치되는 것처럼 보이지만, 전통적인 교회를 떠나 개인의 신앙 체험과 자유를 존중하는 점에서 서로 공통점을 지닌다. 합리주의에서는 일체의 인식이 개인의 이성과 사유에서 생기나, 경건주의에서는 이것이 개인의 신앙 체험에서 생겨난다는 점이 다를 뿐이다. 이러한 경건주의가 계몽주의 육성의 지반이 되었다. 이러한 지반 위에 도입된 독일의 계몽주의는 자연히 종교 감정이라는 비합리적인 면을 상실하지 않고, 도리어 그 요소를 살리려는 독자적인 방향으로 흘러갔다. 프랑스에서는 계몽사상이 정치적인 힘이 되어 대혁명을 준비하는 모태가 되었지만,

독일에서는 경건주의 전통 때문에 정치적인 힘이 되지 못했다.

2) 라이프니츠(Gottfried Wilhelm Leipniz, 1646~1716)

그는 영국, 프랑스의 계몽주의가 독일에 들어오기 이전에 계몽사상의 원형을 제시한 철학자이며, 자연 과학자이다. 그는 단자론(單子論)(Monadologie)을 제창하여 과학적인 자연관과 비합리적인 종교를 화해시키려고 했다. 그의 단자론에 의하면 세상 만물은 수많은 독립된 미세한 단자로 구성되어 있는데, 이러한 단자들이 신의 의지에 의거해서 즉 신의 예정조화설(豫定調和說)(Prästabilierte Harmonie)에 의해서 서로 유기적인 작용을 한다고 한다. 이와 같이 그는 단자론에 의거해서 우주의 질서, 법칙을 설명하는 동시에 이 세계는 인간이 생각할수록 더욱 더 완전한 세계가 되며, 이 완전한 세계는 끊임없이 발전하고 있기 때문에 인간은 이성의 힘에 의해서 보다 높은 존재 형식에 도달하지 않으면 안된다고 주장한다. 이것이 바로 계몽주의적 세계관이다.

3) 고트셰트(Johann Christoph Gottsched, 1700~1766)

고트셰트는 볼프(Wolf)의 철학이론을 문학에 응용하여 계몽주의 문학을 일으킨 독일 계몽 문학의 창시자요, 지도자다. 그는 라이프치히 대학의 교수로서 시학을 가르치는 한편, 문학 비평, 연극 지도, 시작(詩作), 번역, 학회 창립 등을 통해 이론적으로나 실제적으로 명실공히 지도적 역할을 하였다. 프랑스의 브왈로(Micolas Boileau, 1636~1711)의 「시법(詩法)(L'art Poètique)」을 모방한 그의 저서 「비판적 작시법 시론(試論)(Versuch einer kritischen Dichtkunst, 1730)」에 의하면 문학은 이성의 작업이기 때문에 감정과 공상을 배제해야 하고, 올바른 지식만을 필요로 한다고 한다. 이러한 관점에서 보면 문학의 오락적 요소는 무용한 것이 되며 문학은 오직 교훈을 주고 사람을 교화시키는 실리적인 역할만을 수행한다.

고트셰트는 이러한 목적을 문학의 지상 목표로 생각했고 그것을 추구했다. 그는 또한 시인은 자연의 모방자이며, 자연은 합리적인 합목적성의 한 체계이기 때문에 시인이 쓴 모든 것은 이성적이어야 하고, 합목적적이어야 한다고 주장했다. 연극에서는 시간과 장소와 줄거리를 일치시키는 삼일치 법칙의 엄수를 요구하였다. 그리고 당시에 행해지고 있던 저급하고 비예술적인 연극을 공격하는 동시에 코르네유(Corneille), 라신(Racine)과 같은 프랑스 고전주의 비극을 직접 번역 상연하였다. 이것이 훗날 렛싱,

괴테, 쉴러의 극이 등장할 길을 마련하게 된다. 그는 너무 이성에 편중되어 감정을 무시하였기 때문에 결국은 보드머 등 스위스파로부터 호된 비난을 받게 되었다.

4) **스위스파**(派)(보드머와 브라이팅거)

고트셰트의 이성 만능에 반기를 들고 감정과 공상의 권리를 주장한 사람들이 스위스의 학자 보드머(Johann Jakob Bodmer, 1698~1783)와 브라이팅거(Johann Jakob Breitinger, 1701~1776)이다. 보드머는 영국 시인 밀턴(John Milton), 톰슨(James Thomson)을 모범으로 삼았으며, 특히 밀턴의 「실락원(Paradise Lost)」의 공상성을 들고 나와 친구인 브라이팅거와 함께 고트셰트와 논쟁을 벌였다. 그는 시작(詩作)을 했으나, 뛰어난 작품이 없는 브라이팅거처럼 문학 비평가였다. 이들이 문학의 사명을 도덕적 교화라고 생각한 점은 고트셰트와 일치하지만 문학에 있어서 감정과 공상의 원리를 주장하고, 영국 작가에 눈을 돌린 점은 서로 다르다. 10년 이상이나 걸린 논쟁 끝에 고트셰트는 패하여 그 권위가 땅에 떨어지고, 이성 만능의 문학도 막을 내렸다. 따라서 소위 스위스파인 보드머와 브라이팅거에 의해 감정과 상상력을 중요시하는 문학 기운이 일어나기 시작했다.

5) **아나크레온파**(로코코 문학)

스위스파와의 오랜 논쟁 끝에 고트셰트가 패하고 감정적 공상적 방향으로 흐르게 된 독일 문학은 대충 두 분야로 대별될 수 있다. 하나는 로코코 문학이요, 다른 하나는 브레멘 기여파(寄與派) 문학이다.

로코코(Rokoko)란 바로크(Barock)양식에서 변한 건축 공예상의 양식인데, 18세기 프랑스의 루이 15세 시대에 유행하던 로카유(Rocaille)풍의 장식에서 나온 말이다. 이 양식은 장중, 풍만, 중후한 바로크 양식과는 달리, 경쾌하고 우아하며 섬세한 것이 그 특징이다. 주로 조개껍질 속의 문양처럼 곡선적 문양이 복잡하게 교체되어 있으며, 건축의 내부 장식과 공예품에 그 특색이 잘 나타나 있다. 이것이 동시대의 문학에 전용되어 관능적이고 향락적인 문학 풍조를 지칭하게 된 것이다.

당시의 시인 하게도른(Friedrich von Hagedorn, 1708~1754), 글라임(Johann Wilhelm Ludwig Gleim, 1719~1803) 등이 희랍의 시인 아나크레온(Anakreon)을 본받아 술과 여자와 사랑을 노래하며, 현세 긍정적인 인생 희열과 관능의 즐거움을 찬미하였다. 그래서 이들을 아나크레온파(派)(Anakreoniker)라고 부르기도 한다. 이것은 분명히 고트셰트류(流)의 이성 편중에 대한 반발이다. 그러나 현세를 긍정하는 태도는 어디까지나 계몽주의적 합리 관에 입각하고 있다. 이들의 문학은 생활의 고백이 아니라, 단순한 이성의 장난이요, 사교적인 도락이요, 위장된 유희로서 현실 생활과는 너무나 동떨어진 문학이었기 때문에, 한때는 유행하였지만 오래 지속될 수가 없었다.

6) 브레멘 기여파(寄與派)(Bremen Beiträger)

고트셰트의 이성 만능주의와 결별한 계몽 문학이 감정을 중시하는 방향으로 흐르면서, 로코코 문학과는 경향이 다른 일파가 있었다.

그 다른 경향의 일파가 바로 브레멘 기여파(Bremen Beiträger)이다. 이들은 브레멘에서 「오성과 기지의 즐거움을 위한 새로운 기여(Neue Beiträge zum Vergnügen des Verstandes und Witzes)」라는 기관지를 발행하였기 때문에 이렇게 불리어진다. 중심인물은 라이프치히 대학 교수로 있으면서, 소설, 희곡, 종교시, 우화 등 많은 작품을 남긴 겔러르트(Christian Fürchtegott Gellert, 1715~1769)이다. 그들의 문학적 경향은 리처드슨(Samuel Richardson), 영(Edward Young), 쇼세(Nivelle de la Chaussee) 등 영국, 프랑스의 작가들을 모방한 감상 및 교훈 문학이었다.

겔러르트(Christian Fürchtegott Gellert, 1715~1769)는 그의 작품 「우화와 소설(Fabeln und Erzählungen, 1746/48)」을 통해서 도덕적인 생활태도와 심정과 이성의 교양을 설파했다. 우화는 산문과 서정시, 관조와 도덕, 기지와 교훈, 그리고 도덕적 생활 체험과 실제적 생활 체험의 중간에 위치한 것으로서, 그 시대에 인기 있는 문학 장르였다. 그것은 짧고 함축성이 풍부하고 예리한 비평과 재치가 넘쳤으며 현실을 바탕으로 사실적으로 심리를 포착한 실화였다.

7) 18세기 독일 계몽주의 문학의 계보

시작 (1720)
- 고트셰트계(系)
- 보드머와 브라이팅거계(系)
  - 아나크레온파 : 빌란트
    (로코코적 향락) (남방적, 우미)
  - 브레멘 기여파 : 클롭슈토크
    (감성을 중요시) (북방적, 정열)

→ 렛싱 (완성) (1780)

(1) 뷘켈만(Johann Joachim Winckelmann, 1717~1768)

뷘켈만은 구두 방 주인의 아들로 가난한 청년시절을 보내고, 평범한 교사로서, 비서로서 정신적으로 혹사당한 생활을 한 후에 1755년에 로마에서 고대 그리스 로마의 예술을 만나게 되었다. 그것이 그에게는 숙명과도 같은 것이었다. 이 여행은 그의 필생의 사업을 위한 길을 터 준 것이다. 뷘켈만은 발전사적 예술학의 창시자이며 더 나아가 예술작품을 그 내면에 있는 전제에서 이해하는 새로운 방법을 설파했다. 그는 그리스·로마의 조각에서 육체와 정신이 조화롭게 통일되어 정화된 인간성의 이상을 발견했는데, 이것이야말로 독일 고전주의에 결정적인 근거를 주게 되었다. 바로크의 긴장과 기독교적 피안성에 반대한 그는 「고귀한 단순성과 고요한 위대성」(Edle Einfalt und stille Größe)이라는 유명한 정의를 통해 이 지상에서 완성된 완전무결한 인간상을 만들어냈다. 이것은 힘과 미, 제한받는 정열, 그리고 교양 속에서 발견되는 고귀한 육체와 정신의 통일을 의미했다.

뷘켈만은 「회화와 조각에서 그리스 작품의 모방에 관한 생각(Gedanken über die Nachahmung der griechischen Werke in der Malerei und Bildhauerkunst, 1755)」과 「고대 예술사(Geschichte der Kunst des Altertums, 1764/67)」를 통하여 모범적인 희랍상을 창조하였다. 뷘켈만은 현재의 삶과 예술창조의 중심이 되는 모범으로서 고대문화와 희랍문화를 설정하였다. 표현과 자세에 있어서 그리스 걸작의 보편적인 특징은 고귀한 단순성과 고요한 위대성이다. 표면이 더욱 더 광폭하면 깊은 바다 속이 항상 평온한 것과 마찬가지로, 격정이 일어날 때 그리스 상(象)의 표정은 위대하고 태연한 영혼을 보여준다는 것이다. 뷘켈만은 예술의 과제를 표현과 미(美)의 통일이라고 말하며, 인간적 정열을 표현함에 있어서 그리스인들의 절도는 이상적이라고 찬양한다. 표현의지와 미 의지의 상호 한계를 지운 것이 그리스인들의 위대한 점이다.

그리스인들은 그들 영혼과 육체, 그리고 정열의 고통스러운 상태를 부드러움과 조화 속에서 표현하고 있다. 인생의 고통을 직접적으로 그대로 표현하지 않고 아름답고 부드러운 형식으로 표현하는데 그리스인들의 뛰어난 점이 있다. 뷘켈만은 "강한 표현은 미(美)를 감소시킨다"(Der starke Ausdruck vermindert die Schönheit)라고 하면서, 그리이스 정신을 "고귀한 단순성과 고요한 위대성"(Edle Einfalt und stille Größe)으로 정의한다. "이상인 미란 도덕적 이상표현과 연결되어 있다."(Das Schönheitsideal ist mit ethischen Idealvorstellungen verbunden), "미란 극(極)과 극(極) 사이의(중간선)中間線이다."(Schönheit ist die mittlere Linie zwischen Extremen)라고 말한다. 뷘켈만의 예술학이 렛싱뿐만 아니라 괴테, 쉴러에게도 큰 영향을 끼쳤다고 본다.

(2) 클롭슈토크(F. Gottfried Klopstock, 1724~1803)

오랫동안 침체된 독일 문학이 18세기 후반에 들어서면서 중세 기사문학에 이어 두 번째 전성기를 맞게 되었으니, 그것은 클롭슈토크와 뷔일란트와 렛싱에 의해서이다. 그들은 새로운 조류에 따라 각자 자기 분야에서 고유한 문학을 개척한 작가이다. 다시 말해서 클롭슈토크는 독일정신을 바탕으로 새로운 詩를 남겼고, 렛싱은 문학비평을 통해서 외국의 영향을 극복했고, 뷔일란트는 로코코 형식에 따라 독일 문학에 우아한 품위를 도입시켰다.

크베들링부르크(Quedlingburg)에서 경건주의자인 변호사의 아들로 태어난 클롭슈토크는 이미 15세때 시인이 되기로 결심하고 베르길과 밀턴 등을 읽고 시작(詩作)을 시작했다. 예나, 라이프찌히 대학에서 신학을 배웠는데, 많은 문인들과의 교재를 통해서 브레멘 기여 파에 가담했다. 1748년 그들의 기관지인 「브레멘 기여」에 「구세주(救世主)(Der Messias)」의 최초의 삼장(三章)이 발표되자, 큰 반향을 불러 일으켰다. 「구세주」의 성공으로 보드머(Bodmer)의 초대를 받아 스위스에 머물면서 승마, 수영, 음주 등으로 즐거운 나날을 보냈다. 다음 해에는 덴마크 왕의 초대를 받아 코펜하겐으로 갔다. 이후 약 20년간 연금을 받으면서, 그곳에 정주하여 「구세주」의 원고를 추진시켰다. 왕이 죽은 후 덴마크 공사로서 함부르크에 이주하여 그곳에서 생애를 마쳤다.

클롭슈토크의 문학사적인 의의는 볼프(Wolf), 고트셰트(Gottsched)적 이성 편중의 계몽주의 속에 경건주의적요소를 불어 넣어 순수 감정의 문학을 전개시킨 점과 송가(Ode)를 통해서 자유 운율을 사용하여 독일어에 새 활력을 고취시킨 점 등이라고 볼 수 있다.

(3) 뷔일란트(Christoph M. Wieland, 1733~1813)

뷔일란트는 비버라흐(Biberach) 근교의 슈봐아벤의 오버홀쯔하임(Oberholzheim)에서 목사의 아들로 태어났다. 학업을 마치고 스위스 취리히에 있는 보드머(Bodmer)의 초대를 받아 그곳에 머물면서 경건주의에 심취하여 종교적인 서사시도 썼다. 1769년에는 에어푸르트(Erfurt)에서 철학과 문학교수로 있다가 1772년 공작부인의 초빙을 받고 봐이마르 궁중에서 지내면서 위대한 인물들과 교제를 하면서 작가로서 많은 업적을 남겼다. 1813년 그가 죽자 장례식에서 괴테가 조사를 읽었다.

클롭슈토크나 렛싱과 같은 시대에 뷔일란트도 시(詩)와 산문을 통해서 독일문학사에서 불후의 위치를 유지했다. 그는 열광적인 신앙의 작가로서 그 당시 유행하고 있던 아나크레온파 시인들을 맹렬히 비난했고 심지어 아무리 졸열한 찬송가라도 그들의 걸작보다는 훌륭한 것이라고 혹평하였다. 이러한 뷔일란트가 슈타디온(Stadion) 백작가를 출입하면서부터 계몽주의적 교양이 높은 백작의 감화와 자유주의적이고 명랑한 그 집 가풍에 감화되어 경건주의적 태도에서 향락주의로 전환하게 되었다.

그런 향락주의가 아나크레온파의 문학을 발전시켜 진실한 로코코 문학의 대표자가 되었다. 이런 그의 경향이 문학 작품에서만 나타난 것이지 그의 실생활은 가정에 충실한 시민이었다. 그래서 그가 관능적인 향락을 묘사하여도 그 표현은 우아한 기품을 잃지 않았다. 그는 서정시나 희곡보다도 소설분야에서 재능을 발휘했다.

(4) 레싱(Gotthold Ephraim Lessing, 1729~1781)

고트셰트에서 출발한 계몽주의 문학이 뷔일란트에 의해 대표되는 우아하고 경쾌한 문학과 클롭슈토크에 의한 종교적 감정 중심의 문학으로 발전되어 갔을 때 이성과 감성을 조화시켜 이론과 작품으로 독일 계몽주의를 완성시킨 사람이 레싱이다. 그는 계몽주의의 완성자일 뿐만 아니라 독일 문학을 세계 문학의 수준으로 끌어올린 위대한 공로자이다.

레싱은 작센의 카멘츠(Kamenz)에서 신교 목사의 아들로 태어났다. 어릴 때부터 재주가 비상하고, 독서를 좋아하였다. 12세 때 작센 공국 국립 성(聖)아브라(Abra) 학교에 입학하여 급비생으로서 5년간 고전 교육을 받았다. 17세 때 라이프치히 대학에서 신학을 배웠으나, 지식욕이 왕성하고 생활력이 강한 그는 신학에 만족하지 못하고 문헌학과 언어학을 공부하는 한편, 문인들과 사귀면서 연극에 흥미를 느껴 극단과 관계를 맺었다. 일찍부터 그는 희극을 썼는데, 그 중에서도 19세 때 쓴 「젊은 학자(Der junge Gelehrte)」가 노이버린(Neuberin) 극단에 의해 상연되어 호평을 받았다. 이것들은 당시 유행하던 로코코풍의 희극으로서 습작에 불과한 것들이다. 독일 최초의 시민 비극인 「미스 사라 삼프손(Miss Sara Sampson)」은 영국극을 본받은 것이다. 미학 논문 「라오콘(Laokoon)」과 희극 「민나 폰 바른헬름(Minna von Barnhelm)」은 군사령관 비서시절에 집필되었다.

1767년 함부르크에 국민 극장이 설립되자, 그는 그 극장의 고문 겸 비평가로 초청받았다. 이 극장은 경영난에 부딪쳐 다음 해에 폐쇄되었으나, 그 때 글이 기록되어 연극론인 「함부르크 연극론(Hamburgische Dramaturgie)」이 나왔다. 1770년에 볼펜뷔텔(Wolfenbüttel) 도서관 관장으로 초빙되어 처음으로 정식 직업을 가져 보았다. 이 무렵에 시민 비극의 걸작 「에밀리아 갈로티(Emilia Galotti)」가 완성되었다. 만년에 그는 신학에 관심을 갖고 함부르크의 목사 괴체(Goeze)와 격렬한 논쟁을 벌였다. 운문극 「현자 나탄(Nathan der Weise)」은 상대방의 모략으로 논문 발표가 금지되자, 극으로 자기의 소신을 피력한 작품이다. 1781년 2월에 브라운슈바이크로 여행하던 중, 52세를 일기로 세상을 떠났다.

렛싱의 문필 활동은 대체로 평론과 희곡 두 분야로 대별할 수 있다. 그의 평론은 당시의 독일 문학에 새로운 내용과 형식을 제시해 주었으며, 전통적인 방법을 뒤엎을 정도로 영향력이 컸었다. 한편 레싱은 우미한 단시(短詩)와 산문으로 된 교훈적 우화, 재치 있는 풍자시들도 썼으나, 그의 창작의 대부분은 희곡이며, 희곡 분야에서 그의 자질이 십분 발휘되었다고 볼 수 있다.

① 「**라오콘**」(Laokoon oder über die Grenzen der Malerei und Poesie, 1776)

부제(副題)가 나타내고 있듯이 미술과 문학의 한계에 관한 미학 논문이다. 이 논문은 희랍 예술의 본질이 「고귀한 단순성과 고요한 위대성」(Edler Einfalt und stille Größe)에 있다고 한 뷘켈만(Johann Joachim Winckelmann, 1718~1768)의 「고대 미술사(Geschichte der Kunst des Altertums)」를 비판하기 위해 쓴 것인데, 공간 예술인 조형 미술과 시간 예술인 문학과의 차이를, 그리고 그 본질을 상세히 논술하고 있다.

라오콘(Laokoon)이란 트로이의 신궁(神官)이었는데, 그가 성문 앞에 놓여 있는 그리스 군대의 목마의 비밀을 알고 성내에 들여 놓지 말라고 경고를 한 탓으로 신의 벌을 받아 두 아들과 함께 큰 뱀에 감겨 죽는 순간을 표현한 유명한 희랍의 조각 이름이 또한 라오콘이다. 현재 로마 바티칸 미술관에 소장되어 있다. 이 조각에서는 큰 뱀에 말려 죽는 인물의 표정이 입언저리에 약간의 고통을 나타내고 있을 뿐 절규와 같은 추악한 표정은 하나도 없다.

이것을 뷘켈만은 희랍인들의 기품 있는 태도에서 오는 고귀한 단순성과 고요한 위대성이라고 하였으며, 조용한 미를 나타내기 위해서 절규와 같은 추악한 표정을 표현하지 않았다고 했다. 이에 대해서 렛싱은 조형 미술과 문학의 본질이 원래 다르다고 주장한다. 조형 미술은 공간 예술로서 순간을 포착하여 그 형체의 미를 표현하는 것으로, 고통을 나타내고자 할 때 절정에 이른 추한 표정보다도 그 일보 전의 순간을 택하여 상상의 여유를 남기는 것이 좋으나, 문학은 시간 예술이기 때문에 일정한 시간 내에서 일어나는 행위를 모두 서술할 수 있으며, 고통의 절규를 굳이 피할 필요가 없다고 한다. 그리고 희랍의 작가 호머(Homer), 소포클레스(Sophokles) 등의 격렬한 통곡과 절규를 예로 들면서 공간 예술과 시간 예술의 차이를 상세히 설명하고 있다.

② 「**함부르크 연극론**」(Hamburgische Dramaturgie, 1767~1769)

레싱이 함부르크 국민 극장의 고문으로 있을 때, 그 극장의 기관지에 발표한 연극론이다. 특히 이것은 비극의 본질을 논하여 독일 극에 새로운 토대를 만든 귀중한 문헌이다. 그는 아리스토텔레스의 시론(詩論)을 근본적으로 연구하여 프랑스 고전극 작가들이 아리스토텔레스의 비극론을 곡해했다고 지적하면서, 삼일치 법칙에 너무 얽매이는 것을 비판했다. 그는 비극에 있어서 줄거리는 본질상 인물의 성격에서 비롯되어야 되며, 줄거리의 통일이 가장 중요하고, 나머지 요소에 얽매여 비극 효과를 해쳐서는 안 된다고 주장한다. 그는 또 비극에 있어서 관객이 작중 인물로부터 동정과 공포를 느끼고, 작중 인물과 함께 체험하고 공감을 가져야 한다고 한다. 비극이 사람의 마음을 숭고하게 하는 것은 비극이 정신생활의 폭을 넓혀 주고, 보다 고귀한 인간을 만들어 주기 때문인데, 이러한 요소들은 작중 인물의 처지가 자기의 처지로 체험되어 동정과 공감이 일어날 때 가능하다는 것이다. 이러한 이론을 실천에 옮긴 것이 비극 「에밀리아 갈로티(Emilia Galotti)」이다.

③ 「미스 사라 삼프손」(Miss Sara Sampson, 1755)

이것은 5막의 산문 비극이며, 독일 최초의 시민비극으로서 유명하다. 종전의 비극에서는 신분이 높은 사람만이 주인공으로 등장하였으나, 이 비극은 처음으로 시민을 등장시켜 시민 생활의 갈등을 그리고 있다. 그리고 헥사메터(Hexameter) 운율 법을 버리고, 산문을 쓰고 있다. 이것은 당시로서는 아주 파격적인 시도였다. 영국 극을 모범으로 삼고 있다.

순진한 처녀 사라(Sara)가 방탕한 멜레폰트(Mellefont)에게 유혹되어 결혼을 하였으나, 멜레폰트와의 사이에 아기까지 있었던 전 애인 마르우드(Marwood)가 질투로 사라를 독살하자, 멜레폰트가 사라 뒤를 따라 자살한다는 이야기이다. 이야기 자체는 멜로드라마적 감상으로 일관되어 있지만, 서민들이 소재가 되었다는데 큰 의의가 있다. 극장에서 초연이 되자, 관객들이 몇 시간 동안이나 좌석에 그대로 앉아 눈물을 흘렸다고 한다.

④ 「민나 폰 바른헬름」(Minna von Barnhelm, 1767)

5막 희극이며 「병사의 행복(Das Soldatenglück)」이라는 부제가 붙어 있다. 작자가 브레슬라우에서 군사령관 비서로 있을 때 쓴 작품이다. 7년 전쟁 후의 독일 국정이 잘 묘사되어 있으며, 이 묘사가 그대로 정치, 사회의 비판이 되고 있다. 몇 안 되는 독일 희극 가운데 대표적인 걸작으로 꼽히며 성격희극 발전에 큰 영향을 끼친 작품이다.

이 희극은 고결, 성실한 군인이 명예를 빼앗기는 비극에서 시작된다. 그리고 등장인물들이 제각기 다른 형태로 표시하는 성의와 애정에 의해서 극의 갈등이 생기며, 이 갈등은 성격 차이 때문에 빚어지는 것이다. 말하자면, 이 희극은 성격희극이라고 할 수 있다. 작자는 이 희극에서 종전의 희극 구성요소인 웃음을 강요하는 몸짓과 비속한 동작, 그리고 노골적인 풍자를 배제하고, 틀에 박힌 희극적 인물이 아닌 비극적 인물을 등장시켜, 전후 사회를 배경으로 여러 갈등을 희극적으로 엮어 나가고 있다. 이 희극에는 7년 전쟁 후의 사회 모습과 서민들의 생태가 잘 나타나 있으며, 혼란 속에서도 진실하고 착한 사람들이 불행을 참으면서 살아나가는 모습들은 그 당시의 정치, 사회에 대한 욕설 없는 비판이라고 할 수 있다.

⑤ **「에밀리아 갈로티」**(Emilia Galotti, 1772)

이 극은 「함부르크 연극론」에서 전개한 작자의 연극론을 실천에 옮긴 5막짜리 시민비극이다. 로마의 전설에서 취재하여, 이탈리아의 소 공국을 무대로 당시 독일의 봉건적 지배계급의 부패와 폭정을 통렬히 탄핵하는 동시에 비극적인 저항을 꾀하는 시민기질을 찬양하고 있다.

난폭하고 호색적인 영주 구아슈탈라(Guastalla)가 이미 약혼한 시민의 딸 에밀리아(Emilia)를 빼앗으려고 하자, 절망한 에밀리아는 폭군의 마수에서 벗어날 수 없음을 알고, 정절을 지키기 위하여 자진해서 아버지의 칼에 죽는다. 딸을 죽인 아버지는 피 묻은 칼을 영주 앞에 던지면서, 다음과 같이 외친다: "이 칼로 네 가슴을 찌를 줄 알았나? 천만에! 난 너의 재판을 받겠다. 그리고 다음은 저 세상에서 우리 모두를 심판하는 신 앞에서 만나자!"

이 구절은 피를 토하는 탄핵의 외침이며, 비극적인 저항의 최후의 부르짖음이다. 따라서 타락의 상징인 영주를 도덕적으로 굴복시키는 말이기도 하다. 이 희곡 전부분이 이 구절을 목표로 정확히 계산되어 진행되고 있다. 이와 같이 너무 용의주도한 구성을 갖고 있기 때문에, 괴테는 「머리로 만들어진 작품」이라 하였고, 슐레겔은 「극작술(作劇術)의 대수학(代數學)」이라 하였다. 만약 레싱이 무대를 독일로 하였더라면, 이 희곡은 금지되었을 것이다. 이것이 훗날 쉴러의 「간계와 사랑(Kabale und Liebe)」으로 이어진다.

⑥ **「현자 나탄」**(Nathan der Weise, 1779)

이 희곡은 함부르크 목사 괴체(Goeze)와의 종교 논쟁이 당국으로부터 금지되자 희곡의 형태를 빌려 자신의 종교관을 피력한 5막의 운문 사상극이다.

이 희곡은 크리스트교, 유태교, 회교의 대립이 관용과 이해와 애정에 의해 서로 융화된다는 이야기로서 종교에 있어서는 교리보다도 실천이 중요하며, 모든 종파를 초월해야 되고, 관용과 덕성이 더 중요하다는 것을 설명한 것이다. 이 희곡의 핵심인 반지의 우화는 세 종교의 비유이다. 레싱은 이 우화에서 어느 종교가 진짜 종교냐가 아니라, 어떻게 실천하느냐의 문제를 가르치고 있다. 즉 인간은 모든 종교적인 편견을 버리고, 관용과 인류애를 갖고 살아야 한다는 것이다. 그리고 이 희곡의 중요 인물들은 모두 가족 관계를 맺고 있다. 이것은 종교의 구별 이전에 인간적인 관계가 더 중요하다는 작자의 신조를 대변한 것이라 볼 수 있다. 이와 같이 인류애와 덕성의 강조가 레싱의 정신이라고 보아도 좋다. 이 작품은 내용적으로나 형식적으로나 독일 고전극의 선구로 볼 수 있다. 그 내용은 다음과 같다.

부유한 유태인 상인 나탄(Nathan)이 상용(商用)여행을 하고 있을 때, 예루살렘에 있는 집에 불이 나 양녀 레하(Recha)가 소사(燒死)할 뻔한 것을 성당 기사가 구출한다. 성당 기사는 회교 왕 살라딘(Saladin)의 포로이나, 살라딘의 동생 아사드와 얼굴이 닮았다고 해서 특사를 받아 어느 정도 자유행동을 할 수 있는 크리스트교도이다. 아사드는 회교도이면서 크리스트교를 믿는 여인과 결혼하여 아들과 딸을 낳았으나, 출정하여 전사했다. 아들은 크리스트교의 기사가 되기 위해 서양으로 갔고, 딸은 어머니가 길렀다. 그러다가 어머니가 죽자, 딸은 나탄에게 맡겨졌다. 나탄은 그녀를 자기의 딸로 키웠으나, 그녀가 유태인이 아니기 때문에 유태교를 강요하지 않고 크리스트교를 믿게 했다. 나탄은 이와 같이 이성적이고 많은 자선 사업을 하기 때문에 주위 사람들로부터 현자라고 불리워지고 있었다. 나탄은 레하를 구해 준 기사에게 감사하기 위해 그를 불렀으나, 나탄이 유태인이라고 처음에는 응하지 않다가 결국은 나탄의 위대한 인품에 끌려 그의 집을 드나들면서 레하와 친해진다. 이 무렵에 회교 왕 살라딘이 재정난에 빠져 나탄에게 돈을 얻기 위해 그를 궁정으로 부른다. 살라딘은 돈 말을 하기가 쑥스러워 질문에 대답을 못하면 돈을 청구할 작정이었다. 살라딘은 나탄에게 회교, 크리스트교 중에서 어느 것이 가장 좋은 종교냐고 묻는다. 이때 나탄은 보카치오의 「데카메론」에 나온 다음과 같은 세 개의 반지 이야기를 하여 그 답에 대신한다.

옛날 동방의 어느 집에 이상한 힘을 지닌 반지가 가보로 전해 내려오고 있었는데, 그것을 가지는 자가 그 힘을 믿으면 신과 사람의 사랑을 받는다는 것이다. 이것이 어느 대에 내려와 세 아들을 똑같이 사랑하였던 아버지가 같은 반지를 두 개 더 만들어 세 아들에게 하나씩 나누어 주었다. 아버지가 죽은 후, 세 아들은 모두 자기 것이 진짜로서 자기만이 가문을 이을 권리가 있다고 주장하다가, 드디어는 법정에서 재판을 받게 되었다. 이 때 현명한 판사가 세 개의 반지 중 어느 것이 진짜인지는 모르지만 세 사람이 모두 그 힘을 믿고 반지의 힘이 발휘되도록 노력하라고 판정을 내린다. 이 이야기를 들은 살라딘은 나탄의 현명함에 감복하여 그를 친구로 삼으려고 한다.

나탄은 살라딘의 사정을 미리 알고 그에게 돈을 준다. 한편 성당 기사는 레하와 결혼을 하겠다고 승낙해 줄 것을 요구했으나, 나탄은 기사가 레하의 아버지와 닮았기 때문에 허락해 주지 않는다. 화가 난 기사는 레하가 친딸이 아니고 크리스트교도라는 사실을 알아내어, 대주교에게 유태인이 크리스트교도를 키우는 것은 옳지 않다고 고발한다. 기사는 이렇게라도 해서 나탄의 부권(父權)을 말소하고 그녀를 빼앗아 내려는 생각이었다. 조사차 나온 수도승이 마침 옛날 아사드의 부하였고, 레하를 나탄에게 데려다 준 장본인이었다. 그는 아사드가 친필로 친족의 성명을 기록해 둔 기도서를 갖고 와 기사와 레하가 남매간이라는 것을 밝혀 준다. 그래서 회교 왕 살라딘과 유태교인 나탄과 크리스트교인 레하 및 성당 기사는 그와 같이 가족관계에 있을 뿐만 아니라 그들을 연결하는 박애(博愛)와 인도정신(人道精神)은 높이 종파(宗派)를 초월하는 것이라는 사상을 강조하고 있는 것이다.

Aufklärung

Vorbereitet durch das Werk des französischen Philosophen Descartes, des Begründers des modernen Rationalismus, ergänzt durch die Philosophie und Psychologie der Engländer Locke und Hume und wesentlich bestimmt von dem Weltbild des deutschen Philosophen Leipniz, wird die Aufklärung zu der geistigen Bewegung, die dem 18. Jahrhundert das Gepräge gibt. Logisches Vernunftdenken und eine dem Diesseits zugewandte selbstbewuβte Wissenschaft lassen die Welt als ein Wunderwerk der Schöpfung erscheinen, in der sich der Mensch mit Hilfe seiner geistigen Fähigkeiten behaupten und entfalten kann. Scheinbar im Gegensatz zur Aufklärung entwickelt sich der Pietismus. Sein Begründer, der

Elsässer Spener, meint, nur eine aus dem Gefühl lebende Frömmigkeit sei Prüfstein echten Glaubens, nicht enge Bindung an Dogmen und Lehrsätze. Die Bemühungen Gottscheds und der Schweizer Bodmer und Breitinger um die Dichtung sind vor diesem geistigen Hintergrund ebenso zu verstehen wie die spielerisch anmutige Kunst der Anakreontik. Schließlich bringt das literarische Rokoko eine Verbindung zwischen barocker Überlieferung, rationaler Erfahrung und gefühlvoller Bejahung der Welt.

Winckelmann öffnet den Zugang zur Welt der griechischen Kunst und erschließt damit einen für die Entwicklung der deutschen Literatur entscheidenden Bereich.

Lessing überwindet mit den geistigen Waffen der Aufklärung die Enge eines erstarrten Rationalismus.

| Chapter 7 |

슈트름 운트 드랑

(Sturm und Drang, 1770~1784)

1. 슈트름 운트 드랑(폭풍노도)의 명칭

원래 제목이 「뒤죽박죽(Wirrwarr, 1776)」인 막시밀리안 클링거의 희곡에서 유래한 폭풍노도(暴風怒濤)로 해석되는 슈트름 운트 드랑의 운동과 함께 계몽주의 시대에 풍미했던 이성(理性)의 지배와 공동적 사회적 상황을 거부하는 한 무리의 젊은 세대가 등장한다. 감정과 환상으로 인해 더 이상 순수이성 문화에 얽매이지 않으며 개체의 자유는 이성에서 연유된 질서의 원리보다 우위에 서게 된다. 루소, 하만, 헤르더 등은 젊은이들의 문학적 창작활동에 결정적인 영향을 미치게 된다. 이들 작품의 대부분이 혁명적인 단계를 벗어나지 못하고 형식과 내용면에서도 단편적이며 완전한 체계를 갖추지 못하지만 그들의 커다란 공헌이라 할 수 있는 것은 고전주의로 이르는 길을 준비하였다는 사실이다.

슈트름 운트 드랑(폭풍노도)의 무제한적 자아감정은 무엇보다 드라마 부분에서 뚜렷하게 나타난다. 서사문학에서는 단지 괴테의 「베르터」만이 지속적인 성과를 거두게 된다. 창작력이 풍부한 천재가 인간이 행동할 수 있는 영역 내에서만 자신을 자유롭게 펼칠 수 있다면 여기에는 도덕적인 문제가 제기될 것이고 정치적이며 사회적인 폐단도 논박될 것이다. 여기서 제기되는 두 가지 기본 입장 중 그 첫째는 질서가 명확한 계몽주의 세계를 근본적으로 문제시하고 감정과 정열의 자유를 요구하는 것이다. 이런 점에서 야곱 미카엘 라인홀즈 렌즈(작품 「가정교사, 1774년」, 「군인들, 1776년」)와 하인리히 레오폴드 바그너(작품 「유아 살해자, 1776년」) 등의 작품은 무분별한 사실주의적 언어와 무절제한 주관성으로 그 특징이 나타난다. 두 번째 입장은 천재 즉 위대한 인간을 찬미하는 것이다. 이러한 천재의 운명은 막시밀리안 클링거의 희곡에서 잘 나타나고 있다. 쉴러는 청년기의 비극에서 이 두 가지의 방향을 다루고 있으며, 괴테의 「괴쯔」에서도 그러한 경향이 나타난다.

이 슈트름 운트 드랑(폭풍노도) 운동은 시기적으로는 18세기 후반 계몽주의와 고전주의 사이의 짧은 기간 동안인 14년 정도 젊은 문학가들에 의해서 폭발적으로 추진되었던 혁명적 문학 운동이다.

이들은 계몽주의의 이성 만능과 합리주의에 반기를 들고 감정 해방을 부르짖으면서 개성적이고 비합리적이고 자연적이며 정열적이고 외국 모방이 아닌 민족적인 것을 표방하였다. 그리고 독창적인 인간으로 천재를 찬미하고 스스로 천재라고 자처하면서 자유로운 표현을 제약하는 종래의 규칙과 형식을 무시하고 감정이 나아가는 대로 글을 썼다. 다시 말하면 이들은 옛 사조에 대해서 폭풍과 노도처럼 반항을 한 것이다. 그러나 이들의 반항은 어디까지나 내적 에너지의 비등으로서 문학의 영역에만 국한된 것이지, 현실 생활 내지 사회적 정치적 혁신과는 아무런 관계가 없다. 그래서 사회학적인 관점에서 문학사를 다루는 루카치 같은 사람은 이 운동을 경시하는 경향이 있다. 그러나 문학이 창작력을 중시하는 이상 이 운동은 인간의 정신적 활력을 해방시켜 자유롭고 자주적인 창조활동을 도왔던 만큼 정신 사상으로나 문학사상에서 큰 의의를 지닌다고 아니할 수 없다. 그리고 이 운동은 여러 측면에서 독일적인 특징을 잘 알 수 있는 절호의 문학 사건이기도 하다.

반항적인 청년들은 계몽주의에 저항하며 그들 자신의 힘을 의식하게 되었다. 규칙 대신에 근원적인 자연이 대두되었다. 미덕과 기지 대신에 힘과 천재가 등장했다. 사람들은 모랄 대신에 생명력 있는 정열을, 형식 대신에 천재적인 충일(充溢)을, 질서 대신에 알맹이가 있는 혼돈을, 사회 대신에 민중을, 그리고 절도 대신에 자유로운 자의(恣意)를 희구했다. 지배할 수 있는 것은 표준적인 것이 아니라, 아무런 속박이나 규칙도 인정하지 않고 오로지 자기 자신을 충분히 살리고 마음대로 하고자 하는 창조적 자유뿐이다.

슈트름 운트 드랑 문학의 중요 장르는 희곡과 시(詩0다. 그 중에서도 작가들은 특히 희곡을 좋아했다. 그들은 종래의 3통일 법칙을 무시하고 천재와 사회 인습과의 상극에서 빚어지는 알력과 절망, 격앙, 분노 등을 마구 터뜨리는가 하면 부살(父殺), 유아 살인, 근친상간, 독살 등 반사회적인 테마를 택하여 자기감정과 본능, 충동을 격렬한 어조로 정열적으로 마구 토해 냈다. 그러기 위해서는 희곡이 가장 적절한 문학 형식이었을 것이다.

2. 슈트름 운트 드랑에 영향을 준 이론가들

(1) 루소(Jean-Jacques Rousseau, 1712~1778)와 셰익스피어(Shakespeare, 1564~1616)

슈트름 운트 드랑 문학 운동의 가장 유력한 원동력은 루소의 「자연(自然)으로 복귀(復歸)」사상과 셰익스피어의 숭배이다.

루소는 계몽주의자였으나 이성에만 사로잡혀 있던 당시의 사상가들과는 달리 감정의 우위와 심정의 권리를 주장하여 전 유럽에 강렬한 영향을 미친 특이한 사상가다. 그는 그의 대표적인 저서인 「인간 불평등 기원론」, 「신(新)에로미스」, 「에밀」, 「사회 계약론」 등에서 자연은 인간을 원래 선량하고 자유롭고 행복하게 만들었지만 사회라는 것이 인간을 사악하고 불행하게 만들었기 때문에 이 잃어버린 인간을 회복하기 위해서는 인간 존재의 근원인 자연으로 되돌아가서 자연물인 인간의 감정과 의욕의 존엄성을 자각해야 된다고 논했다. 이 사상이 전유럽에 지대한 영향을 미쳤다는 것은 누구나 다 아는 사실이다. 프랑스에서는 이 사상이 시민계급들이 전제 군주에서 해방되는 복음서로 받아들여져 세습적인 특권을 비판하기에 이르렀으며, 드디어는 1789년의 대혁명의 준비과정이 되었다. 그러나 독일에서는 이것을 순전히 내면적으로만 작용시켜 이성의 독재하에서 시들고 있는 감정 해방에 역점을 두고, 사색과 시작(詩作)의 원천으로 삼았던 것이다.

슈트름 운트 드랑 문학 운동의 원동력으로 셰익스피어의 숭배도 중요하다. 폭풍노도 시대의 젊은 시인들 사이에서 그는 천재로 우상화 되었다. 그 이유는 셰익스피어야말로 모든 규범을 파기하고 생각하는 대로 정열을 퍼뜨린 개성적인 작가로 여겨졌으며 인간을 이해하고 파악하려는 인간 탐구적인 그의 문학 태도가 마음에 들었기 때문이다. 그리고 이 시대의 문학주류가 시와 희곡에 있었던 것도 그 이유가 된다.

(2) 하만(Johann Georg Hamann, 1730~1788)

슈트름 운트 드랑 세계관의 원류를 거슬러 올라가면 이 운동의 이론적 지도자였던 헤르더(Herder)가 먼저 나오고, 다시 헤르더의 스승인 하만을 만나게 된다. 그러나 하만은 폭풍노도 운동의 사상적 선구자요 숨은 지도자인 셈이다. 그는 동프로이센의 쾨니히스베르크(Königsberg)에서 태어나 그곳 대학에서 신학과 철학을 배웠다. 처음에는 당시의 주 사조였던 계몽주의의 파도에 휩쓸린 적이 있었으나 소크라테스의 무지를 찬미하고 위대한 예술은 규칙보다도 천재에 의해 만들어진다는 「소크라테스 회상록

(Sokratische Denkwürdigkeiten, 1759)」을 내어 계몽주의에 정면 도전을 하였다.

그리고 언어와 민족에 있어서 그 성격과 사고법과 감정 등의 연관을 고찰한 「학문적 문제에 관한 시도(Versuch über eine akademische Frage, 1760)」, 시를 인류의 모국어로 보고 합리주의적 언어관을 배척하고 언어의 상징적 성격을 강조한 「언어학자의 십자군(十字軍)(Kreuzzüge des Philologen, 1762)」 등의 논문을 내어 후진들에게 많은 영향을 주었다. 그의 저서들은 사상은 심원하지만 체계가 없고 단편적이어서 무척 난해하다. 동시대 사람들이 그를 「북방의 마술사」라고 불렀던 것은 사상의 심원성과 난해성 때문일 것이다.

(3) 헤르더(Johann Gottfried Herder, 1744~1802)

독일의 슈트름 운트 드랑 운동의 실질적인 선도자였으며 스스로 문학작품을 창작하지는 않았지만 많은 저술과 비평으로써 독일 문학 사상 중요한 위치를 차지하고 있다고 본다. 그리고 슈트라스부르크 시대의 젊은 괴테에게 결정적인 영향을 미쳐서 그의 슈트름 운트 드랑 운동의 추진력이 되었다.

헤르더는 동프로이센의 모룽겐(Morungen)에서 교사의 아들로 태어나 고생스런 환경에서 소년시대를 보냈다. 쾨니히스베르크 대학에서 신학과 철학을 공부했다. 칸트 강의에 감명을 받고 하만과 친교를 맺게 되었다. 그는 칸트보다 하만에게서 사상적인 영향을 깊이 받았다. 그는 졸업 후 리가(Riga)시의 부목사가 되어, 거기서 「신 독일문학 평론 단편(Fragmente über die neuere deutsche Literatur, 1767)」과 「비평의 숲(Kritische Wälder, 1767)」을 발표하여 문학 비평가로서 첫발을 디디게 되었다. 이 작품들이 그의 이름을 유명하게 한 평론들이다. 1769년 프랑스로 여행을 했는데, 그때 「여행일기(Journal meiner Reise)」를 썼는데 여기서 슈트름 운트 드랑적인 그의 사상이 싹트기 시작했다. 여행을 마치고 독일로 돌아오는 길에 함부르크에서 렛싱을 만나 친교를 맺고 이후 렛싱은 그가 존경하는 선배가 되었다. 1770년 눈병 치료차 슈트라스부르크로 갔을 때 거기서 대학 생활을 보내고 있던 괴테를 만난다. 이 두 사람의 해후는 독일 문학 사상 아주 중요한 일대 사건이며, 이 해가 바로 슈트름 운트 드랑 운동이 시작되는 해이다. 그만큼 헤르더의 이론이 젊은 괴테를 감동시켰던 것이다. 이때 헤르더는 26세의 소장 평론가였고, 괴테는 21세 된 무명 학생에 불과했다. 그러나 독일 문학 내지 세계 문학에 이처럼 큰 의미를 지닌 생산적인 해후는 유례가 없을 것이다. 헤르더는 괴테에게 셰익스피어와 루소를 설명했다. 이것은 답답한 재래의 규범을 벗어나 인간 본연에서 발하는 문학으로 되돌아가라는 것이었으며, 외래적인 이질

요소를 배제하고 자기 민족의 본원적인 넋을 표현하라는 주장이기도 했다. 그 후 헤르더는 괴테의 권유로 바아마르 지방의 신교 감독관이 되어 그곳에서 생애를 마쳤다.

그의 저작 활동을 살펴보면 그는 창작적 시인이 아니고 어디까지나 평론가요 이론가이다. 그의 논평은 렛싱에게서 힘입은 바가 많으나 그와는 이질적이다. 렛싱은 이성에 바탕을 둔 데 반해 헤르더는 감각과 감정에 뿌리가 있고, 렛싱의 언어가 명료 투명한 데 반해 헤르더의 언어는 활기에 차고 공상적인 면이 있다. 렛싱에게는 계몽주의 극작가로서 날카로운 추론과 증명이 있는가 하면, 감정생활의 비평가인 헤르더는 웅변가처럼 유려한 변을 토한다. 렛싱의 객관성에 대해서 헤르더는 주관성이 지배하고 있다. 렛싱의 비평이 주로 순수 문학을 다루었다면, 헤르더는 민족 문학을 강력히 제창하고 있다.

3. 슈트름 운트 드랑의 작가들

1) 청년 괴테(Johann Wolfgang von Goethe, 1749~1832)

요한 볼프강 폰 괴테는 슈트름 운트 드랑 운동의 중심인물이었으나 그곳에 머물지 않고 극복하고 성장하여 세계 문학 사상에서 대천재로 군림하게 되었다. 여기에서는 고전주의로 들어가기 전까지 괴테의 모습을 살펴본다.

괴테는 1749년 8월 28일 정오 마인 강변에 있는 프랑크푸르트 시에서 출생했다. 그 당시의 프랑크푸르트는 교통의 중심지로서 독일 황제의 대관식이 거행되었고, 경제적으로나 사회적으로 가장 번영된 제국 직속의 자유시였다. 아버지는 북독의 재봉사 아들로서 대학에서 법학을 공부한 후 궁정 고문이라는 칭호를 받았으나 일정하게 정해진 직업은 없었다. 아주 엄격하며 성실한 성격이었으며 아들 교육에 대해서는 비상한 열정을 갖고 있었다. 아버지보다 21세 연하인 어머니는 프랑크푸르트 시장의 딸이며 그녀의 일족은 대대로 법학자와 시 참사위원을 배출한 남독의 명문이었다. 그녀는 매우 쾌활하고 상상력이 풍부하고 예술적 재능을 지닌 사교적인 여성이었으며 여섯 명의 아이를 낳았으나 모두 어릴 때 죽어 버리고 성인이 된 사람은 괴테와 그의 누이동생 둘뿐이었다. 그의 누이도 결혼 후 첫 아이를 낳다가 죽어 버렸다. 아버지에게서는 성실한 기질을, 어머니에게서는 예술적 재능을 물려받은 괴테는 부유한 상층 가정의 외아들로서 많은 교양을 쌓으면서 행복하게 소년 시절을 보냈다.

(1) 라이프치히 시절(1765~1768)

1765년에 16세인 괴테는 법률을 공부하기 위해 라이프치히로 갔다. 그곳에서 배운 적이 있었던 아버지가 당시의 작은 파리로 불리워지던 우아한 도시를 아들의 면학 장소로 선택해 주었던 것이다. 괴테는 처음으로 아버지의 엄격한 감시를 벗어나 자유로운 생활을 마음껏 즐길 수 있었다. 그는 법률보다 문학과 미술에 열중하였고, 3년 연상인 케트헨(Kätchen, 본명은 Katharina Schönkopf)과의 연애에서 그 감미로움과 괴로움을 실컷 만끽했다. 그 사랑의 경험에서 아나크레온 풍의 시나 관능적 희곡을 썼다. 그녀는 괴테가 점심 식사를 하던 주방의 딸이었는데, 괴테가 좋아하는 여성에게서 흔히 찾아 볼 수 있듯이 선량하고 우아하고 명랑한 성격을 지닌 수동적인 여성이었다. 괴테는 이 소녀와의 연애에서 많은 인생 문제와 생활의 고통을 비로소 체험하게 되었다. 이 무렵부터 그는 서정시와 희곡 「사랑의 변덕(Die Raune des Verliebten)」과 「공범(Die Mitschuldigen)」 등을 썼다.

케트헨과의 연애 파탄에 지나친 방종 생활이 드디어는 객혈을 초래하게 되었다. 라이프치히에 온 지 3년만에 병을 얻어 그는 고향으로 되돌아갔다. 이 병은 괴테의 생명의 위기였음과 동시에 그의 심적 생활에 있어서는 천부의 시련이기도 했다. 괴테는 이 병으로 인해 전혀 다른 인간이 된 것이다. 즉 병상에 있는 동안 스스로 종교 감정을 체득하게 되었고 경건주의자인 클레텐베르크양(孃)(Susanna von Klettenberg)과 사귀면서 신비주의(神秘主義)에 깊은 관심을 가졌다. 괴테는 그녀와 함께 신비주의나 연금술에 관한 책을 읽고 자연의 불가사의한 가운데서 신의 모습을 찾아내려고 했다. 그것은 「파우스트」에 대한 최초의 뜻을 갖는 동기가 되었다. 비록 2년 남짓한 시기였지만 라이프치히 시대에 밖으로만 확산되었던 생활을 내적으로 응집시켜 다음 시대를 준비하는 중요한 시기가 바로 이때였다.

(2) 슈트라스부르크 시절(1770~1771)

1770년 건강을 회복한 21세의 괴테는 법률을 공부하기 위해 슈트라스부르크로 떠났다. 알사스의 아름다운 자연에 둘러싸인 이 고장에서 그는 다시 되살아난 것 같은 기분으로 면학에 열중했다. 전공인 법률은 물론 화학, 의학, 해부학 강의도 들었고, 문학, 철학, 미술, 동식물학, 기상학, 색채학 등 다방면의 서적을 탐독하였다. 이 무렵에 그에게는 그의 발전과정에 있어서 극히 중대한 두 가지 사건이 일어났다. 하나는 헤르더(Herder)를 만난 것이요, 다른 하나는 브리온(Friederike Brion)과의 연애 사건이다. 괴테는 마침 눈병 치료차 그곳에 체재하고 있던 5세 위인 신진 평론가 헤르더를 만나 그로부터 민요의 아름다움과 자연과 감정의 숭고함과 호머와 셰익스피어의 위대함에 대해 많은 가르침을 받고 크게 감동했다. 말하자면 헤르더는 괴테의 천재에 점화를 시킨 셈이 되며, 이 두 사람의 해후가 슈트름 운트 드랑 운동 전개의 계기가 된 것이다. 이미 말한 바와 같이 헤르더는 이 운동의 이론적 지도자였고 괴테는 창작의 중심인물이었기 때문이다. 한편 괴테는 슈트라스부르크 교외인 제젠하임에서 청순한 마을 목사의 딸 프리데리케 브리온을 알게 되어 그녀와 달콤하고도 시적인 사랑에 빠졌다. 이 연애는 사회적인 관습과 사교에 제약을 받지 않는 소박한 환경 속에서 자연의 감정이 넘쳐흐르는 순진한 사랑이었으며, 헤르더와의 교제에서 씨를 뿌렸던 창작의 새싹을 개화시키고 결실시켰던 귀중한 사랑이었다. 괴테는 이 연애를 통해서 지금까지 없었던 자연스럽고 힘찬 시적 발성을 울리기 시작한 것이다. 이 무렵에 쓰여 진 그의 서정시는 젊은 마음의 고동과 입김이 그대로 리듬이 되어 생동하고 있다. 그 풍부한 경험과 더불어 명확한 형상을 갖춘 그 표현은 독일 서정시의 새로운 시범이 되었다. 그 많은 시들 중에서 「환영과 이별(Willkommen und Abschied)」, 「오월의 노래(Mailied)」 등이 특히 유명하다. 이와 같이 프리데리케와의 사랑은 괴테의 시적 방향을 제시했다는 점에서 큰 의의가 있지만, 그 외에 그녀를 버린 죄책감 때문에 일생을 참회하는 마음이 후일의 그의 작품에 여러 가지 형태로 투영되는 것도 중요한 사실이다.

젊은 괴테에게 가눌 수 없이 넘쳐흐르는 힘과 그칠 줄 모르는 생장 의욕이 이 목가적인 사랑에만 만족하지 못하고 가련한 소녀를 약 1년 후에 그만 버리고 만다. 이것은 천재의 행로에 있어서는 불가피한 희생이고 당사자들끼리의 정신용량의 불균형 때문에 야기된 필연적인 결과라고 할 수 있겠지만, 상대가 너무나 순진한 소녀였기에 그것에 대한 괴테의 죄책감은 그만큼 더 컸었다. 이 참회가 일생동안 사라지지 않고 그의 작품에 그 마음의 상처가 반영돼 있다. 민요조의 시 「들장미(Heidenröslein)」를 비롯해서 「괴츠(Götz)」, 「파우스트(Faust)」 등 순진한 처녀를 버려놓은 죄 값을 다룬 부분들은 이러한 참회의 결과이다. 그리고 보다 승화된 프리데리케의 모습은 파우스트 마지막 부분에서 애인 파우스트를 기다리는 그레트헨에게서 엿볼 수 있다. 만약에 프리데리케와의 연애 경험이 없었더라면 그레트헨과 같은 순진한 소녀의 상을 얻기가 어렵지 않았는가 생각하면 이 연애의 중요성이 더욱 실감난다.

(3) 프랑크푸르트 시절(1773~1775)

1771년 8월에 변호사 자격을 얻어 고향으로 돌아온 괴테는 아버지의 도움을 받아 개업을 하였다. 그러나 변호사 업무는 거의 아버지에게 일임한 채 창작에만 열중하였다. 이 해에 폭풍 노도의 대표적 희곡인 「괴츠 폰 베를리힝겐(Götz von Berlichingen)」의 초고를 6주일 만에 다 써 버렸다.

1772년 5월에 괴테는 아버지의 권유에 따라 법률 견습을 하기 위해 베츨라르로 갔다. 거기서 친구의 약혼녀인 샤를로테(Charlotte Buff)를 알게 되어 열렬한 사랑에 빠졌다. 그는 이 괴로움을 이기지 못해 3개월 후 고향으로 되돌아오고 말았다. 이 체험을 두세 개의 외부적 사건과 연관시켜 쓴 서간체 소설이 유명한 「젊은 베르터의 슬픔(Die Leiden des jungen Werthers)」이다. 소설의 주인공은 괴로움에 못 이겨 자살을 하였지만 작자는 자기 체험을 작품화시켜 보다 높이 승화시킴으로써 현실의 고뇌를 극복해 나간 것이다. 괴테는 이 작품으로 세계적인 명성을 얻었고, 이 작품은 일대 센세이션을 일으켰다.

「젊은 베르터의 슬픔」을 쓴 뒤에 그는 「클라비고(Clavigo, 1774)」와 「슈텔라(Stella, 1775)」라는 두 희곡을 썼다. 이 시기의 작품으로서 중요한 의미를 지니는 것은 후년의 대작 「파우스트(Faust)」의 원형인 「초고 파우스트(Urfaust)」이다. 이것은 1773~1775년경에 쓰여진 것으로 추정되며, 바그너(Heinrich Leopold Wagner)의 「영아 살인자(Die Kindermörderin)」와 같은 테마를 다루고 있다.

베츨라르에서 돌아온 후 괴테는 프랑크푸르트의 은행가 딸인 쇠네만(Elisabeth Schönemann)과 한때 약혼한 적이 있었다. 일반적으로 릴리(Lili)라고 불리워지는 이 소녀는 당시 16세로서 재능과 미모를 겸비하여 괴테의 애인으로서 손색이 없었다. 괴테는 만년에 「그녀야말로 진정으로 사랑한 여인이다」라고 고백할 정도로 열애를 하였으나, 프리데리케의 경우처럼 얽매이기 싫어하는 그의 특수한 성향 때문에 약혼을 취소하고 말았다. 이 연애도 괴테의 시정을 북돋우어 「새로운 생과 사랑(Neue Liebe, neues Leben)」, 「릴리園(Lilis Park)」, 「벨린더에서(An Belinden」, 「山上에서(Vom Berge)」 등 좋은 시를 많이 남겼다.

1776년 괴테는 바이마르 궁정의 초대를 받고 그곳으로 떠났다. 이로써 그는 사실 슈트름 운트 드랑 운동과는 결별을 하는 셈이 된다. 이 해는 또 클링거(Klinger)의 「쌍동이(Die Zwillinge)」, 「폭풍노도(Sturm und Drang)」, 렌쯔(Lenz)의 「병사들(Die Soldaten」, 바그너(Wagner)의 「영아 살인자(Die Kindermörderin)」 등 슈트름 운트 드랑 시대를 대표하는 작품들이 발표된 해이며, 이 해를 고비로 슈트름 운트 드랑의 전성기가 지나고 최후의 담당자인 젊은 쉴러가 혜성처럼 등장한다.

괴테의 작품은 한 首의 시에 이르기까지 모두가 자기 체험 고백이며, 참회이며, 추억이요, 자기비판이 아닌 것이 없다. 이것은 바로 생활이 예술이요, 예술이 생활이었다는 것을 의미한다. 그는 자기 생활의 고뇌를 예술화함으로써, 그것을 극복하고 보다 높은 세계로 도약할 수가 있었던 것이다. 그래서 괴테에게는 예술이 단순한 유희가 아니고 운명이었으며, 자기 존재에 대한 필연적인 조건이었던 것이다.

① **「제젠하임의 노래」**(Sesenheimer Lieder, 1770~1771)

알사스 지방의 아름다운 자연을 접하여 경탄해하던 괴테는 슈트라스부르크 근교에 있는 제젠하임으로 소풍을 나갔다가 목사의 딸인 프리데리케 브리온(Friederike Brion)을 만나자 청순한 이 처녀에게 한 눈에 반해 버렸다. 연모의 정이 괴테의 시심(詩心)을 일깨웠고 그는 지금까지와는 다른 새로운 음조를 담은 독일 서정시를 창작하게 되었다.

시를 창작하는 즉시 괴테는 그녀에게 보내었고 그 중 11편이 남아 있고 이를 「제젠하임의 노래」라고 이름 붙였다. 이 중에 「5월의 노래(Mailied)」, 「그대를 사랑하는지 난 모르겠소(Ob ich dich liebe, weiß ich nicht)」, 「작은 꽃과 꽃잎(Kleine Blumen, Kleine Blätter)」, 「아! 그대를 얼마나 사모하는가!(Ach, wie sehe ich mich nach dir)」 등의 詩에는 단순하고 소박한 시성이 연인의 전원적인 생활 환경과 어우러지고, 「환영과 이별(Willkommen und Abschied)」에는 황혼에 말을 타고 연인에게 달려가는 생동적 생활 방식과 환희에 찬 생활 감정이 표현되어 있다.

② **「프로메테우스」**(Prometheus, 1773)

인간성 옹호자로서 신들에게 대항하다가 신들로부터 잔인하게 형벌을 받았다는 프로메테우스에 관한 고대의 전설을 차용하여 괴테는 새롭게 부상하는 사회질서와 특권층에 의해 지탱되며 몰락해 가는 기존 사회와의 갈등을 형상화하고 있다. 여기에서 프로메테우스는 18세기의 시민적인 자의식의 상징이자 지금까지 종교적으로만 이해되어 온 창조의 개념을 세속화시키는 것의 상징이기도 하다. 신들과 동등한 위치에 있는 것으로 만족하지 않고 신들을 쓰러뜨려 버리는 프로메테우스는 민중의 대표자로서 압제 정치를 무너뜨리고 승리를 거두는 자의식으로 무장된 천재를 의미한다. 괴테는 「프로메테우스」로서 자신의 저항적인 사고의 정점에 이르고, 이 작품에서 그는 전통과 운명을 완강하게 거부하고 나섰다.

③ 「**괴츠 폰 베를리힝겐**」(Götz von Berlichingen, 1773)

이 희곡은 처음 「철수(鐵手)를 가진 고트프리트 폰 베를리힝겐 이야기의 희곡화」라는 제명으로 발표되었는데, 너무 무형식적이고 격정적이어서 헤르더로부터 셰익스피어의 해독을 입은 작품이라고 비난을 받자, 다시 개작된 것이다.

소재는 16세기 농민 봉기가 일어났을 때 지도적인 역할을 한 프랑켄의 기사 괴츠의 자서전에서 취재한 것이다. 괴테는 자서전의 줄거리를 바꾸고, 몇 개의 다른 이야기와 인물을 첨가하였다. 철수(鐵手)라 함은 주인공이 바이에른 계승 전쟁 때 오른손을 잃고 철로 된 의수를 달았기 때문이다. 그는 황제에게 충성을 다하고, 진리와 정의와 자유를 위해서 싸웠으나, 적의 음모와 자기편의 배반으로 결국은 사형 선고를 받는다는 내용이다.

이 작품은 형식적으로나 내용상으로 슈트름 운트 드랑의 혁명적 풍조를 직접적으로 표현한 대표적인 희곡이다. 정의감 있고 용감하고, 허식을 싫어하며 소박한 인간미가 있고, 독일 땅에 뿌리박은 주인공과, 표면은 화려하나 그 이면은 악투성이고, 외래문화에 의존하고 있는 궁정과의 대립, 즉 자연과 인위적 문화와의 대립, 이것이 전체를 꿰뚫는 골격이다. 주인공이 마지막에 「지금부터는 허위의 시대가 온다」라고 외치면서 죽는데, 이 허위에 대한 분노가 바로 시대정신의 표명이라고 할 수 있다. 형식은 셰익스피어를 본받아 3통일 법칙을 무시하고, 짧은 장면들을 자주 전환시켜 자유롭게 극을 진행시키고 있다. 그래서 고전극에 익숙한 사람들은 비난 없이 그대로 받아들일 리가 없었다. 그러나 청년들은 이것이야말로 감정의 진정한 척도이며, 해방과 자유에 대한 욕구에 일치하는 것이라고 찬사를 아끼지 않았다.

④ 「**젊은 베르터의 슬픔**」(Die Leiden des jungen Werthers, 1774)

괴테가 베츨라르에서 친구의 약혼녀 샤를로테(Charlotte)를 사랑한 그 고뇌를 유부녀를 사랑하다 권총 자살한 친구 예루살렘(Wilhelm Jerusalem)의 사건에서 힌트를 얻어 쓴 일기체 소설이다. 이 소설에 의해서 괴테는 세계적 명성을 얻게 되었고, 독일 문학이 세계무대로 등장하게 되었다.

내용은 베르터가 친구의 약혼녀 샤를로테를 사랑하였으나 뜻을 이루지 못하고 권총으로 자살한다는 평범한 줄거리이다. 이와 같이 어디에나 굴러다니는 평범한 사건의 묘사가 어째서 세계 문학의 고전적 지위를 점하게 되었는가? 애수와 낭만에 젖어 있는 비련의 요소가 독자의 심금을 울린 점도 있겠지만, 그 풍부한 감정과 자유로운 정신과 시대에 대한 반항이 이 작품을 불후의 명작으로 만들었던 것이다. 특히 이 소설이 풍기는 자연 감정은 일품이라 아니할 수 없다. 자유로이 생동하는 자연의 힘과 그 아름다움을 우리는 마음껏 감촉한다. 자연에 대한 이러한 태도는 인생에서 허식을 배제하고, 내부에서 솟아오르는 힘을 소중히 여기고, 인간 본연의 자기를 살려 보자는 정신 바로 그것이다. 그런데 사회는 그것을 용납하지 않는다. 특히 베르터를 둘러싸고 있는 주위 환경은 체면과 낡아빠진 관습과 사소한 이기심 때문에 그의 능동적인 의욕을 신장시켜 주지 못한다. 이러한 현실에 살고 있는 젊은이들은 누구나 같은 것을 느낄 것이다. 베르터는 사랑에 실패하였다기보다 주위의 벽에 부딪혀 그 희생으로서 몰락한 것이다.

이런 뜻에서 보면 이 소설은 시대의 저속과 그 편협에 대해 싸우는 잠재력의 봉기라고 볼 수 있다. 베르터는 결코 약한 존재가 아니고, 자기희생으로써 시대의 참모습을 폭로한 용사라고 할 수 있다. 이것은 훗날의 의식적인 투사들과는 성질이 다르지만, 지성인으로서 사회적인 온갖 구속을 타파해 보려는 강렬한 의욕만은 한가지이다. 그는 정열의 용사였고, 잠재적으로는 자유를 구하는 현실의 투사였다.

그런데 당시의 독자들이 모두 이런 것을 간파한 것은 아니다. 베르터의 불쌍한 운명에 눈물을 흘리고, 자살을 하고, 복장을 흉내 내며, 유부녀를 사랑하는 풍조가 유행하였다고 하나, 이것은 괴테가 원하던 것은 아니었다. 작자 괴테는 사랑의 고뇌를 작품화함으로써 고뇌를 승화시키고 감정의 위기를 극복하여 내적 에너지를 보다 새로운 방향으로 돌릴 수 있었다.

2) 청년 쉴러(Friedrich von Schiller, 1759~1805)

프리드리히 폰 쉴러는 괴테와 함께 독일 문학의 황금기를 구축한 위대한 극작가이다. 그도 괴테와 같이 슈트름 운트 드랑 운동의 중요한 작가이다.

쉴러는 괴테보다 10년 늦은 1759년 11월 10일 뷔르텐베르크의 소도시인 마르밧하(Marbach)에서 출생하였다. 아버지는 군에 근무하는 외과 의사로서 살림은 넉넉하지 못하였으나 노력가였고, 어머니는 아주 차분하고 경건한 여성이었다. 양친은 그가 다섯 살 때 롤히(Lorch)로 이주하였다. 이 도시는 경치가 아름답고 역사적인 유적이 많아 소년의 마음속에 애향심과 역사에 대한 흥미를 불러 일으켰다. 이곳에서 쉴러는 목사 모저(Moser)로부터 개인 교수를 받았다. 7세 때 아버지가 루드비히스부르크로 옮기는 바람에 그곳에서 라틴어 학교에 입학하였다. 이 무렵부터 그는 궁정의 향연과 오페라 등을 구경하고, 연극에 대한 관심이 싹텄다고 한다.

가정 교사였던 모저 목사의 감화를 받아 그도 목사가 되기로 작정하고 있었으나, 14

세 때 슈바벤의 전제 군주 카를 오이겐公(Herzog Karl Eugen)의 명령으로 군인 양성소에 강제 입학을 하게 되었다. 이 양성소는 2년 후 슈투트가르트로 옮겨 카를 대학으로 개칭하고, 신학 이외에 여러 학부가 설치되었다. 교육은 모두 군대식이었고 전공과목도 영주가 결정해 주었다. 쉴러도 영주의 명령에 따라 법학이 선정되었다. 이때 쉴러는 군주가 마음대로 국민들의 생활을 지배하는 횡포를 처음으로 느꼈다.
문학을 좋아하던 그는 무미건조한 법학 공부를 견딜 수가 없어 간신히 허가를 받고 의학부로 옮겼다. 그래도 군인 정신으로 투철한 엄격한 규율이 그를 압박하기는 마찬가지다. 그는 7년간이라는 귀중한 청춘시대를 절대 복종만을 강요하는 이 학교에서 보냈다. 그러나 이 쓰라린 체험이 그에게 불굴의 반항 정신을 고취시켰으며, 자유의 존귀함을 깨닫게 하였다.

학교생활은 외부 세계와는 완전히 차단되어 있었으며, 자유라고는 하나도 없었다. 그러나 아무리 차단된 곳이라고는 하지만 외부의 공기가 전혀 안 들어 올 리는 없었다. 밖에서 휘몰아치고 있는 슈트름 운트 드랑적 자유의 공기가 어느 틈엔가 들어왔다. 자유를 동경하던 쉴러는 슈트름 운트 드랑 운동에 강렬한 매력을 느끼면서 학교 당국의 감시의 눈을 피해가며 셰익스피어, 루소, 괴테를 탐독하는 한편, 비밀리에 최초의 희곡 「군도(Die Räuber)」를 진행시켰다.

1780년 학교를 졸업한 그는 견습 군의관으로 임명되었다. 다음해 그는 완성된 「군도」를 출판하고자 하였으나, 받아줄 출판사가 없어 빚을 내어 자비로 출판하였다. 책이 나오자 그 반향은 너무나 컸다. 그래서 출판을 맡은 서점 주인이 주선하여 만하임에서 초연하자, 모든 관객이 흥분의 도가니로 빠졌다고 한다. 실러는 재연(再演)을 무단으로 구경했는데, 그것이 발각되어 오이겐 공의 분노를 낳아 금고형을 선고받고, 문예작품 집필을 금지 당했다. 그러나 이미 극작가가 되기를 결심한 쉴러는 그해 9월 어느 날 밤 다시는 돌아오지 않을 각오로 이미 완성된 두번째 작품 「피에스코의 반란(Die Verschwörung des Fiesko zu Genua)」을 갖고 고국을 탈출하여 만하임으로 갔다. 기대를 걸고 있었던 극단 측이 오이겐 공의 보복을 염려하여 그를 냉대하기 시작하였으며, 이미 약속한 제2차의 상연도 취소되고 말았다. 이때 그의 처녀작은 독일 각지에서는 물론 프랑스 파리의 극장에까지 등장하여 대성황을 이루고 있었으나, 작자 자신은 오이겐 공의 체포령을 피해 가며 경제적으로나 정신적으로 큰 타격을 받으면서 유랑생활을 하고 있었다. 그런데 마침 학창 시절의 친구 어머니인 볼초겐(Henriette Wolzogen) 부인의 호의로 뉘링겐의 바우어바하에 있는 그녀의 별장에서 기거하게 되었다. 여기서 쉴러는 세번째 희곡 「간계와 사랑(Kabale und Liebe)」을 썼고 「피에스코의 반란」을 개작했다.

① 「**군도**」(Die Räuber, 1781)

이 작품은 정의와 자유를 위해 한 젊은이가 부정한 지배 계급에 도전하는 5막짜리 희곡이다. 괴테의 「괴츠(Götz von Berlichingen)」와 더불어 슈트름 운트 드랑의 가장 전형적인 대표적 희곡으로서 젊은 쉴러의 열렬한 자유에의 욕구와, 그의 정신의 자유를 압박하는 굴레와 낡은 질서에 대한 반항이 유감없이 발휘되어 있다. 그 내용은 모오르(Moor) 백작에게는 두 아들이 있었다. 형인 카알(Karl)은 라이프치히 대학에 유학하던 중 죄를 범하고 당국의 수사 대상에 오르게 된다. 간악한 동생인 프란쯔(Franz)는 백작의 유산을 노리며 형의 애인 아말리에(Amalie)까지 빼앗으려고 한다. 그는 전과를 뉘우치고 아버지의 용서를 구하는 동시에 집으로 돌아가려는 카알의 편지를 조작해서 그의 뜻을 물리친다. 이에 격분한 카알은 사회의 부정을 일소하기 위해서 도둑단을 조직하며 그 두목이 되어서 고향으로 돌아와 산 속에 유폐되어 있는 아버지를 구출한다. 카알이 자기 정체를 밝히자 늙은 부친은 졸도해서 죽는다. 카알은 스스로 부정을 제거하려다가 부정을 가중시킨다는 것을 깨닫는다. 도둑 단에게 생포된 프란쯔는 저주의 말을 남기고 자살한다. 그리고 아말리에의 청에 따라 카알은 그녀를 죽이고 자기는 질서를 유지하기 위해서 법의 심판에 몸을 맡긴다.

희곡의 형식은 말할 것도 없이 프랑스류의 고전적 형식을 타파한 셰익스피어식이다. 그 구성에 있어서는 동기 설정이 다소 부자연스럽다든지, 유일한 여성인 아말리에의 묘사가 기계적이고 풍부하지 못한 것 등등 많은 결점과 미숙한 점이 있기는 하지만, 군중 장면의 처리와 극적 긴장의 고조 등은 천부적인 극작가의 자질을 보여주고도 남음이 있다. 특히 보헤미아의 삼림 속에 모여 세상의 위선에 반항하며 자유를 부르짖는 도적군의 모습은 가히 일품이라 아니할 수 없다.

봉건적인 인습과 사회의 허식과 공허에 분노를 금치 못하여 도적이라는 과격한 수단에 의해 자유를 쟁취하려는 투쟁 자체가 바로 슈트름 운트 드랑적이다. 이처럼 전체가 슈트름 운트 드랑 적인 격정과 행동이 분출하다가 마지막에 가서 카알이 도의적인 세계 질서를 지키기 위해서 자수하는 장면 같은 것은 쉴러의 도덕적 측면의 일면이기도 하거니와 차후의 전개를 예시하는 것이라고도 볼 수 있다. 이것은 쉴러가 목표로 하는 것이 세상 권력에 대한 외적인 자유뿐만 아니라 내적으로도 도의적인 성격을 지닌 자유라야만 된다는 것이다.

② 「**피에스코의 반란**」(Die Verschwörung des Fiesko zu Genua, 1783)

16세기 이탈리아에서 소재를 택한 5막짜리 역사극이다. 주인공 피에스코(Fiesko)는 공화 정치를 수립하기 위해 반란을 일으켜 제노(Genua)의 군주 도리아(Doria)의 전제 정치를 타파한 후, 자기도 군주가 될 야망을 품고 지배자의 지위에 오른다. 그러나 제 2의 폭군이 출현할 것을 두려워한 동지들이 그를 죽여버린다는 줄거리이다.

이 극은 구성면이나 기교면에서 볼 때, 「군도」보다 훨씬 우수하나 전작에 비해 거의 반향을 일으키지 못했다. 그 이유는 여러 가지가 있다. 우선 「군도」에서 추구하는 자유는 주위의 압박과 몰이해와 음모에 의해서 쫓기는 인간이 구하고자 하는 절박한 자유인데 반해, 이 작품에서 추구하는 자유는 독재 정치를 타파하고 공화 정치를 희구하는 정치적인 자유이다. 카알이 걸어간 길은 압박된 인간이 인간성을 되찾기 위해서는 어쩔 수 없는 일이었는데 반해, 피에스코가 나아간 길은 외부 사정에 유혹되어 내심에 숨어 있던 야심을 채워보자는 데 있다. 이 두개의 비극은 이러한 차이점에서부터 출발하기 때문에, 「피에스코의 반란」은 관객들에게 호소하는 힘이 「군도」보다 뒤지지 않을 수 없다. 게다가 「군도」는 독일을 무대로 서민의 생활 감정에 호소하는 박력이 있어 그 충격이 대단하였지만, 「피에스코의 반란」은 정치적 자유 이념만을 추구한 탓으로 관객들에게 호소하는 힘이 약했던 것이다.

③ **「간계와 사랑」**(Kabale und Liebe, 1784)

18세기의 독일을 무대로 한 5막짜리 시민 비극이다. 심정은 고결하나 신분이 낮은 시민 계급이었기에 못된 귀족의 횡포에 의해 비참한 파멸을 당해야만 되는 세태에 대한 분노를 터뜨린 작품이다. 쉴러의 희곡 중 이 작품과 「메시아나의 신부(Die Braut von Messina)」만이 사실(史實)에 의하지 않은 순수한 창작물이다. 상연은 「피에스코의 반란」에 이어 1784년 4월에 행해졌는데, 큰 호평을 받았다.

재상 발터(Walter)의 아들인 페르디난트(Ferdinand)와 시민의 딸 루이제(Luise)는 계급을 초월하여 장래를 약속한 사이이다. 아버지 발터는 영주가 정처(正妻)를 맞는데 방해가 되는 첩 밀포르트(Milford)를 자기 아들과 결혼시켜 한층 더 영화를 누리려고 하는데, 페르디난트가 말을 듣지 않는다. 그래서 아버지는 아들과 루이제를 떼어 놓기 위해 비서 부름(Wurm)으로 하여금 계략을 꾸미게 한다. 비서는 우선 루이제의 양친을 체포해 놓고 양친을 석방시켜 준다는 조건으로 루이제로 하여금 시종장 칼프(Kalb)를 사랑한다는 연애편지를 쓰게 한다. 그리고 이 편지를 페르디난트의 손에 들어가게끔 한다. 이 편지를 입수한 페르디난트는 루이제가 자기를 배신했다고 생각하고, 그녀에게 독을 마시게 하고, 자기도 절망하여 독을 마신다. 그녀는 죽으면서 모든 사실을 고백한다. 아버지의 계략을 안 아들이 격노하여 아버지를 죽이려고 단도를 빼었으나, 이미 독 기운이 퍼져 쓰러진다. 재상은 모든 죄를 비서에게 뒤집어씌우려고 했으나, 비서의 고백으로 둘 다 처형을 받는다.

이 희곡은 당시의 독일 현상, 즉 소 영주들의 전재(專制)에 대한 신랄한 탄핵이라는 점에서 현실적인 의의를 지니며, 이것은 동시에 슈트름 운트 드랑 정신의 발로라 할 수 있다. 권력자들의 횡포에 대한 항의는 렛싱(Lessing)의 「에밀리아 갈로티(Emilia Galotti)」를 따른 것이나, 독일 시민의 입장과 심리를 직접 잘 묘사한 점 등은 독일 시민 비극으로서는 잊을 수 없는 기념비적인 존재이다.

Sturm und Drang

In der Bewegung des Sturm und Drang empört sich eine junge Generation gegen die Herrschaft der Ratio und zugleich gegen die gesellschaftlichen und sozialen Verhältnisse im Zeitalter der Aufklärung. Gefühl und Phantasie sprengen die Fesseln einer reinen Verstandeskultur, die Freiheit des Individuums steht über Ordnungsprinzipien, die sich nur von der Vernunft herleiten.

Rousseau, Hamann und Herder wirken entscheidend auf das dichterische Schaffen junger Menschen ein, deren Werke zwar meist das Stadium des Revolutionären nicht überwinden und nach Form und Gehalt bruchstückhaft unvollendet bleiben, deren großes Verdienst es aber ist, der Klassik den Weg bereitet zu haben.

Das schrankenlose Selbstgefühl der Stürmer und Dränger bricht sich vor allem in dramatischen Werken Bahn. Im Bereiche der epischen Dichtung ist nur Goethes 「Werther」 ein bleibender Erfolg beschieden. Denn gerade im Raum des menschlichen Handelns vermag das schöpferische Genie sich frei zu entfalten, können ethische Forderungen erhoben und politische und soziale Mißstände angegriffen werden. Zwei Grundhaltungen lassen sich unterscheiden: Die erste stellt die klar geordnete Welt der Aufklärung radikal in Frage und fordert Freiheit des Gefühls und der Leidenschaften. Eine zweite Gruppe verherrlicht das Kraftgenie, den großen Kerl. Sein Schicksal wird besonders in den Dramen Maximilian Klingers dargestellt.

| Chapter 8 |

고전주의

(1786~1805)

1. 고전주의의 정신적 배경과 개념 및 특징

독일 고전주의 문학의 정신적 배경으로, 독일 관념철학 세계를 수립한 칸트, 피히테, 헤겔 등을 들 수 있다. 관념론을 창시한 칸트(Immanuel Kant, 1724~1804)는 프랑스 혁명을 전후하여 그의 주요 저서인 「순수이성 비판(Kritik der reinen Vernunft, 1781)」과 「실천이성 비판(Kritik der praktischen Vernunft, 1788)」 그리고 「판단력 비판(Kritik der Urteilskraft, 1790)」 등의 저술을 통해서 종래의 신(神)중심의 형이상학을 탈피하여 인간 중심의 형이상학을 수립하고 종교를 도덕의 바탕 위에서 해석하여 인식과 실천이라는 두 개의 영역을 통합한 새로운 인간 중심의 철학을 설정하여 신학에 예속된 학문을 해방시켰다. 피히테(Johann Gottlieb Fichte, 1762~1814)는 칸트의 관념론을 계승하여 근대적 자아(自我)를 형이상학적 원리에까지 고양시켜 인간의 창조적 활동을 유도하였다. 헤겔(Georg Wilhelm Friedrich Hegel, 1770~1831)은 관념론적 관점에서 세계사를 이성의 단계적 구현으로 간주하고 계급투쟁에 의한 변증법적 발전 과정임을 주창했다. 이러한 정신적 배경을 바탕으로 하여 1789년 프랑스 시민혁명에서 1806년 독일 신성 로마 제국 해체까지 독일의 문학은 괴테와 쉴러의 주도 하에서 문학의 융성기를 맞게 되었다.

일반적으로 고전주의라 함은 희랍 로마의 고전적 문화의 부흥을 꾀하며, 그것을 모방하려는 예술 사조를 말한다. 문학상에서의 고전주의는 17세기 프랑스에서 개화하여 발전되다가, 18세기에 와서는 영국, 독일에서도 한 시기를 풍미한다. 독일에서는 1786년 괴테가 이탈리아로 여행한 해로부터 쉴러가 죽을 때까지의 20년간을 고전주의 시대라고 부르는 것이 일반적이다.

고전주의(Klassik)라는 어원은 본래 계급, 구분, 서열 등을 의미하는 라틴어 Classis에서 나온 것인데, 그 뒤에 으뜸가는 최상급의 시민을 지칭하는 말이 되었다. 따라서 Classicus(최상급)의 한 작가라 하면, 으뜸가는 작가, 가치 있는 작가, 유명한 작가를 의미한다. 그러나 우리가 고전주의라 할 때는 시대를 초월하여 가치를 지니는 예술을 뜻할 수도 있지만, 한편으로는 고대 희랍·로마 예술의 모방이라는 뜻도 포함된다. 서구의 고전주의는 모두 이와 같은 특성을 지니고 있다.

17, 18세기의 영국 문학, 루이 14세 시대의 프랑스 문학, 괴테 시대의 독일 문학이 모두가 황금기이고, 고대 예술과 연관을 맺고 있는 것이다. 문학 사상에서 아무리 훌륭한 문학을 낳고 황금시대를 이룩하더라도, 그것이 고대 예술과 연관을 맺지 않을 때에는 고전주의라고 부르지 않는다. 각 나라의 고전주의 문학은 그 시기와 특색은 다르지만 고대를 숭상하는 예술관에 연결되어 있다는 것이 공통점이다.

독일 고전주의란 빈켈만(Johann Joachim Winckelmann, 1717~1768)의 고대 조형예술에 관한 서적을 통해서 괴테가 고대 정신과 만남으로써 시작되었다. 빈켈만은 현재의 삶과 예술 창조의 중심이 되는 모범으로서 고대 문화와 희랍 문화를 설정하였다. 표현과 자세에 있어서 그리스 걸작의 보편적 특징은 「고귀한 단순성과 고요한 위대성」(Edle Einfalt und stille Grö ß e)이다.

독일 고전주의는 빈켈만에 의해 제기된 절도 있고 조화로운 아폴로적 그리스 예술과 로마 예술을 숭상하면서 진, 선, 미를 작품 내에서 미학적으로 조화시키고 완성시켜 문화 정화를 꾀하고 인간 교육을 달성하려는 문학 경향이다. 다방면으로 교양이 높고 고결하며 선량하고 조화로우며 공동체를 위해서 봉사하며 나라를 위해 애국심을 발휘하고 공화주의 정치 성향을 지녔으며 휴머니즘적인 성격을 지닌 사람이 이상적인 인간으로 제시되었다. 따라서 문학의 과제는 진, 선, 미를 창출하여 이들을 조화롭게 완성시켜 문화 정화를 이룩하는 것과 인간 교육을 담당하는 것이다.

고대 예술을 수용하도록 자극한 빈켈만, 독일 관념 철학 세계를 수립한 칸트, 독일 문학 언어에 존엄성을 부여한 클롭슈토크, 문학 개념의 명료성을 부여한 렛싱, 문학에 우아함을 제공한 빌란트, 역사관과 바람직한 인간상을 제시한 헤르더 등이 고전주의 문학의 길을 닦은 개척자들이다.

고전주의 문학에 나타나는 일반적인 특징은 다음과 같다.

첫째로 고전주의 문학은 독창성보다는 모방하는 경우가 많다. 고대 예술의 형식은 물론이고 재료도 고대에서 취해서 소재를 다시 활용하는 경우가 많다. 등장인물도 희랍 로마적인 요소가 농후하다. 그러나 그 모방이 단순한 모방이 아니고 새롭게 거듭나고, 승화된 내용으로 활용된 것이다.

둘째로 고전주의 문학은 이성적이고 지적이며 합리적이다. 고전주의는 너무 지나친 감정의 분출을 규제하여 인간의 본성을 이성(理性)에 의해서 합리적으로 인식하고 조화롭게 표현하려고 한다.

셋째로 고전주의는 인간의 정신적인 면을 중요시하고 도덕적인 목적을 추구하며 자기완성을 목표로 하는 인간 교육적인 요소가 많다. 인간은 도덕 율을 지키고 자기 억제를 통하여 진실한 인간성을 구체화하고 인격을 형성하는 동시에 육체와 정신, 감정과 오성, 정신과 자연을 화합시키려고 고전주의자들은 노력한다.

넷째로 고전주의 문학은 건전한 문학으로써 기성질서나 가치에 적응하고 순응하는 것을 가르친다. 고전주의 문학은 비판에 한계를 두고 개인의 자의적 자유에 제한을 두는 보수적인 문학이다.

다섯째로 고전주의 문학은 관념적인 색채가 농후하다. 독일 고전주의의 정신적 지도자인 괴테와 쉴러는 당시의 독일 지식인들과 마찬가지로 역사적 사건에 마음이 흔들렸으나, 창작과 철학적 사색에 침잠하게 되어서 그들은 정신으로 인간 존재를 정립하고 예술로 현실 사회를 정화시키려 했다. 그 결과 독일 고전주의 문학에 관념적 성격이 부여된 것이다.

2. 고전주의 시대의 괴테

바이마르에 머물려는 결심을 함으로써 괴테의 생애는 새로운 국면을 맞게 된다. 라이프치히 시절(1765~1768), 슈트라스부르크 시절(1770~1771), 프랑크푸르트 시절(1773~1775)들은 그의 생애에서 중요한 체류지이다. 우아하고 고상하며 또한 재치 있고 풍요로운 로코코의 정신에 잠시 접한 후 괴테는 마침내 슈트름 운트 드랑 시대의 대표적 인물이 된다. 괴테와 그의 친구인 공작은 처음에 천재 시대의 경향을 뚜렷이 나타내지만 이들의 경향은 1775년 이후 바이마르에서 뚜렷한 전향을 이루게 된다. 괴테가 나중에 국가의 최고 각료인 총리가 되는 외적인 책무가 그로 하여금 현실에 대한 시각을 날카롭게 만든다. 「젊은 베르테르의 슬픔」에서부터 자연은 이제 신비롭게 체험되지 않으며 감각적인 체험의 대상으로 나타난다.

샬롯데 폰 슈타인 부인과의 만남이 보다 중요한 의미를 갖게 되는데 그녀의 영향으로 괴테의 본질이 정화된다. 자아의 주장과 질서와 척도를 요청하는 세계 사이의 균형이 가능해진다. 「당신은 왜 우리에게 그렇게 깊은 시선을 주시나요.」라는 슈타인 부인에게 바치는 시(詩) 외에도 「나그네의 밤 노래」, 「달에 부쳐」 등과 첫 번째 담시 「어부」, 「마왕」, 「마법사의 제자」 등이 이 시기에 집필되었다. 담시는 서정적 서사적 드라마적인 요소를 포함하고 있는 쟝르의 형식으로 종종 대화 형식으로 나타나는데 신화,

전설, 역사 혹은 자연에서 연유한 우울하고 신비스러우며 무섭고도 비극적인 사건을 이야기하고 있다. 그밖에 괴테는 「에그몬트」, 「타소」, 「이피게니에」 등의 작품을 집필했다. 바이마르 궁정의 편협한 생활을 탈피하고 남국에서 자연과 예술의 조화를 얻기 위해 괴테는 마침내 1786년 이탈리아로 여행을 한다. 괴테는 이탈리아에서 고대 예술과 접함으로써 주관적이며 모든 형식을 파괴하는 슈트름 운트 드랑을 극복하고 통일을 추구하는 고전주의 예술의 형식과 내용을 따르게 된다. 형상이나 법칙과 같은 개념은 새로운 관심의 표현이다. 이리하여 「에그몬트」, 「타소」, 「이피게니에」 등이 완성될 수 있게 된다.

「파우스트」와 「빌헬름 마이스터」의 기원은 슈트름 운트 드랑 시대에서 찾을 수 있다. 쉴러의 영향을 받고 집필을 계속하여 괴테는 1776년에 「빌헬름 마이스터의 수업시대」를, 1808년에는 「파우스트」 1부를 끝내게 된다. 「빌헬름 마이스터의 편력시대」와 「파우스트」 2부는 쉴러가 죽은 후 10년 만에 완성된다. 「파우스트」 2부는 괴테가 죽은 후에야 비로소 출간된다. 두 작품은 괴테라는 인간과 예술가로서의 그의 발전 단계를 보여준다. 동시에 이 작품들은 1770년에서 1830년 사이의 정신적 문화적 생활 모습도 보여준다. 「파우스트」는 옛 부터 전해오는 이야기를 고전적인 형식으로 집필한 것인데 70개가 넘는 개작(改作)이 생겨나게 된다. 그랍베의 「돈주앙과 파우스트」(1829), 레나우의 「파우스트」(1836), 토마스 만의 「파우스트 박사」(1747) 등이 이에 속한다. 「빌헬름 마이스터」는 지금까지도 교양소설 내지 발전소설의 모범으로 간주된다.

「파우스트」와 「빌헬름 마이스터」는 괴테의 필생에 걸친 작품이다. 초기 시대와 고전주의 시대에 나온 드라마들은 괴테의 창작 발전과정에 있어 이정표 역할을 한다. 슈트라스부르크, 프랑크푸르트, 초기 바이마르 시절에 나온 시는 체험의 산물이다. 「헤르만과 도로테아」, 「친화력」, 자서전적인 글, 자연 과학의 연구물이나 논문과 같은 서사 작품들은 이탈리아 여행이 끝난 이후 서정시와 함께 생겨난 위대한 신앙고백의 단편(斷篇)들이다.

1775년 11월에 괴테는 그에게 호의를 보였던 카를 아우구스트(Karl August)공의 초대를 받아 바이마르로 갔다. 당시의 바이마르는 교통이 불편하고 인구가 6천 정도밖에 안되는 촌락과 같은 소공국이었으나, 모후(母后) 안나 아말리에(Anna Amalie)가 시인 빌란트(Wieland)를 초빙하는 등 여러모로 예술 중흥을 꾀하고 있었다. 그래서 궁정에는 시인, 화가, 음악가들이 많이 모여 예술적 분위기가 아주 좋았다. 괴테는 잠시 머물 예정으로 갔으나 결국은 평생을 그곳에서 지내게 되었는데, 이것은 공의 호의에도 그 원인이 있었으나 예술적 분위기가 그의 마음을 사로잡았기 때문이다. 다음해 봄에 괴테는 시민권을 얻었고, 1779년에는 추밀원 고문관이 되었으며, 1782년에는 귀족으로 봉해짐과 동시에 내각 수반이 되었다. 이때부터 그는 정치가로서 재정, 교육, 군사 등에 심혈을 기울이는 한편, 동물학, 식물학, 광물학 등의 연구에도 몰두하였다. 이제 괴테에게 슈트름 운트 드랑적인 열광이 사라지고 고전주의로 넘어가는 전환기가 찾아온다. 이 전환의 결정적인 요인은 슈타인(Charlotte von Stein)과의 교제이다. 그녀는 괴테보다 7년 연상이고 7명의 아이를 둔 부인이다. 그녀의 풍부한 감수성과 깊은 이해력과 우아한 절도와 따뜻한 포용력이 괴테의 마음을 사로잡았다. 슈타인 부인과의 교제는 약 10년간 계속되었다. 그녀와의 교제를 통해서 괴테는 격정적이고 충동적인 감정을 가라앉혀 인간 내부로 눈을 돌리게 하고 고전주의적인 심경을 갖게 만들었다. 그의 유명한 서정시 「나그네의 밤 노래(Wanderers Nachtlied)」에서 괴테가 찾은 심적인 안식은 그녀와의 교제에서 얻은 것이라 볼 수 있다.

정치적인 업무의 부담과 슈타인 부인과의 부자연스러운 교제, 진전 없는 창작 활동 등으로 바이마르 생활에서 염증을 느낀 괴테는 늘 동경하던 이탈리아로 아무도 모르게 여행을 떠났다. 일 년 반 정도 머문 여행이 괴테에게 준 영향은 지대했다. 남국인 이탈리아의 밝은 풍물과 걱정 없는 자유로운 생활, 아름다운 예술품들이 괴테에게 정신적인 활력을 불어 넣어 주었다. 특히 고대 미술에서 느낄 수 있는 균형, 절도, 조화로운 아름다움을 보고 그는 자신의 문학의 규범을 그곳에서 발견하였던 것이다. 그 곳에서 희곡 「에그몬트」, 「이피게니에」를 단번에 완성하고 「타소」도 거의 완성시켰다.

이탈리아에서 다시 바이마르로 돌아온 괴테는 아우구스트 공의 허가를 얻어 다망한 직무에서 물러났다. 그러나 이탈리아에서 다시 되살아났음을 느꼈던 그는 북국의 하늘 아래에 돌아와서는 아무에게도 이해되지 못하고 경원을 당했다. 여행 전부터 냉각되기 시작하였던 슈타인 부인과의 관계는 더욱 소원해졌고, 세인들로부터는 비난의 화살이 마구 쏟아졌다. 이러한 상황 속에서 그의 유일한 낙은 오빠의 취직을 위해 추천서를 써 달라는 조화공의 딸 크리스티아네 불피우스(Christiane Vulpius)와의 연애였으며 그는 한때 그녀와 동거하다가 정식으로 결혼까지 하였다. 39세의 중년 괴테에게 나타난 23세의 청초한 소녀에 매료된 애정의 시(詩)가 「로마의 비가(Römische Elegien, 1788~1790)」에 실려 있다. 이탈리아 여행의 성과에 대해서는 후에 발표한 「이탈리아 여행(Die italienische Reise)」에 소상히 기록되어 있다.

1719년 괴테는 신설된 바이마르 궁정 극장의 감독을 맡아 향후 26년간 극장의 수준 향상을 위해 많은 노력을 경주하였다. 1789년에 프랑스에서 혁명이 일어나 그 여파로 전유럽이 전란에 휘말렸을 때, 혁명에 대해서 냉담하였던 괴테는 아우구스트공을 따라 두 번이나 출전을 하였다. 그때의 기록이 「채불진중 일기」와 「마인츠의 포위」이다. 프랑스 혁명에서 취재한 「여우 라이네케」와 「헤르만과 도로테아」가 유명하다.

괴테와 쉴러가 처음 대면한 것은 카를 대학에서였다. 괴테가 아우구스트공과 함께 졸업식에 참석했을 때 상을 많이 받은 쉴러를 관심 있게 보았다. 쉴러와 괴테의 실질적인 대면은 1788년 쉴러가 바이마르에서 괴테를 찾아보았을 때인데 이때 괴테는 쉴러를 예나 대학의 역사학 교수로 추천해서 취직시켰다. 그 당시 쉴러는 작품 「군도」에서 슈트름 운트 드랑적인 모습을 보였기에 고전주의 문학기에 접어든 괴테는 쉴러를 유치하게 여겼다. 그러나 1794년 예나에서 학회에 참석하고 자연을 하나하나 절단시켜 취급하는 연구 방법의 잘못에 관한 의견 일치를 본 후 두 사람은 급속히 친해졌다.

쉴러는 괴테에게 그와 자기의 천성의 차이점에 대해서 성의 있는 편지를 보냈다. 즉 괴테는 종합적이고 직관적이나 자기는 이념적이고 분석적이어서 서로 대조적이지만, 없는 것을 상호 보완할 수 있지 않겠느냐는 것이었다. 이것은 훗날 「소박문학과 정감(情感)문학에 관해서(Über naive und sentimentalische Dichtung)」라는 쉴러의 논문과 연결이 되는데, 이때부터 두 사람은 자기에게 없는 것을 상대방에게 구하면서 쉴러가 죽을 때까지 약 10년간 문학사상 유례없는 친교를 나누며 서로 격려, 협력한다. 이 시대가 바로 독일 고전주의의 전성시대요, 독일 문학의 황금시대이다. 괴테는 쉴러가 편집하는 잡지 「호렌(Horen)」에 협력하였고, 1796년에는 「시신(詩神)연감(Musenalmanach)」에 공작(共作)한 풍자시 「크세니엔(Xenien)」을 발표했다.

그런데 이 양자 협력의 진정한 문학적 성과는 이러한 공작(共作)보다도 서로 격려하는 가운데 이루어진 각자의 창작에 있다. 괴테는 쉴러의 격려로 오랫동안 정체 상태에 있던 「파우스트(Faust)」에 재착수하는 한편, 「빌헬름 마이스터의 수업시대(Wilhelm Meisters Lehrjahre)」를 완성하였고, 많은 발라데(Ballade)를 썼다. 특히 발라데는 쉴러와의 경쟁에서 만든 것이다. 1805년 쉴러가 죽었을 때 괴테는 자기 존재의 절반을 잃었다고 탄식하였다.

그의 유일한 협력자인 쉴러를 잃은 괴테는 1808년에 어머니를 잃었다. 1806년에 전 유럽을 휩쓴 나폴레옹이 그가 애독하던 「베르터」의 작가 괴테를 접하고 존경과 호의를 보냈을때 괴테도 호감을 갖고 그를 대했다. 이 때문에 당시의 애국자들은 괴테를 비난했지만 괴테는 나폴레옹을 적으로 미워하기보다는 오히려 한 인간으로서 그 위대성에 매력을 느꼈기 때문이다. 이것은 괴테는 독일 통일을 원하는 마음보다 세계 국가 출현을 바라는 넓은 마음을 가졌기 때문이다. 이 무렵 괴테는 60세에 가까운 연령이었으나 여러 번 열렬한 사랑을 체험했다. 그러나 그 상대가 너무 나이 어린 여성이었기 때문에 거의 모두가 그의 일방적인 연정으로 끝난다. 그 괴로움을 그는 창작에서 풀 수밖에 없었다.

58세 때 18세인 민나 헤르츨리프(Minna Herzlieb)에 대한 절망적인 연정은 「친화력

(Die Wahlverwandtschaften)」을 낳았고, 65세 때의 마리안네(Marianne)와의 정신적인 연애는 「서동시집(西東詩集)」의 「줄라이카의 권(卷)(Buch Suleika)」이 되고, 72세 때 울리케(Ulrike von Levetzow)에 대한 짝사랑에서 「마리엔바트의 비가(Marienbader Elegie)」가 나왔다. 그리고 이 시기에 자서전 「시와 진실(Dichtung und Wahrheit)」과 「이탈리아 기행(Die Italienische Reise)」을 집필했다.

이미 정식의 아내 크리스티아네를 잃은 괴테는 슈타인 부인과 아우구스트공 등 친했던 사람들과 사별하였고, 1830년에는 단 하나밖에 없던 아들 아우구스트가 이탈리아에서 객사하였다. 고독하게 된 괴테는 거의 집에 틀어박혀 자연 과학 연구를 계속하는 한편, 장편 「빌헬름 마이스터의 편력시대」를 완성하고, 1831년에는 생애에 걸친 노작 「파우스트 2부」를 완성하였다. 다음 해인 1832년 3월 22일 감기가 원인이 되어 괴테는 82세를 일기로 세상을 떠났다.

3. 고전주의 시대 괴테의 작품들

① **「에그몬트」**(Egmont, 1788)

이 작품은 슈트름 운트 드랑 시기에서 고전주의로 넘어가는 과도기적 작품이다. 이탈리아 여행 중에 완성된 작품이어서 비교적 안정된 맛을 보여준다. 스페인의 압제에 항거하여 네델란드의 독립을 모색하는 애국지사 에그몬트가 자신의 힘을 과신하기 때문에 파멸한다는 내용이다.

시대는 16세기 중엽, 주인공 에그몬트(Egmont)는 스페인의 예속에서 벗어나려는 네델란드의 독립 운동 지도자이다. 스페인왕 필립 2세가 네델란드의 신교도를 탄압하기 위하여 냉혹한 알바공(Alba)을 그곳으로 파견한다. 친구 오라니엔(Oranien)이 에그몬트에게 잠시 피신했다가 후일을 기약하라고 충고를 하였으나, 그는 화해되리라 믿고 그 충고를 듣지 않는다. 그런데 알바공이 군대를 끌고 와서 에그몬트를 체포하여 사형에 처한다. 그의 애인 클레르헨(Klärchen)이 민중의 봉기를 선동하였으나, 민중들은 일어날 기력이 없었다. 그녀도 독을 마시고 죽는다는 줄거리이다.

② **「이피게니에」**(Iphigenie auf Tauris, 1787)

이 작품은 고대 그리스의 전설을 소재로 하고 있으며, 이미 소포클레스, 유리피데스, 라신 등이 희곡화한 내용을 다시 사용했으나, 괴테는 자기 체험을 살려서 이 소재를 다른 각도에서 취급하고 있다. 이피게니에는 괴테가 이상적인 여성으로 숭배하던 슈타인 부인의 면모를 살린 것이며, 오레스트는 괴테 자신의 일면을 나타낸 것이다. 「모든 인간의 죄는 순수한 인간성에 의해서 속죄할 수 있다(Alle menschlichen Gebrechen sühnet reine Menschlichkeit)」는 것이 이 작품의 중심 사상이다. 이와 같이 이피게니에의 성격은 그리스적이 아니고 인도주의적으로 고전주의 문학의 특색을 보여주고 있다. 트로이 전쟁 때 희랍군의 총수인 아가멤논(Agamemnon)의 딸 이피게니에(Iphigenie)가 아버지와 함께 개선하는 도중 폭풍을 만난 희랍 군을 구하기 위해 제물로 바다에 던져진다. 디아나(Diana) 여신이 그녀를 구출하여 타우리스(Tauris) 섬으로 데리고 가서 그곳에 있는 여신 신전의 무녀로 만든다. 이 섬에는 표류된 외인을 죽이는 관습이 있었는데, 이피게니에의 간청으로 왕이 이 악습을 폐지시켰다. 바로 그 무렵에 고향에서는 피비린내 나는 참사가 벌어졌다. 즉, 이피게니에의 어머니가 간부와 짜고 부왕 아가멤논을 욕실에서 살해했던 것이다. 그 후 이피게니에의 남동생 오레스트(Orest)가 아버지의 원수를 갚았으나, 그것이 또 죄가 되어 쫓기는 신세가 되었다. 그 죄를 면하는 길은 아폴로 신탁에 따라 여형제를 데리고 오는 길 밖에 없었다. 그래서 오레스트는 여형제를 데리고 오라는 아폴로의 신탁을 수행하고 구제를 받기 위해 이 섬에 온다. 그는 여형제가 아폴로의 여동생인 디아나 여신인 줄 알고 여신의 상을 훔쳐낼 궁리를 한다. 그러나 이피게니에는 어진 왕을 속일 수가 없어 자초지종을 왕에게 고백한다. 왕은 그녀의 고결한 마음씨에 감동을 하였으나 귀중한 여신상만은 내어줄 수가 없었다. 그때 오레스트는 여형제란 아폴로의 여동생인 디아나가 아니고 자기의 누이인 이피게니에라는 것을 깨닫고 왕에게 호소하여 귀국 허가를 얻는다는 내용이다.

③ 「**타소**」(Torquato Tasso, 1790)

이탈리아의 시인 타소를 소재로 한 5막의 고전주의 희곡이다. 이 작품은 바이마르 궁정에 있는 괴테 자신의 고뇌를 표현한 것이라고 한다. 바이마르 궁정에서 괴테는 정치에 관여하였으나, 원래가 시인인 그는 두 면의 분열에 고심하였다. 타소는 괴테의 분신이며 실무가인 안토니오도 괴테의 다른 일면인 것이다. 괴테는 이 작품에서 시와 현실을 융합하고 조화시켜 인간으로서의 완성을 꾀했으며 주관을 제한하고 현실과 조화롭게 관계를 형성하는데서 보다 위대한 자유를 추구한 것이다. 대작 「예루살렘의 해방」을 완성한 시인 타소는 궁정에서 우대를 받고 있으나, 때때로 현실가인 대신 안토니오(Antonio)와 충돌한다. 안토니오 측에서 보면, 풋나기 타소가 모든 사람들로부터 인기를 얻고 있는 것이 비위에 거슬렸고, 타소 측에서 보면, 안토니오의 늙은 속물근성이 마음에 들지 않았다. 그런데 타소는 정신 상태가 불안정하여 주위의 모든 사람들이 자기를 박해한다고 생각하는 일종의 피해 망상자이다. 그래서 격정이 나아가는 대로 궁정에서 칼을 뽑아 안토니오에게 도전도 하고, 그를 아껴주는 공주 레오노레(Leonore)에게 분수를 넘어 구애하기도 한다. 이와 같이 궁정에서 늘 말썽을 부리던 타소는 시적 자유가 현실 전반에까지 미치지 못한다는 것을 깨닫고 안토니오와 화해한다는 내용이다.

④ 「빌헬름 마이스터의 수업시대」(Wilhelm Meisters Lehrjahre, 1795)

작품의 집필은 괴테가 젊은 시절이었던 1778년으로 거슬러 올라간다. 그때부터 「빌헬름 마이스터의 연극 사명(Wilhelm Meisters theatralische Sendung)」을 1785년까지 써 오다가 이탈리아 여행으로 중단되어 버렸다. 이것을 쉴러의 권유에 따라 다시 착수, 개정하여 하나의 교양 소설로 완성시킨 것이다. 교양 소설(Bildungsroman)이란 주인공이 자기가 살고 있는 시대 안에서 갖가지 체험을 쌓으면서 성장, 발전하여, 인간으로서의 자기 형성을 이루어 가는 과정을 그리는 소설이다. 모험이라든지 풍속, 성격, 줄거리의 재미 등이 중심이 되지 않고, 주인공의 인간 형성 과정이 중심이 된다. 독일의 교양 소설은 이미 그림멜스하우젠(Grimmelshausen)의 「짐플리찌시무스(Der abenteuerlische Simplicissimus)」, 빌란트(Wieland)의 「아가톤 이야기(Die Geschichte des Agaton)」 등에서 그 유래를 찾아 볼 수 있다. 이것을 하나의 형으로 정착시킨 것이 「빌헬름 마이스터의 수업시대」이다. 「빌헬름 마이스터의 수업시대」가 이후 독일 소설에 끼친 영향은 이루 말할 수 없이 크다. 자기 체험을 중히 여기는 독일 작가들은 자기의 내적 발전을 詩化하기를 좋아했던 까닭에, 이후 교양 소설은 독일 장편 소설의 주류를 형성할 만큼 중요한 쟝르가 되었다. 노발리스(Novalis)의 「하인리히 폰 오프터딩겐(Heinrich von Ofterdingen)」, 켈러(Keller)의 「푸른 하인리히(Der grüne Heinrich)」, 토마스만(Thomas Mann)의 「마(魔)의 산(Der Zauberberg)」, 헤세(Hesse)의 「페터 카멘친트(Peter Camenzind)」 등 후대의 중요한 교양 소설들은 모두 괴테의 영향 하에서 쓰여진 것들이다.

부유한 상인의 아들 빌헬름은 인간을 창조하는 공장이라고 할 수 있는 사회에 견습생으로 들어가서 처음에는 연극계에 몸을 담고 한 때는 독일극단 개혁을 자기의 사명으로 느낀다. 그 후 그는 온갖 계층에 드나들면서 이성들과 교제도 하고 한없이 인생길을 배회하다가 결국 인간의 진상을 파악하고 건전한 인생관을 터득하게 된다는 내용이다.

이 작품의 문학사적 의의는, 주로 민족이나 왕 혹은 영웅의 운명을 노래한 중세의 서사시와 근세에 와서도 그 계통을 벗어나지 못하였던 재래의 서사 문학과는 달리, 개인의 운명을, 그리고 성격과 시대 정신에 제약되는 인간의 성장과정을 온갖 측면에서 제시함으로써 진정한 근대 소설을 확립한 데 있다.

⑤ 「빌헬름 마이스터의 편력시대」(Wilhelm Meisters Wanderjahre oder Die Entsagenden, 1821)

「빌헬름 마이스터의 수업시대」의 속편으로서 「체념하는 사람들(Die Entsagenden)」이라는 부제가 붙어 있다. 괴테가 1807년에 착수해서 1829년에 완성되었으니 22년만에 완성되었다. 「빌헬름 마이스터의 수업시대」의 창작 기간까지 합치면 52년의 세월이 소요된 작품이다. 물론 집필이 중단되고 다른 일에 종사한 적이 있으나, 중단된 기간의 괴테의 체험이 작품의 인물 속에 반영되어 있으니 그의 필생의 대작인 「파우스트」처럼 괴테의 일생의 체험과 지혜, 감정이 투영된 작품이라고 할 수 있다. 이 작품은 많은 독립된 삽화와 단편이 뒤섞여 있기 때문에, 일관된 줄거리가 없다. 그러나 잘 음미하면 「수업시대」의 「아름다운 혼의 고백」처럼 내밀한 연관이 있다는 것을 알 수 있을 것이다. 「수업시대」에 있어서의 빌헬름은 인생을 방황하면서 개인의 교양을 쌓아 왔으나, 「편력시대」에 들어와서는 실제 활동을 함으로써 공동 사회에 유용한 존재가 되는 것이다. 이와 같이 개인적인 관점이 사회적인 것으로 확대되어 보다 폭넓은 인간성을 완성하는 것이 궁극의 목적이 된다. 그러기 위해서는 무엇보다도 견문을 넓히고, 체념의 지혜를 터득해야만 된다. 체념이란 단순한 체념이 아니고, 인간이 욕망에만 사로잡힐 것이 아니라 자기 능력의 한계를 알고 하나의 일에만 전념하는 것을 말한다. 그래서 괴테는 인생의 모든 모습과 체념의 모든 모습을 파노라마처럼 펼쳐 볼 필요가 있었던 것이다. 그러니 어쩔 수 없이 일관된 줄거리의 통일이 없는 복잡 다양한 구성을 취하지 않을 수 없었다. 이 소설은 「파우스트」와 더불어 괴테가 남긴 귀중한 책이다. 「빌헬름 마이스터」와 「파우스트」는 발상 시기로 보나 완성되는데 소요된 기간으로 보나, 그리고 「수업시대」가 「파우스트」 1부에 「편력시대」가 「파우스트」 2부에 대응하는 것으로 보나 이 둘은 괴테가 남긴 세계 문학의 대걸작이다.

⑥ 「헤르만과 도로테아」(Hermann und Dorothea, 1798)

호머나 밀턴, 클롭슈토크의 서사시에는 영웅의 행적을 묘사한데 반하여 괴테는 이 서사시에서 평범한 시민을 주인공으로 택한 것이 특징이다. 이 작품에서 괴테는 혁명의 난동을 배경으로 하여 어떠한 혼란 속에서도 질서를 지키는 건전한 시민 도덕을 평범하고 성실한 젊은이들을 통해서 묘사하고 있다. 여관집 주인 아들인 헤르만은 지나가는 추방자의 행렬에서 도로테아를 아버지의 뜻을 어기며 약혼자로서 집으로 데리고 간다. 사실 아버지는 헤르만을 부유한 어떤 시민의 딸과 결혼을 시켜서 그 유산을 얻으려는 심산이었다. 그러나 어머니의 이해와 목사와 약방 주인의 권고와 도로테아의 너그러운 마음으로 결국 두 남녀는 행복한 결말을 맺게 된다는 내용이다. 괴테는 그의 옛 애인이었던 릴리(Lili Schönemann)의 딱한 처지의 이야기를 듣고 그녀에 대한 동정에서 이 작품을 썼다고 한다.

⑦ 「**친화력**」(Die Wahlverwandtschaften, 1809)

괴테가 연구한 자연과학에서 모티프를 찾은 장편소설이다. 괴테가 60세에 18세의 민나(Minna Herzlieb)를 사랑하였을 때 이루어질 수 없는 사랑의 괴로움을 달래고 체념의 정을 나타내기 위해서 쓴 소설이다. 친화력이란 화학 용어로서 각 원소의 원자가 특수한 친화성을 가지고 서로 결합할때 생겨나는 힘을 말한다. 괴테는 그 친화력을 인간관계에 적용시켜 소설 「친화력」을 썼다.

에두아르트(Eduard)와 샤를로테(Charlotte)라는 한 쌍의 부부 가정에 에두아르트의 옛 친구인 어느 대위와 샤를로테의 질녀인 오틸리에(Ottilie)가 나타난다. 얼마 안 있어 친화력의 원리가 작용하여 에두아르트와 오틸리에가, 그리고 샤를로테와 대위가 서로 마음이 통하게 된다. 그러나 도의심이 강한 대위와 샤를로테는 이 관계를 후회한다. 그래서 대위는 떠나고, 샤를로테는 옛날처럼 에두아르트에게 돌아가려고 한다. 그러나 에두아르트는 오틸리에에 대한 무분별한 정열을 억누르지 못한 채 일단 전쟁터로 나갔다가 돌아와서는 샤를로테와의 이혼을 고집한다. 그 동안에 에두아르트와 샤를로테 사이에서 아이가 났는데, 정신적인 이중생활의 탓인지 얼굴은 대위를 닮았고, 눈매는 오틸리에를 닮았다. 이 아이가 오틸리에의 과실로 물에 빠져 죽자, 오틸리에는 죄책감에 못이겨 자살한다. 그러자 에두아르트도 그녀를 따라 죽는다는 내용이다. 이 내용에서 보면 사람의 만남에는 기존의 질서와 인륜관계를 파괴하는 위험성을 갖는 서로 간에 당기는 친화력이 있다. 그러나 도덕적인 힘으로 이 악마적인 애욕을 체념해야 되는 법이라는 것을 괴테는 이 소설에서 말하고 있다. 결혼한 부부가 친화력에 이끌리다가는 파멸을 면치 못하리라는 괴테의 진의가 소설의 내용에 깔려 있다.

⑧ 「**나의 생애에서詩와 眞實**」(Aus meinem Leben, Dichtung und Wahrheit, 1811~1812)

이 작품은 괴테가 유년시절부터 바이마르로 갈 때까지의 발전과정을 묘사한 자서전적 소설이다. 그리고 그의 전 생애가 아니고 일부만을 취급했기 때문에 「나의 생애에서」라는 제목이 붙었고, 가급적 사실대로 서술하려 했으나 기억에서 사라진 사실들은 추리에 따라 시적(詩的)으로 표현했기 때문에 「시(詩)와 진실(眞實)」이라는 부제목이 붙었다.

⑨ **「서동시집(西東詩集)」(West-östlicher Divan, 1819)**

노년에 접어든 시인(詩人) 괴테에게 이성(異性)과의 교제는 생활에 큰 활력이 되었다. 1814년 괴테는 라인 지방 여행 중에 친지이며 프랑크푸르트 은행가 빌레머(Willemer)의 부인인 마리안네(Marianne)를 알게 되고 사랑하게 되었다. 또한 괴테는 페르시아의 시인 하피스(Hafis)의 서정시를, 빈의 동양학자인 하머(Joseph von Hammer)의 번역을 읽고 이에 자극받아 동양적인 시의 형식으로 자신의 마리안네와의 사랑의 체험을 읊어서 이 대작의 작품을 남겼다. 이 작품에서 남자 주인공은 괴테 자신이고 그의 애인 줄라이카(Suleika)는 마리안네 부인인 것이다.

⑩ **「발라데」(Balladen, 1797)**

1797년 괴테와 쉴러는 서로 격려하고 서로의 장단점을 시정 비평하면서 담시(Ballade) 짓기 경합을 벌이기도 하였다. 괴테는 1780년경에 「어부(Der Fischer)」, 「마왕(Der Erlkönig)」같은 담시를 남겼고, 이러한 시는 직접 시인의 감정에서 우러 나온 시에서 민요조의 단순한 형식을 보이고 있지만, 쉴러와의 경합에서 발표한 「마술사의 제자(Der Zauberlehring)」, 「코린트의 신부(Die Braut vom Korinth)」, 「신과 무희(Der Gott und die Bajadere)」같은 시는 기교적으로 어떤 관념을 대변하기 위해서 만든 시이다.

⑪ **「파우스트」(Faust 1부 1808, 2부 1831)**

괴테가 소년 시절에 본 인형극 파우스트에 마음이 끌려 소년 시절부터 파우스트를 작품으로 만들려 했다. 그래서 「초고 파우스트(Urfaust)」가 1775년에 쓰여졌고 1790년에 「파우스트 단편(Faust, ein Fragment)」이 수정되어 간행되었다. 그 후 쉴러의 권고로 그레트헨 비극이 추가되어 1808년에 「파우스트」 1부가 출간되었다. 그리고 오랜 기간 동안 중단되다가 영국의 시인 바이런(Byron)이 그리스 전쟁에서 사망하자, 괴테는 자극을 받아 제 2부의 집필을 시작해서 괴테가 죽기 1년 전인 1831년 8월에 완성하였다. 2부를 완성한 괴테는 원고에 봉인을 하고 원고 완성에 만족했다고 한다. 괴테가 22세의 청년으로 이 작품을 쓰기 시작해서 82세의 노인으로서 「파우스트」를 완성시켰으니, 60년이라는 긴 세월을 보내면서 전 생애를 바쳐 소재를 도입해서 옛 전설에 자기의 정신세계를 반영시킨 불후의 명작이 「파우스트」인 것이다. 이 작품은 파우스트라는 한 인간의 운명을 다루면서 인류 전체에 공통된 인간상을 묘사하면서도 만인에게 보편적인 인간성을 유형화시키고 있다.

작품 「파우스트」의 재료가 된 파우스트 전설은, 16·17세기경부터 독일에 전해져 오던 마술사의 이야기로서 민중본과 인형극 등으로 국민들에게 친해져 있었다. 전설상의 파우스트는 지식의 힘으로 지상의 향락을 제멋대로 추구하려는 르네상스 시대의 인간이다. 중세적인 신앙에 의하면 이러한 욕망을 일으키는 자체가 죄악이기 때문에 전설상의 파우스트는 지옥으로 떨어진다. 그는 당시 유럽인들의 최대 관심사인 내세에는 관심이 없고 현세에서 욕망만을 충족시켜 보겠다는 충동에 사로잡혀 있다. 그러나 혼자 힘으로 할 수 없었기에 메피스토라는 악마를 동반하고 그의 마술의 힘으로 향락과 정욕을 누리다가 파멸한다.

이 전설을 이용해서 영국의 극작가 말로우(Christopher Marlow)가 쓴 「파우스트 박사의 비하(悲話)(Tragical History of Doctor Faustus, 1598)」는 체재를 갖춘 최초의 파우스트 극이라 할 수 있다. 이 극이 17세기에 영국 순회 극단에 의해 독일로 역수입되어 인형극의 형태로 상연되었는데 괴테도 이 인형극을 보고 감명을 받았다고 한다. 그 후 렛싱이 파우스트를 진리의 탐구자로서 구제하는 희곡을 썼다고 하나 작품은 없어지고 그 구상만 전해진다. 괴테는 렛싱에게서 그 힌트를 얻었을 것이라고 추정되고 있다. 계몽주의자 렛싱은 파우스트의 무한한 지식욕만을 높이 평가 했었지만, 괴테는 전인적인 파우스트상을 만듦으로써 불후의 명작이 되었다.

제1부와 2부에 걸쳐 펼쳐진 파우스트의 긴 생애를 볼 때, 거기에는 세 시기의 경과가 있다. 첫째는 학문 탐구의 시기요, 둘째는 생의 향락의 시기요, 셋째는 행위와 사업에서 인생의 의의를 찾는 시기이다. 이 세 시기를 거쳐 그의 긴 지상생활은 끝이 나고, 천상생활로 들어간다. 그의 영혼이 천상에 들어갈 수 있었던 것은 그의 영혼을 운반하는 천사들의 노래에도 있듯이 「언제나 노력하는 자」였기 때문이겠지만, 그밖에 다채로운 생을 경과하는 동안에 「그동안 나는 그를 청순한 경지로 인도할 생각이다」라고 한 「천상의 서곡」에 있어서의 主의 말처럼 점차로 순화되어 청순한 경지에 이르렀기 때문이다. 그가 학문 생활의 허무함에 절망하여 생의 향락을 거쳐 신 국토 건설이라는 아름다운 행위의 순간을 맛볼 때까지 혼미 되고 잘못되기도 했지만, 언제나 노력하는 사이에 점점 순화 성장해 갔던 것이다. 「원예가도 나무가 푸르러지면 꽃과 열매가 다가올 해를 장식한다는 것을 알고 있다」고 한 主의 말씀대로 내부에서 비등하는 힘과 순화를 향해 노력하는 힘, 그리고 청순의 경지로 인도하는 천상의 힘이 합쳐 비로소 구원이 이루어진 것이다. 그래서 「파우스트」는 온갖 죄악과 타락을 거쳐서 인간이 정화되고 구제되는 속죄의 드라마요 구원의 희곡이다.

악마 메피스토펠레스가 인간을 악의 구렁텅이로 유혹하여 파멸시켜 보겠으니, 내기를 하자고 신에게 조른다. 신은 모든 것을 악마의 뜻에 맡긴다. 왜냐하면 창조와 활동을 구현하는 신은, 「인간이 노력하는 동안은 방황하는」 위험성은 있지만 「인간이 어두운 충동을 받더라도 올바른 길을 잃지 않는」 선한 본능이 있다는 것을 확신하고 있었기 때문이다. 여기서 신과 악마, 선과 악, 건설하는 힘과 파멸하는 힘 사이의 싸움에서 어느 것이 이기느냐 하는 문제를 싸고 극 「파우스트」가 전개된다.

극 「파우스트」 제1부의 내용은 인생의 의미와 가치를 규명하기 위해 노력하는 학자 파우스트의 고민의 반영이다. 그는 모든 학문을 두루 연구하였으나 생기 없는 지식이 그의 정열적인 인식의 욕구를 채워 주지 못한다. 그래서 마술의 힘으로 우주 비밀을 파악하려 했지만 그것도 실패한다. 그는 또 대지를 지배하는 지령을 불러내어 그 도움을 받으려고 했으나, 지령은 그를 상대조차 해주지 않는다. 드디어 파우스트는 세계의 본질에 접근하기 위한 최종적인 시도를 죽음으로 해결하려고 한다. 그러나 부활절의 종소리가 생의 여러 모습을 회상시켜, 그로 하여금 독배를 입에서 떨어뜨리게 한다.

부활절 날 파우스트는 교외로 산책 나가 춤추고 노래하는 사람들 속에서 흐트러진 마음을 스스로 달래 본다. 그러나 고독만 더해가고 한계만 느낄 뿐이다. 이 한계에서 해방시켜 주는 것이 메피스토펠레스와의 계약이다. 이 계약은 메피스토가 파우스트의 종이 되어 넓은 세계를 두루 보여주고 온갖 환락을 다 맛보게 해주어, 파우스트가 그 것에 만족하여 「어느 순간을 향해 멈추어라! 너는 정말 아름답도다.」하고 소리치면, 죽어서 그의 혼을 악마에게 내어 준다는 것이다. 세계의 생성 원리를 모르는 악마는 관능적인 쾌락이면 충분하리라 믿었지만, 파우스트가 바라는 것은 그런 것이 아니었다. 악마의 신출귀몰한 재주를 이용하여 넓은 세계를 직접 체험해 보고, 학문으로 얻지 못했던 인간과 우주의 궁극적인 진리를 발견하자는 데에 있었다.

메피스토는 파우스트를 먼저 술집으로 데리고 가, 주연(酒宴)으로 그를 도취시키려고 하였으나 실패한다. 쾌락을 맛보여 주기 위해서는 무엇보다도 젊음이 필요했다. 그래서 악마는 그를 마녀의 주방으로 데리고 가, 마약을 먹여 20대 청년으로 탈바꿈시킨다. 청년이 된 파우스트는 청순하고 성실한 그레트헨이라는 여성을 만난다. 처음 그녀를 보았을 때, 그는 정욕의 불길을 억누를 수가 없었으나, 그의 감정은 메피스토의 기대와는 달리 진실한 사랑으로 승화된다.

파우스트는 그레트헨의 소시민적인 협소한 세계에 안주하지 못하고, 그녀를 짓밟아 버린다. 그러나 그녀에 대한 회개와 죄의식에서 몸부림친다. 한때의 욕정에 눈이 멀어 어머니와 아이까지 죽인 그레트헨은 사형 판결을 받고 감옥에 갇힌다. 비록 죄는 지었지만, 그녀의 혼은 청정무구했다. 사랑에 대한 헌신 때문에 빚어진 죄가 영혼마저 더럽힐 수는 없는 것이다.

파우스트는 메피스토의 힘을 빌어, 그녀를 구출하기 위해 감옥으로 간다. 그녀는 같이 도망치자는 파우스트의 애원을 뿌리친 채 신의 은총만 빈다. 이것을 보고 있던 메피스토가 「그녀는 처벌되었다」하고 의기양양해 할 때, 하늘에서 「그녀는 구원되었노라」

라는 소리가 들린다. 그녀는 「비록 어두운 충동을 받더라도 올바른 길을 잃지 않는 선량한 인간」이었기 때문에, 하늘에서 「구원 받았노라」라는 말이 내리는 것이다. 이와 같이 그레트헨은 육체적으로는 파멸되지만, 영적으로는 구원을 받는다.

극 「파우스트」 2부의 내용은 주인공 파우스트의 지칠 줄 모르는 노력이 보다 높은 생의 영역을 향해 비약한다. 즉 1부의 시민적이고 개인의 일에만 국한되었던 소세계가 여기에서는 사회적 활동이 바탕이 되는 대세계로 옮겨진다.

죄의식에 눌려 알프스의 초원에서 잠들었던 파우스트는 잠에서 깨어나자, 가벼운 마음으로 대 세계를 향해 새로운 출발을 한다. 대세계란 왕후 귀족의 궁정과 인간의 사회생활, 정치 생활의 세계를 말한다.

파우스트가 메피스토와 맨 먼저 간 곳이 황제의 궁정이다. 메피스토는 향락적이고 타락한 이 궁정에서 파우스트를 향락과 악덕의 구렁텅이로 빠뜨려 넣는 것이 그의 속셈이었다. 궁정의 어릿광대가 된 메피스토의 협력을 얻어 궁핍한 이 나라의 재정을 구해주고, 신출귀몰한 재주를 보여 준 파우스트는 황제의 신임을 얻는다. 재정상의 불안에서 벗어난 황제는 파우스트에게 희랍 신화의 미녀 헬레나와 미남 파리스를 보여 달라고 한다. 파우스트는 시공을 초월한 적막의 고장인 「어머니들의 나라」로 가서 거기에서 발 향로를 갖고 와, 그 향로의 연기 속에서 미녀, 미남의 모습을 재현시킨다. 헬레나의 미에 매혹된 파우스트는 그녀를 데리고 가려는 파리스를 쫓아가, 마법의 열쇠를 그의 몸에 댄다. 그때 폭발이 일어나더니, 헬레나와 파리스는 사라져 버리고, 파우스트는 기절하여 그곳에 쓰러진다.

의식을 잃은 파우스트를 메피스토가 어깨에 메고 옛날 서재로 가서 낡은 침대 위에 눕힌다. 옛날 파우스트의 제자였던 바그너는 지금 대학자가 되어, 유리관 속에 인조인간 호문쿨루스를 완성해 놓고 있다. 호문쿨루스는 순전히 지식의 힘으로 만들어진 인간으로서 육체는 없으나, 파우스트가 지금 꾸고 있는 꿈의 내용까지 투시하는 무서운 정신력을 갖고 있다. 그는 파우스트를 깨우기 위해서는 그를 헬레나가 있는 희랍으로 데리고 가야 된다고 메피스토에게 말한다. 메피스토는 잠들어 있는 파우스트를 망토에 태워 호문쿨루스의 안내를 받으면서, 고대의 요괴들이 축제를 벌이고 있는 데사리아로 날아간다. 여기에 도착하자, 파우스트는 정신을 차리면서 헬레나부터 먼저 찾는다. 메피스토의 제안으로 세 사람은 각자 자기 목적을 위해 제각기 행동한다. 파우스트는 헬레나를 찾아 희랍을 헤매다가, 명계의 여왕을 만나 헬레나를 만나게 해달라고 간청한다.

헬레나는 여왕의 허가를 얻어 트로이 전쟁에서 승리한 전(前)남편 메너라스에게로 돌아간다. 그러나 폴키아스로 변신한 메피스토의 농간에 의해 메너라스가 아니고 변방에 있는 북방 민족의 왕인 파우스트에게 가서 그와 결혼한다. 둘 사이에서 난 아들 오이포리온이 일찍 죽자, 헬레나도 명계로 다시 가버리고 헬레나의 의상만 남는다. 헬레나의 이 옷이 구름이 되어 파우스트를 먼 곳으로 운반한다. 여기서 파우스트의 미의 편력은 끝나고, 활동을 통해 구제의 길이 열린다.

미의 추구에도 만족하지 않았던 파우스트를 메피스토는 호사와 권력이 있는 왕의 생활로 유혹했으나, 듣지 않고, 보람 있는 사업을 추진하고자 하는 욕망에 사로잡힌다. 막막하고 무한한 욕구가 이제는 많은 사람들의 행복을 위해 활동하겠다는 구체적인 욕구로 바뀐 것이다.

황제를 도와 적을 무찌른 공으로 광대한 해안의 영토를 보상으로 얻은 파우스트는 그 토지를 개척하여, 많은 사람들이 일하면서 자유롭게 생활하는 나라를 건설하려고 한다. 그 계획이 성취가 되어 인생의 의의를 비로소 깨달았을 때, 파우스트는 감격한 나머지 최후의 말을 외친다. 「나는 순간을 향하여 말하노니, 멈추어라. 너는 정말 아름답다」하고. 이 말이 파우스트의 입에서 떨어지자, 그는 그 자리에 쓰러져 죽는다. 위대한 파우스트의 지상 생활이 이로써 끝난 것이다. 「멈추어라. 아름답도다」라는 말은 순간에 만족한다는, 스스로 만족한다는 뜻인데 어떤 일에도 만족하지 않았던 파우스트가 이상국토의 창조에서 만족했던 것이다. 이것이 바로 백 살 된 파우스트가 많은 미로를 거친 후 도달한 최후의 목표였다. 그는 세계의 의의를 활동 속에서 발견하였는데, 이것은 그레트헨과의 연애나 헬레나와의 결혼처럼 자기 개인을 위한 것이 아니고, 남을 위해 진력하는 숭고한 활동이다.

파우스트의 영혼은 메피스토의 손에서 벗어나 그레트헨의 인도를 받으면서 하늘 높이 승천한다. 인간 세상에서 완전한 것은 있을 수 없다. 그러나 끊임없이 노력하는 인간은 하늘의 구원을 받는 법이다.

Klassik(Goethe)

Mit dem Entschluß, in Weimar zu bleiben, beginnt ein neuer Abschnitt im Leben Goethes. Leipzig(1765/68), Straßburg(1770/71) und Frankfurt(1773/75) sind bisher die entscheidenden Stationen seines Weges; nach einer kurzen Begegnung mit der anmutigzierlichen und zugleich witziggeistvollen Welt des Rokokos ist

Goethe schließlich zur herausragenden Gestalt der Sturm und Drang Generation geworden. Noch entscheidender ist die Begegnung mit Charlotte von Stein. Unter ihrem Einfluß läutert sich Goethes Wesen; ein Ausgleich zwischen den Ansprüchen des Ich und den Forderungen der Welt der Ordnung und des Maßes wird möglich. Um der Enge des Lebens am Weimarer Hof zu entgehen und in südlicher Landschaft die Harmonie zwischen Natur und Kunst zu suchen, flieht der Dichter schließlich 1786 nach Italien.

Goethe überwindet in der Begegnung mit der Antike die rein subjektive, alle Formen sprengende Dichtung des Sturm und Drang und wendet sich der Form und Gehalt zu einer Einheit verbindenden Kunst der Klassik zu. Begriffe wie Gestalt und Gesetz sind Ausdruck einer neuen Haltung. Der Ursprung des 「Faust」 und des 「Wilhelm Meister」 liegt in der Epoche des Sturm und Drang. Unter Schillers Einfluß setzt Goethe die Arbeit fort, schließt 1796 「Wilhelm Meisters Lehrjahre」 und 1808 den ersten Teil des 「Faust」 ab. 「Wilhelm Meisters Wanderjahre」 und 「Faust II」 werden in den Jahrzehnten nach Schillers Tod vollendet; 「Faust II」 erscheint erst nach Goethes Tod.

4. 고전주의 시대의 쉴러

쉴러는 「돈 카를로스」에 몰두하고 있는 동안에 드라마의 본질에 관해 새로운 생각을 갖게 되었다. 인간과 사회, 감성과 오성과의 긴장감은 이제 더욱 객관적으로 나타난다. 뷔일란트와 간접적이지만 괴테의 영향으로 고대 문화는 점점 큰 의미를 갖게 된다. 역사와 칸트 철학의 분석을 통하여 슈트름 운트 드랑에서 고전주의로의 결정적인 변화가 이루어진다. 괴테의 예술에 대한 날카로운 분석을 통하여 쉴러가 자신의 위치를 확립하는데 성공하였을 때에 고전주의 시대의 위대한 사상시와 드라마에 대한 정신적인 토대가 수년 간의 노력 끝에 드디어 이루어지게 된다. 1787년 「돈 카를로스」를 완성했을 때 쉴러는 이미 슈트름 운트 드랑 시대의 경향을 극복했다.

그 이후 12년이 지나 역사적이며 철학적인 문제에 대한 효과적인 분석이 이루어지고 나서야, 「발렌슈타인」이 나오게 된다. 1801년에 「마리아 슈투아르트」와 「오를레앙의 처녀」가 1803년에 「멧시나의 신부」, 1804년에 「빌헬름 텔」이 잇달아 출간된다. 그러나 오랜 지병으로 인하여 1805년 5월 9일 46세를 일기로 「데미트리우스」를 미완으로 남겨둔 채 쉴러는 쓰러지고 만다.

「돈 카를로스」를 완성한 쉴러가 1787년에 바이마르로 갔을 때 괴테가 이탈리아 여행 중이어서 만나지 못했는데 그때 뷔일란트가 궁정의 시인들을 소개시켜 주었다.

쉴러는 작가의 바탕이 되는 교양의 필요성을 느껴, 종래에 흥미를 가졌던 역사를 연구하기 시작했다. 그리고 뷔일란트의 권유로 희랍의 문화와 문학에도 심혈을 기울였다. 이로부터 약 10년간은 창작은 거의 중단하고 학술 연구에만 전념한다. 그래서 시작(詩作)으로서는 「희랍의 신들(Die Götter Griechenlands, 1788)」과 「예술가(Die Künstler, 1789)」의 두 편을 썼을 뿐이다. 전자는 조화를 이루었던 고대 희랍을 추모하며, 신이 인간 모습에 가까왔던 다신교의 문화와 유일신을 신봉하는 기독교의 문화를 비교하여 고대 미에 대한 사모의 정을 표현한 시이다. 후자는 잃어버린 인간성을 회복시켜야 될 예술가의 사명을 노래한 것인데, 여기서 쉴러는 예술의 미적 작용과 도덕적 작용을 구별하여 미적 작용을 우위에 놓았다. 이 시에서 노래한 미적 작용의 고찰은 후에 그의 미학 연구에 이어진다. 역사 연구의 성과로서는 먼저 「네델란드 배반사(Geschichte des Abfalls der vereinigten Niederlande, 1788)」를 들 수 있다. 이것은 역사의 흐름 속에서 인간의 자유가 발현되어 품위가 고양된 한 시기를 택해 개인의 자유와 문화의 진전과의 관계를 탐색한 것이다. 그의 역사 연구의 가장 큰 성과는 「30년 전쟁사(Geschichte des dreißigjährigen Krieges, 1791)」이다. 이것은 종교 전쟁이 유럽의 군소국들에게 독립의 기운을 어떻게 불어 넣었는가를 쓰는 것이 주안점이었으나, 붓을 진행시키는 동안 그의 관심이 전쟁이 낳은 스웨덴왕 아돌프와 독일의 장군 발렌슈타인(Wallenstein)에 쏠려, 이 두 사람이 서술의 중심처럼 되어져 버렸다. 이것이 훗날의 걸작 「발렌슈타인」의 모태가 된다. 병으로 생활이 곤란해졌을 때 덴마크 황태자 아우구스텐부르크(Augustenburg)가 3년 동안 재정 지원을 해 주어서 새로운 연구인 칸트 연구에 몰두했다. 칸트 연구는 쉴러 미학의 기초가 되며 그 기초에 독자적인 견해를 가해서 그의 독특한 미학과 예술론을 전개시킨 것이다. 그 성과가 바로 「우미와 품위에 대하여(Über Anmut und Würde, 1793)」, 「인간의 미학교육에 관한 서간문(Briefe über die ästhetische Erziehung des Menschen, 1794)」 등이고 이 중 가장 중요하고 유명한 것이 「소박문학과 감정문학에 대하여(Über naive und sentimentalische Dichtung, 1795)」이다.

쉴러는 괴테와의 우정을 기대했으나 기질상의 차이로 소원했는데 1794년 예나학회가 끝나고 대화 도중에 의견의 일치가 이루어져 급속히 친해졌다. 이때부터 고전주의의 황금기가 시작된다. 괴테와의 친교 이후 쉴러는 새로운 창작 시기를 맞게 된다. 그는 괴테에게 자극 받아 많은 사상시와 담시들을 수없이 썼다. 시로 창작에 복귀한 쉴러는 독일 최대의 역사극인 「발렌슈타인」을 필두로 스코틀랜드 여왕을 다룬 비극 「마리아 슈투아르트」, 잔 다르크 전설에서 소재를 가져온 「오르레앙의 처녀」, 희랍극 풍의 창작극인 「메시나의 신부」, 스위스 독립 전설에서 취재한 「빌헬름 텔」 등의 걸작들을 발표했다.

쉴러는 외골수에 빠진 의지의 생애인데 극적으로 자기 자신과 싸워 나간 비록 약한 사람이었으나 의지의 힘으로 진, 선, 미에 도달하려고 노력하면서 산 이념의 예술가였다.

5. 고전주의 시대 쉴러의 작품들

① 「돈 카를로스」(Don Carlos, Infantvon Spanien, 1787)

청년 쉴러때인 슈트름 운트 드랑 시대에서 고전주의로 넘어가는 전환기점 작품인 「돈 카를로스」도 격정적이고 폭풍적인 경향에서 완전히 탈피하지는 못했지만, 폭력 대신에 사상과 언론의 자유에 의해서 세계의 새로운 질서를 건설해 보고자 하는 세계 시민적이고 긍정적인 이념이 잘 나타나 있다. 슈트름 운트 드랑적인 격한 감정은 사라지고 인간 존엄성과 높은 자유에 관심을 갖는 고결한 영웅적 성격을 부각시키는 것이 고전주의로의 전향을 보여주는 면모들이다.

스페인의 왕자 돈 카를로스(Don Carlos)는 계모 엘리자베트(Elisabeth)를 연모하고 있다. 그녀는 원래 왕자의 약혼녀였으나 부왕 필립 2세(Philipp II)가 빼앗아 버린 것이다. 왕자를 은근히 사랑하고 있는 공주 에볼리(Eboli)가 질투 끝에 왕자와 엘리자베트와의 사랑을 일러바친다. 왕은 이 두 사람을 의심하여 더욱 폭군으로 변해 간신 알바공(Alba)을 화란 총독으로 임명하여, 그곳의 신교도들을 무자비하게 탄압한다.

한편 이상에 불타는 왕자의 친구 포자(Posa) 후작이 이 사실의 전말을 알고서, 왕자를 구하고 화란을 자유 독립국으로 만들 심산으로 왕에게 가짜 편지를 써서 자기가 왕비의 상대자라고 한다. 포자 후작은 이렇게 해서 왕의 의혹을 자기에게 돌려놓고 왕자를 탈출시킬 심산이었다. 그런데 이것이 탄로가 나서 포자는 총살되고, 왕자도 종교재판에 걸려 사형 선고를 받는다는 내용이다.

② 「발렌슈타인」(Wallenstein, 1800)

3부작으로 된 웅대한 역사극인데 소재는 30년 전쟁사에서 취했다. 쉴러가 역사와 철학을 연구한 뒤에 쓴 희곡이라 환경과 운명같은 외적인 힘에 사건이 엮어져 가는 모습을 보여준다. 이 작품은 본인의 성격에 뿌리를 두고 있는 야심이 부하들의 충성으로 확대되다가 외부 정세에 얽매여 그 희생으로 몰락해 가는 한 영웅의 비극이다.

뵈에멘의 왕관을 탈취하려고 하면서도 발렌슈타인은 적국인 스웨덴의 협력을 빌어야 하기 때문에 거사를 주저한다. 그러자 그의 심복인 일로(Illo)와 의형제인 테르쯔키(Terzky)가 거사를 서둘면서 어느 연회석상에서 장군을 지지하는 서명 운동을 벌인다. 그래서 장군의 신임을 받는 교활한 피골로미니 장군에게 그 계획이 누설된다. 그는 비엔나 황실로부터 장군을 감시하라는 지령을 받고 있다. 그는 장군에게 충고를 하는 대신 사건을 파멸로 이끈다. 피콜로미니의 아들 막스(Max)는 아버지와는 반대로 장군의 반란을 믿지 않는다. 게다가 그는 장군의 딸 테클라(Thekla)와 사랑하는 사이이기 때문에 태도를 결정 못하고 주저한다.

모든 계획이 끝난 이상 물러설 수 없게 된 발렌슈타인은 스웨덴의 특사 브랑겔(Wrangel)과 자기 누이동생과 테르쯔키의 종용에 따라 더욱 결심을 굳힌다. 막스는 장군에게 충고를 해서 거사를 중단시키려다가 실패한다. 그래서 막스는 눈물을 머금고 자기 애인 테클라와 헤어져서 전장에 나가 그만 전사하게 된다. 피콜로미니는 황제로부터 총사령관에 임명되어 발렌슈타인의 심복인 부틀러(Butler)장군까지 자기편에 끌어들여서 발렌슈타인을 고립시킨다. 그리고 신망을 잃게 된 발렌슈타인은 부하에게 암살된다는 내용이다.

③ **「마리아 슈투아르트」**(Maria Stuart, 1801)

이 희곡은 스코틀랜드의 여왕 마리아 슈투아르트와 잉글랜드의 여왕 엘리자베트와의 갈등을 그린 5막 비극이다. 소재는 정치적 종교적 대립에서 생긴 역사적 사실이나 극의 중심은 여성간의 질시와 질투의 심리적인 묘사이다. 마리아는 우아하고 화려한 여성적 매력이 넘쳐 있으나 엘리자베트는 그렇지 않았다. 두 사람의 만남은 마리아의 미모 때문에 놀라고 질투에 사로 잡혀 사형을 선고하고, 마리아가 죽은 후에는 양심의 가책에 괴로와하는 엘리자베트와, 날조된 음모 때문에 처형되는 그 부당성에 울분을 참을 길 없었으나 끝내는 남편 살해의 죄를 속죄하기 위해 죽음을 결심하고 맑은 심경으로 정화되어 가는 마리아의 심리 추이가 잘 묘사되어 있다.

④ **「오르레앙의 처녀」**(Die Jungfrau von Orleans, 1801)

이 희곡은 영·불 백년 전쟁의 말엽 프랑스를 구한 쟌 다르크 전설을 극화한 5막 비극이다. 성모 마리아의 계시를 받고, 이 세상에서 일체의 애욕을 단념할 것을 신에게 맹세한 오르레앙의 양치기의 딸 요한나(Johanna)가 갑자기 전장에 모습을 나타내어 열세에 빠져 있는 프랑스 군을 지휘하여, 영국군을 격파하고 조국의 해방과 독립을 갖고 오게 한다. 그러나 어느 날 전쟁터에서 젊은 적장을 찔러 죽이려고 하는 순간, 요한나는 그 적장에게서 강렬한 사랑을 느껴 그를 그대로 놓아 준다. 신의(神意)를 저버린 요한나는 그때부터 마음의 평화를 잃어버린다. 요한나는 「조국을 구하는 것이 사명이라면, 신이여 나에게 기적을 주소서」하고 열심히 기도한다. 요한나는 다시 전장으로 달려가서 프랑스군을 지휘한다. 이렇게 하여 프랑스군은 최후의 승리를 거두나 요한나는 중상을 입고 국왕이 지켜보는 가운데 사명을 다하고 승천한다는 내용이다.

⑤ **「메시나의 신부」**(Die Braut von Messina, 1803)

이 희곡은 쉴러가 그리스의 소포클레스의 비극을 연구하는 동안 「외디푸스 왕」에 관심을 기울이면서 쓴 매우 고전적인 경향을 보여 준 희곡이다. 이 비극은 형식이나, 근친상간의 연애, 가문에 걸린 저주 등이 희랍의 운명극과 비슷한 점이 있으나, 새로운 해석을 가해서 인간이 운명에 대처하고 인간성을 각성시키는 면을 부각시키고 있다. 돈 체자르(Don Cesar)는 모르는 사이에 자기 형이 사랑하는 처녀를 사랑한다. 그러니까 형제는 죽은 줄로 알고 있는 누이동생을 사랑하고 있다. 형인 돈 마누엘(Don Manuel)의 품에 자기 애인이 안겨 있는 것을 보자 동생은 그녀가 그들의 누이동생이라는 것도 모르고 격분한 끝에 형인 마누엘을 살해한다. 사실이 밝혀지며 동생이 스스로 목숨을 끊음으로써 자기 죄를 속죄하는 동시에 옛 부터 자기 집안에 남아 있는 저주를 풀게 된다는 내용이다.

⑥ **「빌헬름 텔」**(Wilhelm Tell, 1804)

스위스 농민의 지도자 텔의 전설에 활의 명수가 사과를 떨어뜨렸다는 고대의 전설을 결부시켜 쉴러 자신이 자유의 이념을 쌓아 올려 만든 5막 극이다. 한 번도 가 본 적이 없는 스위스의 풍물을 쉴러는 문헌상의 지식과 상상력으로 박진감 있고 훌륭하게 묘사했다. 텔은 지방 감독관인 게슬러(Gessler)의 오만한 태도에 격분해서 자신과 가족들을 보호하기 위해서 감독관을 살해한다. 그러자 스위스 3주의 주민들이 각주의 감독관을 추방하고 자유를 수호하기 위해서 동맹을 맺는다. 그러자 일신의 영달을 노리며 오스트리아에 가담했던 귀공자 루덴쯔(Rudenz)도 베르타(Bertha)에 대한 애정에 끌리기도 했지만 게슬러의 방자한 행동을 목격하고 서민의 대열에 가담해서 나라의 독립과 자유를 되찾는다는 내용이다.

⑦ **「우미와 품위에 대하여」**(über Anmut und Würde, 1793)

쉴러는 이 논문에서 칸트 윤리학의 특징을 이루는 의무와 성향(Neigung) 사이의 심한 대립을 극복하고자 한다. 이를 위해서 쉴러는 인간의 의무를 지나치게 강조하는 칸트의 윤리학에 대하여 조화로운 인간성 함양과 조화를 이상으로 하는 자신의 주장을 제시하여 칸트에 비해 중용적인 윤리학 원리를 제시하였고 칸트도 쉴러의 주장에 타당성이 있음을 인정하였다.

쉴러에 의하면 우아한 미(美)인 우미(優美)는 도덕의지가 한 사람을 휘감고 있어 의무와 성향 사이에 조화가 가능해지는 때에 나타나고 품위는 인간이 지닌 성향과 느끼는 충동이 인간이 완수해야 할 의무와 상충되는 경우라고 할지라도 인간이 충동과 성향을 극복할 때에 나타난다는 것이다.

⑧ **「숭고함에 대하여」**(über das Erhabene, 1793)

쉴러는 이 글에서 비극의 본질에 대한 자신의 견해를 피력하고 있다. 쉴러에 의하면 비극에서 작가는 주인공의 고통을 관객에게 완벽하게 전달하면서 비록 육체적으로는 몰락해 가지만 정신적으로는 승리하고 있음을 보여 주어야 한다는 것이다. 이렇게 되면 주인공의 정신과 육체는 조화를 이루게 되며 이 정신과 육체간의 조화를 단순한 형식을 통해 아름답게 묘사하면 비극의 효과는 극대화되어 정신의 자유가 숭고함 속에서 전개된다는 것이다.

⑨ 「인간의 미학 교육에 관한 서간문」(Briefe über die ästhetische Erziehung des Menschen, 1795)

이 논문에서 쉴러는 미학 교육이란 예술을 수단으로 내적인 조화에 이르게 하는 것이라고 말하고 있다. 쉴러는 인간이 내적인 조화를 이루었을 때 참된 인간성을 발휘할 수 있다고 생각하며 미학 교육의 궁극 목표는 예술을 통하여 참된 인간성을 함양하는 것이라고 주장하였다. 참된 인간성 함양을 위해 인간이 지닌 충동들이 상충됨이 없이 서로 일치되어야 하는 바, 자신의 한계를 넘어서 보려는 인간의 성향인 소재 충동(Stofftrieb)과 의무를 인식하려는 인간의 노력인 형식 충동(Formtrieb)이 일치해야 하는 것이다. 감각에 치우친 인간을 정신적인 인간으로, 정신에 치우친 인간을 감각적인 인간으로 만들어 모든 극단을 배제한 중용의 길을 걷게 하는 작업이 미학 교육에서 전개된다.

⑩ 「소박문학과 감정문학에 관하여」(Über naive und sentimentalische Dichtung, 1795)

쉴러는 「호렌」지에 발표한 이 논문에서 자신의 문학과 괴테의 문학의 차이를 규명하고 또 자신의 문학과 고대 문학의 차이를 규명하고 있다. 쉴러는 「소박」이라는 단어와 「감상」이라는 단어의 개념을 구분하면서, 작가가 자연과 하나가 되어 조화를 이루고 자연과의 조화 속에서 분열을 모르고 자신의 체험을 표현하면 그 작가를 소박하다고 보았고, 반대로 자연과 인간이 조화를 이루지 못해 고통을 받으며 그가 창작하는 문학작품이 이념으로만 생명력을 얻고 있으면 그 작가를 감상적이라고 보았다. 그는 소박한 작가들에는 호머와 셰익스피어, 괴테를 포함시켰고, 감상적인 작가에는 밀턴과 클롭슈토크, 자신을 포함시켰다. 소박한 작가는 천재이며, 감상적인 작가는 천재는 못되지만 분열 속에서 고투하는 데에 그 존재의 의의가 있다는 것이다. 감상적 작가는 인간적인 조화가 허물어진 것에 분노하며 인간과 자연, 개인과 사회가 새로운 조화를 이루도록 갈망한다.

이 논문은 상반적인 두 개의 형을 대립시킨 발상 형식의 선구적 역할을 했다. 즉 예를 들면 니체의 아폴론적인 것과 디오니소스적인 것, 볼푸리의 르네상스적인 것과 바로크적인 것, 슈트리히의 고전적인 것과 낭만적인 것의 분류를 말한다.

Klassik(Schiller)

Während der Beschäftigung mit dem 「Don Carlos」 kommt Schiller zu einer neuen Auffassung vom Wesen des Dramatischen. Die Spannungen zwischen Mensch und Gesellschaft, zwischen Gefühl und Verstand werden jetzt objektiver gesehen; unter dem Einfluß Wielands und, zunächst mittelbar, auch Goethes gewinnt die Antike immer größere Bedeutung(1788: Gedicht 「Die Götter Griechenlands」). Der Begegnung mit der Geschichte und einer Auseinandersetzung mit der Philosophie Kants folgt endgültig die Wandlung vom Sturm und Drang zur Klassik. Als es Schiller schließlich gelingt, die eigene Position nach eindringlicher Analyse der Kunst Goethes klar zu bestimmen, sind nach jahrelangem Ringen die geistigen Voraussetzungen für die große Gedankenlyrik und die Dramen der klassischen Periode geschaffen.

Als Schiller 1787 den 「Don Carlos」 vollendet, hat er den Geist der Geniezeit bereits überwunden. Aber erst 12 Jahre später, nach fruchtbarer Auseinandersetzung mit historischen und philosophischen Problemen, erscheint der 「Wallenstein」. 「Maria Stuart」(1801), 「Die Jungfrau von Orleans」(1801), 「Die Braut von Messina」(1803) und 「Wilhelm Tell」(1804) folgen. 1805 erliegt Schiller einer langen und heimtückischen Krankheit. 「Demetrius」 bleibt unvollendet.

| Chapter 9 |

고전주의와 낭만주의 사이

(1792~1811)

1. 성격 규정

괴테와 쉴러로 대표되는 고전주의 완성기에 이미 낭만주의가 태동하고 있었으니 괴테의 만년의 작품들이 낭만적 요소를 다분히 지니고 있었고, 쉴러도 그의 후기 비극인 「오르레앙의 처녀」를 부제목으로 「낭만적 비극」이라고 했다. 전기 낭만파의 대표 시인인 노발리스도 쉴러와 두터운 친교를 맺었다. 이 시기에 어느 파에도 속하지 않고 독자적인 길을 간 세 사람이 있으니 그들이 쟝 파울(Jean Paul), 횔덜린(Friedrich Hölderlin), 클라이스트(Heinrich von Kleist)이다.

횔덜린은 그리스 예술을 숭상하여 쉴러의 후계자라 할 수 있고, 클라이스트는 괴테로부터 인정받은 작가이고, 쟝 파울은 고전주의와 낭만주의 문학 발전에 영향을 남긴 헤르더와 친분이 두터웠다. 그리고 횔덜린과 쟝 파울은 낭만주의 문학의 가치를 인정했고, 클라이스트는 낭만주의 작가들과 교류가 많았다. 그러나 작품 경향은 괴테와 쉴러와는 거리가 멀었고, 또한 그들의 관심의 대상이 낭만적 요소로 충당되지 않았다. 다시 말해서 그들의 작품 특색으로 보아서 1790년에서 1810년 사이에 활동한 과도기의 작가라고 할 수 있다.

2. 고전주의와 낭만주의 사이의 작가들

(1) 쟝 파울(Jean Paul, 1763~1825)

본명은 요한 파울 프리드리히 리히터(Johann Paul Friedrich Richter)인데 필명으로 쟝 파울을 사용했다. 그는 동프랑켄의 작은 마을 분지이델(Wunsiedel)에서 가난한 목사의 장남으로 태어났다. 자연을 벗삼아 행복한 유년시절을 보내고 음악을 좋아했고 고등학교 시절에는 동서고금의 문학, 철학, 과학 서적을 닥치는 대로 독파했다.

16세 때 부친의 사망으로 가정은 극심한 빈곤으로 시달렸다. 18세 때 라이프치히 대학에서 신학을 전공했으나, 저술로 입신할 것을 결심하고 당시의 승려와 신학자들을 욕한 논문과 귀족을 풍자한 엣세이를 썼으나 아무런 반향이 없었다. 게다가 경제적으로 어려워 졸업을 못하고 낙향하여 가정교사와 사숙을 열어 생계를 유지하면서 많은 걸작을 남겼다. 그 중에서도 장편 「헤스페루스(Hesperus)」가 발표되자 유명 작가가 됐다. 이후 몇 년 동안은 그의 전성기로서 「픽스라인의 생활(Leben des Quintus Fixlein)」, 「지벤케스(Siebenkäs)」 등 우수한 걸작이 나왔다. 그의 작품은 특히 상류층 부인들과 귀족들에게 환영을 받았다고 한다. 33세 때 바이마르로 가서 괴테, 쉴러를 알게 되었으나, 형식미를 존중하는 그들의 고전주의가 마음에 들지 않았다. 고전주의는 인간의 감정을 마비시키는 존재로 여겨졌다. 그래서 그는 본질적으로 공통점을 가진 헤르더(Herder)에 공감하고, 그와 우정을 나누었다. 이 무렵에 바이마르 궁정 생활을 풍자한 그의 대표작 「거인(Titan)」을 썼다. 38세 때 결혼을 하고 바이로이트에 살면서, 「미학입문(Vorschule des Ästhetik)」, 「레바나(Levana)」 등 역작을 쓰는 외에 피히테의 절대주관주의에 대한 반론으로서 「개구장이 시절(Flegeljahre)」을 쓰는 등 정력적인 창작생활을 하다가 52세에 죽었다. 쟝 파울은 65권의 저서를 낸 다작가이다.

본명이 요한 파울 프리드리히 리히터인 쟝 파울은 고전주의 낭만주의 따위의 도식으로 분류할 수 없는 괴테 시대의 한 주요한 인물이다. 그의 장편소설과 서사 작품의 형식과 내용은 괴테와 쉴러의 작품과 뚜렷하게 구별되며, 또한 낭만주의의 특징과 유사한 점이 많이 있지만 근본적인 작품의 성격은 낭만주의와 다르다. 쟝 파울은 전통과 자신과의 처절한 투쟁을 거친 후 자신의 작품을 전개시켜 나갈 토대를 마련한다. 인간의 자가당착적인 충동과 존재의 유한성과 한계성의 표현은 해학의 웃음으로 극복될 수 있다. 작가는 '광기의 세계'에 날카로운 풍자로서 대응하나 또한 사랑과 이해를 수반하고 있다. 그래서 그는 무엇보다도 정신적인 과정을 묘사한다. 환상적인 감동으로부터 죽음의 권능에 직면한 전율에 이르기까지 영적으로 감응되는 모든 영역이 다의성과 혼란 속에서 철저하게 파악된다. 소설에 나타나는 외적 사건은 이 세계의 거울이며, 그리고 작가는 이 세계에 질서와 명료함이 없음을 애석해한다. 무한정 풍부한 표현력과 때로는 기괴하기도 하며 상징과 비유가 넘치는 언어는 일찌기 찬사를 받았던 쟝 파울의 작품에 접근하는 데 있어 오늘날까지도 어렵게 하고 있다. 그러나 그러한 작품들이 본질적으로 내면세계의 표현 가능성을 늘려 주었고 이 소설이 교양 있는 사람들이 최초로 인정하게 된 장르가 된다. 켈러, 고트헬프, 라아베 등과 같은 19세기의 위대한 소설가들과 하이네, 뵈르네와 같은 근대 저널리즘의 대표자들은 쟝 파울에게 많은 혜택을 입게 된다.

(2) 휠덜린(Friedrich Hölderlin, 1770~1843)

휠덜린은 고전주의와 낭만주의 문학의 특색을 겸비하고 있으면서도 어느 쪽에도 속하지 않으나, 쉴러의 사상시를 계승하면서도 새로운 문학 경지를 개척한 시인이다. 그의 작품에는 그리스 정신과 독일정신, 고대문학 형식과 신비스러운 상상력이 융합되어 있기 때문에 동시대인에게 매우 생소하게 여겨졌다.

휠덜린의 작품은 100여년이 넘도록 관심을 끌지 못했다. 제1차 세계대전 시대는 괴테의 체험시나 쉴러의 사상문학과는 다른 방향에서 그리스 정신과 독일 관념론 간의 심원한 결합을 구현하는 휠덜린의 찬가(Hymnen)에 접하게 된다. 신의 섭리와의 일치를 모색하는 가운데 작가의 동경이 율동적이며 음악적인 양식에서 다양하게 표현되는데, 여기에서 서정시와 독일어 일반에 걸쳐 영혼적인 것의 새로운 영역을 개척하는 최상의 예술 작품이 탄생하게 된다.

그는 네카 강의 라우펜(Lauffen)에서 목사의 아들로 출생했다. 두 살 때 아버지를 여의고, 그 2년 후 어머니는 그와 누이를 데리고 재혼을 하였다. 그러나 9살 때 계부도 죽었다. 그래서 그는 어려서부터 어머니와 할머니 밑에서 자라게 되었고, 그들의 원에 따라 신학을 공부하게 되었다. 튀빙겐 대학 신학부에 들어간 그는 이때부터 헤겔, 셸링과 친교를 맺고, 철학을 논하는 한편, 희랍 연구에 몰두했다. 이 무렵에 쓴 시들은 클롭슈토크, 쉴러의 영향이 짙으며, 범신론적인 세계관이 싹트기 시작했다. 졸업 후 성직 생활이 싫은 그는 가정교사로 생계를 유지하면서, 예나로 가, 피히테의 강의를 듣고 감격하기도 했다.

23세 때 슈투트가르트에서 쉴러를 알게 되었고, 그의 소개로 칼프 부인(Frau von Kalb)집의 가정교사로 취직했다. 거기서 그는 9세짜리 아이를 가르쳤는데, 성적 향상이 없어 그 집을 나왔다. 이 때 소설 「휘페리온(Hyperion)」을 쓰기 시작한다. 26세 때 프랑크푸르트의 은행가 콘타르트(Contard)집의 가정교사로 취직을 했다. 주인은 예술과는 거리가 먼 사람이었으나, 부인 주제테(Susette)는 예술을 이해하고, 이 시인을 아주 좋아했다. 휠덜린은 희랍적인 미를 지닌 우아한 그녀에게서 오랫동안 동경하던 대상을 발견하고, 그녀를 디오티마(Diotima)라 불렀다. 그리고 그녀에게 많은 시를 바쳤다. 그녀도 그를 진정으로 사랑했다. 이 사랑은 순수한 정신적인 사랑이었다. 휠덜린의 작품 속에 나오는 디오티마라는 이름은 모두 그 부인을 가르킨다. 이 부인과의 사랑에 의해서 휠덜린은 선인들의 모방을 버리고, 시작(詩作)의 독자적 경지를 개척했다. 「휘페리온」의 완성도 그 부인과의 사랑의 결과이다. 그는 그 후 정신적인 안정을 잃고 37세부터 73세의 죽을 때까지 정신 착란 증세로 비참한 생활을 보냈다.

① **휘페리온**(Hyperion oder der Eremit im Griechenland, 1797~1799)

문화적으로 정신적으로 황폐되고 타락한 조국 독일을 걱정하여 신과 인간과 자연이 일체가 되는 희랍 정신을, 그리고 그 미와 조화와 사랑의 세계를 지상에 재현시킬 목적으로 이 소설을 썼다고 한다. 이 작품은 주제테 부인 즉 디오티마와의 사랑의 체험이 기조를 이루고 있으며, 그 부인에 대한 사랑을 성스러운 것으로 정화시키고 있다. 발표 당시에는 주목을 받지 못했으나, 19세기 후반에 와서 인정을 받게 되었다. 일반적으로 「휘페리온」하면 횔덜린의 고대 희랍 동경의 표출이라고 보아 왔다. 사실 이 소설을 읽으면, 그가 고대 희랍을 얼마나 동경하였으며, 거기에서 인간 생활의 이상을 얼마나 구하려고 하였는가를 쉽게 알 수 있다. 고대 희랍의 찬미에 많은 말을 소비하고 있는 것만 보아도 그것이 증명된다. 그런데 횔덜린은 옛날을 그저 감상적으로 정감적으로 회고만 한 것이 아니다. 그는 폐허가 된 지금을 무엇으로 보수할까 하는 것을 찾고자 한 것이다. 현대의 황폐를 보수할 수 있는 자료가 그에게는 바로 고대 희랍이었던 것이다. 희랍적인 미와 사랑과 조화, 자연 등이 바로 그것이었다. 무대는 비록 희랍이지만, 그의 관심사는 어디까지나 그의 조국 독일에 있었으며, 희랍적인 것이 조국 독일에 실현되었으면 하는 것이 그의 소망이었던 것이다.

「휘페리온」은 1부와 2부로 구성되어 있는데 제1부는 독일에서 교육 받은 희랍 청년 휘페리온이 조국으로 돌아가서 독일 친구 벨라르민에게 보내는 편지로 구성되어 있고, 제2부는 휘페리온이 벨라르민과 디오티마에게 보내는 편지와 디오티마에게서 오는 답장으로 구성되어 있다.

(3) **클라이스트**(Heinrich von Kleist, 1777~1811)

고전주의와 낭만주의의 동시대인인 하인리히 폰 클라이스트는 횔덜린이나 쟝 파울과 비슷하게 어떠한 문학 사조에도 포함시킬 수 없다. 그의 세계는 어떤 이념에 의해서라기 보다는 모호하고 신비스러우며 무질서하게 이루어진다. 신은 은폐되어 있고 인간의 현세적인 운명도 알 수 없다. 인간은 감각기관에 기만당하며 오해, 오류 등에 우롱당하기 때문에 감정만이 제2의 자아의 세계 속에서 개인의 자아실현으로 통하는 유일한 통로이며, 클라이스트 작품의 모든 주인공들은 이것을 위해서 투쟁한다. 클라이스트는 그의 생존 시에는 거의 주목을 끌지 못했다. 그가 스스로 목숨을 끊을 때까지 그의 불안한 인생은 수많은 어려운 고비를 겪었다. 금세기에 들어와서 그의 문학은 주목을 끌게 되며 그의 문학이 담고 있던 내용은 여러 가지 방향으로 분석된다.

뛰어난 클라이스트의 언어 구사력과 극작가로서의 재능은 치밀한 형식으로 짜여진 구성과 긴장감, 깊이 있는 심리학적 분석, 사실주의적 묘사로 특징 지워지는 그의 노벨레에서도 잘 나타난다. 「버려진 아이」는 「슈로펜슈타인家」와 마찬가지로 심한 염세주의에 빠져 칸트 위기를 다시 반영해 준다. 그 이후 출간된 서사 작품에서도 역시 절망한 인간이 이야기의 중심을 이룬다. 드라마에서와 마찬가지로 가상과 실제 간의 갈등, 신뢰와 불신, 감정과 진리 등의 문제가 항상 중요시된다. 클라이스트의 논문 「인형극에 대하여」(1810)는 그의 문학을 이해할 수 있는 열쇠를 제공한다. 언론인 그리고 신문 편집인 등 다방면에 걸쳐 클라이스트는 자신의 능력을 시험해 본다. 그러나 그가 생존해 있는 동안 극작가나 소설가로서만큼은 성과를 얻지 못한다. 그가 쓴 일련의 편지들은 독일 문학사의 매우 충격적인 기록이 된다.

클라이스트는 프랑크푸르트에서 귀족의 아들로 출생했으나, 10세 때 부친을 14세 때 모친을 여의고, 15세 때 근위대에 들어가 중위로 승진했으나 22세 때 퇴역하고 프랑크푸르트 대학에서 수학과 철학을 배웠으나 칸트 철학의 영향을 많이 받았다. 그의 성격은 과격하고 극단적이어서 일체가 아니면 포기하는 것이다. 그가 각지를 전전하다가 스위스에서 최초의 비극 「슈로펜슈타인家(Die Familie Schroffenstein)」를 완성했다. 그 후 드레스덴에서 친구 뮐러와 잡지 「푀부스(Phöbus)」를 발간했다. 이 무렵에 독일 희극의 걸작인 「깨어진 항아리(Der zerbrochene Krug)」, 장편 「미하엘 콜하스(Michael Kohlhaas)」, 단편 「O후작 부인(Marquise von O)」과 같은 명작을 썼다. 나폴레옹에 저항하는 애국심에서 「헤르만 전투(Die Hermannschlacht)」와 최후의 걸작 「홈부르크의 왕자(Prinz Friedrich von Homburg)」를 썼다. 이것들이 상영 금지 처분을 받고, 그가 편집 집필하던 「베를린 석간신문」도 폐간되자 생활의 궁핍, 주위의 냉대, 장래에 대한 절망, 강렬한 자의식, 명예욕의 좌절 등이 원인이 되어 베를린 근교 호반에서 권총 자살을 했다.

① 깨어진 항아리(Der zerbrochene Krug, 1808)

이 극은 클라이스트의 대표극인 동시에 독일 희극의 최고의 걸작으로 손꼽히고 있다. 이것은 작가가 스위스 베른에서 「재판자, 깨어진 항아리」라는 제명의 동판화를 보고 힌트를 얻어 쓴 것이라고 한다. 그 그림은 연인처럼 보이는 젊은 남녀와, 깨어진 항아리를 들고 화를 내고 있는 노파와 판사를 그린 것이다.

시골 판사인 아담(Adam)은 에브헨(Evchen)의 방에 잠입했다가 그녀의 남편 루프레히트(Ruprecht)에게 발각되어 창문으로 도망을 치다가 그녀의 집에 가보로 남아 있는 소중한 항아리를 깨뜨린다. 그러자 어머니는 딸의 남편에게 문책을 하고 그를 아담 판사에게 고발한다. 판사는 그 재판을 묵살하려고 하다가 감독관이 나타났기 때문에 어쩔 수 없이 집행하게 된다. 아담은 루프레히트를 범인으로 몰아서 그에게 혐의를 씌우려고 하지만, 아담은 자신의 문답에 그만 말려들면서 결국 자기의 정체를 드러내게 된다는 내용인데, 자기가 지은 죄를 자기가 재판한다는 작자의 기지도 기발하지만 궁지를 빠져나가기 위해서 노력하는 아담의 필사적인 모습은 웃음을 금치 못한다. 권력에 의한 악의 성격이 아담에 의해서 잘 나타나고 국가 권력의 말단인 아담의 악은 국가 권력 자체에 대한 규탄이며 국가 권력의 자기모순인 것이다. 이 작품은 극의 구성이나 언어와 심리묘사의 탁월성으로 보아 실로 희극의 백미인 것이다.

Zwischen Klassik und Romantik

Jean Paul, eigentlich Johann Paul Friedrich Richter, gehört zu jenen bedeutenden Gestalten der Goethezeit, die sich nicht in das Schema Klassik – Romantik einordnen lassen. Inhalt und Form seiner Romane und Erzählungen unterscheiden sich deutlich von den Werken Goethes und Schillers, lassen aber auch zugleich, trotz vieler verwandter Züge, andere Grundprobleme als die Dichtung der Romantik erkennen.

Das Werk Friedrich Hölderlins bleibt über hundert Jahre unbeachtet. Erst die Generation des Ersten Weltkrieges findet Zugang zu seinen Hymnen, die, auf anderen Wegen als Goethes Erlebnislyrik und Schillers Gedankendichtung, eine tiefgreifende Verbindung zwischen Griechentum und dem Geist des Deutschen

Idealismus herstellen.

Heinrich von Kleist, Zeitgenosse der Klassiker und Romantiker, kann — ähnlich wie Hölderlin und Jean Paul — keiner literarischen Richtung zu gerechnet werden. Seine Welt wird nicht von einer Idee getragen, sondern sie ist fragwürdig, rätselhaft, ja chaotisch geworden. Gott ist verborgen und deshalb auch die irdische Bestimmung des Menschen.

| Chapter 10 |

낭만주의

(1779~1830)

1. 낭만주의의 시대적·정신적 배경과 개념 및 특징

유럽을 단일 정치 체제와 단일 경제권으로 만들겠다던 나폴레옹이 프랑스의 팽창정책을 구현하기 위해서 긴 세월동안 피비린내 나는 전쟁만을 일삼음으로 인하여 자유주의자들에게 실망을 안겨 주었고, 산업화 과정에서 나타나는 사회적 갈등이 표출되기 시작하여 이윤만을 추구하는 이기적이고 황금 만능적인 사고방식이 팽배하게 되었다. 그래서 계몽주의 사상은 뜬구름과 같은 허상으로 변했고 문학과 예술 전반에서 정치 현실과 사회 현실에서 야기된 부정적인 현상들을 거부하는 정신 운동이 일어났다. 이 정신 운동을 낭만주의라고 하며 이러한 시대적 배경에서 전개된 낭만주의는 독일 특유의 특색을 지니게 되었으며 문학의 자율성 확보를 통한 현실 극복이라는 이념도 아울러 지니게 되었다.

불만스러운 현실 극복을 위해 태동한 낭만주의는 내용과 형식의 조화를 중요시하며 중용과 도덕을 이상으로 삼는 고전주의에 등을 돌렸으며 르네상스와 종교 개혁을 관류하여 생성된 계몽주의 이상도 전면 부정하였다. 이러한 문예사조 형성에 영향을 끼친 철학자로는 주관적 관념 철학자 피히테, 자연 철학자 셸링, 종교 철학자 슐라이어마허를 들 수 있다.

피히테(Johann Gottlieb Fichte, 1762~1814)의 철학은 감정의 고양을 배경으로 한 내면성의 철학적 표현으로써 낭만주의를 낳게 한 근본 힘이다. 인간 정신은 자아(Das Ich)의식의 바탕 위에서 파악되어야 하며, 자아가 비아(Nicht Ich)를 규정할 뿐만 아니라 자기 자신도 정립한다는 것이다. 피히테는 자아를 모든 존재의 결정 요인으로 생각하며 자아에 의해서 존재하게 되는 것은 비아(Nicht Ich)로 분류하여 자아와 비아의 관계를 주체와 객체의 관계로 정립했다. 이와 같은 절대 자아론이 낭만주의 사상의 모태가 되었다.

셸링(Friedrich Wilhelm Schelling, 1775~1854)은 자연 철학에서, 자연을 자아의 소

산물로 본 피히테와는 달리, 자연과 자아를 동일한 것으로 파악하여 자연계 전체를 살아 있는 유기체로 본 것이다. 유기체라는 도식 속에서 그는 자연을 생성 중인 자아(werdende Ich)라고 주장했다. 이렇게 하여 삼라만상엔 혼(靈)이 깃들어 있게 되어 삼라만상의 정신화가 이루어진다. 그러니 낭만주의자들은 그의 자연철학을 창작 원리에 적용하여 생성 중에 있는 자아가 완성될 수 없듯이 인간의 예술 작품도 완성될 수 없다고 여겨 미완성 작품이 유행했으며 동경도 이루어질 수 없는 자연 법칙으로 생각하여 노발리스의 「푸른 꽃」은 영원히 꺾을 수 없는 무한한 동경의 대상으로 존재한다. 삼라만상의 정신화를 통해서 낭만주의자들의 작품에는 정령과 요정이 출현하고 새들이나 짐승들도 인간화되어 말을 한다.

슐라이어마허(Friedrich Ernst Daniel Schleiermacher, 1763~1834)의 종교철학은 신의 존재는 무한하여 그 실체를 가늠하기 어렵고 우주와 같아서 그 규모를 어림하기가 힘들지만 감성과 직관으로 신을 파악할 수 있다는 것이다. 이 종교철학이 낭만주의자들의 무한한 것에 대한 동경을 일깨워 주었을 뿐만 아니라 작가의 자아를 정당화시켜 주는 근거가 되어 낭만주의자들은 자의적인 문학 형식의 파괴를 당연한 것으로 생각하게 되었다.

피히테와 셸링, 슐라이어마허 등은 그들의 철학이론을 통해서 낭만주의자들의 사고방식과 행동방식에 결정적인 영향력을 행사하여 낭만주의에 속하는 사람들로 하여금 인간은 현실을 초월한 곳으로부터 내리는 신비한 힘에 종속되어 있다고 생각하게 만들었다. 그러므로 인간의 모든 행위는 신앙에 연류 되어 크리스트교 신앙에 예속되게 되고 신의 질서를 잘 나타내고 있는 중세 봉건 국가를 예찬하였고 크리스트교적인 중세에서 모범을 찾았다.

낭만주의는 18세기 말엽부터 19세기 초에 걸쳐 고전주의와 병행하면서 고전주의의 반동으로 일어난 문학 사조이다. 독일에서 시작하여 전 세계로 파급되고 많은 영향력을 행사한 문학 사조로 독일적인 특징을 가장 많이 구비하고 있다.

낭만적(romantisch)이라는 용어는 고 불어인 로망(Roman)에서 나온 말로써 로망 방언으로 쓰여진 이야기라는 뜻이다. 로망 방언으로 쓰여진 이야기는 주로 중세 기사들의 공상적인 모험담이었다. 그래서 낭만적(romantisch)이라고 하면 진기한, 가공적인, 공상적, 경이적이라는 뜻을 가진다. 18세기 말 낭만주의의 대두와 더불어 거기에 감정과 상상력에 호소한다는 뜻이 첨가되었다. 그러니 명칭만으로도 낭만주의 문학이 얼마나 공상적이고 황당무계하고 꿈과 같은 내용을 갖고 있는지를 쉽게 알 수 있다.

낭만주의 문학의 특징은 이성 대신에 감정의 권리를 주장하고 합리적인 것보다도 비합리적인 것에 매력을 갖게 되고, 신비적인 무한성을 추구하여 상상으로 얻어지는 가

공의 세계를 즐겨 그린다. 낭만주의자들은 개인주의자들로 사회의 전통과 규칙을 무시하고 자기의 개성을 주장하며 개인적인 감정과 기분으로 현실과 환경에 불만을 품고 먼 세계를 동경하고 먼 과거를 추억하는 경향이 짙다. 노발리스는 동양을 동경하고 슐레겔은 인도 사상을 연구하고 중세를 동경하며 그때의 전설 신앙 풍속을 재생시켰다.

작가들은 대체로 내면적으로 불균형하고 불확실하며 도달 불가능한 이상을 추구했다. 그러므로 낭만주의 작가에게서는 삶보다 죽음이 예찬되고 밝음과 낮보다는 어두움과 밤이 부각되는 비합리적인 요소가 깃들어 있다. 그래서 괴테는 낭만주의는 병적이고 고전주의는 건전하다고 했다.

낭만주의자들은 그들의 동경과 이상이 실현될 수 없다는 것을 알게 될 때 불만을 품게 되고 따라서 자기가 만들어 낸 환상을 스스로 파괴하며 자기 작품에 도전을 하고 자기 작품을 희롱하고 조소한다. 이렇게 되면 독자를 환상세계로 몰아넣기 위한 작가 본래의 의도는 폐기되고 일종의 탈출구가 마련된다. 이와 같은 현상을 낭만적 이로니(romantische Ironie)라고 부른다.

2. 전기 낭만파

낭만주의는 슈트름 운트 드랑과 함께 시작되어 19세기 중반에 사실주의로 인해 점차 사라지게 되는 일련의 정신적인 운동의 최후 양식이다. 헤르더, 천재시대, 독일 관념론 철학 등은 고전주의를 극복하고자 하는 낭만주의 운동에서도 존속된다. 고전주의가 중용과 법칙, 질서와 도덕 등으로 각인되는 인간상을 추구한다면 그것은 내용과 형식의 조화를 추구한 것이 되나 낭만주의에서는 제한 없는 감정이 모든 구속을 탈피하게 된다. 환상과 꿈속에서 끝없는 것이 펼쳐지며 동시에 파라독스와 깊은 사려가 나타난다. 이로부터 작가는 위기의식을 느끼게 된다. 시선은 과거 특히 기독교적인 중세로 향하게 된다. 초기 낭만주의 작품 속에서 이미 모든 낭만주의 운동의 근본적인 힘이 나타나고 있다.

바이마르에서 고전주의가 전성하고 있을 무렵, 슐레겔 형제, 노발리스, 티크 등이 예나(Jena)에 모여 고전주의를 반대하는 문학 운동을 전개하였으니, 이 사람들을 가리켜 전기 낭만파라 한다. 낭만주의는 본질적으로 고전주의에 대립되는 사상이나 처음부터 그러했던 것은 아니다. 처음에는 그들도 괴테와 쉴러를 숭배했고, 그 영향을 많이 받고 있었다. 예를 들면 낭만파의 이론가요, 지도자였던 슐레겔(Friedrich Schlegel)은 괴테를 근대문학의 위대한 지도자라고 찬양한 바 있고, 그의 문학론은 쉴러의 논문에서 영향을 많이 받았다. 노발리스(Novalis)도 처음은 괴테의 「빌헬름 마이스터(Wilhelm Meister)」를 애독하는 한편, 그것은 근대문학의 규범이라고까지 생각했었다. 티크도 괴테의 작품에서 많은 것을 배웠다. 이러했던 그들이 급격히 전환을 하게 된 것은 피히테, 셸링, 슐라이어마허의 철학 영향과 슐레겔의 이론은 말할 것도 없고, 슐레겔과 쉴러와의 개인관계도 놓칠 수 없다. 슐레겔은 쉴러가 발간하던 「호렌(Die Horen)」에 그의 논문들을 발표하였으나, 쉴러의 거절로 문단활동을 할 기회를 잃었다. 그러자 그는 1798년에 잡지 「아테네움(Athenäum)」을 발간하여 신문학 운동을 전개할 기틀을 마련하게 되었다. 이 잡지가 나옴으로써, 낭만주의 운동이 본격적인 단계에 올라 한 시기를 풍미한다. 그러나 이 전기 낭만파의 활동은 오래 지속되지 못했다. 1801년에 노발리스가 요절하고, 슐레겔 형제도 사이가 벌어져, 19세기 초두에 전기 낭만파는 해체되고, 이것을 이은 후기 낭만파가 등장하게 되었다.

(1) 빌헬름 슐레겔(August Wilhelm Schlegel, 1767~1845)

프리드리히 슐레겔의 형으로서 동생과 함께 전기 낭만파의 이론적 토대를 마련한 사람이다. 그는 북독 하노버에서 출생하여 괴팅겐 대학에서 언어학을 공부하였다. 훗날에 아내가 된 카롤리네와 같이 단테, 칼데론, 셰익스피어 등을 번역하기도 하고 쉴러의 「호렌」지에 동인이 되어 문예 비평가로도 활약하였다. 31세에 예나 대학의 조교수가 되고 동생 프리드리히, 노발리스 등과 같이 잡지 「아테네움(Athenäum)」을 발간하여, 낭만주의 운동을 시작하였다. 그리고 1801년부터 1804년까지는 베를린에서 「문학 및 예술에 대한 강의(Vorlesungen über schöne Literatur und Kunst)」를 행하여 낭만주의를 보편적 예술이라고 특징지웠고, 詩情을 학문에 침투시켜 시적인 것에 의해 인생을 파악해야 된다고 했다. 1804년부터 1818년까지는 낭만주의의 이해자인 프랑스의 스탈부인(Madame de Staël)과 같이 전 유럽을 여행하였다. 1818년에는 본 대학의 교수가 되어 동양학과 인도 언어학의 기초를 다졌고, 독일 문학은 모든 민족의 우수한 문학을 섭취하여, 그것을 혈육으로 삼지 않으면 안된다고 주장, 직접 각국의 좋은 문학을 번역하였다. 그 중에서도 17편에 달하는 셰익스피어의 번역은 길이 빛날 만한 업적 가운데 하나이다. 빌헬름 슐레겔은 동생 프리드리히와는 달리 독창성과 창작의 재능은 부족하였으나, 균형 잡힌 정신의 소유자로서 동생이 단편적으로 발표한 이론들을 정리, 체계화하여 그것을 보급하는데 큰 역할을 하였다.

(2) 프리드리히 슐레겔(Friedrich Schlegel, 1772~1829)

빌헬름 슐레겔의 동생으로서 낭만주의 문학이론의 대부분을 창안한 전기 낭만파의 이론적 지도자이며, 로만티쉬(romantisch)라는 말을 맨 먼저 문학 용어로 끌어들인 사람이다. 그는 하노버 출신으로서 괴팅겐과 라이프치히 대학에서 법률을 공부한 후, 고대 희랍과 로마의 문헌학을 연구하였다. 24세 때 예나에 가서 문예 비평가가 되었고, 그 다음 해에 베를린에서 티크(Tieck)와 슐라이어마허(Schleiermacher)를 알게 되었다. 이어 그 다음 해에는 드레스덴에서 노발리스(Novalis)와 낭만파 결성을 약속한 후, 다시 예나로 가서 형 빌헬름 슐레겔과 함께 잡지 「아테네움(Athenäum)」을 발간하였다. 이 잡지에 우수한 논문들을 발표하여, 낭만주의 이론을 수립하게 된다. 그는 또 자기 이론에 따라 서간체 소설 「루신데(Lucinde, 1799)」를 썼는데, 줄거리를 무시하고 감상 편지 단편들만 집합시켜 낭만적인 생활의 이상만을 늘어놓았기 때문에, 그의 시적 재능에 대한 의심만 받게 되었다. 1802년에 그는 철학자 멘델스존(Moses Mendelssohn)의 딸 도로테아 파이트(Dorothea Veit)와 파리로 가서 잡지 「유럽(Europa)」을 발간하였으며, 그녀와 결혼하여 같이 카톨릭으로 개종하였다. 이 무렵부터 형 빌헬름과 사이가 벌어졌고, 노발리스도 죽고 하여, 전기 낭만파는 사실상 와해된 것이다. 그 후 그는 비교 언어학과 동양철학의 영역에서 큰 업적을 남긴 논문 「인도인의 언어와 지혜에 대해서(Über die Sprache und Weisheit der Inder, 1808)」와 그의 문학의 집대성인 「고대 및 근대 문학사 강의(Vorlesung über die Geschichte der alten und neuen Literatur, 1815)」 등을 발표하였다. 1829년 여행중 드레스덴에서 병사했다.

(3) 노발리스(Novalis, 1772~1802)

노발리스의 실제 이름은 프리드리히 폰 하르덴베르크(Friedrich von Hardenberg) 남작으로 노발리스는 그의 필명으로 라틴어로 「새 땅을 경작하는 者」란 뜻이다. 그는 초기 낭만주의의 생활 감정과 정조를 가장 잘 표현하는 초기 낭만주의의 대표적 시인으로 29세의 아까운 나이로 요절할 때까지 불과 4년간 창작활동을 하였다.

그는 중부 독일의 비더슈테트(Wiederstedt)에서 가난한 귀족의 아들로 출생하여 엄격한 종교적 가풍 속에서 성장하였다. 18세 때 예나 대학에 들어가 실러와 친하게 지냈으며 그로부터 많은 감화를 받았다. 그 후 라이프치히, 비텐베르크 대학에서 법률과 자연과학을 배웠다. 졸업 후에는 텐슈테트(Tennstedt)에서 공무원을 하면서 틈틈이 피히테를 연구했다. 1795년 그가 23세 때 13세의 소녀(Sophie von Kühn)를 알게 되었는데, 노발리스의 전 생애의 운명을 결정지은 중대한 연애 사건이었다. 그는 1년 후 그녀와 결혼하였으나, 2년 후에 그녀가 죽어 버렸다. 소피는 노발리스의 전부였으니만큼 그녀의 죽음은 그의 넋을 근본적으로 뒤흔들어 놓았고, 이것이 그의 생애와 시작(詩作)에 결정적인 영향을 주게 되었다.

이 체험에 의해서 그는 꿈과 현실을 구별하지 못한 채 두 세계에서 살았다. 이것이 그에게 대시인이 될 수 있는 계기를 만들어 주었고 이후에 그의 작품의 중심내용이 되었다. 그동안에 자주 예나를 방문하면서, 슐레겔 형제, 티크 등과 사귀면서 잡지 「아테네움(Athenäum)」의 동인이 되었다. 거기에 철학적인 단편과 소피와의 연애 체험에서 생긴 산문시 「밤의 찬가(Hymnen an die Nacht)」를 발표하였다. 이것이 낭만주의 문학 운동에 결정적인 공헌을 하게 된 것이다. 이밖에 「자이스의 제자들(Die Lehrlinge zu Sais)」, 슐라이어마허에 자극되어 자기의 종교적 목표를 기술한 논문, 그리고 통칭 「푸른 꽃」으로 통하는 「하인리히 폰 오프터딩겐(Heinrich von Ofterdingen)」 등을 썼으나, 완성하지 못한 채 29세를 일기로 세상을 떠났다.

① 하인리히 폰 오프터딩겐(Heinrich von Ofterdingen, 1799)

이 소설은 하인리히가 시인으로 발전해 가는 모습을 그리고 있는 교양 소설로써 1부는 「기대, Erwartung」, 2부는 「성취, Erfüllung」라는 제목으로 창작될 예정이었으나 1부만 창작된 미완성 작품으로 노발리스의 예술 이론이 전개되어 있는 전형적 작품이다. 주인공이 꿈속에서 「푸른 꽃(Die blaue Blume)」을 보고 그 꽃을 찾아 방황하는 내용에서 이 작품을 「푸른 꽃」이라고 부르기도 한다. 이 꽃은 무한을 동경하는 낭만주의자들의 본질을 나타내는 상징이다.

이 소설은 낭만적 동경에 차 있는 한 시인이 성숙해 가고, 내적 의식이 변천되어 가는 과정을 그린 교양 소설이다. 하나의 꿈이 한 젊은이의 마음을 사로잡고, 신비적인 행복을 예감시킨다는 것, 이것이 바로 낭만적 동경이요, 시인 노발리스의 정신인 것이다. 꿈이 현실화되고, 현실이 다시 꿈이 되는 과정은 낭만 정신이 서려 있는 작자 자신의 내적 편력이라고 볼 수 있다. 그리고 이 소설의 여주인공 마틸데는 물론 작자의 애인 소피인데, 그녀의 죽음에 의해서 이승과 저승이 연결되고, 종교적, 낭만적 심경이 성취된다.

② 밤의 찬가(Hymnen an die Nacht, 1800)

경건한 크리스트교적 신앙과 소피와의 연애 체험에서 이루어진 작품으로서 어둡고 신비적이며 마적인 낭만 정신이 잘 나타나 있다. 노발리스는 밤을 죽음의 나라, 영원의 나라, 신성한 나라, 생과 사를 포괄하는 창조적 근원의 나라로 비유하면서, 그 밤의 나라에서 소피와 완전 일체가 될 것을 맹렬히 희구하고 있다. 이와 같은 개인적인 동경이 끝에 이르면, 세계관적인 차원으로 확대되어 크리스트가 출현하고 새로운 시대의 도래가 예고된다.

키에르케고르(Kierkegaard, 1813~1855)는 질병을 크리스트교 신자의 가장 자연스러운 상태로까지 간주하기도 했지만, 노발리스는 그보다 한 걸음 더 나아가서 질병을 가장 진정하고 유일한 인간의 상황으로 간주하고 있다. 그리고 그는 질병상태를 건강상태보다 중시하며, 어두운 밤을 자유로운 낮보다 중요시하고 있다. 이 작품들은 크리스트교에 의해서 처음으로 죽음에 대한 축복이 묵시되며 인간의 진정한 고향인 죽음에 대한 동경으로 끝을 맺고 있다.

(4) 바켄로더(Wilhelm Heinrich Wackenroder, 1773~1798)

25세의 나이로 요절한 바켄로더는 낭만주의의 생활감정과 예술관을 정착시키는데 크게 기여하였다. 예술적 체험을 신앙 체험으로 심화시켜 신앙심을 돈독히 하려는 것이 그의 창작 목표였다. 바켄로더는 1773년 베를린에서 태어났다. 베를린 시장을 지낸 아버지 덕에 에어랑엔에서 경제적인 어려움 없이 대학 생활을 할 수 있었다. 법학을 전공했으나 예술의 고귀함과 경건성을 체득하고 예술과 신앙을 일치시켜야 한다는 예술관을 주장했다.

(5) 티크(Ludwig Tieck, 1773~1853)

티크는 재능이 많고 작품을 많이 남긴 작가로서 당시 사람들로부터 낭만파의 왕이라고 불리었다. 그는 베를린에서 태어나 어릴 때부터 수재로 이름이 났는데 특히 어학에는 남다른 재능이 있었다. 할레, 에어랑엔, 괴팅겐 대학을 다녔고 친구 바켄로더의 영향을 많이 받았다. 노발리스나 바켄로더가 단명한데 비해서 80세의 긴 생애를 보내며 많은 작품을 남겼다. 서간체 장편 소설로서 몽상적인 주인공이 정신적 방황 때문에 범죄자가 된 경위를 그린 「윌리암 로벨씨의 이야기(Geschichte des Herrn William Lovell)」와 창작 동화인 「금발의 에크베르트(Der blonde Eckbert)」, 「장화 신은 고양이(Der gestiefelte Kater)」와 중세의 민담들이 수록된 「민담집(Volksmärchen)」을 출간했고, 서간체로 된 교양 소설로서 요절한 친구 바켄로더를 기념해서 쓴 「프란츠 슈테른 발터의 방랑(Franz Sternbalds Wanderungen)」과 종교적 경향이 농후하며 낭만적이고 예술 지상주의적인 색채가 짙은 비극 작품인 「성 게노페파의 생과 사(Leben und Tod der heiligen Genoveva)」, 희극 「황제 옥타비아누스」 등을 발표하여 문단에서 확고한 기반을 구축하였다. 예나에서 슐레겔 형제, 노발리스, 셸링, 브렌타노와 교우를 맺고 낭만파의 주요 멤버로 활약했다. 그 후 창작 외에 평론, 번역, 출판 등 다방면에서 업적을 남겼다. 특히 빌헬름 슐레겔이 시작한 셰익스피어의 번역, 바켄로더와 노발리스 저작 및 클라이스트 전집 출판 등은 독일문학사상 중요한 의미를 지닌다.

3. 후기 낭만파(Spätromantik)

눈부신 활동을 했던 전기 낭만파는 노발리스의 죽음과 슐레겔 형제의 불화가 원인이 되어 19세기 초에 해체되었다. 이어 후기 낭만파가 형성되었으나 전기 낭만파와는 달리 하이델베르크, 베를린, 북독, 슈바벤 등 각지에 산재하여 문학운동을 전개하였다. 전기 낭만파는 주로 이론과 철학에 치우쳤지만, 후기 낭만파는 산, 골짜기, 강, 숲 등에서 느끼는 자연 감정을 묘사하고 국민과 공동체를 존중하는 경향이 짙었다. 종전까지 잊혀졌던 독일 중세 문학을 새로운 표현으로 세상에 소개하기도 하고 옛날의 풍속, 언어, 법률 연구에 심혈을 기울였다.

후기 혹은 하이델베르크의 낭만주의 문학은 중세의 세계, 민족성 및 자연과의 만남에서 결정적인 계기를 마련한다. 특히 헤르더가 지적한 대로 인간의 영혼 속에 작용하고 있는 힘의 생생한 표현인 민중시는 브렌타노, 아이헨도르프, 그림 형제 등의 창작의 모범이 된다. 빛나는 과거는 현재에 이르러서도 기독교와 나라와 민족을 최고의 선으로 나타나게 한다. 후기 낭만주의는 이러한 최선의 선을 나폴레옹의 침략에서 보호하고 새로운 문예학과 역사학의 연구에 몰두하게 된다.

후기 낭만주의도 환상과 현실 사이에서 야기되는 갈등을 문제 삼은 것은 분명하다. 프리드리히 슐레겔과 티크는 그러한 갈등을 "낭만적 반어"로써 극복하였고 노발리스는 "푸른 꽃"의 세계에서, 그리고 브렌타노는 기독교적 신앙을 통하여 안정을 찾는 반면 푸케는 과거를 모호하게 변용시킴으로써 어떤 출구를 찾고자 한다. 「북방의 영웅」과 같은 드라마, 그리고 그의 동화 「운디네」에서 알 수 있다. 그러나 호프만은 삶의 어둡고 섬뜩한 측면을 묘사한다. 샤미소는 「보나벤투라의 야경」에서 피할 수 없는 숙명으로 나타나는 모든 긴장을 새로운 현실 인식을 통하여 극복하고자 한다.

(1) 브렌타노(Clemens Brentano, 1778～1842)

후기 낭만파 중에서 하이델베르크파의 대표자로 재능은 비상하였으나, 공상에 너무 치우쳐 대성한 작품은 적었다. 친구 아르님(Achim von Arnim)과 함께 독일 고대 민요를 모은 「소년의 마술피리(Des Knaben Wunderhorn, 1806~1808)」가 독일 최초의 민요집으로 그림 형제의 동화집과 같이 후기 낭만파의 귀중한 문화재이다. 「소년의 마술피리」는 독일 국민에게 자국의 문학적 유산을 소개하는데 큰 공이 되었고 독일 시인들에게 끼친 영향은 매우 컸다. 아이헨도르프, 울란트, 하이네, 뫼리케, 레나우, 슈토름 등은 그의 은혜를 입은 시인이고, 브람스와 볼프는 그의 민요들을 작곡했다.

(2) 그림 형제(형 Jakob Grimm 1785~1863, 동생 Wilhelm Grimm 1786~1859)

후기 낭만파에서 베를린파의 대표적 인물인 그림 형제는 하나우에서 법률가의 아들로 태어나 마르부르크 대학에서 공부했다. 졸업 후에 형제가 교대로 카셀 도서관에 근무하였고, 괴팅겐 대학에서 교수로 같이 역임한 후, 같이 아카데미 회원이 되고 같이 베를린 대학 교수가 되어 평생을 베를린에서 살았다. 특히 독일 민족과 향토를 사랑하여 고대의 독일 문화유산을 모아 유명한 「그림 동화집」인 「아동동화와 가정동화(Kindermärchen und Hausmärchen)」를 편집했다. 또한 「독일의 전설(Deutsche Sagen, 1816~1818)」도 위와 같이 편집했다. 형 야콥은 언어학과 문헌학 분야에서 뛰어난 재능을 발휘하여 유명한 「독일어 문법(Deutsche Grammatik, 1819~1837)」, 「독일어 신화(Deutsche Mythologie, 1833)」, 「독일어사(Geschichte der deutschen Sprache, 1848)」 등을 펴냈다. 동생 빌헬름은 중세 문학에 식견이 많아 「독일의 영웅전설(Deutsche Heldensagen, 1829)」을 펴냈다. 만년에 형제의 합작으로 어원적이며 역사적으로 해설한 「독일어 사전(Deutsches Wörterbuch)」을 계획해서 여생을 바쳤다. 그들의 생전에 제3권 F 중도까지 완성했는데 그 후 100년만인 1961년에 완성되었다.

① 아동동화와 가정동화(Kindermärchen und Hausmärchen, 1812~1815)

브렌타노와 아르님이 출판한 민요집인 「소년의 마술피리」에 자극받아 시작된 작업이지만 그 편집 방법은 아주 달라 개작을 피하고 원전에 충실했다. 그림 형제는 광범위한 조사 여행을 통해 민중의 입으로부터 직접 채취한 자료를 원형을 손상시키지 않고 그대로 책에 실었다. 그런데도 동화들이 한결같은 어조를 띄는 것은 빌헬름 그림의 마무리 작업에 기인한다. 이 동화집에 등장하는 민중은 사회의 낮은 계층에 속한 자들로 마술과 같은 조화 속에서 자신들의 지혜와 경험을 펼쳐 가난과 고난을 극복하고 자신들의 정의감을 실현하고 있다. 그림 형제의 동화는 전 세계의 각국어로 번역되어 세계 민족 공동의 소유물이 되었으며 성경 다음으로 많이 팔린 책이 되었다.

(3) 아이헨도르프(Joseph von Eichendorff, 1788~1857)

그의 시(詩) 가운데 다수가 독일의 민요로 애창되는 후기 낭만파 중에서 가장 인기 있는 시인이다. 전기 낭만파의 노발리스가 낭만주의의 어둡고 신비적이며 마적인 면을 대표한다면 아이헨도르프는 밝고 감미롭고 낙천적인 면을 대표한다고 볼 수 있다. 그는 인생의 모든 문제를 감정과 기분으로 처리하고, 혼과 자연의 조화를 구하고, 과거를 이상화하는 경향이 짙다. 그의 문학은 동경에 차 있고 아름다운 자연, 화창한 기분, 경건한 신앙이 주로 작품으로 묘사된다.

오버슐레지엔의 성주(城主)의 아들로 태어난 그는 소년 시절부터 자연을 좋아했다. 할레와 하이델베르크에서 법학을 공부한 아이헨도르프는 노발리스와 티크의 영향을 받았으며 브렌타노와 아르님과 교우를 맺고 베를린에서는 푸케, 샤미소, 클라이스트를 알게 되고 F. 슐레겔과는 빈에서 교우를 맺었다.

① 어느 건달의 생활에서(Aus dem Leben eines Taugenichts, 1826)

이 작품에서는 자연과 인간의 정서가 아름답게 조화를 이루며 낭만적이며 목가적인 정서가 넘치고 있다. 작품에서 즐거운 방랑생활과 애정과 동경이 가득 찬 생활을 묘사하면서 낭만주의의 일면을 나타내는 하나의 재미라고 볼 수 있으나 다른 한편으로는 낭만적인 생활을 이로니화한 측면도 있다.

물방앗간의 아들인 주인공은 바이올린을 옆에 끼고 휴일 기분으로 먼 길을 떠난다. 도중에 두 귀부인을 만나 그들의 성에 가서 정원사로 또는 세관리로 일을 보면서 거기서 만난 공작부인을 사랑하게 되지만, 그녀가 유부녀라고 속단을 하고 다시 이탈리아로 먼 길을 떠나서 갖은 모험을 다 겪고 나서 다시 비엔나 궁성으로 돌아와서 전에 공작부인이라고 착각을 했던 문지기의 딸과 결혼을 하고 단란하게 살게 된다는 내용이다.

(4) 샤미소(Adelbert von Chamisso, 1781~1838)

프랑스 귀족의 아들로 양친을 따라 독일로 망명한 그는 베를린에 머물면서 프로이센 군인이 되어 나폴레옹 전쟁에 종군한 경험도 있다. 베를린 대학에서 식물학을 공부하여 자연 연구가로 러시아 북극 탐험대에 가담하여 세계여행을 했다. 여행 전에 「페터 슐레밀의 기이한 이야기(Peter Schlemihls wundersame Geschichte, 1814)」라는 소설을 발표했고, 세계 여행의 성과로 기행문인 「세계여행(Reise um die Welt, 1821)」을 발표하였으며, 독일 민담에서 채취한 「시집(Gedichte, 1831)」도 남겼다. 평생 자연 연구에 몰두한 그는 베를린 과학 아카데미 회원이 되어 편한 여생을 보냈다.

(5) 호프만(Ernst Theodor Amadeus Hoffmann, 1776~1822)

동프로이센의 쾨니히스베르크에서 출생한 호프만은 이혼한 어머니 밑에서 어두운 유년시절을 보냈으나, 예술적인 재능이 뛰어났다. 그러나 일가가 모두 법률 방면에 종사했기에 법학을 공부해 배심판사가 됐다. 나폴레옹의 침입으로 실직하고 극단의 악장, 피아노 성악의 가정교사를 하면서 음악 평론을 쓰고 작곡을 하여 생계를 유지했다. 다재다능한 예술가로서 문학 뿐만 아니라 음악, 회화 등 다방면에서 활약을 했다. 특히 음악에 반평생을 바쳤는데 푸케의 「운디네」를 오페라로 작곡하여 대성공을 거두었다. 화가로서도 눈부신 활동을 했다. 문학가로서 환상적인 공포소설(Schauerroman)을 만들어 국외에서 더 주목받아 발자크, 유고, 포우, 보들레르, 와일드 등에게 많은 영향을 끼쳤다. 그는 근대 공포소설의 시조로 알려져 있다. 지병으로 46세를 일기로 생을 마쳤다.

Romantik

Die Romantik ist die letzte Phase einer geistigen Bewegung, die mit dem Sturm und Drang beginnt und um die Mitte des 19. Jahrhunderts allmählich vom Realismus abgelöst wird. Herder, die Geniezeit und die Philosophie des deutschen Idealismus leben in der romantischen Bewegung weiter, die ihrerseits die Klassik zu überwinden sucht. Auch die Spätromantik muß sich mit dem Gegensatz zwischen Phantasie und Wirklichkeit auseinandersetzen. Haben Friedrich Schlegel und Tieck ihn mit romantischer Ironie überwunden, hat Novalis in der Welt der „ Blauen Blume“, Brentano im christlichen Glauben Ruhe gefunden, so will Fouqué in oft fragwürdiger Verklärung der Vergangenheit einen Ausweg finden, während E.T.A. Hoffmann die dunkeln, unheimlichen Seiten des Lebens darstellt.

| Chapter 11 |

사실주의

(1815~1890)

사실주의는 19세기 유럽 문학의 공통된 주류로서 낭만주의의 공상적 비현실적 경향을 반대하고 현실에 눈을 돌려 현실을 있는 그대로 묘사하려는 양식을 말한다.

사실주의 문학은 낭만주의의 주관을 대신해서 객관을 중히 여기고, 상상과 동경 대신에 현실을 다루는 문학인만큼 그 묘사는 정확하고 정밀하다. 바꾸어 말하면 주관과 상상력에 의해 대상을 자의로 변형시키지도 않고, 과장하지도 않고, 미화하지도 않고, 세밀히 서술하며, 작가의 의견과 감정을 노출시키지도 않는다. 마치 학자처럼 공평무사한 태도로 현실을 있는 그대로 묘사하는 것이다. 이것이 사실주의 본래의 취지이다. 하지만 아무리 주관을 배제한다 해도 작가의 눈이 작용하는 한 주관의 완전 배제는 사실상 불가능하다. 그러므로 사실주의는 현실 묘사에 중점을 두지만, 그것이 전부가 될 수는 없고, 그저 꿈을 쫓는 이상주의를 반대하는 양식이라고 보면 된다.

사실주의의 발생기반과 배경으로서는 다음과 같은 몇 가지 사실들을 들 수 있다.
그 첫째는 기술 시대의 도래와 경제 발전이다. 1819년 최초의 증기선이 미국에서 유럽으로 항행하고, 1830년에는 최초의 철도가 영국의 리버풀에서 맨체스터 사이에 부설된다. 독일에서는 1835년에 뉘른베르크에서 퓌르트까지 개통이 된다. 철도의 개설로 교통이 발달하고 시장이 확대되니 생활권도 넓어진다. 생활권의 확대는 예전의 생활 근거를 뿌리째 뒤흔든다. 정지 시대가 동적인 시대로 바뀐 것이다. 또 기계 공업이 수공업을 몰아내며, 부를 획득하기 위한 수단이 대규모화 된다. 따라서 대도시가 형성되고, 자본가가 발생하고, 프롤레타리아도 출현한다. 이들은 대립적 양상을 띠게 된다. 그리고 인구도 증가한다. 이 인구 증가는 사람들로 하여금 고향을 버리게 하고 도시로 혹은 해외로 이주하게끔 한다. 조용하고 아름다운 마을과 숲들은 공장의 매연과 소음으로 뒤 덥힌다. 이러한 현실 속에서 사람들은 꿈만 먹고 살 수 없으며, 정신세계와 몽상의 세계에 빠져만 있을 수 없는 것이다. 아무래도 현실에 눈을 돌려 현실에 적응되는 생활 태도를 취하지 않을 수 없다. 현실주의가 불가피하게 되고, 예술상에서는 현실주의적인 사실주의의 대두가 필연적이 되는 것이다.

둘째는 물질주의의 대두를 들 수 있다. 과학 기술의 눈부신 발달은 공업화의 촉진에만 머물지 않는다. 또한 그것은 사람들로 하여금 눈을 물질세계로 돌리게 하고, 실증적인 과학 정신과 유물론의 신봉을 부채질한다. 이것은 정신세계보다도 현세적 이익을 추구하는 실용적 사상의 바탕이 되며, 사람들을 정신적, 이상적 세계에서 물러나게 하고, 물질에 의해 생의 행복을 찾는 현실주의와 실리주의를 팽배케 한다. 그러니 사람들은 형이상학적 사변과 비합리적 공상에서 벗어나 현실 세계를 개관적이고 분석적이며 합리적으로 보게 된다. 이처럼 새로운 시점에서 관찰되고 묘사된 현실과 인간의 모습은 전과는 다른 매력을 주게 되고, 새로운 신선미를 제공하게 된다.

셋째는 문화의 보급과 집단화를 들 수 있다. 이 시대는 시민 계급이 사회의 중추 역을 맡고, 문화의 담당자가 된다. 교양이 중산 계급에 널리 보급됨에 따라 문화는 소수자인 상층 계급에서 벗어나 일반화되고, 대중화되며, 개성적인 특성을 상실하고 평균화 내지 집단화된다. 신문이 이러한 경향을 더욱 부채질하여 인간의 사고방식, 생활 방식, 감수 방식을 획일화 시킨다. 이것은 낭만적, 이상주의적 사상과는 본질적으로 대립되는 것이다. 이상과 같은 역사의 흐름 속에서 새로운 문화와 예술이 불가피하게 된 것이다. 이 새로운 문학은 전시대와는 달리 문체가 평범하고 소박하며, 신비로운 면이 없어지고, 보고조가 되며, 내용도 외적인 면, 사회적인 면으로 돌려져 주관이 개입되지 않는 현실의 면을 그대로 재현시키려고 한다. 사실주의는 이상주의에 반대되는 문학형식으로 이 시대의 작가들은 현실을 있는 그대로 묘사하면서도 현실의 모방이 아니고 그 대상의 개성적인 특징을 표현하려고 했다.

이와 같은 경향은 1830년에서 1848년 3월 혁명까지의 「三月前期」(Vormärz)라고도 불리는 비더마이어(Biedermeier) 시대에서 「청년독일 파」와 「시적 사실주의」를 거쳐서 자연주의 문학에 이어지고 있다.

3월 前期란 낭만주의의 쇠퇴로부터 본격적인 사실주의가 대두할 때까지의 과도기를 말하는데, 이때는 독일 사실주의의 선구적 시기에 해당한다.
이 시기는 한마디로 말해 정치적, 사회적, 정신적 혼란기이다. 1830년 7월에 파리에서 혁명이 일어났고, 1831년에는 헤겔이 죽고, 1832년에는 괴테가 죽는다. 이 세 사건은 정치적으로나 정신적으로 큰 의미를 지닌다. 프랑스 혁명은 새로운 정치적, 사회적 변혁을 불러일으키는 초석이 됨과 동시에 현실주의 태동의 원동력이 되었고, 헤겔과 괴테의 죽음은 정신의 우위를 주장하던 독일 관념론의 시대와 이상주의 시대가 끝났다는 것을 상징한다.

벌써 1813~1814년에 나폴레옹 해방전쟁을 계기로 하여 독일 각 연방에서는 내셔널리즘과 더불어 자유주의 세력이 팽배하기 시작하던 터에, 파리의 7월 혁명이 기폭제가 되어 독일에서도 자유와 혁명의 소용돌이가 급작스레 일기 시작했다. 이때 자유의 새바람을 쐬어 본 일반인의 감정은 구체제를 반대하고 자유주의에 입각한 통일된 민족국가를 원했으나, 제반 사정은 그것을 허락하지 않았다. 그래서 자유와 보수의 충돌이 끈질기게 일어나, 정치적, 사회적 혼란기를 맞이하게 된 것이다. 1848년 프랑스의 2월 혁명이 독일에 물결쳐 와, 3월에 독일에서도 혁명이 일어났다. 이것을 3월 혁명이라고 부른다. 이 혁명은 실패로 돌아갔다. 이를 고비로 독일의 자유주의 운동은 완전히 퇴조하고, 다시 보수파들의 세상이 되었다.

이러한 3월 혁명 이전의 격동과 혼란기에 정치적, 사회적 야심을 버리고 안일한 시민 생활을 즐기면서 개인적, 가정적 행복에 만족하려는 도피적 문학이 유행하였는데, 이것을 문학사에서는 비더마이어(Biedermeier)적 문학이라 부른다.

이와는 반대로 봉건적 압제 정치에 반항하여 민주주의 확립을 위해 정치와 사회의 현실을 문학의 대상으로 삼으려는 측도 있었다. 이들을 청년독일파(Das Junge Deutschland)라고 부른다.

전자는 전원적, 가정적, 정치적 대상을 사실성 있게 그린 도피적 예술이고, 후자는 진보적, 참여적 요소를 지닌 경향 문학이다. 이 양자가 독일 사실주의의 선구적 역할을 담당한다. 그들의 작품 속에는 여전히 전시대적 요소가 많이 남아 있다.

1. 19세기 정신사의 발달

고전주의와 낭만주의 그리고 독일 관념론 철학은 새로운 정신 사조에 의해서 퇴색된다. 국가주의와 자유주의, 그리고 사회주의는 19세기 정신사의 발전에 뚜렷한 흔적을 남긴다. 인생의 모든 현상에 대하여 세계 내재적이며 사실적인, 나아가서 유물론적인 경향이 초월적이고 형이상학적인 속박을 구축한다. 민중 자신들에 대한 고조되는 신뢰감과 자유주의가 몰고 온 경제적이고 정치적인 면에서 커다란 성과와 근대의 자연과학 등이 당시까지는 생각할 수 없던 정치적이고 경제적이며 군사적인 힘과 더불어 19세기 말의 제국주의의 성립에 전제 조건이 된다.

이러한 급속한 발전의 뒤에는 정신적이고 물질적인 위기가 잠재해 있다. 이 위기는 정신적이고 물질적인 몰락의 위협을 받는 산업 노동자의 위기가 되어 결국 제1차 세계대전이 파국으로 치닫게 된다. 헤겔, 쇼펜하우어, 마르크스, 니체 등은 이러한 격동의 시대에 제기되는 문제점들을 파헤치며 이 시대의 정신사의 발전에 결정적인 역할을 한다.

(1) 헤겔(Georg Wilhelm Friedrich Hegel, 1770~1831)

헤겔은 독일의 국경을 넘어서까지 의미를 획득한 체계를 창조했는데, 그는 역사와 문화 현상을 인간 속에서 점점 커지는 자기 자신의 의식에 도달하는 세계정신(Weltgeist)의 계시로써 파악했다. 이러한 의식 과정의 법칙을 헤겔은 변증법 속에서 주시한다.

그것에 따르면 헤겔에게 있어서 의식 없는 동물과 대립되는 인간 존재의 원천인 정신은 인식하는 주체와 그 객체에 영향을 준다는 사실이 전제가 되고 있으며, 다른 면에서 볼 때, 외부로 향해 세워진 대상, 현상 세계는 다시 자아로 재귀되며, 그리하여 분리(Analysis)는 다시 의식의 통일(Synthesis) 속에서 지양된다는 사실에 의해서 비로소 인식행위가 가능하게 된다. 헤겔은 세계사란 신의 의지가 단계적으로 실현되는 과정이라 말한다. 그것은 변증법적으로 발전하는데, 물질에도 영향을 미치는 정신적 태도를 표현한 사유의 개념인 모든 정(正)은 반(反)을 야기하며 그로 인해서 분열이 생기게 되나 그러한 분열은 합(合)에서 다시 지양된다. 합(合)은 다시 새로운 정(正)을 잉태하는데 이렇게 해서 변증법적인 과정이 계속된다는 것이다.

(2) 쇼펜하우어(Arthur Schopenhauer, 1788~1860)

쇼펜하우어는 그의 저서 「의지와 표상으로서의 세계(Die Welt als Wille und Vorstellung, 1819)」로써 염세주의의 철학적 체계를 세웠다. 그는 정신 속에서가 아니라 끊임없는 만족을 모르는 목표도 없는 의지 속에서 세계의 본질을 본다. 이것이 삶의 고뇌이다. 왜냐하면 의지가 그 목표를 달성하자마자 또 다시 다음 목표를 추구하기 때문이다. 이러한 참을 수 없는 상태로부터는 단 하나의 해결책이 있을 뿐이다. 즉 삶에의 의지의 부정이 그것이다. 의지는 금욕을 통해 제어되거나 혹은 세계와는 무관한 순수한 명상 속에서 극복되어져야 하기 때문이다. 목표 없는 진보에 대한 믿음과 현존재의 황폐화에 괴로워했던 그릴파르쩌, 헵벨, 라아베 같은 이들은 쇼펜하우어의 염세주의를 긍정했다. 쇼펜하우어에 따르면 정신이나 이성 어느 것도 절대적인 실체가 될 수 없으며 오히려 근원적인 의지가 항상 인간을 새로운 욕망으로 구축하는데 역사의 과정에서 증명되듯이 그러한 욕망은 언제나 새로운 고통을 불러일으킨다는 것이다. 그러나 다만 인간이 스스로를 극복하고 이웃에 대한 동정을 느낄 때에만 위기로부터 벗어날 수 있다는 것이다.

(3) 마르크스(Karl Heinrich Marx, 1818~1883)

마르크스는 엥겔스와 공동으로 「공산당 선언(Das kommunistische Manifest, 1848)」과 그의 주저서인 「자본론(Kapital, 1867/1894)」을 발행했다. 당시의 독일의 노동자는 노동조합을 만들고 정치적으로는 마르크스주의적 사회민주주의 노동당을 조직하고 정부는 포괄적인 사회입법을 추진하나 시민 계급과 프롤레타리아 간의 분열은 해결되지 않으며 노동 계급과 교회 사이에도 분열이 일어난다.

마르크스는 헤겔의 변증법적 역사관을 인용하지만 세계와 인간의 관계를 규명해주는 것은 정신이 아니라 물질이라는 견해를 표명한다. 즉 변증법적 유물론을 주장한다. 역사의 과정은 계급투쟁으로 계속된다고 본다. 최후의 투쟁은 프롤레타리아와 부르조아 사이에서 이루어지는데 결국에는 프롤레타리아가 승리하며 동시에 피지배자로부터 지배자를 보호하는 국가가 필요 없는 계급 없는 사회가 도래하게 된다. 또한 마르크스는 잉여 가치론에서 자본주의 사회에서 무산 계급이 처한 절망적인 상태를 폭로한다. 고용주는 노동자가 최소한의 생존에 필요로 하는 것 이상의 임금을 지불하지 않는다. 그는 이윤의 대부분을 새로운 생산 수단이나 새로운 권력을 얻는 데에 사용한다. 자본주의자들은 서로 권력을 차지하려고 하기 때문에 결국 만인에 대한 투쟁 이후에는 소수의 고용주와 절대 다수의 피고용자가 서로 대립하게 된다. 이러한 다수에게 있어서는 진정한 인간 존재의 회복을 위해서 생산 수단의 지배가 필연적인 것이며 그들은 그것을 모든 사람의 복지를 위한 공동재산으로 이용하고 관리한다. 이렇게 함으로써 사회적인 문제가 해결된다는 것이다.

(4) 니체(Friedrich Nietzsche, 1844~1900)

니체는 독일 현대 문학에 가장 큰 영향을 끼친 사상가이다. 세계관과 형식에 있어서 현대 문학이 문제로 삼고 있는 많은 것들이 니체에게 기인한다고 해도 과언이 아니다. 그의 첫 논문인 「음악정신에서 비극탄생(Die Geburt der Tragödie aus dem Geiste der Musik)」에서 쇼펜하우어의 지도로 희랍극이 발생해서 멸망할 때까지의 과정을 해명한다. 그는 아폴로적(apollinisch)으로 해석되어 온 희랍 문화 속에서 낭만적인 측면인 디오니소스적(dionysisch)인 요소를 발견하고 디오니소스적인 예술 충동이 문화 창조의 원동력이라고 강조한다. 그리고 새로운 독일문화를 창조하기 위해서는 디오니소스적인 정신으로 돌아가야 한다고 강조한다. 그의 두 번째 작품인 「반시대적 고찰(Unzeitgemäße Betrachtungen, 1873)」에서는 근대문화를 신랄하게 비판하면서 인류의 목적은 개성 및 인격을 양성하는데 있음으로 군중이 아니라 천재가 나와야 된다고 주장한다. 또한 「짜라투스트라는 이렇게 말했다(Also sprach Zarathustra, 1883~91)」에서 고향을 버리고 10년간 산속에 은거한 짜라투스트라는 하산 도중에 크리스트교 신자와 이야기 도중에 「신이 죽었다(Gott ist tot)」고 하는데 이 독백은 유럽 문화의 근원인 크리스트교가 이미 그 권위를 잃었다는 것을 의미하며 그 때문에 인간은 일체의 의존 처를 잃고 허무가 지배하는 시대를 맞이하게 되었다는 것이다. 즉 모든 권위의 주체를 신에 두는 종래의 사상과 도덕이 전면적으로 부정되고 있는 것이다. 그리고 그 자리에 초인(Übermensch)이 들어와 허무시대를 극복해야 한다는 것이다. 전반부는 초인에 관한 문제를 다루나 후반부는 영겁회귀(Ewige Wiederkunft)를 논하고 있다. 영겁회귀란 의미도 없이 불가피하게 회귀한다는 것이다. 니체의 영향을 받은 작가는 수없이 많다. 니체는 모든 가치 전환을 선언했으나 미의 숭배만은 예외였다. 예술가는 선악의 피안에 서서 예술 지상주의적인 입장을 취하고 예술 창조 이외는 아무런 목적을 지니지 않아야 한다는 것이다. 니체의 비판은 당시의 정신적, 정치적, 사회적인 분야의 대표자들에게 초점을 맞춘다. 부르조아는 국가나 교회, 사회주의 운동과 꼭 같이 쇠퇴하게 된다는 것이다.

니체는 초인의 모습에서 몰락해 가는 문명의 위기에 직면하여 편협이나 안일에서 벗어나 제한 없으며 영웅적인 자유의 어지러운 고지, 즉 선과 악의 피안의 세계로 몰고 가는 어떤 길을 제시한다. 분열과 모순, 위대함과 희망이 가득 찬 세계로 시선을 보내며 신비스러운 인간의 영혼을 밝혀주는 사상가로서, 그리고 언어의 대가로서 니체는 그의 작품에 나타나는 모든 당착에도 불구하고 정신사에 가장 영향력 있는 인물 중의 한 사람이다.

2. 비더마이어 시대(낭만주의와 사실주의 사이)

비더마이어(Biedermeier)라는 말은 아이히로트(Ludwig Eichrodt, 1827~1892)가 발표한 비정치적이고도 도피적인 시 「슈바벤의 학교 교사 고틀리프 비더마이어와 그의 친구 호라티우스 트로이헤르츠의 시(Gedichten des schwabischen Schullehrers Gottlieb Biedermeier und seines Freundes Horatius Treuherz)」에 나오는 우직하고 소박한 작중 인물의 이름에서 유래된 것이다. 이후 비더마이어 하면 「우직자」라는 뜻을 가지게 되었고, 쾌적하고 자기 충족적인 생활을 추구하는 그 당시의 시민 감정을 나타내는 말로 쓰이기도 하였다. 그러나 이것이 하나의 유파 혹은 단체가 아니고 공통적인 요소를 지닌 경향이다.

이 경향의 작가, 시인들은 사회 현상에는 상관하지 않고, 영원불변한 대지와 자연에 열을 올리며, 전원적, 목가적, 정취(情趣)적, 가정적 소재를 세밀히 사실적으로 묘사하였다. 이들은 전시대적 요소를 지닌 가운데서 새로운 리얼리즘의 길을 가려고 한 것이다. 그릴파르쩌(Franz Grillparzer)의 동화극 「꿈 인생(Der Traum ein Leben)」속에 다음과 같은 귀절이 있는데, 이것이 비더마이어적 경향을 단적으로 잘 나타내 주고 있다.

이 세상의 행복은 오직 하나	Eines nur ist Glück hienieden,
그것은 조용한 마음의 평화와	Des Innern stiller Friede
죄 짓지 않는 가슴이다.	Und die schuldbefreite Brust
위대한 것은 위험하고	Und die Größe ist gefährlich,
명예는 뜬 장난,	Und der Ruhm ein leeres Spiel;
명예가 주는 것은 허무한 그림자요	Was er gibt, sind nichtige Schatten.
명예가 빼앗는 것은 너무도 많다.	Was er nimmt, es ist so viel.

이처럼 권세와 명성과는 인연을 끊고 오로지 마음의 안정만을 누리려는 심적 태도, 이것이 비더마이어적 감정인 것이다.

자연과 인간을 사실적으로 파악하려는 시도와 함께 고전주의와 낭만주의의 성격이 과도기적인 이 시기에 두드러지게 나타난다. 울란트(Ludwig Uhland)의 담시들이 나온 후 몇 년 되지 않아서 플라텐(August Graf von Platen- Hallermünde)이 사용하는 엄격한 형식의 가젤시형과 소네트가 나오고 또 그와는 전혀 다른 양식인 레나우(Nikolaus Lenau)와 뫼리케(Eduard Mörike)의 시가 등장한다. 이것은 이상과 현실과의 갈등, 예술과 인생간의 긴장감이 낭만주의 이후에도 극복되지 못하고 있음을 보여주고 있다. 울란트의 「슈바벤의 공작 에른스트(Ernst, Herzog von Schwaben, 1818)」와 「루드비히 데어 바이어(Ludwig der Bayer, 1819)」, 푸케(Friedrich de la Motte Fouquè)의 「북방의 영웅(Der Held des Nordens)」, 플라텐의 「운명의 갈림길(Die verhängnisvolle Gabel, 1826)」 등의 드라마와 비교해서 그릴파르쩌(Franz Grillparzer)의 작품과 그 속에 등장하는 등장인물들은 당시의 비더마이어적인 시민의 생활양식에 잠재해 있는 이상과 현실 사이의 심한 갈등을 훨씬 더 뚜렷하게 부각시킨다. 심한 우울증과 염세주의에 빠지며 종종 자신의 재능에 회의를 느끼는 그릴파르쩌는 비극적인 상황에 처하여서라기보다는 내면적인 갈등에 의해서 스스로 몰락해 가는 인물을 그리고 있다. 메테르니히(Klemens Wenzel Fürst von Metternich, 1773~1859) 시대에 오스트리아가 처한 정신적이며 정치적인 상황이 빈(Wien)극의 전통과 함께 그릴파르쩌의 드라마에 나타난다. 라이문트(Ferdinand Raimund, 1790~1836)와 네스트로이(Johann Nestroy, 1801~1862)는 이러한 대중 연극의 거장들이다.

(1) 뫼리케(Eduard Mörike, 1804~1875)

뫼리케는 슈바벤의 루드비히스부르크에서 의사의 아들로 태어나 신학을 전공하여 목사가 되었으나, 목회의 부담으로 목회활동을 그만두고 튀빙겐 대학에서 명예박사 학위를 받고 카타린넨 신학교에서 문학 강의를 하면서 평온한 만년을 보냈다.

뫼리케는 소설가요 서정 시인인데 서정 시인으로 더 유명하다. 그는 그 시대의 정치 싸움에 한 번도 관계한 적이 없는 비더마이어적인 순수 시인이라 할 수 있으나, 그의 詩의 단정한 형식은 고전주의적이고 자연의 신비를 감득한 측면은 낭만주의적이고 사물과 사건의 정밀한 묘사는 사실주의적이라 본다. 그의 많은 시들이 브람스와 볼프 등에 의해서 작곡되어 시와 음악의 훌륭한 결합과 조화를 보여주고 있다. 그는 시 작품 외에도 예술성 넘치는 소설과 유머러스한 동화도 썼다. 표현은 극히 섬세하고 언어는 아주 음악적이다.

① 화가 놀텐(Maler Nolten, 1832)

유일한 장편소설로서 「빌헬름 마이스터」를 본받았다고 하나, 교양 소설적 요소는 별로 없다. 젊은 화가 놀텐(Nolten)이 약혼자 아그네스(Agnes)가 자기를 배신했다고 오해를 하여, 그녀와 헤어지고 다른 여성에게 마음이 끌리고 있었는데, 이 사실을 안 친구가 아그네스와 가짜의 교신을 계속하여 두 사람의 사랑을 붙들어 매어놓고 있다. 뒤에 이 친구는 이 사실을 놀텐에게 고백한 후 자살해 버리고, 아그네스도 이 사실을 알고 죽으며, 놀텐이 그 뒤를 또 따른다. 친구를 생각해 주는 일은 좋은 일이지만, 남의 마음의 문제에 개입하는 것은 대단히 위험하다는 것을 이야기해 주고 있다.

② 프라하로 여행하는 모짜르트(Mozart auf der Reise nach Prag, 1855)

뫼리케의 만년의 걸작인 단편소설로서 낭만적인 색채가 짙은 작품이다. 이 소설의 모델은 물론 모짜르트이나, 사건 자체는 완전한 허구이다. 작자는 비록 허구이기는 하지만, 행복의 절정에 있는 한 예술가의 상을 떠올려 한 천재의 운명과 창조의 비밀을 통찰하면서 자기 자신의 풍부한 시정(詩情)을 표출해 보려고 한 것이다. 사건 자체는 허구일지라도, 모짜르트의 예술 정신만은 뫼리케의 언어 속에 역력히 나타나 있다. 주인공의 죽음을 예고하는 어두운 그림자가 감돌고 있다.

(2) 그릴파르쩌(Franz Grillparzer, 1791~1872)

오스트리아 빈에서 변호사의 아들로 태어나 대학에서 법학을 공부했다. 궁정 도서관에서 관리 생활을 했다. 소년시절부터 연극에 취미가 많았고 도서관원 시절에는 어학을 배워 각국의 고전을 애독하였다. 그의 작품 경향은 운명비극으로 「조비(Die Ahnfrau)」, 고전주의 경향을 나타내는 「사포(Sappo)」, 「바다의 물결, 사랑의 물결(Des Meers und der Liebe Wellen)」, 시대와 민족과 공동체에 대한 관심에서 「오토카르 왕의 행복과 종말(König Ottokars Glück und Ende)」, 순수한 비더마이어적인 생활 감정에서 쓴 「꿈 인생(Der Traum ein Leben)」, 「황금 양모피(Das goldene Vlies)」 등이 있으나, 모든 작품의 바닥에는 비더마이어적인 감정이 깔려 있다.

① 조비(Die Ahnfrau, 1816)

5막으로 된 운명비극이다. 옛날 간통하다가 남편에게 죽은 백작부인의 망령의 출몰과 그 저주로 일족이 파멸한다는 이야기이다. 어릴 때 유괴된 백작의 아들 야르미르가 자라 도적단의 괴수가 되어 백작의 딸 베르타를 누이인줄 모르고 약탈하여 사랑한다. 드디어 자기를 진압하러 온 백작을 죽인 다음 그의 출생의 비밀을 알게 되고 누이 베르타는 그가 오빠임을 알고 자살한다. 야르미르는 베르타를 꼭 닮은 선조 할머니의 망령을 따라가 무덤 속에서 망령의 팔에 안겨 죽는다는 내용이다.

② 사포(Sappo, 1818)

기원전 6세기 희랍의 여류시인 사포의 역사적 사실을 소재로 한 5막 비극이다. 이 작품은 시인이라는 고귀한 사명 때문에 현실생활의 행복을 단념하지 않을 수 없는 한 예술가의 비극이다. 위대하고 초월적인 여류시인이 세속적인 사랑을 알고부터 인간적인 요소라고 할 수 있는 정욕, 질투, 복수심 같은 충동에 사로잡히게 되었고, 예술과 생의 대립을 실감하게 된다. 이 갈등을 극복하기 위해 스스로 택한 것이 자살이다. 그러므로 이 작품은 현실 생활과 예술과의 갈등을 다룬 비극이라 할 수 있는데, 이와 같은 갈등은 작자 자신이 당면했던 문제이기도 하다. 이 극은 3통일 법칙이 잘 지켜졌으며 부르크 극장에서 초연되었을 때 대성공을 거두었다.

③ **황금 양모피**(Das goldene Vlies, 1821)

희극 전설에서 소재를 가져온 운문 극인데 이야기 줄거리는 전설과 큰 차이는 없으나 인물에 근대적인 성격이 부여되어 있고 냉철한 심리묘사가 눈길을 끈다. 비더마이어적인 감정이 직접적으로 나타나 있는 희곡이다. 희곡의 끝장면의 묘사 중에서 "이 세상의 행복은 무엇일까? 그것은 그림자! 이 세상의 명예는 무엇일까? 그것은 꿈!" 하는 내용에서 비더마이어적인 작자의 체념적이고 도피적인 사상을 잘 나타내고 있고 이 작품의 근본 모티프가 집약된 귀절이라고 볼 수 있다.

④ **오토카르 왕의 행복과 종말**(König Ottokars Glück und Ende, 1825)

보헤미아의 왕 오토카르 2세가 오스트리아를 손에 넣고 헝가리를 장악하기 위한 계략 중에 귀족들과 선제후들이 형인 합스부르크 왕 루돌프를 따르는 관계로 오토카르가 전사한다는 내용으로서 권력 있고 교만하고 명성을 떨치던 오토카르 왕이 파멸한다는 이야기인데 모든 행위 속에는 위험하고 무상한 운명이 도사리고 있으며 부귀영화도 한갓 뜬구름에 지나지 않는다는 작자의 사상이 구체화 되어 있다.

⑤ **거짓말하는 자여 화를 입어라**(Weh dem, der lügt, 1838)

이것은 3막으로 된 희극인데, 렛싱의 「민나 폰 바른헬름」, 클라이스트의 「깨어진 항아리」와 더불어 독일 3대 희극의 하나이다. 이극은 비록 희극이지만 웃음을 억지로 강요하는 단순한 소극의 차원을 넘어 고차원적인 익살과 풍자가 넘쳐흐른다.

⑥ **합스부르크家의 형제싸움**(Ein Bruderzwist in Habsburg, 1872)

그릴파르쩌의 작품 중에서 가장 자기 고백적이며 그의 생활을 결산하며 합스부르크家의 문제성을 다룬 비극적인 표현물이다. 황제 루돌프 2세는 행동력이 결여되고 나약한 성격의 소유자로 형제싸움과 종교전쟁의 와중에서 제국의 위기를 인식하고 인간들에게 실망하고 자연에 눈을 돌린다는 내용이다.

3. 청년독일파(Das junge Deutschland)

청년 독일파란 3월 혁명 이전의 혼란기에 비더마이어적인 경향과는 달리 정치성을 띤 혁명적이고 참여적인 작가들을 말한다. 이들은 정치적이고 사회적인 현실을 비판하고 공격하며 사회개혁을 위한 선동에 주력하였다. 예술적이고 본질적인 순수 문학 대신에 혁명 문학이고 참여 문학이 한 시기를 풍미하였다.

1835년 보수적인 독일 연방 참의원이 이러한 성향을 지닌 시인 5명의 출판을 금지시켰다. 이 5명이 바로 하인리히 하이네, 카를 구츠코, 루돌프 빈바르크, 테오도르 문트, 하인리히 라우베이다. 이들은 어떤 단체를 조직한 것은 아니나, 출판 금지 처분이 그들에게 정치적 순교자라는 이름을 붙여 주어, 이들을 더욱 유명하게 하였다.
그리고 그들의 저서는 더욱 보급이 되었다. 이 5명을 독일 문학사에서 청년 독일파(Das junge Deutschland)라 부르고 있다. 이 파를 청년 독일파라고 부르는 유래는 빈바르크(Ludolf Wienbarg)가 그의 저서인 「미적 출정(Ästhetische Feldzüge, 1843)」의 서두에서 「이 글을 청년 독일에 바치노라(Dem jungen Deutschland widme ich diese Reden)」고 쓴 헌사에서 비롯된다.

칼스바트의 결의와 선동 박해령에서 보듯이 정부나 종교당국은 프랑스 혁명 이후로 전 유럽에 확산된 국가주의나 자유주의를 불신하고 억압하게 되었다. 주요 작가들은 의도적으로 일상 정치에서 멀어지는 반면에 다른 작가들은 그러한 것으로부터 완전히 탈피하여 오래전부터 전해오는 쟝르로서 전원문학이나 향토문학에 새로운 활기를 불어넣게 했다. 또한 젊은 층의 여러 작가들도 당시를 지배하던 정신적 사회적 상황에 대해 반기를 들며 고전주의나 낭만주의 경향에서 탈피하여 국가, 종교, 도덕 등의 모든 속박에서 벗어나려 했다. 하이네, 뵈르네, 라우베, 구쯔코 등의 작가들은 모두 이러한 의도에서 작품을 썼다. 그러나 그들의 저술은 1835년 연방의회의 결정으로 금지되었다. 이러한 탄압은 「청년 독일파」를 겨냥한 것인데 여기에서 그 명칭이 유래하게 되었다.

이들은 문학을 사회혁신의 도구로 삼으려 했기 때문에 내용에 있어서나 형식에 있어서 낡은 것을 타파하고 새로운 것을 창출하려 했다. 따라서 문체도 저널리스틱한 일상적 용어에 의한 신랄한 논쟁적인 것을 애용하게 되고, 시적 창조보다도 평론에 역점을 두었다. 그들이 표방하는 바는 무엇보다도 정신과 언론의 자유, 소시민, 부인, 유태인 등과 피압박자들의 해방, 민주주의의 실행과 세계 시민적 문화관의 확립 등 사회적, 정치적 문제들이었다.

이와 같은 사상에서 나온 작품들은 솔직히 말해서 저널리즘적인 정신밖에 없다. 물론 이들도 시대의 양상과 정신을 묘사하겠지만, 시대가 바뀌어도 지닐 수 있는 긴 생명력은 없는 것이다. 사실 하이네 한 사람을 제외하면 문학사상 걸출한 사람이 없다. 하이네도 실은 로맨틱한 곳에 그의 진면목이 있다고 볼 수 있다.

(1) 하이네(Heinrich Heine, 1797~1856)

하이네는 뒤셀도르프에서 유태인 상인의 아들로 태어났다. 19세 때 함부르크에서 숙부가 경영하는 은행의 견습생으로 근무하면서 종매인 아말리에를, 그리고 그녀의 동생인 테레제를 열렬히 사랑했다. 이 사랑은 꽃을 피우지 못했지만, 이때부터 시정(詩情)이 싹터 많은 연애시를 썼다. 상업에 뜻이 없던 그는 변호사가 되기 위해 본, 괴팅겐, 베를린 대학에서 법률을 배우면서 빌헬름 슐레겔, 헤겔 등의 강의를 듣고 많은 영향을 받았다.

하이네는 청년독일 파에서 가장 재능이 있고, 사상가로서도 대표적인 위치에 있었던 사람이다. 그는 낭만파에서 출발한 서정 시인으로서 많은 감상적인 연애시를 남겼으나, 뒤에 혁명 시인으로 전향하여 현실적, 정치적 방향을 택했다. 그는 비록 혁명 시인이 되기는 했지만, 이는 어디까지나 의식적인 것이었고, 그의 작품과 생애 자체를 미루어 보면 낭만적인 것에 그의 본질이 있지 않았나 하는 생각이 든다. 그의 초기의 감상적이고 달콤한 연애 시는 온 세계에서 애송되고 있다.

27세 때 하르츠를 여행하고 그 기록으로서 「하르쯔 기행(Die Harzreise)」을 썼다. 30세 때는 영국으로 가서 「영국 단편(Englische Fragmente)」을 썼고, 귀국 후 그때까지 쓴 시를 모아서 시집 「노래책(Das Buch der Lieder)」을 출판했다. 시인으로서의 명성이 높아지자 그의 로맨틱한 작품은 점점 정치와 사회비판으로 옮겨 갔다.

1830년 7월에 프랑스 혁명이 발발하자 자유의 나라 프랑스 파리로 망명했다. 그는 신문기자가 되어 프랑스 신문에 독일을 소개하기도 하고 조국의 부르짖음을 내용으로 하는 논문들도 실었다. 1835년 독일 의회에서 청년독일 파 시인들의 저서가 출판 금지되자, 경제적으로 궁핍한 상태에 빠지게 되었다. 그러나 창작은 계속되어 풍자 서사시인 「아타 트롤(Atta Troll)」과 「신 시집(Neue Gedichte)」, 혁명적 서사시 「독일, 겨울의 동화(Deutschland, ein Wintermärchen, 1844)」 등의 걸작이 발표되었다.

독일시인 가운데 하이네만큼 전 세계적으로 이름이 알려지고 그의 시가 애송된 사람도 드물다. 동시에 하이네만큼 많은 適을 가진 사람도 드물다. 그는 낭만주의의 후예이며 자기 자신의 모순적인 성격 때문에 일생을 비극으로 마쳤다. 그는 독일과 프랑스, 낭만주의와 사실주의, 유태교와 기독교, 부르조아와 프롤레타리아, 연애와 혁명 등의 이율배반 속에서 살았다.

① 여행의 그림(Reisebilder, 1826~1831)

이것은 여행기로 하르쯔 여행의 기록인 「하르쯔 기행(Die Harzreise)」, 북해 연안 기록인 「북해(Die Nordsee)」, 영국 여행 기록인 「영국 단편(Englische Fragmente)」, 이탈리아 여행을 기록한 「이탈리아 기행(Italienische Reise)」 등이 수록되어 있다. 자연묘사가 뛰어나고 낭만적 요소가 짙다.

② 노래의 책(Das Buch der Lieder, 1827)

이 작품은 청춘을 노래한 사랑의 시들이 수록된 시집으로서 낭만적 색채가 농후하고 하이네의 명성을 세계적으로 높인 시집이다. 하이네가 함부르크 숙부 은행에서 실습할 때 숙부의 두 딸을 동시에 사랑한 사랑의 괴로움이 잘 나타나 있다.

③ 독일, 겨울동화(Deutschland, ein Wintermärchen, 1844)

1843년 하이네가 약 한 달 독일에 체재한 적이 있었는데, 이때의 독일의 인상을 파리에 돌아가서 쓴 풍자적 서사시이다. 이 시에서는 독일의 현실이 철저히 폭로되고 있다.

4. 시적 사실주의(Der poetische Realismus)

1848년 3월 혁명이 실패로 돌아가자, 독일은 보수 정책이 강화되고, 자유주의적 풍조는 쇠퇴한다. 문학도 청년독일 파에서 본 바와 같은 정치적, 사회적 경향에서 벗어나 자기중심적, 내성적 방향으로 옮아가, 예술 자체를 위주로 하는 순수한 사실주의가 생겨난다. 이 시기부터 자연주의가 대두할 때까지의 사실주의를 독일 문학사에서는 일반적으로 시적 사실주의(Der poetische Realismus)라고 부르고 있는데, 이는 본격적인 사실주의, 즉 사실주의의 전성기라고 할 수 있다. 본질적으로는 3월 전기와 큰 차는 없으나, 우선 과도기적인 동요가 없어지고, 선동적 태도가 지양되고, 비더마이어의 체념적 요소가 퇴조하고, 사실 자체를 위주로 하는 예술 활동이 전개된다는 뜻이다.

시적 사실주의란 말을 만들어 낸 사람은 오토 루드비히(Otto Ludwig)이다. 그가 그의 문학론에서 이 말을 처음 사용하였는데, 이 말이 그 시대의 독일 사실주의의 특징을 잘 대변해 주었기 때문에, 아돌프 슈테른(Adolf Stern)이 그의 문학사에서 시대 구분 용어로 사용한 이후 일반화 되었다.

시적 사실주의란 한마디로 말해 현실 생활 속에서 시를 찾는 문학이라는 뜻이다. 낭만주의는 비현실 속에서 시를 구했으나, 시적 사실주의는 현실에서 그것을 찾는다. 관념적이 아니고 체험적으로, 철학적 방법보다 과학적 방법으로, 동경이 아니고 제시함으로써 그것을 구하는 것이다. 시적 사실주의는 현실을 다루되 청년독일 파처럼 예술을 공리적으로 생각하지 않고, 인간의 내면적 깊이를 중히 여기며, 예술적 미적 측면을 존중한다. 이처럼 그 발단은 정치의식에 있었다 하더라도 정치적, 사회적 당면 문제보다 개인적, 미적, 예술적 면을 소중히 한다. 예술적 처리 과정에 있어서는 작가의 정신과 마음속의 법칙에 의해 소재를 차원 높이 이상적으로 재배치하는데, 즉 대상을 선택하고, 순화시키고, 농축시키는 데에 시적 사실주의의 진면목이 있다고 볼 수 있다. 그래서 있는 그대로의 현실과는 다소 유리되고 이상화된 모습으로 표출되는 경우가 있으나, 대체로 환경과 인간과의 상호 관계를 추구하면서 개인적인 생의 문제들을 합리적으로 리얼하게 묘사하는 것이다. 그러니 시적 사실주의의 근본은 어디까지나 인간 자체와 현실적인 미의 추구에 있다고 볼 수 있다. 이처럼 사회 문제에 대해서는 적극성이 없고, 인간의 내면 문제에 치우치는 감이 짙다고 해서 심리적 사실주의 혹은 현실적 이상주의라고 부르기도 한다.

1) 드라마

나폴레옹 전쟁 이후 국가주의와 복고주의가 우세한 세력을 얻으려고 서로 노력하고, 증기기관이나 직조기 등의 전대미문의 발명이 제1차 산업혁명을 일으키게 되자, 모든 시민적인 것이 정신적이며 정치적인 논쟁의 중심이 되었다. 그러나 복고주의가 승리하게 되자, 비더마이어 시대에서 보듯이 국가적인 감격 대신에 오히려 깊은 환멸감으로 시민들은 그들의 좁은 고향이나 안전한 가정 세계로 움츠러들어 버리고 중요한 정치적 사회적 경제적인 결정은 당국의 권한에 속하게 되었다. 따라서 문학은 지방의 편협성으로부터 벗어나지 못하는 위험에 처했다.

언어는 문장구조와 어휘의 선택에 있어 구어체에 접근하며 일상적인 사건이 이야기의 중심을 이루면서도, 일상적인 것을 보편타당한 것으로 끌어올리는 데 성공하였으며 언어와 인간상에서 그 특색이 뚜렷하게 나타나는 사실주의를 수단으로 하여 중요한 작품이 등장했다. 마르크스 이론의 정신적인 영향을 받은 사회주의 운동이 문학에도 영향을 미쳤다. 초기 사실주의의 드라마는 낡은 질서의 변혁을 반영했다. 고전주의 양식은 사라지게 되었으며 낡은 속박도 파괴되었다. 이러한 상황에서 그랍베와 뷔히너의 작품이 탄생되었다.

프리드리히 헵벨의 작품으로 사실주의의 드라마는 그 정점에 달했다. 그러나 헵벨은 인간정신의 자율성을 더 이상 인식하지 못했다. 즉 그의 근본 태도는 염세적이다. 작품의 주인공들의 비극적인 좌절은 필연적으로 그들 자신의 실존에서 결과된 것이다. 형식상에서 헵벨의 비극들은 뷔히너와 그랍베의 작품과는 대조적으로 고대비극과 고전주의의 독일 드라마의 영향을 받고 있다. 오토 루드비히는 쉴러, 헵벨, 셰익스피어에 깊이 몰두하여 그것들을 분석해 보고 드라마적인 것에 대해 새로운 이해를 얻고자 고심했다. 그의 작품에서 문학적인 성과를 거둔 것은 「세습 산림 관」이다.

(1) 뷔히너(Georg Büchner, 1813~1837)

뷔히너는 헷센의 다름슈타트 근교에서 외과의사의 아들로 태어나, 슈트라스부르크와 기센 대학에서 의학, 철학, 역사를 배웠다. 1830년 7월 프랑스 혁명이 일어나자, 그는 그것에 자극을 받고 혁명 사상이 싹트게 되었으며, 이를 계기로 프랑스 혁명을 중심으로 하는 역사 연구에 몰두하였다.

그 당시의 헷센은 봉건 군주의 악정 때문에 혼란이 거듭되었고, 농민들은 매우 궁핍하였다. 뷔히너는 동지들과 압정 타도를 위해 비밀 조직인 인권 협회를 조직하여 악정을 폭로하는 팜플렛을 배포했다. 이것이 발각되어 관헌들에게 쫓기고 있을 때, 망명 비용을 마련하기 위해 쓴 희곡이 명작 「단톤의 죽음(Dantons Tod)」이다. 이 희곡은 구쯔코의 추천에 의해 출판되었다.

슈트라스부르크로 피한 뷔히너는 다시 동물학 연구에 몰두했다. 1836년 가을 스위스로 옮겨 취리히 대학에서 학위를 받고 강사가 되었으나, 다음해 2월 장티푸스에 걸려 급사했다. 「단톤의 죽음」 이후의 작품은 그의 사후 유고로서 출판된 것이다.

「청년 독일파」에 속하지는 않지만, 사상적으로는 그 연장선상에 있고, 절규와 선동 대신에 정치적 틈바구니 속에서 빚어지는 인간의 비극을 차원 높이 예술적으로 조형한 극작가이다. 그는 생전에 희곡 「단톤의 죽음」 한 편을 발표하고, 24세에 요절하였으나, 그의 존재는 투철한 사실성과 근대성 때문에 독일 문학사상 중요한 인물이다. 그의 문학이 사람의 마음을 감동시키는 것은 사실성과 근대성은 말할 것도 없고, 깊은 역사적인 지식과 성실한 생활의식 때문이다. 그의 작품의 소재들은 대체로 정치와 사회 현실에 관한 것이지만, 그 속에는 인생에 대한 지혜와 깊은 통찰이 있다. 그는 자연 과학적인 눈으로 사회 현실을 깊이 관찰하고, 현실의 사회고통을 뼈저리게 체험하면서, 새로운 인간 존재를 창조해 보려고 하였다.

① 단톤의 죽음(Dantons Tod, 1835)

「극작가는 역사가에 지나지 않으며, 일어난 사건을 현실에 가장 근사하게 표현하는 것이 극작가의 최대의 사명이다」라고 뷔히너 자신이 말했듯이 프랑스 혁명을 소재로 해서 줄거리와 인물까지도 그대로 묘사하고 있다.

한때 정열을 기울였던 프랑스 혁명이 위태로운 침체기에 빠지게 되자 온건파인 단톤은 향락생활을 보내며 동료들의 권고에도 불구하고 국민회의에서의 변론을 거부한다. 그러는 사이에 과격파의 두목인 로베스피에르는 혁명 수행을 고집하며, 양자의 대립상태가 극에 달하게 되자 로베스피에르는 단톤 일파를 감금한다. 감금상태에서 비로소 단톤이 변론을 펴지만 상대방에서는 단톤 일파의 여세를 두려워하며 재빨리 사형언도를 내린다. 그러자 단톤은 태연하게 감방에서 동료들과 작별을 하고 기꺼이 단두대에 오른다는 내용이다.

작자는 이 작품에서 영웅들의 사상과 행동이 혁명을 움직이는 것이 아니라 혁명을 움직일 수 있는 힘은 굶주린 민중들과 분별없는 대중 속에 있으며, 화려한 혁명가의 운명은 항상 불안정하다는 것을 말하고 있다. 이것이 뷔히너가 역사를 올바로 본 탁월한 견해인 것이다. 뷔히너가 그의 약혼자에게 보낸 편지 가운데 다음과 같은 구절이 있다: 「역사가 숙명적으로 어떻게 파멸되어 가는가를 나는 알고 있다…… 개인은 파도 위의 거품이요, 위대하다는 것은 우연에 불과하다. 천재의 통치는 하나의 인형극이요, 존귀한 법칙에 대한 가소로운 도발이다. 그 법칙을 안다는 것은 지고한 일이나, 그 법칙을 지배할 수는 없다.」 이것이 이 작품의 기본 사상이라고 볼 수 있다.

이와 같이 뷔히너는 혁명 시인이었지만, 선동적으로 작품을 쓴 것이 아니고 역사적인 객관성에 입각하여 시대의 흐름을 올바로 인식한 데에 그의 우수성이 있는 것이다. 그리고 작자는 냉엄하고 금욕적인 로베스피에르보다도 자유주의적이고 퇴폐적인 면이 있는 단톤에게 친근감이 가게끔 이야기를 진행시키고 있는데, 이것은 작자가 혁명 그 자체에만 집착하지 않는다는 증거이다. 이처럼 뷔히너는 이 작품에서 혁명의 틈바구니 속에서 몰락하는 인간의 비극을 사실적이고 예술성 높게 그린 것이다.

② 레온체와 레나(Leonce und Lena, 1843)

3막으로 된 동화풍의 희극이다. 부모들의 약속으로 결혼할 사이가 된 왕자와 공주가 제각기 멋 적은 결혼을 피하기 위해 집을 떠났으나, 결국은 서로 만나 연애를 하며 결혼한다는 줄거리이다. 유머와 기지가 넘치는 작품이다.

③ 보이체크(Woyzeck, 1836)

작가는 인간 사회의 바닥에서 천대를 받는 인간상을 묘사하고 있으며, 짤막한 장면의 변화와 박력 있는 표현으로 극적 효과를 거둔 사회극이다.

이발사로서 상사의 천대를 받으며 살아가는 병사 보이체크는 질투심에서 자기가 사랑하는 마리에를 죽인다. 그녀는 허영에서 경솔하게 특무상사에게 정을 주고 있었다. 배신당한 기분에 못 이겨 보이체크도 물에 빠져 자살한다는 내용이다. 주인공 보이체크는 온갖 고뇌에 시달리는 인간상의 표본이며 이 작품은 표현주의 문학의 선구를 이루고 있다.

④ 렌쯔(Lenz, 1839)

슈트름 운트 드랑 시대의 시인 렌쯔(Michael Reinhold Lenz)를 소재로 한 미완성의 단편소설인데 렌쯔의 정신병 상태와 심리상태를 리얼하게 묘사하고 있다.

(2) 헵벨(Friedrich Hebbel, 1813~1863)

베쎌부렌(Wesselburen)에서 가난한 벽돌공의 아들로 태어난 헵벨은 어릴 때부터 빈곤과 싸워야 되었고 교육도 제대로 받지 못했다. 14세 때 부친을 잃고 교회에서 서기 노릇을 하면서 도서관에서 책을 탐독했다.

23세 때 기고한 시(詩)가 인정받아서 잡지 발행인의 도움으로 하이델베르크, 뮌헨 대학에서 연구를 했다. 엘리제 렌징(Elise Lensing)이란 여인의 헌신적인 사랑과 도움으로 건강을 회복한 그는 창작욕에 불타 처녀작인 「유디트」를 완성했다. 그 후 덴마크 왕의 장학금을 받고 파리에 가서 시민비극 「마리아 막달레네」를 완성했다. 빈에서 부르크 극장의 명배우인 크리스티네 엥하우스(Christine Enghaus)와 결혼하여 생활의 안정을 얻어 해마다 걸작을 발표했다. 그의 작품은 빈에서보다 뮌헨과 바이마르에서 더 호평을 받았고 3부작인 「니벨룽겐」은 쉴러상을 받았다.

헵벨은 19세기 최대의 비극작가인 동시에 서정 시인으로도 재능을 인정받았다. 그는 주로 개인의 의지가 역사의 흐름 혹은 전체적인 것의 의지와 갈등을 빚다가 개인의 의지가 좌절하는 비극을 많이 썼다.

헵벨의 비극은 개(個)와 전(全)의 대립에서 언제나 개(個)가 파멸되는 것을 많이 다루었는데, 이것은 전(全)에 대치하고 있는 개(個)가 날 때부터 타고난 죄라는 것이다. 이 타고난 죄가 비극의 계기가 된다고 한다. 개(個)가 파멸되는 것은 종교적 혹은 인도적 죄악 때문이 아니고, 인간이 날 때부터 지고 있는 전(全)에 반항하는 죄 때문이라는 것이다. 이 죄는 죄가 될 수 없는 죄이다. 이 죄 아닌 죄로 인간에게는 비극이 발생하게 되는데, 이것이 소위 헵벨의 범 비극론(Pantragismus)이다. 헵벨은 이러한 비극은 문화적 전환기에 잘 나타난다고 한다. 그래서 그가 그리는 비극은 이러한 시대를 무대로 삼은 것이 많다.

① **마리아 막달레네**(Maria Magdalene, 1844)

이 작품은 작가가 뮌헨 시절에서 목수공 안톤 슈봐르쯔의 집에서 받은 여러가지 인상을 묘사한 시민 비극이다. 귀족과 시민과의 대립을 그린 것이 아닌, 시민 사회 자체에 도사리고 있는 비극이다.

목공 안톤은 도덕관념에 사로 잡혀서 체면만을 생각하는 소시민이다. 순진한 그의 딸 클라라(Klara)는 서기 노릇을 하는 레온하르트(Leonhard)와 약혼한 사이다. 그녀의 남동생 카알(Karl)이 절도 혐의를 받고 끌려가자 그의 어머니는 이에 놀라서 세상을 뜬다. 그래서 레온하르트는 그러한 사건으로 자기 출세에 지장이 있을 것을 염려해서 클라라와의 약혼을 파혼한다. 안톤은 아들의 사건과 딸이 이미 정조를 빼앗긴 것으로 체면이 손상되었다고 생각한다. 카알의 혐의가 풀리고 클라라가 어렸을 때의 친구인 어느 비서의 구혼을 받지만, 클라라는 이미 레온하르트의 씨를 배고 있었기 때문에 그 구혼을 거절하고 레온하르트에게 결혼을 재촉한다. 그러나 그는 자기 출세와 클라라의 가난한 살림을 빙자해서 거절한다. 그러자 비서는 레온하르트와 권총 결투를 해서 그를 죽이고 자기도 중상을 입는다. 이에 실망한 클라라는 체면을 존중하는 아버지의 질책에 못 이겨 아무 죄도 없이 우물에 빠져 죽는다는 내용이다.

② **헤로데스와 마리암네**(Herodes und Mariamne, 1849)

유대전설에서 취재한 5막 비극이다. 시대는 예수가 탄생하던 무렵인데 유대의 왕 헤로데스와 왕비인 마리암네 사이의 갈등을 소재로 삼고 헤로데스는 힘을 대변하고 마리암네는 지성을 대변하는 인물로 묘사되어 있다. 출정하게 된 왕 헤로데스가 왕비 마리암네의 사랑을 독점할 욕심으로 만약에 자기가 죽으면 왕비를 독살하라고 신하에게 명령한다. 남편에게 일이 생기면 뒤를 따를 각오가 되어 있는 왕비는 이 명령을 듣고 여성의 품위와 인격을 손상시켰다고 슬퍼한다. 재차 이런 일이 있자, 남편을 용서할 수 없게 된 그녀는 불의를 가장, 남편을 노하게 하여 사형에 처해진다. 그녀가 죽은 후 진상을 알게 된 왕은 후회한 나머지 미쳐 버린다. 그때 크리스트의 탄생 소식을 들은 왕이 베들레헴의 유아를 다 죽여 버리라고 명령한다는 내용이다.

③ **아그네스 베르나우어**(Agnes Bernauer, 1852)

바이에른의 왕자 알브레히트(Albrecht)는 아우구스부르크의 시민의 딸인 미녀 아그네스(Agnes)와 비밀리에 결혼한다. 왕 에른스트(Ernst)는 그들의 사랑을 이해하고는 있으나, 왕가의 위신과 국정의 위기를 생각한 나머지 아그네스에게 마녀라는 죄명을 씌워 사형에 처한다. 화가 난 알브레히트는 적과 결탁하여 아버지를 공격한다. 그때 아버지는 국가와 국민을 위해서는 왕은 개인적인 행복을 희생시켜야만 된다고 아들을 설득한다. 알브레히트는 아버지의 설득을 받아들여 화해한다는 내용이다. 국가를 위해서는 개인을 희생시키고, 왕은 어떤 개인들보다도 개인의 권리를 적게 가져야 된다는 헵벨의 국가관을 잘 묘사한 5막 비극이다. 원래 헵벨은 혁명주의자였으나, 3월 혁명의 횡포와 무질서를 보고 사회의 필연적인 형태인 국가를 위해 개인을 희생시켜야 한다는 생각에서 민주주의보다는 왕정을 지지한바 있다. 이와 같은 사상이 희곡의 바탕을 이루고 있다.

④ 니벨룽겐(Die Nibelungen, 1861)

서곡에서는 지크프리트가 보름스(Worms)의 궁전으로 찾아가서 브룬힐트와 격투를 해서 이기고 군터를 위해서 이젠슈타인(Isenstein)에서 브룬힐트에게 구혼까지 하는 내용이 씌어 있고, 2부에서는 크림힐트와 브룬힐트 사이의 언쟁과 지크프리트가 하겐에게 살해되는 것이 묘사되어 있으며, 3부에서는 크림힐트의 복수로 부르군덴 종족이 멸망을 하게 된다는 내용으로 된 중세 게르만의 서사시를 희곡화한 3부작인데 헵벨의 마지막 대작이다. 크리스트교가 게르만족 이교와 교체되는 무렵에 피비린내 나는 살육과 파괴에 따른 황폐 다음에 크리스트교 왕국이 건설되고 질서가 회복되는 것을 암시하고 있다.

⑤ 유디트(Judith, 1840)

구약성서에서 취재한 5막 비극이다. 유디트에게는 개인의 본능발동이 비극의 계기가 되고 본능이라는 개인적 요소가 국가나 적과 같은 전체에 의해 짓밟히는 전체와의 마찰에서 빚어지는 유디트 개인의 파멸을 묘사하고 있다.

이밖에도 헵벨의 작품으로는 「헤로데스와 마리암네」처럼 남편에게 모욕을 당한 여자가 인격의 존엄을 지키기 위해 빚어지는 비극인 「기게스와 그의 반지(Gyges und sein Ring, 1856)」, 중세기의 성녀 게노페파의 전설을 소재로 한 5막 비극인 「게노페파(Genoveva, 1843)」, 미완성인 「데메트리우스(Demetrius, 1884)」가 있다.

2) 장편 소설

언어와 세계상 및 인간상의 사실주의는 희곡 작품에서보다도 장편 소설과 노벨레에서 보다 뚜렷하게 나타난다. 임머만의 장편 소설은 우선 고전주의와 낭만주의 같은 전통과 현재라는 문제에 대해 격론을 벌이고 있다. 단편 소설 「농가」에서 새로운 길이 모색되고 있다. 즉 소박한 삶이 고향의 풍경과 자연스럽게 결합되었을 때에만 인간이 전적으로 발전할 수 있다는 것이다. 고트헬프, 슈티프터 그리고 켈러와 같은 위대한 소설가의 작품 속에서도 인간 현존재의 존립을 위해 영혼의 힘만큼이나 중요한 힘으로서 역사와 자연이 제시되고 있다. 그래서 사실주의 시대에는 「빌헬름 마이스터」의 전통과 맥이 이어져 독일의 발전소설이 새로운 활기를 띠게 되었다.

유럽 문학의 영향은 켈러와 슈티프터의 경우보다도 시대 비판적인 경향을 뚜렷하게 보이는 라베와 폰타네의 작품에서 더 강하게 나타나 있다. 프랑스에서는 스탕달이 이미 심리학적 관심 외에도 사회 비판적인 경향을 보여 주고 있으며, 발자크는 그의 40권에 달하는 「인간희극」에서 1830년의 프랑스 사회를 전반적으로 다루고 있다. 여기에서는 시대적인 사건과 환경이, 충동과 열정과 마찬가지로 매우 주도면밀하게 관찰되어 묘사되고 있다. 스콧트경의 작품들은 독일의 많은 역사 소설의 전형이 되었다. 19세기 중엽에 찰스 디킨스의 작품이 영국과 유럽 대륙의 독자들에게 애호를 받았다. 「올리버 트위스트」 그리고 「데이비트 코퍼필드」와 같은 장편 소설은 삶의 밝은 면과 어두운 면을 유머와 감동으로써 표현하고 있을 뿐 아니라, 사회적 병폐에 대해서도 신랄한 비판을 가함으로써 궁극적으로는 사회개혁에 기여했다. 쌔커리는 디킨스보다 더욱 준엄하게 때로는 통렬한 반어로써, 교양과 인간성보다 부와 권력을 더 높이 평가하는 경향을 드러낸다.

(1) 켈러(Gottfried Keller, 1819~1890)

「스위스의 괴테」라고 불리며 19세기 독일 문학을 장식하고 있는 켈러는 스위스의 자연스러운 대자연 속에서 서민적인 정취를 다분히 풍겨주고 있다. 켈러는 쮜리히에서 선반공의 아들로 태어났다. 일찍이 부친을 잃고 누이와 모친 아래에서 성장했다. 그림을 좋아한 그는 21세 때 풍경화가가 되기 위해서 뮌헨에 갔으나 실패하고 귀향 후에 그가 낸 「시집」이 인정받아서 쮜리히 장학금을 받아 하이델베르크 대학에서 유물론의 창시자인 포이어바하의 강의를 듣고 큰 영향을 받았다.

평소 로맨틱한 기질이 있는 그는 포이어바하의 사상에 힘입어 이때부터 실제 인생의 충실을 목표로 하는 현실주의자가 되었다. 소설분야에서 소질을 보이면서 대작인 「녹색의 하인리히」 초고와 단편집 「젤트빌라의 사람들」 제1권이 나와 그의 명성을 높였다. 1861년 쮜리히 주정부 일등 서기관이 되어 생활의 안정을 얻었다.

① 녹색의 하인리히(Der grüne Heinrich, 초판 1854, 결정판 1879)

이 작품은 전 4권에 달하는 방대한 교양소설이며 작가 자신의 생애를 토대로 해서 주인공의 인간성을 묘사하면서도 도덕과 정치에 대한 작가의 견해를 결합시킨데 그 특색이 있다고 할 수 있다. 이 소설은 어떤 극적인 사건을 엮어 모험과 인간의 격정을 나타내려고 한 것이 아니다. 일상생활에서 흔히 볼 수 있는 평범한 일들을 모아 인간의 정서와 의욕과 성장 과정을 그리려고 한 것이다. 이처럼 이 소설은 괴테의 「빌헬름 마이스터」의 영향하에 있는 교양 소설이다. 괴테의 「빌헬름 마이스터의 수업시대」는 개인의 완성에 그 목표가 있었으나, 이 소설에서는 주인공이 예술가로서의 개인의 발전에서 출발하여, 시민으로서 국가 사회에 봉사하는 데서 보람을 찾고, 단체와 국가의 일환인 시민으로서의 자각이 기본이 되고 있다. 이것이 바로 근대적인 의의라고 볼 수 있다. 이 작품 속에는 극적 사건이나 위대한 모험과 행동, 열광도 없다. 그저 소박하고, 솔직하고, 평범한 가운데서 일상의 의무를 다하는 한 시민을 과장하지도 않고, 미화시키지도 않고, 있는 그대로 리얼하게 묘사하고 있다.

초고에서는 예술가로 입신할 것을 결심한 주인공이 재능의 한계를 느끼고, 그리고 어머니를 자기 생활의 희생으로서 죽음에 이르게 한 죄를 빌기 위해 자살하는 것으로 되어 있었으나, 결정판에서는 고뇌를 극복하고, 고향에 돌아가 공무원이 되어 국가 사회에 봉사하는 평범한 생활 속에서 생의 보람을 찾게끔 개작 되었다. 초고는 일인칭과 삼인칭 수법이 혼합되어 있으나, 결정판에서는 모두 일인칭으로 통일되어 있다.

② 젤트빌라의 사람들(Die Leute von Seldwyla, 1권 1856, 2권 1874)

1, 2권 모두 5편씩의 단편이 수록된 소설집이다. 가공의 도시 젤트빌라를 무대로 시민들의 생태를 그림과 동시에 소시민적인 이기심과 속물근성을 유머러스하게 조소한 것이 많다. 개개의 작품은 모두 독립되어 있다. 그 중에 유명한 것으로서는 작자의 자화상을 그린 「얼굴 부은 판크라츠(Pankraz, der Schmoller)」, 원수진 양농가의 남녀 간의 비련 이야기인 「마을의 로메오와 율리아(Romeo und Julia auf dem Dorfe)」, 주인공의 공장을 습격하는 세 직공 이야기인 「정의로운 세 사람의 빗 만드는 사람(Die drei gerechten Kammacher)」, 화려한 옷 한 벌로 행운을 붙잡는 양복장이 이야기인 「옷이 날개(Kleider machen Leute)」, 조그만 행복에 눈뜨는 이야기인 「행복의 대장장이

(Der Schmied seines Glückes)」, 순진한 청년의 사랑과 실연을 그린 「잃어버린 웃음(Das verlorene Lachen)」 등이 있다.

이외에도 성자 전설을 재미있게 개작한 「일곱개의 성담(Sieben Legenden, 1872)」, 다섯 편의 소설이 수록된 「쮜리히 단편집(Züricher Novellen, 1878)」, 본격적인 틀 소설인 「경구시(Das Sinngedicht, 1881)」, 정치와 사회를 비판한 장편 소설 「마르틴 잘란더(Martin Salander, 1886)」, 정치적인 시와 낭만적인 서정시들이 수록된 「시집(Gedichte, 1846)」, 고백시로 이루어진 「신 시집(Neuere Gedichte, 1851)」이 있다.

(2) 슈티프터(Adalbert Stifter, 1805~1868)

슈티프터는 뵈에멘 삼림지대 오버플란(Oberplan)에서 태어나 크레멘스뮌스터(Kremensmünster)에서 고등학교를 마치고 비엔나 대학에서 철학, 법학, 수학 그리고 역사를 연구하고 가정교사와 그림을 그려서 생계를 세웠다.

1837년 어느 퇴직사관의 딸과 결혼을 하고 1848년 도나우 강변에 있는 린쯔(Linz)에서 장학사에 임명되었을 때는 이미 많은 작품들을 발표했다. 그러다가 1866년부터 연금생활을 하며 신병으로 고생을 하다가 그만 자살을 하고 말았다.

그는 처음 화가가 되기를 지망하였다가, 괴테, 장 파울 등의 영향을 받고 소설을 쓰기 시작했다. 그가 조용한 것, 작은 것을 좋아하게 된 데에는 장 파울의 영향도 있지만, 화가로서 세밀화를 그리기 위해 작은 것을 관찰하는 습관 때문이라고도 볼 수 있다. 35세 때 잡지에 발표한 「콘도르(Der Kondor)」가 인정을 받게 되자, 그는 작가로서 입신할 결심을 했다. 1844년에서 1850년에 걸쳐 「교목림(Der Hochwald)」이 발표되었는데, 거기에 그려져 있는 자연 풍물들은 아름답기 그지없다. 그 정확하고 입체적인 묘사는 자연 과학적인 지식과 화가로서의 재능에 힘입은 바 크다고 볼 수 있다.

1848년 3월에 혁명이 일어났을 때 그도 처음에는 열광하였으나, 이 혁명이 혼란과 유혈을 빚어낼 뿐 대자연의 법칙에는 하등의 변화도 일으킬 수 없음을 깨닫고 실망하였다. 그도 그릴파르쩌처럼 비더마이어적인 세계관을 그의 작품의 기초로 삼고 있다. 그는 자연과 소박한 인생을 사랑하는 예술가인데 자연 가운데서도 폭풍, 낙뢰, 지진과 같은 웅대하고 격한 현상이 아니라, 산들바람, 졸졸 흐르는 물, 반짝반짝 빛나는 별과 같은 조용한 현상을 좋아한다. 이와 같이 그는 조용한 자연 속에서 위대하고 본원적인 힘을 터득한 것이다.

① **늦여름**(Der Nachsommer, 1857)

괴테의 「빌헬름 마이스터」를 본받은 교양 소설이다. 극적인 사건도 없고 이야기의 기복도 별로 없지만 잘 읽어보면 사람의 마음을 감동케 하는 은은한 정서가 도도히 흐르고 있다. 상인의 아들인 청년 하인리히의 사소설 형식으로 된 본 작품은 3부로 나뉘어져 있다. 하인리히가 오스트리아 여행 중에 리잣하 남작을 알고 그의 농장에서 마틸데 부인과 그녀의 딸 나탈리에를 만나 젊은 남녀가 은은한 사랑을 싹 틔우는 것이, 한여름의 격정없이 인생의 늦여름을 후회 없이 보내는 나이 든 남녀의 사랑과 대조를 이루면서, 리잣하와 마틸데는 청춘시절에 찾지 못했던 그들의 행복을 두 젊은이에게서 찾는다는 내용이다. 이 소설은 작자가 1848년 3월 혁명의 정치적 영향에 대해 의식적으로 반발하기 위해 쓴 것이라고 한다. 그러므로 여기에 그려져 있는 세계는 생존 경쟁과는 관계가 없는 조용한 세계이며, 아름다운 자연과 숭고한 인생이 서정적으로 아름답게 묘사되어 있을 뿐이다. 작자는 이 소설에서 단순하면서도 위대한 평정의 모랄을 시도했다고 할 수 있다. 이 소설은 하인리히를 중심으로 한 교양 소설이지만 또 다른 주인공은 리잣하로 볼 수 있다. 리잣하 노인은 옛 애인 마틸데와 한여름 같은 격정의 세월은 없었지만 늦은 여름에 가을을 눈앞에 두고 짧기는 하지만 자유롭고 풍요한 시간 속에서 완숙한 인생의 체험과 체념적인 인생의 지혜를 서로 나누고 있다. 이 체념은 인생의 권태와 애석함에서 오는 허무한 체념이 아니고 이 체념 속에서 필 새로운 봄과 한여름을 기대하는 것이다. 이 새로운 기대가 젊은 남녀인 나탈리에와 하인리히에게서 실현되길 바란다.

② **화려한 돌들**(Bunte Steine, 1853)

모두 여섯 편이 수록되어 있는 중편 소설집이다. 이야기마다 돌 이름을 표제로 하고 있고, 어느 것이나 아름다운 자연을 배경으로 인간의 사랑과 고독, 행복과 파멸들을 간결하고 소박하게 묘사하고 있다. "산들바람, 졸졸 흐르는 시냇물, 곡식의 성장, 바다의 잔물결, 대지의 신록, 푸른 하늘의 광채, 반짝이는 별들, 하늘 등을 나는 위대하게 생각한다." 라는 이 소설집의 서문에서 보여 주듯이 슈티프터는 조용한 자연의 법칙을 인생에 적용하고 있으며 전쟁, 혁명과 같은 과격한 행동을 부정하는 평화주의적이고 인간주의적인 태도를 엿보이고 있다. 이 소설집에는 「석회암(Kalkstein)」, 「전기암(Turmalin)」, 「백운모(Katzensilber)」, 「석유(Bergmilch)」, 「화강암(Granit)」, 「수정(Bergkristall)」이 수록되어 있다.

③ **습작집**(Studien, 1844)

6권으로 된 중편 소설집이다. 모두 13편이 수록되어 있는데 모두가 아름다운 자연을 배경으로 인간들의 생활상의 희노애락(喜怒哀樂)을 간결하고도 소박하게 묘사하고 있다. 이 중에 「교목림(Der Hochwald)」과 「숲속의 오솔길(Der Waldsteig)」이 유명하다. 「교목림」에서 슈티프터는 자연의 영원함과 인간사의 보잘것없음을 감상적으로 서정적으로 세밀하게 묘사하고 있다. 「숲속의 오솔길」에서는 순박한 남녀가 행복한 결혼 생활을 이루어 나가는 모습을 자연 묘사와 함께 서술하고 있다. 이 습작 집에 수록된 제목 중에 「브리기타(Brigitta)」도 포함되어 있다.

④ **비티코**(Witiko, 1867)

슈티프터의 이상적인 공동 사회의 이념과 그 형성과정을 그린 장편 소설이다. 「늦여름」은 개인의 인격 형성에 치중한 작품인데 반하여 「비티코」에서는 개인의 이상이 역사의 세계로 옮겨져 공동체 속에서 실천되는 것이다.

(3) 라아베(Wilhelm Raabe, 1831~1910)

브라운슈바이크의 에셔스하우스에서 태어났다. 아버지는 재판소 서기였으나, 일찍 죽고 고등학교를 졸업한 후에 마그데부르크의 서점에서 견습생으로 근무했다. 1855년에 그는 베를린 대학의 청강생이 되어 철학과 문헌학을 배웠다. 1857년에 베를린의 슈프레 거리의 소시민의 생활을 그린 「참새 거리의 연대기(Chronik der Sperlingsgasse, 1857)」를 익명으로 발표했는데, 이것이 호평을 받자, 본격적인 작가 생활로 들어갔다. 대표작은 3부작 「굶주린 목사(Der Hungerpaster)」, 「아부 텔판(Abu Telfan)」, 「시체차(Der Schüdderump)」인데, 이 작품들은 줄거리가 서로 독립되어 있으면서도 서로 연관이 있으며, 세상에서 밀려 나거나 운명적으로 파멸하게 되어 있는 진실한 인간들의 투쟁이 묘사되어 있다. 모두 굶주림, 노예, 죽음이라는 인간 사회의 공포를 상징하고 있고 무엇인가 어떤 연관성이 있다고 해서 라아베의 3부작이라고 부르고 있다.

① **굶주린 목사**(Der Hungerpaster, 1864)

이 작품은 교양적인 발전소설로서 인간의 욕망이 어떻게 그 행동을 규정하고 운명을 만드는지를 두 소년의 성장 과정을 통해서 규명한 소설이다.

구둣방 아들인 주인공 한스 운비르시(Unwirrsch)는 아버지가 일찍 세상을 떠나자 어머니와 사촌 누나 그리고 아저씨의 보호를 받고 자란다. 파클러(Fackler) 교수의 주선으로 한스는 고등학교를 마치고 대학에 진학한다. 신학 연구를 끝내고 그는 가정교사로서 이기심과 사회의 어두운 면을 알게 된다. 그러나 이기심이 강한 그의 친구 프로이덴슈타인(Freudenstein)이 그의 길을 가로막는다. 결국 그는 그룬쩨노우(Grunzenow)에서 굶주린 목사로서 직장을 구하고 자기 마누라 프렌쩬 옆에서 응분의 행복을 누리게 된다는 내용이다.

② 아부 텔판(Abu Telfan, 1867)

제2부인 「아부 텔판」은 그 제목을 아프리카 오지에 있는 마을 이름에서 따왔다고 한다. 퇴학당한 독일 학생이 이집트로 가서, 상아 상인들과 함께 아프리카 깊숙한 곳까지 갔는데, 거기서 토인들에게 붙잡혀 10년간 노예 생활을 한다. 이 소설은 그가 아프리카에서 빠져 나와 고향에 도착하는 데서부터 시작되는데, 그의 눈에 비친 10년 후의 유럽 사회도 정직하고 고귀한 마음의 소유자가 노예적 위치에서 학대를 받고 있다는 것이다. 이처럼 경직된 사회에서는 착하고 성실한 것이 발붙일 틈이 없다는 것을 나타내려 한 것이다.

③ 시체차(Der Schüdderump, 1870)

제3부인 「시체차」에서는 인물이나 사건이나 장소가 모두 상징적으로 구상화 되어 있다. 어둠 속에서 와서 어둠 속으로 돌아가는 인간의 일생, 어둠과 어둠 사이에 가로 놓인 짧은 일생 동안에 그처럼 어둠을 잊고 살아간다. 그것은 밝은 태양이 있기 때문이다. 여기서 시체차는 빈부와 선악을 가리지 않고 모든 사람을 지배하는 운명을 상징하고 있다.

이외에도 소시민 생활의 애환을 목가적으로 그린 「참새 거리의 연대기」와 「핑켄로데의 아이들(Die Kinder von Finkenrode, 1856)」, 사랑이 넘치는 눈으로 서민들의 생활과 운명을 관찰하고 유머와 파토스를 일체화시킨 독자적인 작품으로 쓰여진 「과자봉지(Stopfkuchen, 1891)」, 「호라커(Horacker, 1876)」, 「포겔장의 기록(Die Akten des Vogelsangs, 1895)」외에 70편의 장·단편을 라아베는 썼다. 단편 소설 「제국의 왕관(Des Reiches Krone), 1873)」에서 라아베는 제국의 왕관을 뉘른베르크로 옮겨오는 연인에 덮치는 나병의 공포를 극복하는 여자의 희생적인 사랑과 헌신을 노래하고 있다.

(4) 폰타네(Theodor Fontane, 1819~1898)

59세 때에 비로소 최초 장편 소설인 「폭풍 전(Vor dem Sturm)」을 발표해서 명성을 얻은 폰타네는 대기만성형의 작가이다. 폰타네는 사실주의풍의 마지막 작가이며 동시에 자연주의의 선구적 역할을 맡은 소설가이다. 60세 때부터 활발한 작가 활동을 시작해서 20년간 장편과 단편을 썼다. 백림 서북방에 있는 노이루핀(Neuruppin)에서 약제사의 아들로 태어난 폰타네는 아버지의 업을 이어서 백림에서 약제사가 되었다. 그러다가 백림신문의 특파원으로서 유럽 각지를 전전하다가 보불전쟁에 종군한 일도 있다. 그 후 작가생활로 전향한 그는 백림에 있는 작가들과 교제를 하며 작가동맹의 회원이 되기도 했다. 1844년부터 통신원으로서 몇 차례 영국에 다녀오기도 했고, 그 후 포스(Voß)신문의 연극 평론가로 일을 보기도 했다. 따라서 그의 사회 소설은 널리 알려지고 애독되었으며, 1891년 그는 쉴러 상을 받고 백림에서 타계했다.

그의 작풍과 소재는 대체로 기성의 윤리와 사회 습관 때문에 파멸하는 인간들의 묘사, 몰락 귀족의 무기력과 졸부들의 속물근성 풍자, 판에 박힌 윤리적 인간을 양산하는 프로이센 정책을 비판하는 것들이다.

① 예니 트라이벨 부인(Frau Jenny Treibel, 1892)

외모는 그럴듯하면서도 돈만을 노리는 신진 재벌들의 가면을 벗기고 그들의 속물근성을 파헤친 풍자소설이다. 신흥 재벌의 부인인 예니는 평소에는 교양 있는 이상주의자처럼 처신한다. 그러나 막상 아들이 가난한 학자의 딸과 결혼하고자 하니, 그녀의 본성이 나타나 아들을 부잣집 딸과 결혼시킨다.

② 에피 브리스트(Effi Briest, 1894)

폰타네의 사회 소설 중에서 내용과 형식이 가장 원숙한 대표적 장편소설이다. 관습적인 결혼, 권태, 간통, 결투 등을 소재로, 한 여성이 파멸해 가는 과정을 묘사하고 있다. 어린 소녀인 에피는 자기보다 나이 많고 공명심이 강한 남작 인스테텐과 결혼한다. 그들은 서로를 이해하지도 못하고 애정도 없이 조용히 결혼생활을 이어간다. 그러나 남편이 주 평의원으로 있던 케씬에서 결혼을 하고도 부모나 남편한테 어린애 취급을 받던 에피의 마음속에는 잠시 어떤 장교에 대해서 사랑이 싹튼다. 그러나 그녀는 장교를 곧 잊어버린다. 얼마 후 그 사실을 알게 된 남작은 불가피한 격투에서 그 장교를 죽인다. 그녀는 사회의 비난의 대상이 된다. 그녀는 고민 끝에 병석에 누워 양친의 간호를 받다가 죽어버린다는 내용이다.

③ **슈테히린(Stechlin, 1899)**

자서전적인 요소를 다분히 지니고 있는 작품으로 폰타네의 마지막 집필이며 저자의 사상, 생활, 습관, 환경이 자세히 묘사되어 있다. "나는 기존의 것을 존중한다. 동시에 자라나고 있는 것도 물론 존중한다. 왜냐하면 그것이 장차 기존의 것이 되기 때문이다." 라는 주인 슈테히린의 말은 작가 자신의 입장이라고 볼 수도 있다. 그는 만년에 갑자기 찾아온 자연주의에 대하여 이해를 했고, 하우프트만을 자유극장에 추천했다.

그외에 프로이센 귀족의 무기력과 융통성 없는 명예심이 풍자되고 있는 「샤하 폰 부테노(Schach von Wuthenow, 1882)」, 졸부들의 속물근성이 신랄하게 풍자되고 장식품과 같은 아내의 위치를 박차고 나오는 「부정한 아내(L'Adultera, 1880)」, 어느 정원사의 딸과 남작 기병 중위가 사랑을 했으나 용기없는 두사람은 신분이 다르다고 헤어져 신분이 맞는 상대자를 찾는다는 단편 소설인 「갈등과 혼란(Irrungen, Wirrungen, 1887)」이 있다.

3) 노벨레와 서정시

괴테와 클라이스트 이후 노벨레는 독일 문학에 있어 중요한 위치를 차지하게 된다. 낭만주의의 자연감정은 희극적인 요소를 반어적으로 뒤섞는 노벨레의 경향 및 배경과 똑같은 영역에서 발견된다. 하우프와 샤미소의 소설은 그릴파르쩌의 소설 「가난한 악사」처럼 벌써 사실주의적 성향이 뚜렷하다. 역사와 고향, 그리고 공동체와 가족에 얽매여 있는 인간, 그리고 자유로운 삶과 거역할 수 없는 운명의 힘 때문에 계속 위협받고 있는 삶이 뷔히너에서 슈토름까지의 위대한 소설가들이 다룬 테마이다. 그들 작품의 외적인 형식은 고전주의의 엄격한 요소에서 자연주의의 극단적인 요소에 이르기까지의 모든 것을 총망라하고 있다.

테오도르 슈토름은 라베, 폰타네와 더불어 19세기의 북부 독일의 사실주의 노벨레의 대표 작가이다. 바다와 해안의 불모지의 풍경으로 특징지울 수 있는 그의 작중 인물들의 운명은 북해와의 영원한 투쟁을 보여준다. 이에 비하여 라베는 역사와 관련된 소재를 선호하고, 폰타네는 사건 진행을 사실적으로 묘사한다. 예를 들면 「배나무 아래에서」는 범죄사건이 사실적으로 묘사되고 있다. 사실주의의 담시에서는 특히 울란트 이후에 유행한 역사적 소재가 즐겨 다뤄진다. 켈러와 헵벨의 시와 또한 드로스테, C.F. 마이어의 시들은 고전주의와 낭만주의의 영향을 강하게 받고 있다.

(1) 드로스테 휠스호프(Annette von Droste Hülshoff, 1797~1848)

뮌스터 근교에 있는 휠스호프 성에서 귀족의 딸로 태어난 그녀는 날카로운 자연 관찰에서 생겨난 시와 박진력 있는 단편 소설로 사실주의의 선구가 되고 훌륭한 여류시인이다. 이름의 드로스테는 군수를 의미하고 휠스호프는 거성의 이름이다.

그녀는 병약했으나 음악과 문학을 좋아해서 뮌스터의 지식층 가정과의 교제, 여행, 독서를 통해서 귀족 신분에 맞는 교양을 쌓았다. 41세 때 보덴제의 메르스부르크 성에 머물면서 젊은 작가 레빈 쉬킹(Levin Schücking)을 알고 그를 사랑하면서 정열이 넘치는 우수한 서정시를 많이 썼다. 그녀의 작품 중에서 높이 평가되는 것은 서정시인데 낭만적 경향과 사실적 경향이 혼합되어 있으며 매우 격조가 높다. 주로 자연을 제재로 한 서정시가 「시집(Gedichte, 1844)」과 「최후의 선물(Letzte Gaben, 1862)」에 수록되어 있다. 일생에 걸쳐 쓴 종교시는 「성스러운 해(Das geistliche Jahr, 1852)」에 수록되어 있다. 그녀의 유일한 완결된 단편 소설인 「유태인의 너도밤나무(Die Judenbuche, 1842)」는 베스트팔렌의 어느 농부의 불행한 생애를 그린 것인데, 살인 사건에 섞여 추리 소설처럼 되어 있다.

술꾼인 아버지가 어느 결혼식날 변사하고, 어머니는 좋은 교훈을 아들에게 주려 하나 오히려 역효과를 일으키고, 주인공 메르겔은 더구나 살인자인 아저씨의 영향을 받아 자라났다. 메르겔은 나중에 자기에게 빚 독촉을 하는 유태인 아론을 너도밤나무 밑에서 죽이고 단짝인 숙부의 사생아 요한네스와 더불어 멀리 도망하였다. 28年 후에 초췌하게 돌아온 메르겔은 자기가 요한네스라고 사칭하였으나 얼마 후 스스로 유태인을 죽인 그 너도밤나무에 목을 매고 자살하였다. 그 나무에는 헤브라이어로 「그대가 접근하면 그대가 내게 입힌 화를 그대로 받으리라」고 조각되어 있었다는 것이 소설의 내용이다.

(2) 마이어(Conrad Ferdinand Meyer, 1825~1898)

마이어는 스위스 쮜리히에서 귀족의 아들로 태어났다. 부친은 고급 관리 겸 법률가였는데 그가 15세 때 죽고 모친은 후년에 우울증에 시달리다가 자살했다. 마이어는 정신적인 결함이 있어 정신병원에 입원한 적도 있었다. 적극적인 생활 의욕도 없고 평생 직업을 가져 보지 못했다. 대학에서는 법률을 공부했으나 역사와 미학에 취미가 많았고 일찍 예술을 동경하여 작가가 되고자 했다. 39세 때 「어느 스위스인의 스무개의 담시(Zwanzig Balladen von einem Schweizer, 1864)」를 발표했다. 그는 장·단편 소설의 소재를 역사상의 사건을 중심으로 다루었다. 그러나 낭만주의에서처럼 과거의 세계를 동경해서가 아니다. 그의 표현은 아주 엄격하고 조각적이며 남달리 추고를 많이 했다.

그는 각국어에 정통하여 독, 불어 중 어느 것으로 창작할까 망설이다가, 보불전쟁에서 프로이센이 이긴 것을 계기로 독일어로 작품을 쓸 결심을 하고, 운문체 소설 「후텐 최후의 날들」을 발표했다. 그 후 약 20년간에 걸쳐 「유르크 예나취」, 「성자」 등 많은 역사 소설의 걸작을 썼다. 그가 즐겨 역사에서 제재를 택한 이유 가운데 하나는 청년 시대부터 역사서를 애독한 점도 있겠으나, 보다 근본적인 것은 자기의 감정과 체험을 직접 표현하기를 싫어하고, 그것을 역사상의 인물을 통해 표현하기를 좋아했기 때문이다. 그가 등장인물의 입을 통해 사건의 전말을 이야기하게 하고, 몇 가지 다른 이야기를 삽입해서 묘사하는 틀 소설(Rahmenerzählung) 형식을 좋아했다. 마이어는 서정시 분야에서도 좋은 작품을 많이 남겼다.

① 부적(Das Amulett, 1873)

부적은 마이어의 최초 단편 소설로서 어느 카톨릭 교도가 동향인에 의해서 생명을 구제받는다는 이야기이다.

② 구스타프 아돌프의 몸종(Gustav Adolfs Page, 1882)

구스타프 아돌프의 몸종은 어느 젊은 처녀가 스웨덴 왕의 몸종이 되어서 왕과 더불어 전쟁에서 죽은 이야기이다. 그 외에도 병으로 쮜리히에 있는 어느 호반의 섬에 은거하고 있는 종교개혁의 비극적 투사 후텐의 생애를 그린 단편 서사시인 「후텐 최후의 날들(Huttens letzte Tage, 1871)」, 30년 전쟁을 배경으로 한 장편 역사 소설인 「유르크 예나취(Jürg Jenatsch, 1874)」, 영국왕 헨리 2세와 켄터베리 대주교인 토마스 베케트의 대립 항쟁의 이면사를 그린 역사 소설 「성자(Der Heilige, 1879)」, 신성로마시대의 명장 페스카라를 소재로 한 역사 소설인 「페스카라의 유혹(Die Versuchung des Pescara, 1887)」, 시인 단테가 궁정에서 이야기하는 형식으로 된 틀 소설인 「수도승의 결혼식(Die Hochzeit des Mönchs, 1884)」, 작자 자신의 고통스러웠던 소년 시절을 그린 「소년의 고민(Die Leiden eines Knaben, 1883)」, 여판사 슈템마의 양심의 가책을 묘사한 「여 재판관(Die Richterin, 1885)」, 훌륭한 서정시들의 모음집인 「시집(Gedichte, 1882)」 등의 많은 작품을 마이어는 남겼다.

(3) 슈토름(Theodor Storm, 1817~1888)

슈토름은 북독의 슐레스비히 홀슈타인주의 후줌에서 태어났다. 이곳은 쓸쓸한 황야와 신비적인 늪, 회색이 짙은 바다 등이 자연의 특징을 이룬다. 그는 이러한 고향의 자연을 사랑했고, 이 고향의 인상이 작품 도처에서 반영되고 있다. 20세 때 킬 대학과 베를린 대학에서 법학을 공부했고, 졸업 후에는 고향에서 변호사 개업을 했다. 대학 시절부터 그는 詩作을 했는데, 이 시기의 작품들은 아이헨도르프와 하이네의 영향이 짙다. 30세 때 종매인 콘츠탄체와 결혼을 하고, 이 무렵부터 단편 소설에 손을 대어 「임멘湖」, 「푸른 잎」, 「늦장미」 등 회상을 통해 청춘 시절을 미화하는 시정 넘치는 작품을 썼다. 1835년 슐레스비히 홀슈타인주의 영유권 문제로 독일과 덴마크가 싸웠을 때, 그는 독일 편에 가담했다. 덴마크가 승리하자, 그는 직을 박탈당하고 고향을 떠나게 되었다. 11년간 각지를 돌아다니다가, 슐레스비히가 다시 독일에 귀속될 때 고향으로 돌아가 지사가 되었다. 1865년 상처한 그는 일년 후에 어렸을 때의 친구인 도로테아와 재혼했다. 이 재혼 문제를 취급한 것이 단편 「三色 제비꽃」이다. 이후 그는 사실성과 현실성이 강한 작품과 역사, 전설에서 취재한 「익사」, 「그리스후스의 연대기」 등 많은 걸작을 썼다. 63세 때 공직을 떠나 하데마르셴에 은거하면서, 그의 작품의 최후를 장식하는 「백마의 기수」를 완성하여 발표한 그해에 세상을 떠났다.

① **임멘호수**(Immensee, 1850)

어느 고독한 노인의 젊은 날의 사랑과 그 후일담을 회상하는 형식으로 묘사한 애수에 젖은 서정적 단편 소설이다. 어느 노신사가 벽에 걸려 있는 초상화를 보면서 옛날을 회상한다. 그러자 곧 장면이 바뀌어 소년 시절로 되돌아가 이야기가 전개된다. 이런 방법은 작자가 즐겨 사용하는 형식이다. 라인하르트(Reinhard)는 어릴 때의 소꼽 친구 엘리자베트(Elisabeth)에게 마음을 두고 있었는데, 그가 타향에 있는 대학에서 공부하는 동안, 그녀는 어머니의 강요로 재산가 에리히(Erich)에게 시집을 간다. 몇 년 후, 그는 에리히의 초대를 받고 호반의 별장을 방문한다. 그는 엘리자베트와 단둘이 호반을 거닐며 회포를 풀 기회가 있었으나, 너무 마음이 괴로워 다음날 새벽에 호반을 떠난다는 이야기이다. 이처럼 두 남녀의 슬픈 사랑의 이야기를 북독의 음산한 자연을 배경으로 군데군데 서정시를 섞어가며, 흐르듯이, 노래하듯이 감상적으로 애절하게 묘사하고 있다.

② **백마의기수**(Der Schimmelreiter, 1888)

중편 소설로서 슈토름의 대표작이며, 최후의 걸작이다. 폭우가 쏟아지는 어느 날 저녁 무렵, 작자가 말을 타고 제방 부근을 산책하고 있을 때 백마를 타고 검은 외투를 날리면서 소리도 없이 그 앞을 몇 번이고 지나가는 환상을 목격한다. 주막에 들어가

이 유령을 이야기 한 즉, 좌석에 있던 사람들이 그것은 백마의 기수라고 말한다. 그러자 그 지방의 교장 선생이 상세한 기수의 내력을 이야기하는 형식으로 되어 있다.

이 작품은 양적으로나 질적으로나 슈토름의 작품 중에서 최고의 것이다. 그의 작품은 초기의 서정적이고 감상적인 것에서 벗어나, 점차 사실적이고 중후한 것으로 이행되었는데, 이 작품에서 그것이 절정에 달한다.

③ **삼색 제비꽃**(Viola tricolor, 1873)

계모의 처지와 고충을 테마로 하고 있는데 슈토름 자신의 전처 아들을 후처가 기르는 심리적 갈등을 소설화한 것이다. 아름다운 어느 여인이 대학교수의 후처로 들어갔는데 전처소생과 전처만 생각하는 남편 때문에 고민하다가 애를 낳고 헌신적인 봉사를 함으로써 집안이 화목해진다는 이야기이다.

이밖에도 어머니와 헤어진 혼혈소녀가 다시 찾아온 어머니에게서 실망하고 돌아간다는 내용의 「바다 건너편에서(Von jenseits des Meeres, 1865)」와 익사한 딸의 초상화를 그리는 「익사(Aquis submerus, 1876)」를 슈토름은 썼다.

(4) 프라이타크(Gustav Freitag, 1816~1895)

의사의 아들로 슐레지엔 출생인 프라이타크는 브레스라우와 베를린에서 독일 문학을 전공하고 22세의 젊은 나이에 브레슬라우 대학의 강사가 되었다. 학자로서 신문기자로서 또는 자기에게 부여되는 귀족 칭호를 사퇴한 자유주의자로서 그의 생애는 성공적이었다.

프라이타크의 대표작이라고 할 수 있는 「차변과 대변(Soll und Haben, 1855)」에서 독일 민족의 진실한 형태는 근면하게 일하는 곳에서 찾아 볼 수 있다는 작가의 기본 신념이 나타나 있다. 어느 소도시의 정계의 이면과 저널리스트의 활약상을 자기 체험을 토대로 유머러스하게 그린 희극 「신문기자(Die Journalisten, 1852)」, 오랜 역사 연구를 바탕으로 독일 민족의 문화사를 기술한 「독일 과거의 제 모습(Bilder aus deutscher Vergangenheit, 1859)」, 희곡 형식의 이상으로서 5단계 설을 논한 극작법의 교과서인 「희곡의 기법(Technik des Dramas, 1863)」 등의 작품들을 프라이타크는 남겼다.

Realismus

<u>Als</u> nach den Napoleonischen Kriegen Nationalismus und Restauration <u>um</u> die Vorherrschaft <u>ringen</u> und epochemachende Erfindungen die erste industrielle Revolution <u>einleiten</u>, <u>steht</u> das Bürgertum im Brennpunkt der geistigen und politischen Auseinandersetzungen. Nach dem Sieg der Restauration <u>tritt</u> tiefe Enttäuschung an die Stelle nationaler Begeisterung. Der Bürger <u>zieht</u> sich in seine engere Heimat und in die gesicherte Welt der Familie <u>zurück</u> und <u>überläßt</u> wichtige politische, soziale und wirtschaftliche Entscheidungen allein der Obrigkeit. Auch die Dichtung <u>scheint</u> von provinzieller Enge bedroht. Ihre Sprache <u>nährte</u> sich in Satzbau und Wortwahl der Umgangssprache, alltägliche Schicksale <u>stehen</u> oft im Mittelpunkt.

<u>Noch deutlicher</u> <u>als</u> in der dramatischen Dichtung <u>zeigt</u> sich ein Realismus der Sprache, des Welt- und Menschenbildes in Roman und Novelle. Immermanns Romane <u>setzen</u> sich zunächst leidenschaftlich mit Tradition(Klassik und Ramantik) und Gegenwart <u>auseinander</u>. Aber schon in der Erzählung 「Der Oberhof」 <u>werden</u> neue Wege <u>gewiesen</u>: Nur innerhalb seiner natürlichen Bindungen an die heimische Landschaft mit ihren einfachen Lebensformen <u>vermag sich</u> der Mensch

ganz zu entfalten. Auch in den Werken der großen Erzähler wie Gotthelf, Stifter und Keller erweisen sich Geschichte und Landschaft als Mächte, die für die Stellung des Menschen im Dasein genauso wichtig sind wie die Kräfte der Seele.

| Chapter 12 |

자연주의, 인상주의, 상징주의

1. 자연주의(1880~1900)

1) 자연주의의 배경과 특징

독불전쟁(1870~71) 이후의 시대는 독일제국에 있어서 민족적 영광과 급속한 경제발전의 시기인 동시에 변혁기였다. 새로운 사회가 성립되고 젊은 세대는 시대의 문제점에 도전했다. 그들은 철학적 변증법적 유물론, 니체 철학, 현대 자연 과학 등의 영향으로 일체의 형이상학적, 종교적 제약을 거부하는 한편, 문학에도 새로운 과제를 제시하였는데 그것이 바로 현실의 묘사였다. 인간은 환경과 유전의 산물로 나타나고, 인간의 자유는 사실주의 문학에 있어서 보다도 더 급진적인 양식으로 그 문제점이 제기된다. 베를린에서는 하르트 형제, 뮌헨에서는 콘라트가 에밀 졸라의 소설에 깊이 심취되었다. 톨스토이와 도스토예프스키가 주목을 끌었으며 노르웨이의 뵈른손과 입센의 드라마를 모방하려고 하는 경향이 나타났다. 홀쯔와 슐라프는 마침내 이와 같은 새로운 문학 운동에 하나의 강령을 제시하여 그 강령을 이론과 실제에 있어서 실천하려고 시도했다.

하우프트만은 자연주의의 가장 중요한 희곡작가이다. 그러나 형식면이나 소재면에 있어 그의 다층적이고 광범위한 작품들을 어떤 편협한 틀 속에 집어넣을 수는 없었다. 예를 들면 「해뜨기 전」, 「로제 베른트」, 「마부 헨셸」, 「직조공들」 등과 같이 확연한 자연주의적 특성을 지닌 작품 이외에도, 「한넬레의 승천」, 「침종」(1897), 「그리고 피파는 춤춘다」(1906) 등과 같이 꿈과 동화의 세계로 인도하는 작품들도 있다. 「플로리안 가이어」(1896)는 하우프트만이 농민 전쟁에서 소재를 취한 작품이고, 「백의의 구세주」(1920)는 코르테즈의 멕시코 정복의 환상적 사건을 무대에 올린 것이다. 「가련한 하인리히」(1902)는 중세에서 소재를 취하였고, 「오딧세이의 활」(1914) 과 「아트리트 4부작」은 고대 신화를 극화한 것이다. 헤르만 주더만과 막스 할베와 같은 자연주의 작가의 명성은 오늘날에는 거의 퇴색하고 없다.

자연주의의 사상적, 사회적 배경을 살펴보면 다음과 같다. 첫째는 자연 과학의 급속한 발달인데, 에디슨의 전구발명(1879), 카를 벤츠의 자동차(1886), 마르코니의 무선전신(1898), 라이트 형제의 비행기 제작 성공(1903) 등 근대 과학이 비약적으로 발전한다. 그 밖에 의학, 심리학에서도 모든 것을 실험으로 입증하려는 경향이 강하게 나타난다. 이 풍조가 문학에 도입되어 새로운 의욕을 부채질한 것이다.

둘째는 현실적, 유물론적, 자연 과학적 인생관을 갖게 하는 합리 사상의 유행이다. 포이어바하의 유물론, 콩트의 실증 철학, 테느의 환경설, 다윈의 진화론, 헤겔의 유전학 등이 이 무렵에 압도적 영향을 끼쳤는데, 이것은 모두 형이상학적, 피안적 사상을 배제하고 현실적, 혁신적 인생관을 갖게 하는 것들이다.

셋째는 정치적, 사회적 측면이다. 비스마르크가 독일 제국을 건설하여 독일도 유럽의 강대국이 되었지만 내부의 긴장 때문에 명실상부한 민족 국가의 실현은 아직 보지 못했다. 그 때 낡은 정신적, 종교적 속박에서 풀려난 지식인들은 봉건적 정치 제도에 반항하기 시작했고 이러한 불안한 정치적 토양 속에서 자본주의가 발달한다. 자본주의의 발달은 필연적으로 프롤레타리아와 부르조아의 양 계급을 낳게 되었으며, 빈부의 격차가 심해짐에 따라 무산자들은 조합 운동을 추진하여 사회주의를 부채질한다. 이처럼 모든 것이 돈과 물질에만 귀결된 결과, 인간성, 정신적인 것, 신에 관계되는 것들은 논의의 대상이 될 수 없었고 오로지 유물론적, 사회적 관심만이 세상을 지배하게 된 것이다.

독일의 자연주의는 국내에서도 발생 기반이 있었지만, 자연 발생적인 것은 아니고 외국 문학의 영향에서 촉발된 것이다. 특히 프랑스의 소설가 에밀 졸라(Emil Zola)의 영향이 가장 크다. 졸라는 실험 소설론을 제창하여 소설가를 특수 과학자로 본 사람이다. 즉 인간 생활을 자연 과학적으로 관찰하여 그것을 실험적, 해부학적으로 연구, 기술하려고 한 것이다. 그는 종교의 원죄도 유전학적으로 해결하려 했으며, 인간의 악을 환경의 죄라고 보았다. 이처럼 졸라는 인간을 역사적, 지리적, 사회적 환경의 측면에서 해부하고 실험하려 하였다. 북구의 입센(Henrik Ibsen)의 영향도 크다. 그의 비판적, 사실적 사회극인 「사회의 기둥」, 「민중의 적」, 「인형의 집」 등은 그 당시 독일 청년 작가들에게 크게 환영받은 바가 있다. 주인공들이 상류 계층과 결별하고 사회악과 싸우며 하층 계급을 동정하고 인도적인 것을 부르짖는 러시아의 톨스토이와 하층 인간들의 정신적 결함을 해부하여 심리의 구석을 파헤쳐 세기말 인간의 고민을 들추어낸 도스토예프스키도 큰 영향을 주었다.

자연주의는 자연 과학적, 유물론적, 실증주의적, 사회주의적 세계관에 입각하여 문학 이념을 수립하는 것이 그 목표이기 때문에 자연주의 문학은 대충 다음과 같은 소재와 묘사법을 택한다.

첫째는 사회문제 취급이다. 그것도 주로 프롤레타리아 계급의 현상과 사회적 위기를 문학의 소재로 택한다. 둘째는 유물론적, 자연 과학적인 세계관에서 비롯되는 유전과 환경 문제가 크게 부각된다. 셋째는 무엇보다도 진실을 추구하고 현실을 냉정히 관찰하다 보니 전통적인 미학이 부정되고 생의 아름다운 면보다 저속한 면, 추악한 면, 어둡고 본능적인 면, 병적인 면이 적나라하게 묘사된다. 넷째는 가공성이 배제되고 평범한 사람들의 일상생활의 단면이 노출되며 향토색이 부각된다. 다섯째는 실증주의적, 과학적 태도에 따른 정밀한 객관 묘사를 들 수 있다.

일반적으로 자연주의는 사실주의 방향을 극단으로 몰고 간 것이 아닌가 하는 느낌이 들지만 사실주의의 단순한 연장으로는 볼 수 없고 이 양자 간에는 많은 대립과 이질적인 요소가 있다. 우선 사실주의는 현실을 다루되 미적 측면을 존중하고, 현실을 있는 그대로 묘사하되 현실 가운데서 묘사 가치가 있는 것을 선택할 수가 있었다. 그러나 자연주의는 현실이 추악하다고 해서 눈을 돌려도 좋은 그러한 선택 작용 없이 자연의 일편(一片)을, 즉 인간 주위에 존재하고 있는 한 부분을 있는 그대로 빠뜨리지 않고 과학적인 정밀성을 갖고 묘사했다. 그리고 모든 것을 과학적 방법을 통해 입증하려고 했다. 이처럼 입증된 것을 정밀, 정확하게 묘사하는 것이 자연주의의 입장인 것이다. 그러나 입증이 불가능한 인간의 심령 작용 같은 것은 모두 배제되고 외면의 상(像)만이 문제가 될 수밖에 없다. 이렇게 볼 때 사실주의가 주로 기법상의 문제라고 할 것 같으면 자연주의는 기법을 넘어 세계관과 인생관의 문제에 이어진다고 볼 수 있다.

독일 자연주의의 전개 과정은 다음 3단계로 나누어 볼 수 있다.

첫째는 개척기, 즉 초기인데 그 발상지는 뮌헨과 베를린이다. 뮌헨에서는 콘라트(Michael Georg Conrad, 1846~1927)가 문학은 건강한 창조적 생활에 봉사해야 한다는 주장 하에 잡지 「사회(Die Gesellschaft, 1885~1902)」를 창간하여 그 잡지를 통해서 자연주의 이론을 전개시켰다. 한편 베를린에서는 하르트 형제(형:Heinrich Hart, 1855~1906, 동생:Julius Hart, 1859~1930)가 기관지 「비평 전투(Kritische Waffengänge, 1882~1884)」를 통해 구 문학(舊文學) 배격의 봉화를 올렸다.

둘째는 성숙기, 즉 철저 자연주의(Der konsequete Naturalismus) 양식이 풍미하던 시기이다. 철저 자연주의란 소재 선택에서 한 걸음 더 나아가 예술의 사명은 자연의 재현이란 기치 하에서 철저한 표현, 묘사에 역점을 두는 정밀묘사의 기법을 말한다. 이들의 표현은 대상의 형태, 동작, 음향 등 외적 모습을 미세한 부분까지 묘사하며 완전한 언어가 아닌 소리까지도 표현으로서 등장시킨다. 이 방면의 대표적 인물은 홀쯔(Arno Holz, 1863~1929)와 슐라프(Johannes Schlaf, 1862~1941)이다. 이들에 의하면 문학이란 현실의 정밀한 재현 작용 이외는 아무것도 아닌 것이 되어 버리고 만다. 이들이 쓴 「파파 함레트(Papa Hamlet, 1889)」는 베를린의 골목 생활, 학생 생활, 예술가들의 생활 등 일상생활을 묘사한 소설인데 시간의 축에 따라 극도로 세밀한 장면 묘사에만 치중하고 있다. 이것이 소위 「순간 포착 서술법(Sekundenstil)」인데, 사실적 객관 묘사의 극점이라고 할 수 있다.

셋째는 쇠퇴기로서 자연주의가 몰락할 때까지의 소위 심리적 자연주의라고 부르는 시기이다. 자연주의자 헤르만 바르(Hermann Bahr, 1863~1934) 가 「자연주의의 극복(Zur Überwindung des Naturalismus, 1891)」이라는 책을 써서 반자연주의적 경향을 나타낸 데서부터 시작된다. 그는 환경 묘사 대신에 인간의 내부 세계, 즉 정신과 감각을 철저 자연주의 수법으로 묘사하려는 경향으로 흘렀다. 작품으로서는 하우프트만의 「한넬레의 승천」이 그 대표적인 예가 될 것이다.

독일의 자연주의는 소설 분야보다 희곡 분야가 압도적으로 우세하다. 자연주의의 중심 작가인 하우프트만, 주더만이 극작가였다는 우연성도 있겠으나 베를린에 자유극장(Freie Bühne, 1889년에 창설)이 설립되어 연극을 주도한 것이 극문학을 조장한 큰 이유일 수 있다. 그리고 극작가 입센의 영향이 졸라 못지않았다는 것도 그 이유가 될 수 있다. 어쨌든 프랑스처럼 소설이 아니고 극문학(劇文學)이 독일 자연주의의 중심이었다는 것만은 사실이다. 이와 같은 동향 속에서 자연주의 문학의 탑을 쌓은 거장이 하우프트만이다.

(1) 하우프트만(Gerhart Hauptmann, 1862~1946)

하우프트만은 독일 자연주의가 낳은 세계적인 거장이다. 생전에 인정을 못 받고 불우한 생애를 보낸 작가, 시인들이 많은 독일에서 그 사람만큼 영광에 쌓여 높은 인기를 얻은 사람도 드물다.

그는 슐레지엔의 온천지인 잘츠브룬에서 여관집 주인 아들로 태어났다. 그는 집안의 걱정거리로서 실업학교를 중퇴했고, 농업 견습도 오래 지속하지 못했고, 미술 학교도 그만두는 등 하나도 일이 제대로 되는 것이 없었다. 20세 때 예나 대학의 청강생이 되어 철학과 진화론에 흥미를 가졌으나 그것도 1년 만에 그만두었다. 후 이태리로 여행을 가서 거기서 빈민들의 비참한 생활상을 보고 깊이 동정하여 그때부터 사회문제에 관심을 갖게 되었다. 22세 때 장래의 방향도 정하지 못한 채 결혼을 하고 베를린으로 가서 거기서 사회학에 흥미를 갖고 마르크스, 다윈을 연구하는 한편 입센, 졸라, 톨스토이의 작품들과도 친숙해졌다. 그러다가 아르노 홀쯔, 요하네스 슐라프들과 친교를 맺으면서 그들이 주장하는 철저 자연주의에 공조하여 희곡에 손을 댔다. 그 결과 나온 것이 「해뜨기 전」인데 이 작품은 「자유극장」에서 상연되어 크게 인기를 얻었다. 이후 그는 인기 작가가 되었고, 이어 자연주의의 정점을 이루는 「직조공」을 발표하여 명실공히 독일 연극계의 거성으로 군림하게 되었다.

그 후 그는 「마부 헨셀」, 「쥐」 등 자연주의풍의 작품과 「한넬레의 승천」, 「침종(沈鍾)」 등 상징적 작품을 교대로 발표하면서 점차 후자의 경향으로 흘러갔다. 이리하여 한때를 풍미하던 자연주의도 불과 수년 만에 내부에서 붕괴되기 시작한다. 제1차 대전 무렵부터는 다시 작풍이 바뀌어 희곡 「오딧세이의 활」, 소설 「소아나의 이교도」 등 고대적인 제재를 취급함으로써 에로스에 지배되는 인간을 즐겨 그렸다. 이처럼 그는 여러 작풍으로 변모하면서 희곡, 소설, 서사시, 자서전 등 다방면에 걸쳐 수많은 작품들을 남겼다. 나치스 시대에는 국내에 머물렀고 2차 대전이 끝난 후에는 소련 점령 지구에서 정신 수련 동맹의 총재로 있다가 추방령이 내리기 이틀 전에 84세를 일기로 세상을 떠났다.

「자유극장」(Freie Bühne)은 일종의 연극 모임으로 자연주의의 문예 평론가인 브라암(Otto Brahm)과 슐렌터(Paul Schlenther)가 1889년에 새로운 연극 운동을 위해서 창설한 것이다. 이 연극 모임은 회원제로 되어 있으며 베를린에 있는 유명 극장을 빌려 해마다 수십 회씩 새로운 희곡을 상연했다.

초연에는 입센의 「유령」이 공연됐고, 2회 공연에는 하우프트만의 「해뜨기 전」이 상연되었다. 이 연극 모임은 몇 년 후에 해산되었지만 자연주의 연극 발전에 커다란 공헌을 했다.

① 해뜨기 전(Vor Sonnenaufgang, 1889)

하우프트만의 출세작인 동시에 독일 자연주의의 특징을 잘 나타낸 최초의 걸작이다. 기교는 철저 자연주의의 수법을 따르고 있으나 내용면에서는 이상주의적 색채가 짙다. 그러나 환경과 유전 문제, 비참한 광부들의 생활과 같은 당면한 사회문제의 추구, 생의 추악한 면, 어두운 면의 폭로, 밀도 있는 환경 묘사 등 자연주의의 골격과 살을 다 갖추고 있다. 무대는 작자의 고향인 슐레지엔의 비츠도르프라는 빈한한 마을이다.

빈농인 크라우제(Krause)의 농토 주변 일대에서 석탄이 나와 그도 갑자기 졸부가 된다. 그러나 그는 본래의 음주벽 때문에 밤낮 술만 마신다. 그의 후처는 남편이 없을 때를 틈타 전처의 둘째 딸 헬레네(Helene)의 약혼자 카를과 간통을 한다. 카를은 바보인데다가 그녀의 생질이다. 전처 소생인 장녀 말타(Malta)도 아버지의 유전을 받아 대주가이다. 말타는 기사 호프만과 결혼한다. 호프만은 뮐러라는 약혼녀가 있었으나 말타의 지참금이 탐나서 그녀와 결혼한 것이다. 호프만과 말타 사이에서 태어난 아들도 어머니의 음주벽을 이어받아 세 살 때 술을 마시고 취한다. 그리고 술병으로 잘못 알고 떨어뜨린 초병에 발을 맞고 출혈이 심해 죽는다. 호프만은 무지한 농민들을 술로 유혹하여 헐값으로 그 근처의 토지를 인수 받아 채광권을 독점한다. 어느 날 로트(Loth)라는 사회주의자가 탄광 지대를 시찰하기 위해 이 마을에 온다. 로트는 호프만의 동창생으로서 사회주의적 이상 국가를 건설하기 위해 온갖 정열을 쏟고 있는 청년이다. 호프만은 로트를 초대하여 주연을 베푼다. 그러나 로트는 술을 물리치고 술의 해독을 설파한다. 한편 헬레네는 로트의 정열과 이상에 이끌려 그를 좋아한다. 로트는 광부들의 현황을 철저히 조사한다. 호프만은 그들의 불행의 원인이 자본가의 채굴권 독점에 있다고 공언할 로트가 두려워 조사를 못하도록 그를 마을에서 추방하려 했으나 실패하고 그를 욕한다. 로트도 화가 나서 그 집을 떠나려고 하는데 헬레네가 심증을 밝히면서 못가도록 만류한다. 그런데 말타의 해산을 도왔던 의사가 로트와 헬레네의 관계를 알고 크라우제 집안의 알콜 중독 상황을 알려 주면서 헬레네와의 관계를 끊으라고 권한다. 로트는 헬레네를 버릴 수 없었지만 자기의 이상을 희생시킬 수가 없어 쪽지 한 장을 남기고 떠난다. 이 쪽지를 읽은 헬레네는 절망하여 자살한다는 내용이다.

이 작품은 1889년 10월에 「자유극장」에서 상연되었는데 고성과 기성이 난무하고 물건이 날아가는 등 일대 센세이션을 일으켰다고 한다.

② 직조공(Die Weber, 1892)

이것은 하우프트만의 대표작이며 독일 자연주의의 정점을 이루는 최대 걸작이다. 소재는 슐레지엔의 어느 마직 공장에서 일어났던 폭동 사건에서 따왔다. 하우프트만은 그의 할아버지가 이 공장의 직공으로 있을 때의 사건이기 때문에 공장 내막과 노동자들의 현황을 소상히 알 수 있었고 특별한 관심을 가졌다고 한다. 이 극은 특정한 주인공은 없다. 직조공이라는 군중 전체가 주인공으로 되어 있으며 뚜렷한 줄거리도 없이 전편이 환경 묘사로 이루어져 있다. 그리고 이것은 노동 쟁의를 취급한 최초의 작품이기도 하다.

1막. 페터스발다우 마을에 드라이시거(Dreißiger) 소유의 마직 공장이 있다. 사무실에 직조공들이 제품을 갖고 와서 임금과 교환하려 하는데, 사무원 파이퍼(Pfeifer)가 검사를 너무 까다롭게 하여 사소한 결점을 트집으로 임금을 할인하고 직조공들의 탄원을 들어주지 않는다. 파이퍼는 직조공으로 있다가 사무원으로 승진된 사람이다.

2막. 사무실에서 나온 직조공 바움베르트(Baumbert)가 베를린 주둔군에서 제대한 친구 예거(Jäger)라는 전 직조공을 만나 같이 집으로 간다. 예거는 가지고 온 술을 마시면서 직조공들의 비참한 상황을 바움베르트에게 듣고 분격한다.

3막. 페터스발다우의 어느 술집에서 예거를 중심으로 한 한 그룹의 직조공들이 공장주의 횡포와 직조공들의 참상을 내용으로 하는 노래를 부르면서 소란을 피우기 시작한다. 제지하려는 헌병들과 충돌하여 소란이 점점 격화된다.

4막. 이 무리들은 드라이시거 집으로 몰려가서 사치스러운 기물들을 닥치는 대로 파괴한다. 드라이시거 가족들은 간신히 탈출에 성공하고 난동자들은 이웃 마을까지 진출하여 공장들을 파괴한다.

5막. 직조공들이 마을의 공장을 파괴하는데, 힐제(Hilse)라는 노인은 세상의 질서를 혼란하게 하는 것은 신의 의지에 어긋나는 것이라고 생각하고 혼자 일을 하다가 진압군의 유탄에 맞아 쓰러진다는 내용이다.

③ **한넬레의 승천**(Hanneles Himmelfahrt, 1893)

작자가 자연주의에서 벗어나 상징적인 방향으로 기울어지기 시작한 과도기의 작품이다. 구성 수법은 자연주의를 따르고 있지만 내용면에 있어서는 몽환적, 낭만적 요소가 농후하다. 어머니를 잃고 계부의 학대에 못 이겨 호수에 투신한 한넬레가 자살하는 동기라든지 하층 생활을 그리는 사회성 같은 것은 모두 자연주의적이지만 이 작품의 핵심 부분인 임종 직전의 꿈 이야기에서는 미적, 종교적 세계가 펼쳐지고 있다.

④ **마부 헨셸**(Fuhrmann Henschel, 1898)

자연주의 수법으로 쓰여 진 5막 비극이다. 마부 헨셸은 아내가 병사한 다음 간사하고 잔혹한 하녀 한네의 꾐에 빠져 아내와의 약속을 어기고 그녀와 결혼한다. 한네는 결혼 후 본성이 나타나 전처소생을 죽이고 간통을 하는 등 헨셸을 배신한다. 그녀의 불성실과 배신을 자기의 죄라고 생각한 헨셸은 자살한다.

⑤ **로제 베른트**(Rose Bernt, 1903)

순진한 소녀가 남성들 성욕의 희생물이 되어 자기가 낳은 사생아를 죽이기까지의 경로를 그린 자연주의 극이다.

⑥ **철로지기 틸**(Bahnwärter Thiel, 1887)

자연주의 기법으로 쓰여 진 단편 소설이다. 우직한 선로지기가 가혹한 주위 세계와 상스러운 아내의 속박에 시달리는 것을 그리고 있는데 상황 묘사가 일품이다.

이 밖에도 입센의 영향 하에서 쓰여 진 「평화제」(Das Friedenfest, 1890) 에서 철저 자연주의 수법으로 소시민의 가정적 파괴를 묘사하고, 「외로운 사람들」(Einsame Menschen, 1891)에서 현실에 불만을 느끼면서도 인습을 타파하고 자유스러운 행동을 취할 용기가 없는 젊은 세대의 고민을 묘사하고 있다. 또한 「해리의 모피」(Der Biberpelz, 1893)는 풍자적 희극으로 클라이스트의 희극 「깨어진 항아리」에 비견된다. 「플로리안 가이어」(Florian Geyer, 1895)는 종교 개혁 시대의 농민전쟁에서 소재를 취한 역사극이다. 「침종」(Die versunkene Glocke, 1896)은 동화극으로 서정미가 넘치며 낭만적이며 상징적인 색채가 짙은 작품이다. 「가련한 하인리히」(Der arme Heinrich, 1902)는 중세의 서사시에서 취재하여 그 소재에 근대적인 해석을 가한 작품이다.

2. 인상주의(1880~1910)

문학상의 인상주의는 시기상으로 확실하게 구분을 지을 수가 없다. 왜냐하면 인상주의의 현실 인식은 자연주의와 연관되어 있고, 신낭만주의와 내재적으로 결합하고자 하기 때문이다. 세계는 상징적으로 체험되고, 인상과 느낌은 사물에 대한 성찰을 배제한다. 예술적인 형식으로서의 인상주의는 처음엔 회화에 의해서 정립되었다. 프랑스에서 마네와 모네가, 독일에서는 리버만이 색채에 있어 경직된 형식을 파기하여 색채의 각 점들이 어느 특정한 시각 하에 수렴되어 순간적인 새로운 인상을 불러일으키도록 한 것이다. 이에 따라서 릴리엔크론은 그의 시와 소설에서 관찰과 형상을 병렬적으로 나열했고, 데멜은 추상적으로 체험한 현실을 격정적으로 묘사된 정신적 과정으로 농축했으며, 슈니츨러는 에로틱한 관계를 극히 주관적으로 묘사했다.

(1) 슈니츨러(Arthur Schnitzler, 1862~1931)

슈니츨러는 세기말 무렵 찬란한 문화의 중심지인 빈을 무대로 향락적이고 퇴폐적이며 회의적인 남녀들의 여러 모습을 정교한 필치로 묘사한 극작가요 소설가이다. 그는 근대 의학에 바탕을 둔 날카로운 심리 묘사로 인간의 마음 속 깊숙이 숨어 있는 감정과 욕망을 적나라하게 파헤쳤는데, 특히 애욕에 몸부림치는 여성의 심리 묘사는 타의 추종을 불허한다.

그는 빈에서 태어나 빈에서 일생을 살았다. 아버지는 유태인이며 빈 대학 의학부 교수였다. 슈니츨러도 의학을 공부했고 학위를 받은 후에는 대학 병원 정신과에 근무하기도 하고, 아버지의 조수로서 종합병원에서 진료를 맡기도 하였다. 그는 특히 최면술과 암시요법에 흥미를 갖고 있었다. 한편 교제하던 배우, 오페라 가수 등의 영향을 받아 문학과 음악에도 관심을 갖게 되어 단편을 쓰기도 하고 왈츠 작곡을 시도하기도 했다. 31세 때 그는 아버지의 반대를 무릅쓰고 작가가 되기를 결심하고 희곡 「아나톨(Anatol)」, 「연애 유희(Liebelei)」, 단편 「죽음(Sterben)」 등을 발표하여 일약 인기 작가가 되었다. 특히 「연애 유희」는 1895년 초연 이후 많은 무대에서 상연되어 그의 이름을 유명하게 했다. 그러나 일단 성공한 이후부터는 그에게 정치적 압박이 계속 반복되었다. 먼저 단막극 「푸른 앵무새(Der grüne Kakadu)」가 상연 금지 처분을 받게 되었고, 남녀의 성애(性愛)를 대담하게 묘사한 「윤무(Reigen)」가 풍속을 해치는 책이라고 출판 금지 처분을 받게 되었다. 또 독백체 소설 「구스틀 소위(Leutnant Gustl)」가 군인을 모욕했다고 해서 군의 관직을 박탈당했다. 이런 사건들은 그 당시 만연하던 유태인 배척 운동과 일련의 관계가 있다. 그는 싫어도 자기가 유태인이라는 것을 의식하지 않을 수 없었다. 「광야로 가는 길(Der Weg ins Freie)」은 이런 점에서 흥미진진한 작품이다. 그의 만년은 가정적으로나 사회적으로 아주 불우했다. 그러나 그는 죽을 때까지 프로이트 류(流)의 심리 분석을 하면서 세련된 문체로 애욕과 죽음의 문제를 추구하였다.

① 윤무(Reigen, 1900)

이 희곡은 창부에서 백작에 이르기까지 10계급의 남녀 10인이 차례로 관계를 맺어 애욕 10경(景)의 윤무를 펼친다. 어떤 신분이라도 성애에 있어서는 대등하다는 것을 유머러스하게, 익살스럽게, 대담하게 묘사하고 있다. 발표 당시 풍기문란 서(書)라 하여 출판 금지 처분을 받았다.

3. 상징주의(1890~1925)

독일의 상징주의는 보들레르와 베를레느의 영향을 받았다. 상징주의는 특히 자연주의의 반동으로 일어났다. 즉 예술은 사실을 전달하거나 학설을 전수해야만 하는 것이 아니라 상징적인 힘과 음악성을 결합시키는, 의식적으로 형상화된 언어를 수단으로 보다 깊은 현실성을 추출해야 하는 것이다.

독일에서는 게오르게, 릴케 그리고 호프만슈탈 등이 이러한 경향을 대표하고 있다. 프랑스 작가들의 영향을 받아 슈테판 게오르게는 엄격한 형식을 취하고 일상적인 것이나 공통적인 것에 거리감을 두었다. 그는 또 자연주의 작가들의 일상적인 상투어 보다는 품위 있는 언어를 사용하였다. 파울 에른스트와 빌헬름 폰 숄쯔는 그와 같은 새로운 예술관을 이론적으로 정립하여 그것을 모든 문학 장르에 전수했다.

릴케는 러시아 여행에서 중요한 체험을 얻게 되었고, 호프만슈탈은 바로크의 전통이나 고대 오스트리아의 풍부한 문화유산으로부터 소재를 취했다.

릴케는 인간과 자연과 종교에 매료되어 고전주의보다는 낭만주의, 특히 노발리스와 횔덜린에 심취했다. 호프만슈탈은 시와 드라마에서 릴케의 영혼의 섬세한 감동과 종교, 역사에 대한 해명의 글을 분류했다. 그는 「안드레아스 혹은 합중국」(1932)과 같은 미완성 장편소설과 몇몇 단편, 많은 편지, 연설 이외에도 주요 산문 작품에서 시대문제와 예술문제에 대한 입장을 밝혀 1차 대전 이후에 크게 위협받고 있는 전통을 지키고자 했다.

(1) 게오르게(Stefan George, 1868~1933)

독일 상징주의 시인의 거성인 게오르게는 타락한 물질문명이 지배하는 세계에서 정신으로 인간의 품위와 권위를 회복하고자 정신의 아름다움을 시적으로 묘사한 시인이다. 그는 형식미를 중시하는 엄격한 詩作을 통하여 현대인이 직면한 허무를 극복하고 사상과 신앙에서 독자적인 경지를 개척하는 동시에 미적인 인생의 건설을 강력히 부르짖는 심미주의자이다.

그는 라인 강변의 뤼데스하임에서 부유한 포도 재배자겸 포도주 생산업자의 아들로 태어났다. 그는 집이 부유했기 때문에 한평생 경제적으로 곤란을 받은 적은 없었으나 평생을 독신으로 보내면서 일정한 정착지도 없이 각지를 전전, 오직 예술에만 몰두했다. 20세 때 고등학교를 졸업한 후 대학에 들어가지 않고 런던을 비롯해 유럽 각지를 돌아다니면서 어학을 배워 영국, 프랑스, 이탈리아 등 각국의 시를 많이 번역했다. 특히 프랑스 상징시의 번역이 많다. 파리에서는 상징 시인인 말라르메, 베를렌 등과 친하면서 프랑스 상징주의를 체득했다.

24세 때 베를린에서 「예술신문(Blätter für die Kunst)」이라는 동인지를 간행하여 예술 지상주의 운동을 전개했다. 이 잡지는 1912년까지 계속되었는데 그의 주위에는 그의 강렬한 개성과 고상한 이상, 범 유럽적인 예술 지식에 매혹된 젊은 시인들이 많이 모여 들었다. 이 시인들을 가리켜 통칭 게오르게 일파라고 한다. 그는 스스로 스승(Meister)이 되었고 그 일파들을 문하생(Jünger)이라고 불렀다. 만년에는 나치스가 협력해 줄 것을 요청했으나 거절하고 스위스로 갔다가 얼마 안 있어 죽었다. 그의 시는 예술 지상을 위하여 발행된 「예술신문」의 성격이 말하듯이 대중과는 관계없이 소수의 이해자를 위해서 쓴 고답적이고 심미적인 것들이다. 자연주의자들처럼 현실의 사물을 그대로 묘사하는 것이 아니고 엄격한 표현 형식을 통하여 미적인 세계만을 언어로 묘사한다. 그는 시를 개혁했다. 시어(詩語)의 개혁이란 예를 들면 명사를 소문자로 쓴다든지, 혹은 특수한 활자를 사용하여 시각적인 효과를 노린다든지, 혹은 구두점을 생략하는 등등이다. 이것은 독일어의 음향이 불어나 서반아어에 비해 시어로서는 너무 딱딱한 점이 있기 때문에 새로운 독일어의 음향을 창조해 보자는 의도에서 나온 것이다. 그의 언어는 엄밀한 구성을 가지며, 너무 정선된 말을 쓰기 때문에 무척 난해하다. 이런 점만 미루어 보아도 게오르게의 시는 대중과는 아예 거리가 먼 성질의 것이라고 볼 수 있다. 그는 될 수 있는 대로 현실적인 소재를 피하고 미의 전당에 봉사하는 사제처럼 엄숙하고 성스러운 태도로 미 자체를 파고들려고 했다. 게오르게는 프랑스 상징시의 영향 하에서 자랐지만 그것을 그대로 받아들이지는 않았다. 도리어 니체의 영향이 더 큰 것으로 간주된다.

① 생(生)의 주단(Der Teppich des Lebens, 1900)

생의 근원적인 다양한 모습을 주단의 그림 모양으로 펼쳐내고 있다. 니체의 생 긍정 철학에 영향을 받은 게오르게는 여기서부터 근대적인 허무를 완전히 극복하고 시작(詩作)을 통해서 미적인 인생을 창조해 나갔다.

② 제7반지(Der siebente Ring, 1907)

단테, 괴테, 니체를 칭찬하면서 시대를 비판하고 자기의 입장을 선언하고 인류의 지도자와 유혹자를 노래한 「군상」, 막시민(Maximin) 체험을 테마로 삼은 「막시민」 등으로 이루어져 있는데 모두 새로운 신을 구하고 있다. 특히 「막시민」에서는 작자가 뮌헨에서 만난 적이 있는 막시민에게서 인간의 신성을 파악하고 희랍적인 인간주의를 바탕으로 하는 새로운 세계관을 확립하려고 한다.

③ 맹약의 별(Der Stern des Bundes, 1914)

전작인 「막시민」에서 인간의 신성을 발견한 게오르게가 막시민을 현대의 신으로 삼고 새로운 나라, 즉 미적 세계의 건설을 목표로 하고 있다. 아름다운 넋과 아름다운 육체와의 조화, 아름다운 생활 영위, 이것이 그의 진수이다. 미는 최고의 인생 가치이고, 예술과 문학은 유희 이상의 것으로서 인생을 묘사하며, 사물의 본질에 가장 가깝게 육박할 수 있는 정신 활동이다. 그래서 그는 스스로 한 시대의 정신적인 지도자로 자처하면서 미적 세계를 실현하기 위한 협력을 부르짖고 있다.

(2) 릴케(Rainer Maria Rilke, 1875~1926)

근대시인들 중에서 릴케만큼 순수한 내면세계를 시적으로 묘사한 지고한 시인은 없을 것이다. 그는 시대의 불안 속에서 팽개쳐진 의지할 곳 없이 헤매는 현대인의 고독과 고뇌를 뼈저리게 느끼면서 오로지 시작(詩作)을 통해 인간 존재의 궁극적 의의를 찾으려고 발버둥 쳤다. 그는 마음을 통해 우주적인 생과 합쳐짐을 느꼈고, 자연 속에서 신을 구했고, 그리고 신을 느꼈다. 그의 시는 형식이 극히 새로우며, 단순히 사물을 재현하는 것이 아니고 사물이 나타내는 본질을 하나하나 찾아낸다.

그는 카프카의 출생지인 뵈멘(Böhmen)의 고도(古都) 프라하(Prag)에서 칠삭둥이로 태어났다. 아버지는 군인이었으나 병 때문에 퇴직하여 철도회사에 근무했다. 어머니는 사교적이고 성격이 활달했으나 허영심이 강하고 신경질적이었다. 릴케는 누이가 한 사람 있었는데 어릴 때 죽었다고 한다. 어머니는 이 딸을 너무 편애했기 때문에 릴케에게 여자 옷을 입혀 5세가 될 때까지 여아처럼 길렀다. 양친은 성격이 맞지 않아 릴케가 7세 때 이혼했다. 이후 그는 아버지 밑에서 자라면서 친구도 없이 고독하게 소년기를 보냈다. 11세 때 아버지의 뜻에 따라 육군 유년학교에 입학했다. 15세 때 육군 사관학교에 진학했으나 군대 교육이 여성 같은 그의 성격에 맞지 않아 1년 후에 자퇴해 버렸다. 이듬해 상업학교에 들어갔으나 연애 사건으로 또 퇴학당했다. 그 후 그는 개인 교수에 의해 고등학교(Gymnasium) 졸업 자격을 얻어 프라하 대학과 뮌헨 대학에서 미술사, 문학사, 역사 철학 등을 배웠다. 이때부터 그의 시작(詩作)이 시작된다. 그의 문학 발전에 있어서 중요한 계기가 된 것은 덴마크의 작가 야콥센(Jens Peter Jacobsen)에 심취한 것과, 평생의 친구가 된 루(Lou Andreas-Salome)부인(夫人)과 사귀게 된 사실이다. 그는 시작(詩作)에 있어 단순한 공상에 의해서가 아니라 현실을 통찰하고 현실 속에 숨겨져 있는 진실을 형상화하는 상징 법을 야콥센에게서 배웠다. 루부인은 왕년에 니체와 염문을 뿌렸던 총명한 여인으로서 당시 35세였다. 이 여인이 릴케에게 전 생애를 통해 많은 영향을 끼쳤다. 특히 그가 그녀의 권유로 러시아를 여행하여 러시아를 알게 된 것은 그의 문학에 있어서 획기적인 중요한 모멘트가 된다. 러시아에서 톨스토이를 만나 시인으로서 인간으로서 획기적인 성장을 했다.

두 번에 걸친 러시아 여행을 마친 후 릴케는 북독 보릅스베데(Worpswede)에 있는 화가 촌을 방문하여 젊은 인상파 화가들과 교제하면서 많은 것을 배운다. 즉 북독의 넓은 평원에서 자연을 관찰하는 안목을 배웠고, 그 형상을 붙잡는 기술을 터득했다. 그는 거기서 알게 된 여류 조각가 클라라 베스트호프와 결혼하여 딸 루트(Ruth)를 낳았다. 클라라는 조각가 로댕(Rodin)의 제자였으며, 이 무렵 그는 로댕의 「사물」의 구성에 큰 흥미를 갖고 있었다. 그는 때때로 위촉받은 「로댕 론(論)」을 집필하기 위해 가정을 버리고 파리로 갔다. 이때 클라라와 헤어진 후 릴케는 일생동안 가정이라는 것을 가져보지 못한다. 파리에서 로댕을 만나 대상을 주시하고 이해하여 끈기 있게 사물 화하는 조각적인 수법을 배워 그것을 시작(詩作)에 응용했다. 「신 시집」, 「신 시집 별권」, 산문인 「말테의 수기」 등은 그러한 노력의 소산이다.

「말테의 수기」를 끝으로 시인은 비가(悲歌)의 세계로 옮아간다. 34세 때 그는 마리 폰 투른 운트 탁시스(Marie von Thurn und Taxis)라는 후작 부인을 알게 되어 그녀의 호의로 이탈리아의 아드리아 해안에 있는 두이노(Duino)성에 체재했다. 어느 날 벼랑 위를 거닐고 있을 때 「아-, 내가 외친다고 천사의 서열 가운데 누가 그것을 들어줄 것인가?」라는 싯구와 사상이 떠올랐다. 이것이 유명한 「두이노의 비가」의 첫 구절이다. 릴케는 이 시의 1장과 2장을 이 성(城)에서 단번에 써버렸다.

그 후 단속적으로 진행되다가 1차 대전의 발발로 부득이 중단되었다. 세계 대전은 릴케의 심신을 극도로 피로하게 했다. 그러나 이 시대에 앙드레 지드(André Gide), 로망 롤랑(Romain Rolland), 폴 발레리(Paul Valéry) 등과 교류하면서 그들로부터 많은 영향을 받았다. 특히 발레리는 그의 만년의 시에 큰 영향을 끼쳤다.

41세 때 강연 차 스위스로 갔는데 거기서 친구의 호의로 발레에 있는 조용한 고성(古城)이 그에게 제공되었다. 그는 이 고성에 파묻혀 그동안 중단 상태에 있었던 「두이노의 비가」를 완성했다. 그뿐 아니라 전혀 예기치 않았던 「오르페우스에게 바치는 소네트」 50편이 나오게 되었다. 1926년 10월의 어느 날 정원의 장미를 꺾다가 가시에 찔려 그것이 화농하여 51세를 일기로 세상을 떠났다. 병명은 출혈성 백혈병이었다.

릴케의 시는 감성이 풍부한 인상풍의 서정시에서 출발하여, 신을 구하면서 사물 속에 깊이 파고 들어가 존재의 본질을 알려고 한 중기의 시를 거쳐, 눈에 보이지 않는 세계, 즉 내면적 공간을 표출하는 만년의 시로 이행된다.

① 기도서(Das Stundenbuch)

이 시집은 「수도 생활의 서(書)(Von der Pilgerschaft, 1901)」, 「빈곤과 죽음의 서(書)(Von der Armut und dem Tode, 1903)」의 3부로 이루어져 있다. 릴케의 시집 중 가장 이색적인 시집이다. 그의 개성 있는 시풍이 이 시집에서 시작되었다고 보아도 좋다. 제1부는 러시아 여행의 체험에서 나온 것인데 자신의 신을 찾는 고백서이다. 릴케는 여기서 범신론을 선언한다. 그의 신은 기독교의 신처럼 유일신이 아니다. 그의 신은 도처에 있다. 이러한 신들을 감각을 통해서 붙잡아 미적 형상으로 정착시키려고 한다. 제2부는 보릅스베데의 체험을 통해 일체의 생명과 더불어 성장하는 신을 노래하고 있다. 그는 감각으로서 신을 붙잡으려 하지 않고 신 앞에 선 태도로 지상과 지상의 인간들을 신에게 고해바친다. 제3부는 파리 시대의 체험을 통해서 근대적 대도시의 비참한 생활을 읊고 있다. 여기서는 신의 모습은 사라지고, 현실과의 접촉을 어떻게 하느냐가 문제시 되고 있다.

② **말테의 수기**(Die Aufzeichnungen des Malte Laurids Brigge, 1910)

이 작품은 보통 소설과는 달리 통일된 줄거리도 없고 소설다운 사건의 전개도 없다. 그저 편지, 일기, 성찰, 회상 독서 체험, 동물 묘사 등 단편을 집합시켜 구성해 놓은 수기 형식의 소설 아닌 소설이다. 완성될 때까지 6년이라는 세월이 걸렸으며 릴케 문학의 비밀이 총망라되어 있는 귀중한 작품이다. 모두 2부로 되어 있는데 죽음과 사랑, 고독과 불안이 주테마이다. 여러 가지 단편적인 사건이 현재, 과거, 미래의 구별 없이 동일 화면상에서 전개되는 이 소설이 형식상으로나 내용상으로나 많은 문제성을 지니고 있다는 것은 널리 알려진 사실이다. 사람들은 이 소설을 독일 현재 소설의 선구요 실존 문학의 원류라고도 한다.

수기의 제1부는 덴마크의 무명 청년이 느끼는 파리의 인상에서 시작된다. 덴마크 귀족의 후예인 말테(Malte)가 트렁크 하나와 책 한 상자만 들고 파리에 온다. 그의 눈에 보이는 것은 병원, 비틀거리다가 쓰러지는 남자, 무거운 발걸음을 옮기면서 산부인과로 가는 임산부, 거지, 낙오자 등 대도시의 이면에 도사리고 있는 빈곤과 부패와 고독과 불안과 죽음의 그림자뿐이다. 말테는 이상과 같은 파리의 인상을 응시, 기록하다가 1부 후반부에 가서는 회상의 세계로 돌아가 소년 시절에 고독했고 불안했고 불가사의했던 일들을 기록한다. 즉 어머니의 죽음, 할아버지의 죽음 등 개성적인 자기의 죽음을 죽어간 사람들을 위시해서 어린 시절에 많았던 병, 어릴 때의 친구, 어느 날 밤 책상 밑에 떨어진 색연필을 줍기 위해 어두운 책상 밑에 손을 넣었다가 다른 여윈 손이 움직이는 환각을 보고 기겁을 한 일, 어머니의 조부인 백작관의 유령 등 어린 시절의 회상이 연이어 전개된다.

제2부는 그가 독서에서 얻은 경험의 기록으로서 사랑하는 여러 여자들에 대한 찬미가 펼쳐진다. 제1부를 죽음의 장이라고 한다면 제2부는 사랑의 장이라고 할 수 있다. 제2부에서도 어머니와 같이 바라 본 레이스 수예품, 남의 집 방문, 아버지의 죽음, 성자와 고독자, 이웃 사람들, 여러 가지 죽음의 고찰, 어린 시절 책에서 읽은 인물들의 회상 등 유년 시절의 회상이 기록되어 있지만 주제는 사랑 속에서 사는 여자들에 대한

찬미로서 위대한 사랑을 한 소설과 희곡의 여주인공들이 찬양되고 있다. 그녀들의 사랑은 고독한 인간들끼리 그 고독을 나누기 위한 단순한 사랑이 아니고 대상을 초월하고, 지상의 남성들이 그 사랑을 받아들일 수 없을 정도로 숭고하고 심원한 사랑으로 부각되어 있다. 이 수기는 마지막으로 다른 사람으로부터의 사랑을 거절하고 신의 사랑만을 얻으려고 하는 성서의 탕자 이야기로 끝을 맺는다. 이 상징적인 인물 속에는 말테와의 격투를 끝낸 릴케의 새로운 희망, 즉 아직 존재하지 않는 신의 희망이 도사리고 있다. 릴케는 탕자처럼 다른 사람의 사랑을 거절하고 그가 구하는 신의 사랑만을 갈망하는 것일지도 모른다.

③ 두이노의 비가(Duineser Elegien, 1923)

이것은 만년의 릴케가 가장 고심해서 쓴 대표적 시이며, 현대의 서정시 중에서 최고의 것이라고 일컬어지고 있다. 1912년 두이노(Duino) 성에 머물고 있던 릴케가 해변의 벼랑 위를 걷다가 갑자기 하늘의 계시인 양 시구와 시상이 떠올라 썼다고 해서 「두이노의 비가」라 명명한 것이다. 이것을 완성하기까지는 제1차 대전 및 전후의 혼란기가 끼어 장장 10년이라는 세월이 걸렸다. 모두 10편으로 이루어져 있는 이 비가는 순수한 사상적 체험이 동기가 되어 죽음, 사랑, 일, 일상생활, 고뇌 등 인간 존재의 모든 문제를 노래한 시로서 제2차 대전 후의 실존 철학과 그 문학 운동에 영향을 끼친 바가 크다.

제1비가는 인간과 천사를 대비시켜 인간 존재의 미약함과 허무함을 노래한다. 「아-, 내가 외친다고 천사의 서열 가운데 누가 그것을 들어 줄 것인가?」라는 모두의 구절이 이 비가 전편에 흐르는 근본 모티프이며, 시인인 자기가 무력한 인생에서 어떻게 대처해야 할 것인가를 문제 삼고 있다.

제2비가는 인간의 미와 사랑이 얼마나 덧없는 것인가를 한탄하고 천사들의 영원하고 완전한 사랑을 갈망하면서 인간 세계는 경건해야 된다고 노래한다.

제3비가는 인간이 인간 존재의 가장 명확한 증거라고 할 수 있는 성(性)의 충동 때문에 괴로워하지 않을 수 없다는 것과 절망적인 고뇌에서 허덕이는 인간의 내면세계를 상징적으로 묘사하고 있다.

제4비가는 자기와 세계와의 대립을 의식하지 않을 수 없는 인간의 운명과 인간 존재의 무상과 인간이 영원을 바라는 모순을 탄식한다.

제5비가는 기계적으로 특기를 되풀이하는 기술자의 모습에서 습관화된 일상생활의 비참함을 깨달으며, 인간의 심정을 다루는 예술가들이 습관화된 기능을 반성하고 순수하고 탄력성 있는 심정을 가지기를 희구한다.

제6비가는 무상을 초월한 영웅들을 생존의 모범이라고 찬미하여 그들 속에서 자기의 이상을 찾으려고 한다.

제7비가는 무심히 지저귀는 종달새의 모습에 감동하여 보상 없는 사랑을 노래하는 귀중함을 깨닫는다. 그리고 「어디에도 세계는 존재하지 않을 것이다. 내부에 존재하는 이외에는」하는 말처럼 일체의 존재를 긍정하기에 이른다.

제8비가는 죽음의 공포에서 해방될 수 없는 인간의 숙명을 한탄한다.

제9, 10비가는 인간과 만물의 관계를 정의하고 말로써 사물을 노래하여 사물에 영원하고 완전한 내면적 존재를 부여하는 것이 시인인 자기의 사명이라고 노래한다.

(3) **호프만스탈**(Hugo von Hofmannstahl, 1874~1929)

호프만스탈은 상징주의 문학의 대표적 작가이며 20세기 초두의 독일 문학을 장식하는 다재다능한 천재이다. 그의 출현은 독일 문학사상에서는 말할 것도 없거니와 세계 문학사상에서도 큰 의의를 지닌다. 그는 시, 소설, 희곡, 에세이, 오페라 대본 등 문학의 모든 장르를 총망라한 다채로운 작가이다. 특히 시대와의 대결에서 표현의 수단인 언어를 잃어버리고 고민하는 그의 모습은 새로운 표현을 찾아 고투하는 20세기 문학의 출발을 상징한다.

그는 빈(Wien)에서 유태계의 부유한 은행가 아들로 태어났다. 어머니는 카톨릭을 믿는 오스트리아 출신이었고 할머니는 이탈리아인이었다. 이와 같이 국제적인 피를 받은 시인은 어릴 때부터 아버지, 조모, 가정교사로부터 각국 어를 배워 희랍 문학과 프랑스 근대문학에 친숙했다.

문단에 등장한 호프만스탈은 게오르게(George)와 사귀면서 「예술신문」의 동인이 되어 운문 극 단편인 「티치안의 죽음(Der Tod des Tizian)」을 비롯하여 「이른 봄(Vorfrühling)」, 「무상의 노래(Über Vergänglichkeit)」 등 훌륭한 서정시를 발표하여 그의 유력한 협력자가 되었다. 그러나 그의 섬세한 감수성과 유동적인 언어가 게오르게의 강렬한 정신과 엄격한 형식에 맞지 않아 곧 절교를 했다. 1892년(18세)에 빈 대학에 입학하여 아버지의 희망에 따라 법률을 배우다가 얼마 되지 않아 문학으로 전환했다. 이 무렵에 「바보와 죽음(Der Tor und der Tod)」, 「하얀 부채(Der weiße Fächer)」, 「창속의 여인(Die Frau im Fenster)」 등 세기말적인 우수와 관능성을 그린 많은 운문극을 발표하여 상징주의의 대표자가 되었다.

제1차 대전이 일어나자 충격을 받은 호프만스탈은 유럽의 위기를 걱정하며 시대에 대한 시인으로서의 책임을 통감한다. 희극 「괴팍한 남자(Der Schwierige)」, 종교의 강력한 힘을 그린 「잘츠부르크의 대세계극장(大世界劇場)(Das Salzburger große

Welttheater)」, 시대와의 대결을 상징적으로 그린 「탑(Der Turm)」, 미완의 소설 「안드레아스(Andreas)」 등 만년의 제 작품들은 모두 이와 같은 자각 하에서 쓰여 진 것들이며 혼란이 극심해 가는 시대에 대한 절망감과 싸움에 지친 고독감을 진하게 나타내고 있다. 그는 권총 자살을 한 아들의 장례일 날 뇌일혈로 죽었다.

호프만스탈의 작품을 계통별로 살펴보면 대체로 서정시는 초기에 많았고 세기의 전환기부터는 희곡이 큰 비중을 차지하는데 1909년부터는 갑자기 희극이 나타나 그의 비극과 더불어 큰 위치를 점한다. 산문은 서정시 이후 가끔 쓰여 지다가 제1차 대전 말기의 미완의 소설 「안드레아스」에서 중단된다. 그런데 에세이만은 전 생애를 통해서 줄곧 계속된다.

① 바보와 죽음(Der Tor und der Tod, 1893)

인생을 슬퍼할 줄도, 감동할 줄도 모르고 오직 예술적 향락에만 빠져 생을 방관만 하던 젊은 유미주의자 클라우디오(Claudio)가 임종이 가까워 졌을 때 처음으로 자기가 진실한 인생을 살지 않았다는 것을 깨닫고 어머니의 사랑, 애인과 친구의 사랑이 얼마나 귀중한 것인가를 알게 된다. 그는 죽음을 앞두고 인생을 방관만 한 것을 슬퍼한 것이다. 이것은 19세에 쓴 운문극으로서 그의 대표작이라 일컬어진다.

② 예더만(Jedermann, 1911)

우화적인 신비극이다. 제재는 15세기 영국의 도덕극 에브리맨(Everyman)에서 취재했으며, 한스 작스(Hans Sachs)의 「임종의 부자희극(Comedi vom sterbend reichen Menschen)」도 참고로 했다. 주신(主神)이 사신(死神)에게 예더만을 데리고 오라고 명령한다. 사신이 예더만을 심판대로 데리고 가려 하자 그는 놀라면서 친구들에게 동행을 부탁했으나 아무도 들어주지 않는다. 애인까지 그의 곁을 떠난다. 지금까지 도움이 되었던 돈도 동행을 거절한다. 다만 빈약한 업적(Werke)만이 동행해 신 앞에서 예더만을 구하려 한다. 예더만은 신앙의 힘을 얻어 업적을 데리고 묘지로 간다. 드디어 심판장에 불려 나온 예더만을 업적이 열심히 변호한다. 덕택으로 예더만은 영혼의 구제를 받고 천국으로 승천한다.

③ 잘츠부르크의 대세계극장(Das Salzburger groβe Welttheater, 1922)

칼데론(Calderon)의 「대세계극장(Groβes Welttheater)」에서 취재한 신비극이다. 신으로부터 여러가지 역할을 위임받은 여러 분야의 대표자들이 자기 뜻대로 맡은 역할을 다한다는 내용이다.

Naturalismus-Impressionismus-Symbolismus

Beeinflußt von den Lehren des philoso- phischen und dialektischen Materialismus, aber auch von der Philosophie Nietzsches, und tief beeindruckt von der modernen Naturwissenschaft, lehnt sie jede metaphysische und religiöse Bindung ab und weist der Dichtung eine neue Aufgabe zu: die Darstellung der Wirklichkeit. Der Mensch erscheint als Produkt von Milieu und Vererbung, seine Freiheit wird noch viel radikaler in Frage gestellt als in der Kunst des Realismus.

Der literarische Impressionismus stellt keine klar zu umgrenzende Epoche dar: Wirklichkeitsbewußtsein verbindet ihn mit dem Naturalismus, Streben nach Verinnerlichung mit der Neuromantik.

Der Symbolismus gewinnt in Deutschland zuerst um 1890 durch die Dichtung Baudelaires und Verlaines Einfluß. Er ist vor allem eine Reaktion gegen den Naturalismus: Die Kunst hat nicht Sachverhalte mitzuteilen oder gar Lehren zu vermitteln(s. die Rolle, die Milieu und Vererbung bei Zola und Hauptmann spielen), sondern soll mit Hilfe einer bewußt gestalteten Sprache, die symbolische Kraft und Musikalität vereint, eine tiefere Wirklichkeit erschließen.

| Chapter 13 |

표현주의

(1910~1925)

표현주의는 1차 세계대전의 혼란한 시기에 추진된 혁신적이고 폭발적인 문학 운동이다. 표현주의는 기존질서의 진부하고 낡은 것을 허물어 버리고 새롭고 신선한 것을 찾으려 했으며 인간 내면에서 분출하는 감정의 분출을 목표로 삼았다.

표현주의(Expressionismus)의 어원인 「Expressio」는 라틴어로 「내부에 있는 것을 밖으로 밀어내다」는 뜻이다. 이 말은 독일의 미술사가인 보링거(Wilhelm Worringer)가 1911년 프랑스 파리에서 열렸던 미술 전람회에서 역동적이고 강렬한 색채로 그려져 있는 마티스, 반 고호, 세잔 등의 그림을 보고 「표현주의」라고 했던 것이 널리 퍼져 예술상의 용어로 정착된 것이다. 이 용어는 미술은 물론 문학 용어로까지 전용되었다. 표현주의 미술에서는 재현적, 외면 사실적 기법을 거부하고 감정 표출을 위주로 하며, 외계의 시각을 폐쇄하고 내면적 충동을 표현하려고 하기 때문에 현실에서는 볼 수 없는 별개의 세계가 몽상된다.

문학에 있어서도 마음 깊숙한 곳에서 우러나는 내면 충동을 강렬하게 표출하는 것이 표현주의의 기본 입장이다. 이처럼 그들은 마음의 움직임을 폭발적으로 방출하기 때문에 그들의 언어는 절규가 되고 신음이 된다. 표현 형식도 서술적 문체가 아니고 단편적인 구, 단어의 나열, 신조어, 독백 등이 범람하며 추상성을 띄우게 된다.

표현주의 문학의 내용과 테마는 대체로 기성 가치체계의 파괴와 새로운 것의 추구, 창출이라고 볼 수 있다. 이 당시의 젊은이들은 전전, 전후의 위기와 혼란을, 현실 생활의 허위와 정신 상실을 직접 목격하게 되었는데, 그들은 이와 같은 혼란과 위기를 어떻게 하면 극복할 수 있을까에 관심이 집중되어 있었다. 그 극복을 위해서 그들은 현실 세계를 뿌리째 개조하여 새로운 세계를 만들기 위해서는 사회적, 정치적 방법 만으로서는 불가능하기 때문에 새로운 정신 운동을 전개하여 인간 자체를 근본적으로 개조해야 된다고 생각하였다. 개조된 인간이란, 일체의 기존 전통과 인습에서 벗어나 완전한 공백 위에서 개인, 민족, 국가, 계급, 종교와 같은 경계를 허물어 버리고 오직 인간 정신 만으로 이루어져 있는 나라를 세워 거기서 진정한 인간다운 존재가 되어서 사는 사람들을 말한다.

바꾸어 말하면 내면의 힘으로 순수한 정신적인 세계를 만들어 정신적인 생을 누리는 사람들인 것이다. 이와 같은 파괴와 재생의 욕구가 다음과 같은 그들의 기관지 표제에서도 잘 나타나 있다. : 즉, 「폭풍(Der Sturm, 1910 베를린)」, 「행동(Aktion, 1911 베를린)」, 「백지(Die weißen Blätter, 1913 라이프치히)」, 「혁명(Revolution, 1913 뮌헨)」, 「새로운 예술(Die Neue Kunst, 1913 뮌헨)」, 「방화자(Der Brenner, 1910 인스부르크)」 등이다.

1. 서정시

표현주의의 특징은 무엇보다도 서정시 분야에서 순수하게 잘 나타난다. 특히 표현주의 초기에 그러하였다. 사회적인 불만과 혁명적인 절규, 유토피아적인 세계에 대한 동경과 허무적이며 절망적인 울부짖음, 전통의 파괴와 새로운 것의 창출 등등이 시에서 절박하게 표현되어 있다.

자연주의와 마찬가지로 표현주의도 변화된 세계와 위협받고 있는 현존재 속에서 올바른 길을 찾고자 하는 현대 인간의 노력이라 할 수 있다. 1910년부터 1925년 사이의 세계는 정상적으로 경직된 시민계층에 의해 자극을 받게 된다. 그들은 대도시의 전면과 안락으로 위장되어 있는 배후에서 비참함을 겪게 된다. 그러나 자연주의와는 달리 표현주의는 현실의 묘사에 만족하지 않았다. 표현주의는 관습적인 양식을 타파하여 영혼을 해방시킴으로써 기계와 권력욕으로 위협받고 있는 인간의 존엄성을 구원하고자 했다.

표현주의는 본질적으로 회화로부터 자극을 받아 일어난 사조이다. 세잔느와 반 고호의 영향을 받아 독일에서는 젊은 미술가들이 단체를 결성했다. 이들 예술가들은 내면적 사건에 대한 그로테스크한 형식과 밝은 색채를 사용하고 있는데 이것이 환상적인 힘을 부여해 주고 있다. 잡지 「폭풍」(1910)과 「행동」(1911)은 특히 서정시에 회화와 유사한 요소를 소개함으로써 문학가의 교량적인 역할을 하고 있다. 예를 들면 구체적인 술어 대신에 '부르짖음' 같은 독립어가 나타나 보편적인 문장구조가 붕괴된다.

(1) 하임(Georg Heym, 1887~1912)

슐레지엔의 히르슈베르크에서 검사의 아들로 태어났다. 아버지의 전근 때문에 그는 소년 시절을 여러 곳에서 보내다가 13세 때 베를린으로 가서 거기서 성장하였다. 대학은 뷔르츠부르크, 베를린, 예나에서 법률을 공부하였고 졸업 후에는 베를린 제2재판소 사법관 시보가 되었다. 그는 일찍부터 횔덜린, 노발리스, 랭보, 보들레르 등의 영향을 받아 시를 썼다. 1911년에 「영원한 날(Der ewige Tag)」이라는 시집을 내어 특이한 시인으로서 주목을 받았다. 1912년에 그는 베를린의 하벨 강에서 스케이팅을 하다가 얼음 속에 빠져 죽었다. 그때 나이가 24세였다. 그의 시들은 대체로 더러운 대도시, 광기, 죽음, 전쟁, 혁명 등등 비인간적인 측면을 집약적으로 박력있게 읊으며, 모든 것이 과격하고 부정투성이이고 일체의 전통을 때려 부수려는 의지로 충만되어 있다. 작품으로서는 시집 「영원한 날(Der ewige Tag, 1911)」, 「움브라비테(Umbravitae, 1912)」와 단편집 「도적(Der Dieb, 1912)」 등이 있다.

(2) 트라클(Georg Trakl, 1887~1914)

트라클은 기계화에 대한 반항과 인간 본래의 정신을 찾으려는 노력, 그리고 존재의 불안, 몰락의 감정, 고독한 영혼의 비통한 절규 등등 표현주의적 요소를 누구보다도 잘 묘사한 서정 시인이다. 잘츠부르크에서 부유한 철물상 아들로 태어나 빈에서 약학을 공부하였다. 형제들 가운데 그와 그의 누이 그레터가 성격도 비슷하고 예술적인 자질이 있었다. 이 둘이 서로 존경하면서 애인처럼 사랑하였는데, 죽을 때까지 이 이상한 숙명적인 사랑에서 벗어나지 못했다고 한다. 그리고 고등학교 시절부터 알콜과 마약에 중독되어 거기에서 벗어나지 못했다. 이 두 사실은 그의 시를 이해하는 데 중요한 역할을 한다. 그는 어릴 때 가정교사한테서 배운 프랑스어 실력으로 랭보, 베를렌, 보들레르를 애독하면서 스스로 시작(詩作)을 시작했다. 1910년 아버지가 죽자 큰 충격을 받고 군에 지원하였다. 이 무렵부터 그는 독자적인 시를 쓰기 시작한다. 1912년 잡지 「방화자(Brenner)」의 편집자를 알게 되어 그의 시 대부분을 거기에 게재하였다.

제1차 대전이 발발하자 위생병으로 동부전선에 참가하여 신음하는 많은 중상자들을 간호하다가 정신착란을 일으켜 권총 자살을 기도했다. 그 후 정신감정을 받기 위해 병원으로 이송되었는데, 얼마 후 코카인을 다량 복용하고 자살인지 과실사인지 모를 죽음을 했다. 그의 누이도 마약과 알콜 중독에 걸려 있었는데, 3년 후 권총 자살했다. 그의 시집으로서 생전에 나온 것은 「시집(Gedichte, 1913)」뿐이며 사후에 「꿈속의 제바스티안(Sebastian im Traum, 1915)」과 총합시집(總合詩集)인 「시작집(Die Dichtungen,

1917)」이 있다.

(3) 벤(Gottfried Benn, 1886~1956)

벤은 표현주의에서 출발하여 2차 대전 후 독일 시단에서 최고의 존재가 된 서정 시인이요 평론가이다. 그는 서프로이센의 만스펠트에서 개신교 목사의 아들로 태어나 처음에는 아버지의 희망에 따라 신학과 철학을 배우다가 군의학교에 들어가 의학과 생물학을 공부하였다. 이것은 의사로서 그리고 시인으로서의 그의 생애를 결정짓는 중요한 계기가 된다. 학위를 받은 후 곧 군의관으로 복무하였으나 일 년 후 건강상의 이유로 군복무를 면제받았다. 이 무렵 의학생 시절의 체험에서 생겨난 최초의 시집인 「시체공시장(Morgue, 1912)」이 출판되었다. 이것은 익사하여 부패된 소녀의 시체 속에 만들어진 쥐들의 집, 절단된 고기토막으로 변한 탁상의 시체, 암 병동의 광경, 신음하는 임산부의 공동병실 등등 어느 것이나 시체 썩는 냄새가 풍기는 쇼킹한 제재들을 의학 해부 용어를 구사하여 냉혹하게 그리고 시니컬하게 묘사한 작품이다.

제1차 대전 중에는 군의관으로서 서부전선에 참가하였고 전후에는 베를린에서 피부비뇨기과 전문의로 개업하면서 문단과 접촉 없이 창작을 계속하였다. 그리고 「고기(Fleisch, 1917)」, 「토사(Schutt, 1919)」, 「분열(Spaltung, 1925)」 등의 시집을 비롯하여 「뇌(Gehirne, 1915)」 등 종래의 상식으로서는 생각할 수 없는 단편을 발표하여 표현주의자들 가운데서도 가장 이색적인 전위시인이 되었다.

1932년 프로이센의 아카데미 회원으로 선출된 그는 「새로운 국가와 지식인(Der neue Staat und die Intellektuellen, 1933)」, 「예술과 권력(Kunst und Macht, 1934)」 등의 논문을 써 나치즘을 찬미하였다. 이것은 사리와 기능만 따지는 현대 문명의 해독을 입고 경화된 독일 국민의 민족성을 나치즘으로 개혁할 수 있다고 믿었기 때문이다. 그러나 곧 자기의 잘못을 깨닫고 문학 면에 있어서의 나치스에 대한 봉사를 피하기 위해 1935년부터 다시 군의관이 되었다. 그는 이것을 「귀족적 망명형식」이라고 불렀다. 그리고 그는 나치스로부터는 돼지로 지탄을 받았고 공산주의자들에게는 바보로 조롱을 당했다. 민주주의자들에게는 정신적인 매춘부로, 망명자들로부터는 변절자로, 종교인들로부터는 병적인 허무주의자로 비난을 받았으나 그것을 감수하고 이후 아무것도 발표하지 않았다.

제2차 대전 후 10년간의 침묵을 깨고 시집 「정시집(Statische Gedichte, 1948)」, 소설집 「프톨레메어(Der Ptolemäer, 1949)」, 나치 시대의 생활과 사상의 기록인 「이중생활(Doppelleben, 1950)」 등을 잇달아 발표하자 큰 반향을 일으켜 그의 이름은 일약 세계적이 되었다. 「정시집」은 종군중 정신적인 환경으로부터 완전히 격리된 고독 속에서 철저히 자기 자신을 관찰함으로써 공백 상태에 있는 자기를 통하여 서정적인 자아에 반영된 과거의 기억과 눈앞의 풍물을 시화한 것이다. 이 작품을 계기로 하여 형식주의자가 된 그는 「서정시의 문제(Probleme der Lyrik, 1951)」를 발표하여 현대시에 대한 자기의 신념을 나타냄과 동시에 어떠한 목적에도 이끌리지 않는 순수한 미적인 언어로 이루어진 시, 즉, 절대시를 제창하였고 「신 시집(Neue Gedichte, 1953)」에서 그것을 시도하였다. 1955년에는 노벨상의 유력한 후보로 추천된 바 있으며 다음 해에 베를린에서 죽었다.

2. 드라마

표현주의 희곡은 인간을 진실로 인간다운 기본 존재로 복귀시키기 위해 인간 개조를 목표로 하는 이념 극이 많다. 자연주의 극처럼 유전과 환경이라는 조건 때문에 인간이 좌절하고 괴로워하는 과정을 그린다거나, 혹은 성격과 심리의 갈등을 그리는 것이 아니고 하나의 피조물이 숨 막히는 현실 속에서 괴로워하다가 갑자기 내적 충격을 받아 현실의 벽을 깨뜨리고 정신적인 자유에 도달하는 과정 같은 것을 그린다. 다시 말하면 돌파와 변신이라는 인간으로서의 기본상이 제시된다는 것이다. 무대는 그 전시장이 되고 돌파 행위는 비극으로 끝날 때도 있고 출구 없이 원운동만 할 때도 있다.

주인공은 대체로 청년들이며 인간적인 존재들이다. 그들은 극중에서 비인간적인 것을 만나 그것을 공격하고 극복하려 한다. 공격의 대상은 전통을 고수하는 아버지 혹은 전쟁, 아니면 속물적 시민들이다. 요컨대 그들의 공격 대상은 인간을 속박하는 질서 체계 전체라 할 수 있다. 이상과 같은 이념 극 이외에 내면적 침잠에서 벗어나 정치적으로 행동적으로 사회를 변혁시키고자 하는 혁명 대중극도 많이 나왔다. 에른스트 톨러(Ernst Toller)의 「대중인간(Masse Mensch)」이 그 대표적인 예가 된다. 대전 후 마지막 단계에 있어서는 인간 내부에 있는 동물성, 야만성, 황폐, 황홀, 그로테스크한 것들이 진실한 인간상으로서 무대에 등장했다. 극 형식도 사건에 중점을 두는 것이 아니고 인간 내면의 심적 과정에 중점을 두기 때문에 고전극처럼 기(起) · 승(承) · 전(轉) · 결(結)이 있는 완결 형식을 쓰지 않고 각 정경이 제각기 독립적이며 정경(情景) 간의 연결도 불투명하다. 무대도 사건을 현실처럼 보여주기 위한 무대 대신 추상적, 기하학적 무대가 만들어진다. 즉 채색된 평면, 커텐, 계단과 같은 소수의 기하학적 도구나 십자가, 벼랑 등등의 상징물이 우뚝 서 있을 뿐이다. 대사는 독백적인 외침, 서정적인 감정 토로가 많다. 이와 같은 경향이 그대로 현대극에 이어진다.

표현주의 드라마는 영혼의 움직임을 묘사하려 했고 환상적이며 예언적인 영역에까지 파고들었다. 뷔히너를 모범으로 삼기도 하고 질풍노도 문학의 경향도 뚜렷하게 나타난다. 표현주의의 선구자인 베데킨트와 카이저는 분명히 그와 같은 전통과 맥을 이어주고 있다.

(1) 톨러(Ernst Toller, 1893~1939)

브롬베르크 서남쪽에 있는 자모친에서 상인의 아들로 태어나 그레노블, 하이델베르크, 뮌헨에서 공부하였다. 제1차 대전 때는 지원병으로 종군하여 그 체험을 통해 반전주의자가 되어 평화운동에 참가하였다가 투옥된 바 있다. 옥중에서 그는 표현주의 희곡 「변화(Die Wandlung, 1919)」를 썼다. 그후 공산주의 운동에 참가하다가 다시 투옥되었다. 「대중인간(Masse Mensch, 1921)」, 「기계 파괴자(Maschinenstürmer, 1922)」, 「해방된 보탄(Der entfesselte Wotan, 1923)」 등은 옥중에서 쓰여진 것이다. 출옥 후에는 리얼리즘적인 희곡 「얼씨구, 우리는 살고 있구나(Hoppla, wir leben!, 1927)」를 발표하였다. 그는 또 서정시적인 재능도 있어 시집 「제비의 글(Das Schwalbenbuch, 1923)」도 출판했다. 1933년에 그는 나치에 쫓겨 스위스, 프랑스, 영국을 거쳐 미국으로 망명하였으나 병과 빈곤에 시달리다가 뉴욕에서 자살하였다.

① 변화(Die Wandlung, 1919)

이것은 평화주의자요 세계주의자인 작가의 사상적 고백서라 할 수 있는데, 한 젊은이가 군에 자원입대하여 인류애와 동포애에 불타는 평화주의자로 변모할 때까지의 과정을 현실적 장면과 환상적 장면을 서로 교차시키면서 묘사하고 있다.

② 대중인간(Masse Mensch, 1921)

현대의 사회적 혁명을 다룬 상징적인 희곡으로서 이상과 현실, 군중과 행동의 차질을 테마로 삼고 있다. 이것도 「변화」처럼 현실적 장면과 환상적 장면이 서로 교차하고 있다.

(2) 베데킨트(Frank Wedekind, 1864~1918)

베데킨트를 표현주의 극작가들 부류에 포함시키고 있지만 그는 생존 연대로 보나 작품상의 특징으로 보나 순수한 표현주의자는 아니다. 그는 여러 면에서 표현주의를 선취(先取)하고 후대의 표현주의자들에게 많은 영향을 끼친 선구자이다. 그가 「봄의 눈뜸(Frühlings Erwachen, 1891)」으로 문단에 등단했을 때는 자연주의의 전성기였고 한편에서는 신낭만주의가 일어나던 때였다. 그는 어느 것에도 속하지 않고 사회에서 벗어난 아웃사이더들의 모험적인 성격과 인습을 타파하려는 강인함을 독특한 표현으로 묘사함으로써 훗날의 표현주의자들에게 많은 영향을 끼친 것이다.

그의 출생지는 하노버이다. 아버지는 의사였는데, 일찍부터 해외로 나가 터키, 미국 각지를 전전하다가 샌프란시스코에서 어머니와 결혼하고 많은 돈을 벌었다. 아버지는 스위스에서 성을 매입하여 지주가 되었으며 베데킨트는 그곳에서 자랐고 그곳에서 고등학교를 졸업하였다. 20세 때 아버지의 희망에 따라 형과 같이 뮌헨으로 가 법학을 배웠으나 문인들과 보헤미안 친구들과 사귀면서 학업을 태만히 하였기 때문에 아버지는 그의 학자금을 단절해 버렸다. 그래서 그는 회사에 취직했다. 26세 때 뮌헨에 주거를 정하고 희곡 「봄의 눈뜸」을 썼다.

사춘기의 성문제를 취급하여 이해 없는 어른들과 교육계에 따끔한 경고를 한 이 작품은 6년 후에 상연되자 큰 물의를 일으켰고 그의 이름을 세계적인 것으로 만들었다. 그동안 그는 미술상의 비서가 되어 다시 런던으로 갔다. 희곡 「지령」은 이 무렵에 쓰여진 것이다. 그 후 라이프치히에서 배우 겸 연출가로 활약하다가 베를린 독일극장의 연출가 겸 배우가 되었다. 거기서 그는 「판도라의 상자」, 「죽음과 악마」 등을 썼다. 1908년 이후에는 뮌헨으로 돌아와 연출가와 문필가로서 활약하다가 1차 대전이 끝나는 해에 죽었다.

① 봄의 눈뜸(Frühlings Erwachen, 1891)

사춘기 남녀의 성욕발동과 그 비참한 종말을 그린 3막 비극이다. 소년 소녀들은 성의 비밀이 밝혀지는 것을 두려워하고, 괴로워하고, 동경하고, 꿈꾸면서 체험을 하게 된다. 14세의 소녀 벤들라(Wendla)는 아직도 짧은 스커트를 좋아한다. 긴 스커트를 입으면 뛰노는데 불편하기 때문이다. 이 순진한 소녀가 막연히 어른들의 세계를 동경하며 성에 대해서 흥미를 갖기 시작한다. 한편 고등학생 모리츠(Moritz)는 내향적인 성격으로서 늘 성의 망상에 사로잡혀 학교 공부가 제대로 되지 않아 늘 낙제의 불안에 떨고 있다. 그의 친구 멜히오르(Melchior)는 성적도 우수하고 조숙한 소년이지만 학교 교육과 신앙에 대해서는 늘 회의적이다. 그는 책에서 얻는 성의 지식을 그림으로 그린 편지를 통해 모리츠에게 가르쳐 준다.

폭풍이 쏟아지는 어느 날 벤들라와 멜히오르가 마굿간에서 일을 저지른다. 벤들라는 성행위가 무엇인지도 모르며 자기 몸에 어떤 일이 일어났는지도 모른다. 모리츠는 드디어 낙제를 하고 아프리카로 도망치기 위해 멜히오르 어머니에게 그 비용을 부탁드렸으나 거절당하고 절망하여 권총으로 자살한다. 벤들라는 임신을 했다. 그녀는 사랑이 없었기 때문에 임신할 리가 없다고 생각하고 있었으나 세상 체면을 중히 여기는 어머니가 낙태약을 너무 많이 먹여 그녀를 죽게 한다는 내용이다.

② **지령**(Erdgeist, 1894)

본능 그대로 사는 비정한 미녀 룰루(Lulu) 때문에 세 사람의 남자가 차례로 파멸하는 과정을 그린 4막 비극으로서 인간이 성의 본능에서 벗어날 수 없는 숙명을 지녔다는 것을 상징적인 인물을 통해 표현하고 있다. 제목인 지령 즉 대지의 영은 여성의 성적 본능을 의미한다. 먼저 룰루의 남편 골(Goll)이 처가 젊은 화가와 놀아나는 것을 보고 졸도하여 죽는다. 다음은 화가 슈바르츠(Schwarz)가 그녀와 결혼했으나 이전부터 룰루와 관계가 있었던 어느 편집장으로부터 그녀의 됨됨이와 과거를 듣고 절망하여 자살한다. 마지막으로 편집장 쇤(Schön)이 룰루와 결혼했는데, 닥치는 대로 남자와 놀아나는 것에 격분하여 그녀에게 권총 자살을 권하다가 도리어 그녀한테 사살 당한다. 이처럼 여주인공 룰루는 가증스러운 여인이지만 어딘가 천진한 모습이 엿보이기도 한다. 그녀는 선을 바라지도 않고 악도 바라지 않는다. 혼이 없는 그녀는 그저 원시적인 모습처럼 미소를 지으면서 자기 욕망에 희생된 남자들의 시체를 무심히 지나간다.

③ **판도라의 상자**(Die Büchse der Pandora, 1904)

「지령地靈」의 속편으로 쓰여 진 3막 희곡으로서 룰루가 파멸할 때까지의 과정을 그리고 있다. 남편을 죽인 죄로 투옥된 룰루는 콜레라의 혐의를 받아 병원에 이송되었는데, 화가인 어느 백작의 딸에 의해 구출된다. 그리고는 또 뭇 남성들에게 둘러싸인다. 그녀는 죽은 남편인 편집장의 아들을 꾀어 파리로 가서 결혼한다. 그러나 그녀의 범죄사실을 아는 사람들의 등살에 못이겨 행방을 감춘다. 런던으로 피신한 그녀는 창녀가 되었다가 손님중의 음란성 살인광에 의해 무참히 죽는다. 이처럼 룰루는 죽지만 자기의 죽음이 부도덕적인 행위의 결과라는 죄악감을 전혀 느끼지 않는다. 작자가 여기서 보여 주고자 한 것은 가식 없는 여성상, 아름다운 야성적인 여성의 상이며 남에게 보여주기 위한 허식적인 도덕관에 대한 분노인 것이다. 제목은 희랍 신화에서 따왔다. 이 작품과 「지령」을 합쳐 룰루극(劇)이라고 부르기도 한다.

(3) 슈테른하임(Carl Sternheim, 1878~1942)

라이프치히에서 은행가의 아들로 태어나 뮌헨, 괴팅겐, 라이프치히, 베를린 등지의 대학에서 심리학, 법학, 문학을 공부하였다. 1906년부터 그는 자유 문필가로서 뮌헨 근처에 살았다. 1911년 이후부터는 벨기에의 브뤼셀로 망명하여 그곳에서 생을 마쳤다. 그는 풍자가요 사회 비평가로서 특히 희곡으로서 시민 계급 뿐만 아니라 사회 전반을 날카롭게 풍자하고 조소하며 모든 가면을 벗긴다. 대사는 아주 간결하고 표현에 역점을 두는 것 같다. 그의 주요 희곡은 「바지(Die Hose, 1911)」, 「돈궤(Die Kassette, 1912)」, 「부르조아 쉽펠(Bürger Schippel)」, 「속물(Snob, 1914)」 등이다.

① 바지(Die Hose, 1911)

본능적이고 야수적이고 배금적인 시민 근성을 풍자한 4막 희극이다. 그 내용은 하급 관리 마스케(Maske)는 국왕이 지나가는 광장에서 시민들의 혼잡 때문에 그의 아내 루이제(Luise)의 팬티가 아래로 흘러내려 망신을 당했다. 그는 이 망신 때문에 명예는 물론 700탈러의 급료까지 벌금으로 잃을지 모른다고 공포에 떨고 있다. 이와 같은 생활의 위협 속에서도 이 부부는 아이가 없는 것을 큰 다행으로 생각한다. 그런데 루이제의 현황을 목격한 자들 중에서 스카론(Scarron)이라는 신사와 만델스탄(Mandelstan)이라는 이발사가 그녀에게서 에로틱한 매력을 느끼고 그 집에 세들겠다고 신청한다. 그래서 그 집은 갑자기 수입이 늘게 된다. 이 두 남자는 제각기 그녀에게 정열을 품었으며, 그녀는 남편이 채워주지 못한 정욕을 그들한테서 구하려고 한다. 그러나 마스케는 수입이 늘어 아이를 가질 수 있었기 때문에 오히려 그것을 기뻐한다는 내용이다.

② 시민 쉽펠(Bürger Schippel, 1912)

부르조아 계급의 특권 의식과 프롤레타리아 계급의 비굴성을 동시에 풍자한 5막 희극이다. 그 내용은 프롤레타리아 출신의 사생아 쉽펠이 노래를 잘 불렀기 때문에 가수를 못 구해 애쓰고 있던 유명한 합창단에 들어가게 된다. 그러나 신분이 좋은 가수들이 그를 대등하게 상대를 해주지 않는다. 그래도 그는 부르조아는 아니지마는 합창단원이 된 덕택으로 테클라(Thekla)에게 결혼신청을 할 수 있었다.

그런데 테클라는 어느 귀족의 애인이면서 크라이(Krey)라는 관리와 결혼하게 되어 있었다. 이 사실을 안 쉽펠은 반항심이 생겨 크라이에게 테클라가 처녀가 아니라는 모욕적인 말을 늘어놓았기 때문에 결투 신청을 받게 된다. 그러나 사실은 두 사람 모두 겁이 났다. 쉽펠은 살짝 도망치려 하다가 붙잡혀 하는 수없이 권총을 들고 결투장으로 간다. 그런데 우연히도 쉽펠은 크라이에게 가벼운 부상만 입히고 영웅처럼 거기에 버티고 서 있었다. 상대방을 죽이지 않고 살려 주었다고 그는 그때부터 고결한 인물로 대접받는다. 이로써 그는 부르조아 친구들과 대등하게 처세할 수 있었고 이제까지의 계급의식을 버리고 그것에 스스로 만족한다는 내용이다.

(4) 카이저(Georg Kaiser, 1878~1945)

표현주의의 대표적 극작가이다. 마그데부르크에서 상인의 아들로 태어났다. 그도 상인이 되어 남미 부에노스아이레스에 체재하다가 말라리아에 걸려 3년 만에 귀국한 후 8년간 투병생활을 하였다. 23세 때부터 희곡을 쓰기 시작하였는데, 그의 초기작인 「교장 클라이스트(Lektor Kleist, 1918)」, 「유태인 과부(Die judische Witwe, 1911)」 등은 성욕 문제를 다룸으로써 베데킨트적인 경향을 나타내고 있다. 계속해서 발표한 「칼레의 시민들(Die Bürger von Calais, 1914)」이 큰 반향을 불러 일으켜 명실 공히 표현주의의 대표적 극작가가 되었다. 그후 「아침부터 자정까지(Von morgens bis mitternachts, 1915)」, 「가스(Gas, 1부 1918, 2부 1920)」, 「평행(Nebeneinander, 1923)」, 「가츠(Gatz, 1925)」 등을 속속 발표하여 큰 센세이션을 일으켰다. 1933년에 나치로부터 그의 저서들은 금서 처분을 받았다. 다음해 스위스로 망명하여 창작을 계속했다. 거기서 그는 당시 나치 독일과 동맹국이었던 일본에서 취재한 반전소설 「병사 다나까(Der Soldat Tanaka, 1942)」를 써서 취리히와 뉴욕에서 발표하였다. 또 파시즘을 비난한 「메두자의 뗏목(Der Floß der Medusa, 1942)」외 운문 3부작인 「피그말리온(Pygmalion)」, 「벨레로폰(Bellerophon)」, 「두 사람의 암피트리온(Zweimal Amphitryon, 1944)」 등을 쓴 다음 2차 대전이 끝나는 해에 아스코나에서 죽었다.

그의 많은 작품들의 주제는 대체로 기성도덕과 종교에 대한 풍자, 불합리한 사회 체제와 근대 문명에 대한 비평 그리고 인간성 회복의 희구 등이다. 극의 구성은 아주 짜임새 있고 전보 문체와 같은 짧은 대사가 극히 매력적이고 효과적이다.

① 칼레의 시민들(Die Bürger von Calais, 1914)

카이저의 대표작인 동시에 그의 문명(文名)을 높인 3막 비극이다. 로댕의 동명의 조각과 푸사르의 연대기에서 제재를 취한 것으로서 반전사상과 인간 혁신 문제가 주제로 되어 있다. 그 내용은 칼레 시가 지금 영국군에 의해 포위되어 있다. 프랑스의 왕은 생사조차 모르고 원군도 도주하고 없다. 거기에 영국 사관이 나타나서 내일 아침 날이 새기 전에 시민 대표 6명이 모자도 쓰지 않고, 신도 벗고, 속죄자의 옷을 입고, 목에

밧줄을 걸고, 성문 밖에 나와 시(市) 열쇠를 왕에게 바쳐 항복하라고 한다. 만약 그렇게 하지 않거나 시간이 늦으면 칼레 시(市)를 박살내겠다고 협박한다. 시민 대표들은 명예를 위해 최후까지 싸울 것이냐 아니면 6명의 희생자를 내고 고생하여 만든 항구를 지킬 것이냐에 대한 격론을 벌이다가 6명의 희생자를 내고 항구를 보호하기로 결정한다. 그러자 70세의 노인 유스타슈(Eustache de Saint Pierre)를 필두로 모두 7명이 대표로 나가겠다고 지원한다. 그래서 유스타슈는 오후에 추첨으로 한 명을 제외하기로 했다.

7명의 시민 대표가 가족에게 작별 인사를 하고 추첨에 들어간다. 천이 덮인 쟁반에서 푸른 구슬을 뽑으면 희생자가 되게 되어 있다. 7명이 뽑은 구슬이 모두 푸른 것이었다. 유스타슈가 그렇게 계책을 세웠기 때문이다. 그래서 7명이 모두 새벽에 모이기로 하고 그때 제일 늦게 온 자가 빠지기로 했다.

새벽 종소리와 함께 시민 대표들이 한 사람 한 사람씩 모이는데 6명만 나타나고 가장 앞섰던 유스타슈가 없었다. 사람들은 비겁하다고 화가 나서 유스타슈를 데리러 가는데, 그의 관이 운반되어 온다. 그는 6명의 용기를 저해시키지 않기 위해서 자살한 것이다. 늙은 아버지가 따라와서 유스타슈의 죽음의 의의를 독백으로 설한다. 6명의 대표가 시문의 열쇠를 가지고 영국군에게 가려고 하는데, 영국 사관이 나타나서 간밤에 왕자가 탄생하였으므로 인명의 희생없이 항구의 파괴를 중지한다고 전한다. 종이 울리는 가운데 6명의 시민 대표가 유스타슈의 관을 교회로 운반한다는 내용이다.

② 가스(Gas, 1부 1918, 2부 1920)

생산관계에 있어서의 현대 사회의 모순과 인간의 미래에 대한 꿈을 교차시키면서 그린 2부로 된 희곡이다. 이 속에는 인간이 기계화되는데 대한 저항과 새로운 인간 형성에 대한 염원이 나타나 있다. 그 내용은 억만장자의 아들인 주인공이 아버지의 가스 공장을 사회화하여 노동자들이 모든 이윤을 배당받을 수 있도록 한다. 이 공장에서 생산되는 가스는 무엇보다도 전쟁 목적에 이용되고 있다. 어느 날 이 공장이 폭발한다. 억만장자의 아들은 가스로부터의 위험성과 기계적이고 비인간적인 공업 노동에서 노동자들을 보호하기 위해 가스 공장 대신에 농업 회사를 설립하여 그곳으로 그들을 보낼 계획을 세운다. 그의 계획은 지배욕이 강한 엔지니어와 군수 산업 그리고 이권에 참여하는 노동자들의 반대에 부딪친다. 드디어 억만장자의 아들은 공장 소유권을 박탈당하고 공장은 국가의 강제 관리 체제로 넘어간다. 노동자들은 강제 노동에 시달리게 되고 무명으로 된 푸른 제복을 입는 인간들이 되어 자멸적인 공업화에 참여한다는 내용이다.

3. 소 설

소설은 테마나 내용 면에서 극과 차이가 없다. 그러나 기법 상에 있어서 색다른 것이 등장했다. 예컨대 회화에서 볼 수 있는 콜라주 기법, 즉 실, 못 쓰는 신문 조각, 철사 등등을 엮어매어 조형하는 구성을 소설에 응용하고 있는 것들이다. 예를 들면 되블린은 그의 소설 「베를린 알렉산더 광장」에서 신문기사, 각종의 통계, 표지판 등을 그대로 작품 속에 병렬시키고 있는데, 이것은 현실이 지니는 객관적인 사실성을 강조하기 위함이라고 볼 수 있다.

(1) 되블린(Alfred Döblin, 1878~1957)

슈테틴에서 유태 상인의 아들로 태어나 베를린에서 의학을 공부한 후 의사가 되었다. 6년간 연구소와 정신 병원 등에서 근무한 다음 동부 슬럼가(街)에서 정신과 의원을 개업했다. 그는 대학 시절부터 창작을 시작하였고 1910년에는 표현주의 문예지 「폭풍(Sturm)」의 창간 멤버가 되어 풍자적 정치적 에세이를 발표하는 한편 표현주의의 선구적 단편집 「민들레꽃의 암살(Die Ermordung einer Butterblume, 1913)」, 세계가 행동으로 지배되는 것이 아니고 정신으로 지배된다는 것을 강조한 장편 소설 「왕룬의 3도약(Die deri Sprünge des Wang-lun, 1915)」, 「검은 커텐(Der schwarze Vorhang, 1919)」, 「발렌슈타인(Wallenstein, 1920)」, 과학 소설 「산, 바다, 거인(Berge, Meere und Giganten, 1924)」 등을 발표하여 유명해졌다. 그리고 그는 장편 소설 「베를린 알렉산더 광장(Berlin Alexanderplatz, 1929)」을 발표함으로써 세계적인 명성을 얻게 되었다. 1933년에는 그의 작품들이 나치에 의해 금서가 되었고 같은 해에 그는 파리로 망명하였다. 거기서 그는 망명 직전에 기초한 공상적 장편 소설 「바빌론의 방랑(Babylonische Wanderung, 1934)」과 남미에서 취재한 3부작 「죽음 없는 나라(Das Land ohne Tod, 1936)」, 「푸른 호랑이(Der blaue Tiger, 1936)」, 「새로운 원시림(Der neue Urland, 1936)」, 공산 혁명과 크리스트교 문제를 다룬 장편 4부작 「1918년 11월(November 1918, 1936/40)」 등을 발표하였다. 1940년 독일군이 파리를 침공하자 그는 스페인, 포르투갈을 거쳐 미국으로 망명하여 로스엔젤레스에서 군국주의를 날카롭게 비판한 「대령과 시인(Der Oberst und der Dichter, 1946)」을 썼다.

망명 중에 그는 카톨릭으로 개종하여 종교적인 입장에서 현실을 비판하는 작품을 쓰게 되었다. 종전 후에는 귀국하여 한때 프랑스 치하의 문부성에서 근무하기도 했고 문예지 「황금의 문」을 간행하기도 하였다. 자기의 개종의 심경을 고백한 「불멸의 인간

(Der unsterbliche Mensch, 1946)」, 망명 체험을 묘사한 「운명의 여행(Schicksalsreise, 1949)」, 귀환병을 주인공으로 하여 시대의 위기와 고뇌를 그린 심층 심리학적 장편 「햄릿(Hamlet oder die lange Nacht nimmt ein Ende, 1956)」 등을 발표한 후 자나토리움에서 여생을 보내다가 프라이부르크의 엠엔딩겐에서 죽었다.

① 베를린 알렉산더 광장(Berlin Alexanderplatz, 1929)

이것은 되블린의 대표작이다. 이 작품으로 그는 현대문학 제기자의 한 사람으로 손꼽히게 되었고, 세계적인 명성을 얻게 되었다. 작품의 주테마는 현대 사회에 있어서의 개인의 사상과 생활은 개인을 초월한 어떤 큰 힘에 좌우되고 있다는 문제이다.

주인공 비버코프(Franz Biberkopf)는 4년의 형기를 마치고 출옥한다. 그는 운송 노동자였으나 베를린이라는 대도시의 마력에 현혹되어 애인인 이다(Ida)를 죽였기 때문에 투옥되었던 것이다. 그는 사심이 없는 선인으로서 다시 갱생하여 새 생활을 하기 위해 알렉산더 광장에서 가두판매와 행상으로 생계를 꾸려간다. 처음에는 일이 잘 진행되었으나 불행히도 강도 두목인 옛 친구 라인홀트(Reinhold)를 만나 그에 대한 협력을 거절한 탓으로 차에서 밀려 떨어져 뒤에서 오는 자동차에 치어 한쪽 팔을 잃는다. 그는 불구자가 되었지만 이 불행을 당연한 업보라고 생각하고 이 사건의 비밀을 지키면서 참된 생활을 하려고 최선을 다한다. 그러나 그에게는 타격이 너무나 심했다. 근면하고 법을 지키는 것 만으로서는 세상을 살아갈 수가 없었다. 그는 다시 범법자들의 무리에 휩쓸려 이번에는 더욱 열성적으로 행동한다. 그러다가 미체(Mietze)라는 매춘부를 알게 되어 그녀의 사랑의 힘으로 생활 태도를 고치려고 마음먹는다. 하지만 불구에 열등감마저 느끼는 그는 본의 아니게 미체를 학대하기도 하고, 악당들과도 손을 끊지 못한다. 한편 라인홀트는 그의 적극적인 활동이 자기에 대한 복수라 생각하고 그를 죽이려고 하였으나 차마 죽이지는 못하고 그 대신 미체를 유인하여 폭행 살인한다. 그는 미체가 점잖은 손님과 먼 곳으로 나들이 간 줄만 알고 있다. 그때 경찰이 그 일당들의 범죄 사실을 알고 그들을 수색한다. 비버코프는 술집 출입을 단념하지 못하고 드나들다가 광장 부근의 주점에서 체포된다. 구류 중에 그는 단식을 하였기 때문에 거의 죽게 되어 정신 병원으로 옮겨졌다가 석방된다. 그 후 미체가 살해되었다는 사실을 안 그는 침묵을 깨뜨리고 진상을 폭로한다. 라인홀트는 붙잡혀 10년 징역을 받고 비버코프는 공장 수위가 되어 새 생활의 제 일보를 힘차게 내디딘다는 내용이다.

이 소설은 한 개인을 주인공으로 등장시키고 있지만 개인 그 자체의 이야기가 아니고 거대한 하나의 유기체인 듯한 베를린이라는 대도시와 거기에 밀집하고 있는 모든 인간들의 생활 단편과 심리 추이를 냉철하게 묘사하고 있다. 이런 점에서 본다면 주인공 비버코프는 조연자에 불과하고 진짜 주연은 베를린 알렉산더 광장이라고 할 수 있다. 묘사 기법상의 특징으로서는 동시성과 내적 독백, 몽타주, 콜라주 기법 등을 들 수 있다.

Expressionismus

Wie der Naturalismus ist auch der Expressionismus ein Versuch des modernen Menschen, sich in einer veränderten Welt und in einem gefährdeten Dasein zurechtzufinden. Auch die Generation zwischen 1910 und 1925 fühlte sich von einem geistig erstarrten Bürgertum herausgefordert. Sie leidet angesichts des Elends, das sich hinter den Fassaden der gro ß en Städte und dem Mantel der Wohlanständigkeit verbirgt. Aber im Gegensatz zum Naturalismus gibt sich der Expressionismus mit der Darstellung der Wirklichkeit nicht zufrieden. Indem er konventionelle Formen sprengt, will er die Seele befreien und damit die von Maschine und Machtgier bedrohte Würde des Menschen retten.

Wesentliche Impulse gehen von der Malerei aus. Unter dem Einflu ß Cézannes und van Goghs vereinigen sich in Deutschland junge Künstler(„Die Brücke", Dresden; „Der blaue Reiter", München). Bizarre Gebilde und leuchtende Farben werden in ihren Werken zum Ausdruck innerer Vorgänge, gewinnen visionäre

Kraft. Zeitschriften wie 「Der Sturm」(1910) und 「Die Aktion」(1911) schlagen die Brücke zur Dichtung, die vor allem in der Lyrik ähnliche Formelemente wie die Malerei erkennen läßt: Oft wird das Satzgefüge aufgelöst, der „Schrei" tritt an die Stelle einer konkreten Aussage.

| Chapter 14 |

20세기의 독일문학

1. 19세기 전통 아래의 서정시, 드라마, 서사문

1) 서정시

1910년에서 1925년 사이의 표현주의는 다른 문예사조와 구분을 지을 수 있는 최후의 문학 운동이다. 1차 대전 이후의 문예사조는 서로 뒤얽혀 그 양식과 표현형식이 다양하기 때문에 체계적으로 하나의 문예사조로 뚜렷이 구분 짓는 것은 무리다. 문학은 정치적, 사회적, 윤리적 규범이 더 이상 통용되지 않는, 항상 새로운 생활방식의 통용을 요구하는 한 세계의 표현인 것이다. 즉 새롭고 다층적인 사회가 이루어졌는데 다층적이라는 점은 또한 문학을 제공해 주는 형상미가 되기도 한다. 그럼에도 불구하고 특히 형식적인 면에서 19세기의 전통과 연관을 지니고 있으며 그와 함께 '현대적'인 것과도 분명하게 구별되는 일련의 서정 시인들이 생겨났다. 그들에게 있어서도 주제의 통일은 나타나지 않는다.

(1) 뢰르케(Oskar Loerke, 1884~1941)

서프로이센의 유겐에서 출생하여 베를린에서 살면서 일생을 마친 오스카 뢰르케는 표현주의의 유산을 변화시켰다. 그의 중후하고 준엄한 시는 창조의 경이, 우주의 비밀, 자연의 푸른 신 주위에서 선회한다. 이미 그의 시집의 제목에서 그 특색이 나타난다: 「목양신의 음악(Pansmusik, 1916)」, 「대지의 호흡(Atem der Erde, 1930)」, 「은빛 엉겅퀴 숲(Silberdistelwald, 1934)」.

(2) 레에만(Wilhelm Lehmann, 1882~1968)

어린 시절과 청년기를 북 독일에서 보냈고, 튀빙겐, 슈트라스부르크, 베를린과 키일에서 공부한 레에만은 1905년 언어학 박사 학위를 받았고, 1923년에는 클라이스트상을 수상했다. 키일에서 교직생활을 했다. 그의 작품은 「침묵의 대답(Die Antwort des Schwiegens, 1935)」, 「푸른 신(Der grüne Gott, 1942)」, 「황홀한 물보라(Entzückter Staub, 1946)」 등이다.

(3) 베르겐그루엔(Werner Bergengruen, 1892~1964)

카톨릭적인 시야에서 인간적인 문제와 건전한 세계질서를 작품 속에서 구체적으로 제시하려고 하는 소설가요 시인이다. 그는 발트 해안의 리가에서 스웨덴계의 의사 아들로 태어났다. 독일의 여러 대학에서 법률, 역사, 문학 등을 공부했고, 1차 대전 때는 종군하여 싸웠다. 전후에는 저널리스트로 활약하다가 그만두고 작가 생활로 들어갔다. 러시아어에 능한 그는 창작과 병행하여 「죄와 벌」, 「백치」, 「아버지와 아들」 등 러시아 문학의 걸작들을 번역했다. 1937년에는 나치스 정부로부터 요주의 인물로 낙인 찍혀 그의 저서들 가운데 많은 것이 출판금지 처분을 받았고 공적 생활이 금지되었다. 그러나 그는 뮌헨 교외로 주거를 옮겨 감시를 받으면서 창작을 계속했다. 1942년 이후부터는 스위스, 이탈리아 등지에서 살았고 58년부터는 바덴바덴에서 살다가 그곳에서 죽었다. 그의 소설들은 그 제재를 역사적인 사건에서 취한 것이 많다.

2) 드라마

바를라하, 브레히트, 쭈크마이어 등은 처음에 표현주의에 가까운 경향을 보이다가 후기 희곡 작품에서는 다른 경향을 띠게 된다. 바를라하의 작중 인물들은 그 자신이 말한 것처럼 '천상과 지상 사이의 공간에 위치한 인간적 상황에 대한 상징' 이어야만 한다. 따라서 특정된 행동양식이나 세대는 표현되지 않는다. 브레히트는 서사극을 통해서 뷔히너와 하우프트만과 연결되고 있지만 그것을 넘어서 새로운 희곡적 요소를 소개하고 있다. 그는 서사극을 통해서 고전극이 요구하고 있는 극적 환상을 파기하며, 관객의 이성과 판단력을 요구한다. 희곡 작가로서의 쭈크마이어의 업적은 무엇보다도 효과 있는 장면의 구성에 있다.

(1) 브레히트(Bertolt Brecht, 1898~1956)

아우구스부르크에서 제지공장주의 아들로 태어났다. 그는 국민학교 시절부터 반항정신이 남달리 강했다고 한다. 18세 때 뮌헨 대학에 입학하여 자연과학과 의학을 공부하면서 연극 세미나에 참가했다. 이 당시 뮌헨에는 극작가 베데킨트가 살고 있었는데, 브레히트는 이 자유분방한 극작가의 작품과 생활태도를 접하고 많은 영향을 받았다고 한다.

제1차 대전 마지막 해에 그는 재학 중 간호병으로 동원되어 육군병원에서 근무했는데, 여기서의 비참한 체험이 그를 철저한 반전주의자로 만들었다. 이와 같은 생활 속에서 최초의 희곡 「발(Baal)」이 나왔다. 제2작인 「슈파르타쿠스」는 1922년에 상연되어 대성공을 거둠으로써 그의 출세작이 되었다. 이 작품으로 그는 그해 클라이스트 상을 받았다.

39세 때 발표한 「서푼짜리 오페라」가 초연 이후 대호평을 얻어 기록적인 장기 공연을 함으로써 그의 이름을 세계적인 것으로 만들었다. 이 무렵부터 그는 마르크스의 자본론을 연구하면서 공산주의에 접근하여 마르크스주의 입장에서 독자적인 연극론을 확립하여 「교육 극」이라는 이름하에 일련의 즉물적인 작품을 발표하였고 나아가서는 서사적 연극 이론에 따라 「마하고니시의 흥망」, 「도살장의 성 요한나」 등을 썼다.

1933년 나치스의 국회 방화사건이 있은 다음 날 그는 프라하, 빈, 스위스를 거쳐 덴마크로 망명했다. 그 동안에 그의 저서들은 금서처분을 받았고 1935년에는 국적을 박탈당했다. 1940년 독일군이 덴마크를 침공하자 그는 스웨덴을 거쳐 핀란드로 갔다가 다음해에 모스크바로 갔다. 거기서 다시 시베리아를 거쳐 최후의 망명지인 미국으로 갔다. 미국에서 그는 많은 망명자들과 교우를 맺었고 특히 공산주의 예술가 클럽의 중심 인물이 되어 활약했다. 전후에 그는 동베를린으로 돌아가 거기서 「브레히트 앙상블(Brecht Ensemble)」을 만들어 자작을 마음대로 연출하여 대성공을 거둠으로써 전 세계적인 주목을 받았다. 브레히트는 평생 절대 평화주의의 지조를 굽히지 않았으며 사회주의 체제하에 있으면서도 엄격한 비판자로서의 자세를 흐트리지 아니했다.

브레히트는 「마하고니시의 흥망」을 해설하면서 종래의 연극형식과 그가 제창한 서사적 연극형식과의 차이를 대비적으로 설명하고 있는데, 그것에 의하면 종래의 연극은 극적 행동에 의해서 줄거리를 전개시키고, 관객을 줄거리 속으로 끌어당겨 공감, 즉 감정동화를 일으키게 하는 것을 목적으로 하는 데 반해, 서사적 연극은 줄거리를 소설처럼 이야기하고 관객을 관찰자로서 줄거리에 대결시켜 관객의 비판을 환기시키는 것을 목표로 한다. 이런 점에서 보면 서사극이란 고전적인 연극의 반대물이며, 극을 극적인 것으로 만들 수 있는 조건을 제거해 버린 극적이 아닌 연극, 즉 소설적인 연극이라 할 수 있다. 이와 같은 서사시 연극을 철저히 지키기 위해 그는 기록영화, 스피커, 플래카드 등을 사용하기도 하고, 배우와 가수에게 줄거리의 일부를 설명케 하기도 하고, 극중에 노래를 삽입하는 등 관객들의 주의를 흐트러지게 하여 감정의 동화를 막는 온갖 방법을 사용한다. 이것을 「소외효과(Verfremdungseffekt)」 혹은 독일어의 두문자를 따서

「V효과(파우 에펙트)」라고 부른다. 간단히 말하면 소외효과란 감정동화를 방해하는 기술을 의미하는데, 이처럼 연극에서 감정 대신에 이성을 작용시켜 비판력을 기르면 잘못된 상식 속에 숨어있는 진리의 존재가 나타날 것이고, 그것이 해결, 즉 세계의 변혁으로 나아가게 될 것이라고 브레히트는 생각한다. 브레히트의 관심은 개인이 아니고 사회에 있다. 예를 들면 쉴러가 쟌 다르크 극에서 개인으로서의 영웅적 행위를 그려 인간성의 위대함을 표현한 것에 비해 브레히트의 경우는 역으로 쟌 다르크가 처한 사회적인 입장을 밝혀 개인의 능력의 한계를 느끼게끔 묘사되어 있다는 점이다. 이처럼 감정이입을 거부하고 긴장을 배제하고 영웅적인 인간상을 부정하는 브레히트의 서사극은 고대 희랍극 이후 유럽 비극의 전통에 정면으로 대립되는 것이며, 이것을 비 아리스토텔레스 극이라고 부른다.

1920년대 후반부터 30년대 초에 걸쳐 브레히트는 공산주의로 접근되어 갔는데, 이 시기에 쓰여 진 일련의 작품들은 감정동화를 일체 차단하고, 문학적인 말과 이미지의 장식도 모두 버리고 무대상의 일들을 객관화함으로써 관객들에게 이성적 비판을 물음과 동시에 나아가서는 관객 자신들이 취해야 될 입장과 행동을 인식시키려고 한다. 정감이 아니고 지성을, 도취가 아니고 판단을 구하는 브레히트의 특질이 교육 극에서 전형적으로 잘 나타나 있다.

브레히트는 표현주의적인 극 「발(Baal, 1918)」을, 대전 직후의 베를린을 무대로 한 「밤에 울리는 북(Trommeln in der Nacht, 1919)」을, 부조리극의 선구격인 「도시의 숲속에서(Im Dickicht der Städte, 1923)」를, 브레히트의 극형식을 특징지우는 희극인 「남자는 남자다(Mann ist Mann, 1927)」를, 쟌 다르크 전설을 현대화한 희극인 「도살장의 성 요한나(Die heilige Johanna der Schlachthöfe, 1930)」를, 생모와 양모의 판단을 현대적으로 해석하게 만든 「코카서스의 백묵원(Der kaukasische Kreidekreis, 1945)」을 집필했고, 「서푼짜리 오페라」, 「억척어멈과 그 자식들」, 「제추안의 선인」, 「갈릴레이의 생애」를 집필했다.

① 서푼짜리 오페라(Dreigroschenoper, 1924)

영국의 죤 게이(John Gay, 1685~1732)의 「거지 오페라(Beggar's Opera)」를 개작하여 부르조아도 실은 도적과 다를 바 없다는 것을 보여 주면서 부패한 부르조아 계급을 맹렬히 풍자한 작품이다. 이 극에서는 긴장과 도취 대신에 관객들이 냉정히 무대를 객관시할 수 있는 기법, 즉 서사적 연극의 수법이 잘 활용되어 있다. 특히 사회 비판과 교훈을 지닌 노래와 발라데를 요소 요소에 삽입하여 그 효과를 최대한으로 높이고 있다.

② **억척 어멈과 그 자식들**(Mutter Courage und ihre Kinder, 1939)

이것은 30년 전쟁을 무대로 주모인 억척스러운 여자와 그 자식들의 운명을 연대기적으로 묘사한 작품이다. 주인공은 포화 속에서 빵을 수레에 싣고 종군한 억척스러운 여자였기 때문에 「억척 어멈」이라는 별명을 얻었다. 그녀는 전쟁을 통해 얻는 이익에 눈이 멀어 평화가 오기를 두려워한다. 차례로 아들을 잃어도 전쟁을 하면 돈을 벌 수 있다는 맹신에서 깨어나지를 못한다. 작자는 그녀의 미련한 모습을 관객에게 보여줌으로써 관객들로 하여금 전쟁과 무지한 인간에 대한 비판을 불러일으키게 함을 목표로 하고 있다.

③ **제추안의 선인**(Der gute Mensch von Sezuan, 1940)

중국의 제추안(四川)을 무대로 한 비유극이다. 천인인 창녀 셴 테(Shen Te)는 자기와 아이들의 생활을 지키기 위해서 사기적인 행위를 하지 않을 수 없다. 이것은 자신의 입장으로서는 선한 행동이지만 사회적 조건에 따라서는 악이 될 수도 있는 것이다. 이처럼 절대적인 선이라는 것은 이 세상에는 없고 사회적인 조건에 따라서 선이 악이 될 수 있고 악이 선이 될 수 있으며, 인간은 낡은 질서가 사회를 지배하는 한 자기의 몸을 지키기 위해서는 악을 행하지 않을 수 없다는 모순을 그리고 있다.

④ **갈릴레이의 생애**(Leben des Galilei, **초고** 1939, 2**고** 1947, 3**고** 1954)

자기의 업적을 완성시키기 위해 종교재판의 압력에 굴하여 자기의 주장을 철회한 갈릴레이를 다룬 희곡이다. 주제는 갈릴레이의 양심의 갈등이다. 초고에서는 과학의 진보라는 관점에서 갈릴레이의 행위가 긍정적으로 그려져 있다. 그러나 과학이 정치에 악용된 전형적인 예로 히로시마의 원폭 투하를 계기로 초고가 수정되어 과학을 권위의 노예로 만든 갈릴레이의 행위를 과학자의 원죄로서 탄핵하고 있다. 이처럼 내용에 수정이 가해졌기 때문에 지금 유포되고 있는 이 작품의 텍스트에서는 갈릴레이가 공과 죄를 동시에 지니는 복잡한 인물상으로 묘사되어 있어 관객들은 각자 자기의 입장에 대해 깊이 생각하지 않을 수 없다.

(2) **쭈크마이어**(Carl Zuckmayer, 1896~1977)

현대 독일 문학에서 브레히트와 더불어 가장 성공하고 영향력이 큰 극작가이다. 2차대전 후 스위스에서 막스 프리쉬와 뒤렌마트가 나올 때까지 온 극계를 주름잡은 바 있다. 그는 표현주의의 영향 하에서 출발하여 신즉물주의를 거쳐 희극, 민중극 분야에서 새로운 경지를 개척하였다. 그의 극들은 현실 비판적인 요소가 많으나 그의 기본 색조는 어디까지나 숭고한 인간성에 대한 애착과 신념, 사랑의 찬미와 긍정적인 인생관을 나타낸다.

그는 라인 강변의 포도 생산지인 나켄하임에서 포도주 판매업자의 아들로 태어났다. 마인츠의 고등학교에서 배운 후 1차 대전이 일어나자 지원병으로 출정하여 서부전선에서 싸웠다. 전후는 프랑크푸르트와 하이델베르크에서 자연과학을 공부하였다. 이 무렵에 그는 정치 운동에 참가하였고 표현주의의 영향을 받아 최초의 희곡 「십자로(Kreuzweg)」를 썼다. 이 작품은 베를린 국립극장에서 상연되었으나, 비평가들의 혹평으로 상연 3일 만에 무대에서 쫓겨났다.

1925년에 발표한 「즐거운 포도밭」이 인정을 받아 이름을 얻게 되었고, 이에 의해 클라이스트 상을 받았다. 이후 극작가로 입신할 결심을 한 그는 잘츠부르크에 머물면서 거처를 정하고 창작에 전념하여 「신더한네스」, 「카타리나 크니」, 「쾨페니크의 대위」, 「베르겐의 개구장이」 등을 발표했다. 1938년 나치스가 오스트리아를 합병하자 그는 스위스로 피했다가 다음 해에 미국으로 망명하여 농장을 경영하면서 강연 혹은 문필 활동으로 나치스에 저항하였다. 전후 미국 정부의 문화사절로서 독일, 오스트리아를 시찰하던 길에 미국에서 쓴 비극 「악마의 장군」을 스위스에서 상연하였는데, 이것이 대성공을 거두어 전후 최고의 상연 회수를 기록하였다고 한다. 1958년부터는 스위스에 정주하여 작품 활동을 계속하였다.

① 즐거운 포도밭(Der fröhliche Weinberg, 1925)

라인 지방의 포도밭을 무대로 농민들의 목가적인 사랑과 생활을 절묘한 필치로 묘사함과 동시에 인간의 본능을 긍정하고 관능과 생의 즐거움을 구가하는 3막 희극이다. 대담한 성애묘사가 문제를 일으켰으나 유머러스하고 다이나믹한 줄거리의 전개와 자연묘사가 인정되어 클라이스트 상을 받았다.

② 쾨페니크의 대위(Hauptmann von Köpenick, 1930)

독일동화(Ein deutsches Märchen)라는 부제가 붙어 있는 2막 21장의 희비극이다. 20세기 초 대위의 군복을 입고 쾨페니크시의 공금을 탈취한 실제 인물인 어느 화공(靴工)의 이야기(1906년 신문에 대서특필된 바 있음)를 소재로 하고 있다. 작자는 이 이야기를 통해 빌헬름 2세 시대의 독일 군국주의와 형식주의, 경직된 관헌조직과 군복의 위력을 풍자하고 있다.

③ **악마의 장군**(Des Teufels General, 1946)

작자가 미국 망명 중이던 1942년에 착수 1945년에 탈고하여 미국, 독일, 스위스, 오스트리아 등지의 무대에서 대성공을 거둔 3막 비극이다. 그 성공의 이유로서는 주인공 하라스와 모델인 공군 원수 우디트와의 성격과 운명의 유사함, 제3제국의 전쟁기구의 한 형태의 폭로 그리고 미국 참전 직전의 긴박한 수도 베를린의 환경묘사의 박진감 등도 있지만, 요는 내적인 도의문제, 어떤 희생을 치르더라도 감행할 악마적인 독재정치에 대한 저항이라는 도덕적 책무, 나아가서는 알면서도 행동하지 못하는 죄의 깊이와 무거움, 그리고 그 보상 방법 등에 대한 제 문제들이 만족할 만큼 해결되어 있지는 않지만 실감을 통해 관객의 마음을 사로잡았기 때문이다.

이 희곡에서는 우선 직무에 충실한 사람이 파멸되어야 하는 정치 형태와 통치자가 악마적인 존재라는 것을 알면서도 저항을 하지 못하고 봉사하는 내면적인 죄와 같은 것을 생각하게 한다. 이처럼 한 나라의 안위가 걸려 있을 때 사람들은 어떤 태도를 취하는 것이 현명하며 도덕적인가? 이것은 쉽게 해결될 수 있는 문제가 아니다.

3) 서사문

19세기 말 이후의 서사문학에서는 형식과 문체의 다양성에서 2가지의 기본 경향이 나타난다. 즉 하나는 고전주의나 낭만주의 및 사실주의와 연관을 맺으면서 독일 인문주의의 전통을 되살리려 하거나 기독교에 밀착하려는 보수적인 경향이고, 또 하나는 무엇보다도 “현재”를 문제 삼으려는 현대적인 경향이다. 전자에는 리카르다 후흐와 게르트루트 폰 르 포르가 속하는데, 슈테르 혹은 토마처럼 적어도 소재 면에서 특정한 지방이나 환경에 얽매인 작가들도 여기에 속한다.

카로사, 베르겐그루엔, 샤퍼, 슈나이더, 안드레스 등의 산문작가에게 있어서 기독교적 입장이나 괴테 시대의 고전적 인문주의의 전통을 보존하는 것은 현대가 직면한 제 문제로부터 외면하는 것이 아니며, 오히려 의식적으로 현대의 문제점들과 직면하는 것이었다. 왜냐하면 그렇지 않은 경우 자신의 결정은 애매한 것이기 때문이다.

토마스 만과 헤세도 19세기의 전통과 여러 가지 점에서 연관을 맺고 있다. 괴테, 쇼펜하우어, 니체의 영향 외에도 만의 작품에는 사실주의와 자연주의적 요소가 남아 있다. 헤세는 많은 독자와 비평가들에게 낭만주의의 한 전수자로 보여 진다. 그러나 두 사람은 독자적인 양식을 구사하고 있다. 특히 토마스 만의 비평적 시대 분석은 사건과 인물들로부터 반어적인 거리를 취하고 동시에 아주 정확하면서도 유려한 산문을 통해서 두드러지게 나타난다.

(1) 헤세(Hermann Hesse, 1877~1962)

헤세는 남독 슈바벤의 시골 도시인 칼프(Calw)에서 태어났다. 아버지는 러시아 태생의 선교사로서 젊었을 때 인도에서 선교에 종사한 적이 있는 금욕적인 구도자였다. 어머니는 동양학자요, 목사인 헤르만 군데르트(Hermann Gundert)의 딸로서 인도에서 태어났다. 어머니의 사촌 동생인 빌헬름 군데르트(Wilhelm Gundert)는 오랫동안 일본에 체재하면서 일본학과 불교 철학의 대가가 되었다. 헤세의 동양 취향과 코스모폴리탄적인 성격은 이러한 가정환경과 밀접한 관계가 있다.

유년시절의 헤세는 공상력이 풍부하고 음악을 좋아하고 동식물에 애착을 가졌으나 아주 고집이 세고 반항심이 강했다고 한다. 그는 목사가 되기 위해 라틴어 학교를 거쳐 마울브론의 신학교에 입학하여 기숙사 생활을 하게 되었다. 그러나 그가 깨달은 자아는 주입식 교육 및 많은 속박과 충돌하여 그것을 이기지 못하고 기숙사를 탈주하기도 하고 신경쇠약에 걸려 자살을 기도하기도 하다가 일 년도 채 못 되어 퇴학해 버렸다. 그 후부터는 기계 견습공을 하다가 19세 때 서점 점원으로 근무하게 되었다. 거기서 그는 독서할 기회를 얻어 많은 독서로 내면의 충실을 기하게 되었다. 이 무렵부터 그는 몇몇의 습작을 하다가 27세 때 「페터 카멘친트」가 출판되어 호평을 받게 되자 본격적인 작가 생활로 들어갔다.

풍부한 자연 감정과 서정으로 채색된 이 소설은 그의 이름을 처음으로 알리게 한 그의 출세작이다. 그 해 그는 이탈리아 여행 중에 알게 된 피아니스트 마리아 베르누이(Maria Bernoueli)와 결혼하여 보덴 호반에 주거를 정했다. 여기서 그는 「바퀴 밑에서(Unterm Rad)」, 「게르트루트(Gertrud)」, 「이 쪽(Diesseits)」, 「이웃(Nachbarn)」, 「청춘은 아름다와라(Schöne ist die Jugend)」 등등 청춘 문학의 명작들을 내놓았다. 그러나 그는 이 생활에 싫증이 났고 부인과도 불화가 생겼기 때문에 1911년 34세 때 인도 여행을 결심하고 세이론, 수마트라 등지를 방문하다가 식민지화 되어 버린 동양에 환멸을 느끼고 인도에는 가지도 않고 귀국해 버렸다. 귀국 후에는 스위스 베른에 거처를 정하고 예술가 부부의 파국을 다룬 「로스할데(Roßhalde)」, 방랑자 이야기인 「크눌프(Knulp)」를 썼다.

전시 봉사라는 과로에 지친 그는 아버지의 죽음, 처의 정신병 악화 등이 겹치자 신경장애를 일으켜 정신 치료를 받았다. 이것이 그에게 프로이트의 정신 분석학과 친할 수 있는 기연이 된 것이다. 1919년 익명으로 발표한 「데미안(Demian)」은 이와 같은 체험에서 나온 작품이다. 이 작품을 고비로 그의 작품은 「내면에의 길」로 향하는 구도자적인 성격을 띠게 되었고, 동양 사상과의 접근이 시작되었다. 이 시기의 한 정점을 이루는 작품이 「싯다르타(Siddhartha)」이다. 1923년 스위스 국적을 얻은 그는 처와 이혼을 하고 스위스 여성과 결혼했으나 또 헤어지는 등 정신적으로나 육체적으로나 타격이 매우 컸다. 이 고뇌를 토로한 것이 「황야의 이리(Der Steppenwolf)」와 시집 「위기(Krisis)」이다. 이 뒤에 나온 「나르치스와 골트문트(Narziß und Goldmund)」는 이와 같은 고뇌를 낳게 한 자기 내부의 정신과 육체의 대립에 대해 화해를 시도한 작품이라고 볼 수 있다.

나치스 시대에는 독일 내에서의 출판이 금지되어 역경에 처했으나 망명자 원조에 발벗고 나서는 한편 「유리알 유희(Das Glasperlenspiel)」의 완성에 심혈을 기울였다. 2차대전 후에는 노벨상을 받은 이외에 독일에서도 괴테상, 라베상 등 많은 상이 그에게 주어졌다. 85세 때 스위스의 산장에서 잠자리에 들어 모차르트 음악을 듣다가 뇌일혈로 잠자듯이 세상을 떠났다.

① **페터 카멘친트**(Peter Camenzind, 1904)

서정적이고 시민적이고 우수적인 감정이 바탕이 되어있는 자전적 소설이다. 마치 슈티프터적인 서정이 충일되어 있는 로맨틱한 소설이다. 서정적인 자연 묘사, 무상과 우수가 충만 되어 있는 작품의 분위기 그리고 그것을 이야기하는 간결하고 리드미컬한 표현, 그런 것들이 테마와 상응해서 읽는 이들의 마음을 감동케 한다. 이 소설도 한 인간의 성장하는 과정을 이야기하고 있는 만큼 교양소설의 범주에 속한다.

② **바퀴 밑에서**(Unterm Rad, 1906)

작자 자신의 신학교 시절의 괴로운 체험이 반영되어 있는 소설로서 메마른 시민 사회와 싹터 오르는 소년들의 창조적인 재능을 짓밟고 의무만 강요하는 비인간적인 교육제도를 비판하고 있다. 시골의 가난한 집에서 태어난 수재 소년 한스(Hans)는 명예심이 강한 아버지와 교사로부터 밤낮 공부만 강요당한다. 그 결과 어려운 주 시험에 합격하고 신학교에 들어간다. 그러나 무리한 수험 공부에 건강을 해친데다 학교에서 몇몇 사건에 휘말려 노이로제에 걸린 그는 고향으로 돌아온다. 고향에서 기계 견습공이 되었으나 몸이 허약하여 힘든 일을 이겨내지 못한다. 그리고 사람들의 냉대도 견딜 수 없어 어느 날 소풍을 갔다가 강물에 몸을 던진다.

③ **게르트루트**(Gertrud, 1910)

애인 앞에서 뽐내기 위해 모험을 하다가 불구자가 된 쿤(Kuhn)이 친구에게 애인 게르트루트를 빼앗기고 세상과 인생의 방관자가 되어 음악에서 위안을 찾으려고 노력한다. 그러나 온갖 시련과 고뇌를 겪으면서 괴로움도 기쁨도 모두가 자기 자신에게 달려 있다는 것을 깨닫고 피할 수 없는 운명을 감수하기 위해 체념의 경지로 들어간다.

④ **로스할데**(Roßhalde, 1914)

화목하지 못한 결혼 생활을 내용으로 하는 소설이다. 다정다감하고 정열적인 화가가 이해심이 없는 처에 불만을 품고 혼자 호반의 아틀리에에서 살고 있다. 처는 남편의 냉정함을 원망하면서 친정에 있다. 이 부부를 그나마 이어주고 있는 사람이 일곱 살 된 아이였는데, 이 아이가 죽어버린다. 화가는 자기에게 남은 것은 예술뿐이라고 생각하고 인도로 떠난다.

⑤ **크눌프**(Knulp, 1915)

고독한 방랑자의 모습을 빌어 자기 생에 충실할 수 있는 길을 시민들에게 제시해 주는 감동적인 소설이다.

⑥ **데미안**(Demian, 1919)

내면에의 길로 들어가는 첫 작품이다. 헤세는 1차 대전의 발발로 시민 사회의 질서와 자기 자신이 살고 있는 세계의 붕괴를 체험했다. 그는 새로운 생의 가능성을 찾기 위해 시대와 대결했는데, 고뇌와 절망의 원인을 외부 세계에서가 아니고 자기 내부에서 찾으려고 했다. 헤세의 작품은 이 소설을 기점으로 초기와 후기의 것으로 나뉘어진다. 깨끗하고 명랑한 가정에서 행복한 유년시절을 보낸 싱클레아(Cinclair)가 친구인 데미안과 이상적인 여성으로서 존경하는 데미안의 어머니의 인도를 받아 괴로움 많은 청춘 시대를 극복하고 점차 자기의 사명에 눈떠가는 과정이 대체적인 줄거리이다.

⑦ **싯다르타**(Siddhartha, 1922)

인도의 성담(聖譚)을 소재로 한 장편 소설이다. 여기서는 개인으로서의 자아를 탈각하고 있는 그대로의 큰 세계에 들어가 보려는 사상이 피력되어 있다. 싯다르타는 바라문 집안에서 태어난 총명한 청년으로서 장차 바라문 왕으로 기대되고 있었으나, 진리를 구하기 위해서 출가하여 고행 길로 들어간다. 그는 많은 난관을 극복하고 애욕을 초월하여 마침내 모든 것이 헛되다는 법리를 깨달음과 동시에 번뇌에서 벗어나 해탈의 경지에 이른다.

⑧ **황야의 이리**(Der Steppenwolf, 1927)

인간에 내재되고 있는 이원성, 즉 신성과 야수성의 갈등을 그린 소설이며, 작자 자신의 정신적인 분열과 위기를 시대와 연결시켜 묘사한 내적 고뇌의 고백서이다. 스스로 황야의 이리라고 자칭하는 시민 사회의 국외자 하리 할러(Harry Haller)는 성인에게도 매력을 느꼈고 동시에 방탕자에게도 매력을 느낀다. 그러나 기질이 약하기 때문에 어디에도 뛰어들지 못하고 이것도 저것도 아닌 시민생활을 한다는 내용이다.

⑨ **나르치스와 골트문트**(Narziß und Goldmund, 1930)

중세적인 분위기를 풍기는 수도원을 무대로 두 개의 이질적 세계에 사는 나르치스와 골트문트의 우정을 통해서 내면의 이원성과 그 조화 문제를 그린 소설이다.
이 소설은 관능적인 인간이 미로와 유랑을 거친 후 정신세계로 돌아오는 경과가 묘사되어 있는데, 전작인 「황야의 이리」가 제시한 두 개의 넋이 여기에서는 두 명의 인물상으로 묘사되어 있음을 볼 수 있다. 헤세 자신이 본래 이 이원성의 대립과 고투를 했던 것처럼 이 소설도 자기 고백적인 특징을 지니고 있다.

⑩ **유리알 유희**(Glasperlenspiel, 1943)

이 소설은 1931년부터 11년의 세월이 걸려 완성된 그의 대표작이다. 형식적으로는 전통적인 교양 소설이지만 내용적으로는 미래 소설 내지 유토피아 소설이다. 전체는 유리알 유희와 그것이 행하여지는 장소인 카스탈리엔(Kastalien)을 설명하는 서론과 주인공 요제프 크네히트(Joseph Knecht)의 전기 부분인 12장으로 된 본론, 그리고 크네히트가 남긴 13편의 시와 3편의 이력서로 구성되어 있는데, 이런 것들은 작가가 편집하는 형식을 취하고 있다. 이 작품도 근본 주제는 「나르치스와 골트문트」처럼 정신과 현실의 조화 문제를 다루고 있다. 그리고 여기에서는 작자의 독자적인 현대 문명 비판이 나타나 있다.

⑪ **시집**(Gedichte, 1942)

헤세는 소설가였지만 주옥같은 서정시도 많이 남겼는데, 초기부터의 서정시가 여기에 수록되어 있다. 내용은 「낭만적인 노래(Romantische Lieder, 1909)」, 「고독자의 음악(Musik des Einsamen, 1915)」, 「화가의 시(Gedichte des Malers, 1920)」, 「위기(Krisis, 1928)」, 「밤의 위로(Trost der Nacht, 1929)」, 「새로운 시(Neue Gedichte,

1937)」 등이다.

(2) 토마스 만(Thomas Mann, 1875~1955)

20세기의 위대한 소설가이며 문명 비평가이다. 그는 건전한 생의 세계를 동경하는 시민적 기질과 미와 정신세계를 희구하는 예술가적 기질과의 대립, 갈등을 문학적 과제로 삼고 근 반생 동안 그것을 추구하였을 뿐만 아니라, 시민 문화 전체의 운명을 보여 주었다. 그리고 비정치적 인간으로 자처하던 그가 정치적 국면에 부딪치자 시대와 대결하는 자세를 보이면서 많은 논문과 강연을 통해 시대의 정치와 문명을 신랄하게 비판하였다.

그는 뤼벡에서 부유한 곡물상의 둘째 아들로 태어났다. 형은 소설가인 하인리히 만이다. 아버지는 시 참사의원을 지내다가 부시장이 된 인물이었고, 어머니는 남미 출신의 미인으로서 음악적 재능이 풍부했다. 그는 아버지에게서는 시민적 기질을, 어머니에게서는 예술가적 기질을 이어받았다고 볼 수 있다. 그는 학교를 싫어했었다. 16세 때 아버지가 죽자 어머니와 같이 뮌헨으로 이주하였다. 거기서 뮌헨 대학의 청강생이 되어 역사와 경제학 강의를 들었다.

1900년에는 장편 소설 「부덴브로크가의 사람들」을 완성했다. 이것은 일가 4대에 걸친 몰락의 역사를 그린 것인데, 만의 이름을 세계적인 것으로 만든 작품이다. 훗날의 노벨상도 이 작품이 대상이 된 것이다. 1905년에 그는 대학교수의 딸과 결혼하여 명성도 있고 해서 자유 문필가로 생활했다. 이때 명작인 「토니오 크뢰거」, 「대공전하」, 「베니스에서의 죽음」 등이 발표되었다. 특히 「토니오 크뢰거」는 뛰어난 단편으로서 이 시기의 그의 문학의 성질을 알 수 있는 최적의 작품이다.

1912년 부인이 폐병으로 스위스의 다보스(Davos) 요양소에 들어갔을 때, 그는 동반자로 따라가 거기서 한 달 동안 머물렀다. 그때의 체험을 12년 후에 완성한 것이 소위 그의 문학의 정점을 이루는 「마의 산」이다.

1929년에 그는 노벨 문학상을 받았다. 1933년 히틀러가 정권을 장악하자 「리하르트 바그너의 고뇌와 위대함」이라는 강연을 행하여 히틀러의 바그너 우상화를 공격하였다. 그 다음 날 외국으로 강연 여행을 떠난 후 독일로 돌아오지 않고 망명생활에 들어가 스위스, 프랑스 등지에서 머물렀다. 1938년에 미국 캘리포니아로 이주한 그는 프린스턴 대학의 객원 교수가 되어 강연 혹은 라디오 방송을 통해 인류의 적 나치스 타도를 부르짖었다. 그리고 「바이마르의 로테」, 「파우스트 박사」 등을 발표하였고, 1944년에는 미국 시민권을 얻었다.

세계주의자요 평화주의자인 그는 전후 동서의 대립을 유화시키기 위해 동구의 평화회의에 참석하기도 했다. 미국이 반공 정책을 취하자 1952년 미국을 떠나 유럽으로 돌아왔다. 그러나 동서로 분리된 조국으로는 돌아가지 않고 스위스에 살면서 세계 평화와 동·서독의 통일을 위해 강연 등으로 많은 활동을 하다가 1955년에 80세를 일기로 그곳에서 죽었다.

① **부덴브로크가의 사람들**(Buddenbrooks, 1901)

뤼벡의 부유한 상인 부덴브로크가의 4대에 걸친 변천과정과 멸망을 그린 가족사로서 자전적인 요소가 짙은 장편 소설이다. 예술가와 시민의 대립이 주테마로 되어 있다. 건전한 시민이었던 초대에서 대를 더해감에 따라 정신적으로, 예술적으로는 세련되어 갔지만 퇴폐와 붕괴로 줄달음쳐, 일가는 드디어 망해 버린다. 이것은 시민과 예술가의 대립을 나타내는 것인데, 정신적, 예술적 기질의 태동은 시민적인 것의 붕괴 이외에는 아무것도 아니라는 것을 뜻한다. 이와 같은 시민 기질과 예술가 기질의 대립은 토마스 만이 그의 많은 작품에서 추구하고 있는 근본 테마이기도 하다. 후년의 노벨 문학도 이 작품이 주 대상이었다.

② **토니오 크뢰거**(Tonio Kröger, 1903)

시민 기질과 예술가적 기질의 대립 문제를 구체적으로 밀고 나간 자전적 중편 소설이다. 이 소설은 건전하고 행복한 시민적인 생의 세계를 동경하면서도 그 속에 뛰어들 수 없는 예술가의 숙명적인 고독과 고뇌를 그린 것이다. 즉 시민은 생활을 직접 살지만 예술가는 그렇지 못하고 그것을 창조의 대상으로 삼아 그것을 이해하고 관찰하고 표현할 뿐이라는 것이다. 바꾸어 말하면 예술가는 생활을 사는 것이 아니라 생활 밖에서 있지 않으면 안 된다는 것이다.

③ **베니스에서의 죽음**(Der Tod in Venedig, 1913)

유미주의에 도취된 한 예술가의 말로를 그린 중편 소설이다. 주인공 에센바하(Gustav Eschenbach)는 시민과 예술가의 대립을 극복하고 내면적 조화를 이룬 고귀하고 근엄한 예술가이다. 그가 여행지인 베니스의 해변에서 미 소년 타치오(Tadzio)를 만나 그 아름다움에 매혹된다. 그 무렵 이 지방에 콜레라가 유행하여 다른 피서객들은 거의 철수하였으나 미소년의 포로가 된 그는 타치오를 두고 떠날 수가 없어 그의 뒤를 따라 다닌다. 시내에서 그만 타치오를 놓친 그는 갈증이 나서 딸기를 사먹고 콜레라에 걸려 죽는다. 이처럼 시민과 예술가의 대립을 극복하고 내적 조화를 얻었다 해도 언제나 위험성은 있는 것이며, 한번 미의 매력에 홀리게 되면 파멸을 면치 못한다는 것을 묘사하고 있다.

④ 마의 산(Der Zauberberg, 1924)

1912년 토마스 만은 부인이 폐병으로 입원하고 있는 스위스의 다보스 요양소를 방문하여 그곳에 3주 정도 체재한 적이 있었다. 그때의 견문을 단편으로 쓰려고 하였는데, 쓰는 동안에 양이 부풀어 1200페이지가 넘는 대작이 되었다고 한다. 쓰는 동안에 1차 대전이 있었지만 완성될 때까지 12년이 걸렸다. 이 소설은 심리적인 깊이나 사상적인 폭에 있어서 20세기 초기의 정신사를 상징하는 중요 작품이며 그의 대표작이다. 교양 소설 형식으로 쓰여져 있다.

이 소설의 중심 모티프는 생과 사의 문제이다. 즉, 평범한 한 청년이 죽음에 애착을 느꼈다가 다시 생으로 옮겨오는 정신의 변화를 그린 것이다. 이 소설은 죽음의 애착에서 조화 있는 생으로 이르기까지의 과정을 그린 교양 소설인 것이다. 카스토르프는 인간은 형식, 논리, 건강, 시간 등으로 대표되는 생에만 몰두해서도 안 되고, 자유, 위험, 병원 등으로 대표되는 죽음에 빠져서도 안 되며 생의 배후에는 깊은 심연이 있다는 것을 의식하면서 생에 봉사해야 된다는 진리를 깨닫는다. 이 소설에서도 만 문학의 주제라 할 수 있는 생활과 예술, 생과 사, 자연과 정신의 대립이 잘 나타나 있다. 만의 죽음에 대한 애착은 바그너와 쇼펜하우어의 영향이고, 죽음의 극복은 니체의 생에 대한 긍정과 깊은 연관이 있다. 그리고 이 소설에서는 19세기 후반부터 20세기 초에 걸친 유럽 문명 세계의 정신이 잘 조감되어 있다.

⑤ 마리오와 마술사(Mario und der Zauberer, 1929)

이탈리아 해안으로 가족과 함께 피서를 갔던 작가가 4주간의 체재 경험을 친한 사람들에게 이야기하는 형식으로 되어 있는 단편 소설이다. 작자가 머문 해수욕장은 국가적, 정치적 사정 때문에 분위기가 자못 험악하다. 진작 그곳을 떠났다면 별일이 없었을 터인데, 그러지 아니하였기 때문에 심각한 사건을 목격하게 된다. 그 사건이란 공회당에서 행하여진 최면술사 치폴라(Cipolla)의 연기이다. 그는 구경꾼들에게 차례차례 최면술을 걸다가 마지막에는 20세가량의 순진한 마리오(Mario)에게 최면술을 걸고 그의 애인을 유혹한다. 최면술에서 깨어난 마리오는 화가 나서 최면술사를 권총으로 사살한다. 우리는 이 최면술사에게서 히틀러나 뭇솔리니와 같은 독재자의 모습을 엿볼 수 있고 그 마취력의 가증함을 느낄 수 있다. 만은 이 작품을 스스로 「나치즘의 심리학」이라고 일컬은 바 있다.

⑥ **요제프와 그의 형제들**(Joseph und seine Brüder, 1933~1943)

구약 창세기편에 나오는 요제프 이야기에서 취재한 장편 소설이다. 모두 4부로 되어 있으며 인간의 전형을 신화의 세계에서 찾으려고 한다.

이 이야기는 인간 존재의 원형을 그린 것이다. 즉, 선과 악이라는 이원적 대립을 숙명적으로 지니고 있는 인간 존재가 어떻게 하면 그것을 조화시킬 수 있고, 천상의 축복과 지상의 축복을 동시에 받을 수 있고, 원죄를 극복하고 구제의 길로 나아갈 수 있는가 하는 것이다. 이처럼 토마스 만은 요제프를 인류의 상징으로서 현대인에게 제시하고 있는 것이다. 개성적이고 특수한 것을 그려온 만이 신화적이고, 전형적인 것을 다루게 된 데에는 노년의 탓도 있겠지만 나치스의 무기로 이용되어 왔던 신화를 파시즘의 손에서 탈회하여 철저히 인간화시키기 위한 의도가 있었다. 그리고 또 한편으로는 나치스의 반 유태 감정 속에서 유태 정신의 소설을 쓴다는 것에 대해 어떤 쾌감을 느꼈을 런지도 모른다.

어쨌든 만은 휴머니즘의 위기 속에서 인간 존재의 원형을 나타내기 위해 먼 신화 이야기를 재구성한 것이다.

⑦ **파우스트 박사**(Doktor Faustus, 1947)

이 소설은 19세기 말 이후 근 반세기에 걸친 독일 시민 사회의 운명을, 나아가서는 한 시대의 자서전을 악마의 손에 빠진 한 음악가의 운명을 빌어 묘사한 문명 비판적인 소설이다. 다시 말하면 이 작품은 퇴폐적이고 병적인 현대를 적나라하게 파헤침과 동시에 그 속에 있는 예술가, 지식인들의 구할 길 없는 정상을 구상화함으로써 현대의 예술, 문화, 정신 일반을 비판한다. 예술가가 신의 소리가 아닌 악마의 소리를 듣는다는 그 자체가 벌써 허물어져 가는 독일인들의 한 전형이 될 수 있다. 그리고 이 소설은 양차 대전으로 야기된 독일의 비극이 얼키고 설켜 주인공의 비극적 미로와 독일의 파멸까지 합쳐져 비극성을 한층 높여 주고 있다.

⑧ **선택된 인간**(Der Erwählte, 1951)

중세기의 시인 하르트만 폰 아우에의 서사시 「그레고리우스(Gregorius)」를 소재로 한 소설로서 근친상간을 다루고 있다. 서로 사랑하는 쌍둥이 남매가 어린 나이에 철없이 관계를 맺게 되어 그 사이에서 태어난 아들이 뒤에 어머니와 결혼하여 두 딸을 낳은 죄를 범했으나, 속죄한 후 신의 계시에 의해 로마 교황으로 선출된다는 이야기이다.

중기 이후의 만은 전설을 빌어 인간의 전형을 묘사하면서 거기에 독일 민족의 운명 같은 것을 암시적으로 나타내는 경향이 있다. 본 작품도 그 계열에 속한다고 볼 수 있다. 이중 근친상간의 죄를 지은 그레고리우스가 속죄 후 법황이 된다는 줄거리는 하르트만의 그레고리우스와 동일하다. 하르트만은 종교적인 입장에서 교화를 목적으로 이 작품을 썼지만 만은 독일 민족의 운명과 독일 민족에 대한 그의 사랑과 염원을 이 작품을 통해서 나타내고자 한 것 같다. 근친상간의 죄는 전쟁을 일으킨 독일 민족의 죄일 것이고 17년간의 속죄는 독일 민족에 대한 작자의 요구인 동시에 작자 자신의 반성일 것이다. 그리고 속죄 후에야 비로소 독일 민족의 미래가 열릴 것이라는 작자의 기대가 그 속에 들어 있다고 볼 수 있다.

2. 현대의 서사문

카프카와 브로흐는 19세기의 전통으로부터 탈피하여 그것을 고수하는 자들과는 달리 현대 인간의 정신적인 상황과 대결한다. 카프카의 작품 속에서 개인적인 체험이나 갈등은 전통을 중시하는 세대에 대한 회의로 가득 차 있다.

브로흐는 사회학적이며 심층 심리학적인 인식에 근거하여 현대 유럽 소설 특히 조이스의 율리시스의 영향을 받아 정신적이며 사회적인 발전 과정을 분석했다.

요셉 로트, 무질, 도데러 등은 카프카나 브로흐와 같이 도나우 제국의 출신이다. 이 제국의 몰락은 유럽 정신사 중 중요한 시기의 마지막을 의미하며 현재라는 시대규정에 대해 비평적 논란을 야기하게 된다. 로트는 합스부르크 제국의 마지막 시대의 운명을 가벼운 비애감으로 하나씩 그리고 있다. 무질은 멸망 과정을 묘사하기 위해 외적인 역사의 진행과 숨겨진 시대의 흐름을 여러 가지 모습으로 재조명한다. 도데러는 몰락과정을 여러 가지 형체와 천부적인 모자이크 형태로써 규정한다. 이러한 작가 외에 출신이나 생의 운명상 이들과는 다른 에른스트 융거는 당대의 가장 중요한 비평가에 속한다.

현대의 장편소설에는 현대인이 파악할 수 없는 복잡한 삶이 직접적으로 표현되어 있다. 고대의 형식이론, 사건과 체험의 직선적인 서술 등은 토마스 만과 헤세에 의해 허물어지고 카프카, 무질, 브로흐에 이르러 완전히 파괴되었다. 조이스, 프루스트, 폴커너, 울프같은 유럽과 미국의 작가들의 영향이 현대 서사문의 형성에 새로운 역할을 하게 된다. 여러 계층에서의 관찰은 사건의 내·외적인 면을 전체로 연결시켜 준다. 언어와 시간의 다양한 영역은 사실과 비사실을 서로 융합시킨다. 안나 제거스, 아로돌트 쯔바이크, 엘리자베트 랑게서는 마르크스의 신봉자로서 국가와 사회를 비판하고 기독교도로서 현대 인간들에게 신에 이르는 노정을 제시해 주고, 카자크, 안데르쉬, 그라스는 정신적이며 정치적인 삶의 날카로운 관찰자로서 인간의 자유와 질서를 파괴하는 독재와 전쟁의 정체를 벗긴다.

전쟁과 몰락, 나아가서 1945년 이후의 정치적이며 경제적인 발전 등은 일련의 서사적인 작품의 배경을 이루게 되는데 이 작품의 작가들은 개별적으로 모두 차이점을 지니고 있으나 스스로 끊임없이 변화하는 세계에 살고 있는 인간의 처지를 언제나 의문시하고 있다.

과거와 현재와의 논쟁은 독일어권의 현대 장편 소설의 발전에 있어 중요한 역할을 하고 있는 일련의 작가들의 창작품에서 뚜렷하게 드러난다. 그와 더불어 새로운 내용과 형식을 위한 노력도 명확하게 나타난다. 종종 작가 자신의 창작에 대해 이론적이며 비평적인 고찰도 부수된다.

1947년 가을에 비판적이고 저항적인 작가 한스 베르너 리히터를 중심으로 새 잡지를 발행하기 위해 뜻을 같이 하는 젊은 작가 십 수 명이 모여 각자의 원고를 낭독하고 상호 비판하는 모임으로 47그룹(Gruppe 47)이 생겼다. 이 모임은 해가 거듭될수록 참가자가 불어났으며, 나중에는 출판과 방송 관계자들도 참여하여 열띤 토론과 작품 낭독이 행해졌다. 1950년부터는 신인상격인 47그룹상이 제정되어 작품 낭독자 중의 한 사람에게 수여되었다. 수상 작품은 새로운 출판문화를 희구하던 상업 자본으로부터 대환영을 받았고, 그 책은 시대의 대표작으로 군림하게 되었다. 수상자의 이름도 물론 하루아침에 유명해졌다. 그 첫 수상자가 귄터 아이히였고, 두 번째가 하인리히 뵐이었다. 일제 아이힝거, 귄터 그라스, 잉게보르크 바하만, 마르틴 발저 등은 모두 수상에 의해 세상에 이름이 알려진 작가들이다. 47그룹이 이후 독일 문학에 끼친 영향은 이루 말할 수 없이 크다 하겠다.

(1) 카프카(Franz Kafka, 1883~1924)

카프카는 체코의 수도 프라하에서 유태인 상인의 장남으로 태어났다. 아버지는 생활력이 강하고 아집이 세고 이해심이 부족하고 사나운 면이 있었다. 반면에 어머니는 학구적인 가계 출신으로서 선량하고 마음씨 고운 부드러운 여성이었다. 카프카는 아버지에 대해서 평생동안 정신적으로나 육체적으로 큰 열등감을 가졌었다고 한다. 독일어로 초, 중 교육을 마친 다음 프라하 대학에서 법학을 공부하고 학위를 받았다. 이 시대에 그는 친구인 막스 브로트를 알게 되었고, 문학에 심취되어 창작을 시작하였다. 졸업 후에는 노동자 재해보험국에 근무하면서 틈틈이 소설을 썼다. 막스 브로트의 권유로 단편 「관찰」, 「화부」, 「판결」 등을 발표하고, 이어 「변신」을 발표하여 무질, 슈테른하임

등의 일부 인사들의 주목을 받았다. 그러다가 폐병을 앓게 되었고, 1차 대전 중의 궁핍한 생활 때문에 병이 악화되어 1917년에 휴직하고 요양생활에 들어갔다. 이 시기에 많은 단편을 썼고, 그리고 파스칼, 키에르케고르를 숙독했다. 그 후 몇 번 연애를 했으나 병의 악화로 1922년에 퇴직하고 창작에만 전념했다. 다음 해 여행지에서 한 소녀를 사랑하게 되어 그녀와 베를린 교외에서 동거생활을 시작했다. 비로소 수개월 동안이기는 하지만 아버지의 위압에서 벗어나 행복한 나날을 보냈으나 병이 다시 악화되어 빈 교외의 요양소에서 죽었다.

초현실적, 환상적 소재를 구사하여 소외된 현대인들의 절망, 좌절, 불안, 공포를 냉철히 정관하면서 그것을 리얼하고 실감나게 묘사한 20세기 최대의 소설가이다. 그는 생전에는 극히 제한된 일부에게만 인정되다가 사후 그의 친구인 막스 브로트(Max Brod)에 의해 유고가 발표되자 실존주의의 유행과 발맞추어 실존주의 문학의 원류로서 큰 반향을 불러 일으켰다. 그의 작품들은 독일어권이 아닌 프랑스, 영국, 미국 등지의 외국에서 문제가 되고 높이 평가되어 그의 이름이 일약 세계적으로 되었다. 그러다가 역수입이 되어 독일에서도 정당한 평가를 받아 신진 작가들에게 크게 영향을 주었다. 지금은 20세기의 가장 중요한 작가의 한 사람으로서 세계문학, 세계사에 지대한 영향을 주고 있으며 온 세계에서 무수한 카프카 관계의 연구서가 출판되고 있다.

① 소송(Prozeß, 1925)

작자가 미완인 채 남겨둔 유고를 막스 브로트가 편집 출판한 것이다. 브로트 자신도 인정했듯이 미완의 장도 있고, 너무 미완성이어서 본문에 넣을 수 없는 장도 있고 해서 각 장의 배열에 문제가 없는 것은 아니나, 완전한 작품형태를 갖추고 있으며 현재의 배열이 해석상 지장을 초래한다고는 볼 수 없다.

이 작품은 개인의 권리를 빼앗은 전체국가를 그린 것이라는 해석이 있고, 신의 심판이라고 보는 사람도 있다. 그러나 이것은 너무 표면적이고 일면적이다. 이것은 만인이 범하고 있지만 느끼지 못하고 있는 원죄, 즉 본래성을 상실한 죄를 추구한 것이다. 자기 주장만 내세우는 은행원 K는 근본문제인 「자기 자신」이 무엇인지 모른다. 그러나 그의 의식의 심부에는 「본래적인 인간」을 잊어버리고 있다는 자책감이 움직이고 있다. 이것이 기념적인 성격을 지닌 생일날에, 업무적 일상성의 의식이 채 떠오르기 전 시각인 이른 아침에 K를 엄습한다. K는 「자기의 본래성」을 외부세계, 즉 업무적, 능률적, 기술적 세계에 팔아버렸기 때문에 본래적 자각의 엄습, 즉 체포의 진의를 정확히 알지 못한다. 그래서 K는 죄를 밝히고 자기를 확인하기 위해 백방으로 노력을 계속하는 것이다. 그러나 끝까지 밝히지 못한다. 카프카는 인간 존재의 근본문제를 여러 각도에서 검토 추구하는 작자인데 이 작품도 그 일환에 속한다. 즉 이것은 인간의 본래성을 확인하지 못한 인간의 비극인 것이다.

② **변신**(Die Verwandlung, 1916)

주인공 그레고르는 회사와 가정에 충실할 때는 사람으로 있다가, 꿈에서 깨어난 후 자기 자신을 깨달았을 때는 갑충이 되어 가족들로부터 격리된 채 갖은 설움과 수모를 겪는다. 이처럼 자기 본래의 모습이 격리된 갑충이라는 착상은 고전적인 소설에서는 찾아볼 수 없는 특이성을 지니며, 바로 여기에 카프카적인 깊은 의미가 있는 것이다. 그리고 이 이상한 사건을 일상적인 서사시처럼 이야기하는 냉정한 보고조의 문체가 많은 충격을 준다. 초현실적, 환상적 이야기를 전개시켜 소외된 한 인간의 고독, 좌절, 불안, 공포와 체념을 통찰한 중편 소설이다. 자기소외가 일반화로 되어 있는 현대 세계의 부조리를 파헤치고 있다.

③ **판결**(Das Urteil, 1916)

부자 갈등을 테마로 한 단편 소설이다. 아버지를 증오하고 살의를 품은 아들이 어느 날 갑자기 아버지로부터 사형 선고를 받는다. 그는 자기 마음의 죄에 대한 당연한 판결로 받아들여 그 선고에 따라 투신자살한다. 이 부조리한 이야기가 사실적인 문체로 기술되어 있다. 이처럼 이야기된 사실의 부자연스러움과 그것을 이야기하는 자연스러움과의 극단적인 대조와 괴리가 작품의 비현실성을 이상하리만큼 현실적인 것으로 탈바꿈시킨다. 이것이 이후 카프카의 모든 작품에 통하는 기본구조가 된다.

④ **유형지에서**(In der Strafkolonie, 1919)

상관을 모욕한 죄로 처형되는 한 병사의 처형의 전말과 잔혹하고 복잡한 처형 치를 상세하게 묘사한 단편이다. 직업적으로 처형을 행하는 비정한 한 사관의 모습을 빌어 직업적 계기가 되어 버린 현대인을 묘사하고 있다.

⑤ **아메리카**(Amerika, 1927)

1912년에서 14년에 걸쳐 쓴 미완의 장편이다. 제1장을 「화부(Der Heizer)」라는 제명으로 1913년에 발표한 바 있다. 나머지는 유고인데 카프카의 친구인 막스 브로트가 표제를 붙였다. 이 소설에서는 혼과 혼의 접합이 불가능하다는 것이 미국이라는 문명사회를 무대로 잘 펼쳐져 있으며 어떠한 박해에도 구제에 대한 희망을 잃지 않고 진실과 싸우면서 꿋꿋하게 살아가는 이방인의 고독한 모습이 잘 그려져 있다.

⑥ 성(Das Schloß, 1926)

이것은 카프카의 대표적 장편 소설이며 가장 널리 알려져 있는 작품이다. 이것도 미완이다. 어느 성에서 초대를 받은 측량기사 K가 성 밑에 있는 마을까지 와서 성에 들어가려고 아무리 노력해도 못 들어가고 마을 사람들로부터 소외당한다. 성이 눈앞에 빤히 보이는데도 가면 길이 없고, 성 사람들은 분명히 초대를 했다고 하는데, 막상 부딪쳐 보면 못들어 간다고 한다. 이와 같이 아무리 노력해도 도달하지 못하고 좌절하는 마음을 성 밑에서 일어나는 몇 가지 사건과 에피소드를 결합시켜 이야기를 엮어 나가는 내용이다.

이 소설은 이야기도 되지 않는 이야기가 끝없이 이어지다가 귀결점 없이 출발점으로 되돌아올 것 같은 느낌이 들지만 많은 의미를 지니고 있다. 이 소설에 대해서 많은 해석이 있었는데, 막스 브로트 같은 사람은 K가 들어가지 못하는 성을 신의 은총으로 보고 신에 도전하는 것이라고 보았다. 즉, 최종적으로 신의 은총이 없으면 그 체험을 못한다는 것이다. 그러니 K가 못 들어가는 성은 신의 경지요, 마을을 신의 지배하에 있는 인간의 운명을 상징한 것이라고 한다. 부조리를 주장하는 실존주의자들은 성을 구제를 구하는 넋의 본질적인 모험이라 했으며, 인간 존재 자체가 지니고 있는 세계와의 불타협성과 세계와 개인 간에 있어서의 부조리라 했다. 엠리히 같은 사람은 이 작품을 인간 존재 그 자체를 시적으로 형상화한 것이라 했다. 즉, 희망과 절망, 진실과 허위, 죄와 무죄, 자유와 속박, 생과 사, 지와 무지, 현세와 내세 같은 대립 가운데 있는 인간 존재 그 자체를 상징했다는 것이다.

(2) 브로흐(Hermann Broch, 1886~1951)

빈에서 유태계 방직공장 주인 아들로 태어났다. 그는 가업을 이어받기 위해 공업 대학에서 섬유공학을 공부한 다음 수년간 여러 공장에서 견습을 하였다. 23세 때 아버지 회사에 들어가 30세에 사장이 되었다. 동시에 오스트리아 공업연맹 방직 부분의 부회장, 노동재판소의 조정위원, 실업대책 위원으로 활약하였다.

그는 30세경부터 단편 소설과 평론 등을 써 신문 잡지에 발표하다가, 43세 때 빈 대학의 특별 청강생이 되어 수학, 철학, 심리학을 배우기 시작하였다. 수학은 그가 중학시절부터 좋아하던 과목이었는데, 그 정확성, 추상성, 명증성이 마음에 들었기 때문이고, 심리학에 흥미를 가진 것은 그가 노동자들과의 접촉에서 느낀 군상들의 동향, 나아가서는 사회적 동향을 알고자 하였기 때문이다. 그리고 철학은 말할 것도 없이 인간 존재의 신비를 탐구할 수 있는 길잡이가 되기 때문이다. 인간의 심연을 정확히 파악할 수 있는 수단이 문화 비평과 문학이라고 생각한 그는 장편 소설 「몽유병자들」을 완성하여 출판하고 문학으로 새 출발을 하게 되었다.

1938년 나치스가 오스트리아를 병합하자 2차 대전이 시작되기 직전에 영국으로 피했다. 영국과 독일이 개전한 후에는 미국으로 망명하여 그곳에서 정착하였다. 미국에서 창작을 계속하는 한편, 철학과 심리학도 연구하였다. 1945년에 그의 대표적 장편 「베르길의 죽음」이 독일어와 영어로 동시에 출판되자 미국 인텔리층에서 큰 반향이 일어나 그는 일약 세계적인 명성을 얻게 되었다. 1950년 노벨상 후보 작가로 추천되었으나 다음 해 심장마비로 생애를 끝마쳤다.

① **몽유병자들**(Die Schlafwandler, 1931~32)

이것은 브로흐 최초의 장편 소설인데, 근대 유럽에 있어서의 가치 붕괴에 관한 그의 이론을 다원적으로 전개시킴과 아울러 자주성을 상실하고 시대가 나아가는 대로 아무렇게나 행동하는 현대인의 모습을 역사적으로, 비판적으로, 형이상학적으로 묘사한 이색적인 소설이다. 이 소설은 특이한 구성을 갖고 있으나 공통적인 주제는 가치 체계의 붕괴와 인간의 고독화이다. 본 이야기와는 아무런 관계가 없는 여러 삽화들도 알고 보면 모두 이 주제의 보조 역할을 담당하고 있다. 즉흥적인 시라든지 「가치 붕괴」에 관한 역사·철학적 논문들도 동일 테마를 다루고 있으며 소설적인 요소의 일환으로서 전체 모티프와 유기적인 관련을 맺고 있다.

② **베르길의 죽음**(Der Tod des Vergil, 1946)

로마의 시인 베르길이 죽기 전 18시간 동안의 일을 기록한 이 소설은 본원적인 인간 감정의 리듬이 문제가 되는 서정시적 소설이다. 외적 사건은 병든 시인이 가마에 실려 항구에서 궁전으로 운반되는 도중의 견문과 그를 시중드는 한 소년과의 교제와 황제와의 마지막 대화가 있을 뿐 거의 전편이 시인의 내적 독백으로 이루어져 있다.

1938년 나치스에 의해 투옥된 브로흐는 죽음을 면할 길이 없다고 생각하고 죽음에 직면한 자기의 심경을 로마의 시인 베르길을 빌어 옥중에서 스케치하기 시작했다. 그 후 다행히도 석방되어 망명지인 미국에서 그것을 방대한 소설로 완성하였다. 이 소설이 나오자 큰 반향을 일으켜 이로부터 브로흐는 세계적인 대작가로 군림하게 되었다.

이 소설에는 두 가지 대주제가 있다. 하나는 시대가 둘로 갈라지는 틈을 인식한 시인이 예술의 미와 그 완성에 생애를 바치면서도 시대적 과제인 인간적, 윤리적 해결을 게을리 한 예술가의 반성이고, 다른 하나는 죽음의 인식이다. 인간은 죽음에 직면하였을 때 고독과 허무를 직접적으로 잘 느낄 것이다. 그 허무를 지양하기 위해서는 분명히 무한과의 교감이 있을 것이다. 인간이 무로 변하는 고독과 허무, 무한에 대한 예감, 이런 것들이 서로 교체되고 교감되는 점으로 보아 이 소설은 죽음과 무한을 인식하는 예감의 책이라고도 할 수 있다. 그리고 의식의 흐름의 기법은 작가가 존경했던 제임스 조이스의 영향에서 나온 것이다.

③ 유혹자(Der Versucher, 1953)

이것은 1934년에 「산악소설(Bergroman)」이라는 표제로 쓰기 시작하여 죽기 전까지 계속된 미완의 장편이다. 그의 사후 친구에 의해 「유혹자」라는 표제로 발표되었다. 주인공 마리우스(Marius)는 티롤 지방에 있는 어느 산촌에서 급진적인 유토피아의 신앙을 설교하여 촌민들을 광신 상태로 만들어 신흥 종교의 교조적인 존재가 된다. 그는 지상 구제라는 이름하에 한 소녀를 그 희생으로서 살해한다. 마을 사람은 아무도 저항을 하지 못했으나, 마우리스의 힘이 미치지 못했던 한 노파만이 그에게 저항한다.

(3) 무질(Robert Musil, 1880~1942)

무질은 새로운 현실을 창출하고 그 가능성을 실험하며, 인간이 사고할 수 있는 막다른 한계까지를 묘사하는 신비적인 소설가이다. 그는 이 새로운 현실의 창출과 그 가능성의 실험에 앞서 기존의 현실을 마치 X선을 비추듯이, 현미경으로 확대하듯이 세밀히 뒤지고 검토하고 비판한다.

무질은 오스트리아의 크라겐푸르트에서 태어났다. 아버지는 유능한 엔지니어로서 뒤에 공과대학 교수가 되었고 퇴직 후에는 귀족으로 봉해졌다. 아버지가 근무하는 브륀 공과대학에 들어가 기계공학을 전공하였다. 21세 때 국가시험에 우수한 성적으로 합격하여 기사 자격증을 취득하고 일 년간 지원병으로서 보병부대에 근무한 다음 슈투트가르트 공과대학 조수가 되었다. 이 무렵부터 그는 작품을 쓰기 시작했다. 그는 곧 베를린으로 가서 베를린 대학의 청강생이 되어 철학과 심리학을 배웠다. 26세 때 사관학교 시절의 체험을 그린 「생도 퇴를레스의 혼란」을 발표하여 주목을 받기 시작했다. 이로부터 그는 작가로 입신할 것을 결심했다. 28세 때 「마하 이론의 평가를 위한 기여」라는 논문으로 철학박사 학위를 받았다.

1차 대전이 발발하자 그는 소위로 전선 수비를 맡았고, 곧 중위로 승진하였다. 이때의 체험이 「그라지아(Grigia)」, 「포르투갈의 여인(Die Portugiesin)」 등의 작품에 반영되고 있다. 전후에는 저널리스트로 활약하면서 희곡 「몽상가들(Die Schwärmer)」을 발표하여 클라이스트상을 받았다. 43세 때 오스트리아 저작가협회 부의장이 되었고, 희극 「빈첸츠의 위대한 사람들의 여자 친구(Vinzenz und die Freundin bedeutender Männer)」를 발표하였다. 1930년 50세 때 이미 대학시절부터 구상해 온 「특성없는 남자」의 제1권을 간행하여 큰 반향을 일으켰다. 1938년 나치스에 의해 오스트리아가 병합되자 나치스의 문화 정책에 이용당할 위험을 느낀 그는 이탈리아를 거쳐 스위스로 망명하였다. 그 후 그의 저서는 모두 금서가 되었다. 그의 대표작 「특성 없는 남자」는 괴로운 망명생활 속에서 그 집필이 계속되다가 42년 4월에 뇌졸중으로 급사하였기 때문에 미완으로 끝났다.

① 생도 퇴를레스의 혼란(Die Verwirrungen des Zöglings Törleß, 1906)

소년들의 동성애를 모티프로 하여 미묘한 소년들의 심리 추이를 정확하게 묘사한 최초의 소설이다. 전통 있는 오스트리아 육군 유년 학교 생도 퇴를레스를 주인공으로 하여 불행한 동급생 파지니아와의 동성애와 새디스틱한 생애를 중심으로 사춘기 소년들의 정신적, 육체적 위기상을, 그리고 이 사건 때문에 중도 퇴학을 당하는 퇴를레스의 심리 추이와 정신적 발전 등을 세밀히 묘사하고 있다. 이것은 작자 자신이 재학하고 있던 바이스키르헨의 육군 유년 학교의 체험을 토대로 하여 쓴 것인데, 몇 개의 생생한 사건들을 사건 그대로 그리지 않고 소년들의 내면적 발전을 설명하는 수단으로써 서술하고 있다. 이 작품은 영화화되어 1966년 칸느 영화제에서 비평가상을 받은 바 있다.

② 특성 없는 남자(Der Mann ohne Eigenschaften, 1930/43)

이 작품은 작자가 20세경부터 구상하여 62세로 죽을 때까지 계속 썼으나 완성을 못 시키고 미완으로 1600페이지가 넘는 장편 소설이다. 전체는 모두 2권 4부로 이루어져 있는데, 3부 후반과 4부는 사후 유고 형식으로 출판된 것이다. 작자가 이 소설을 쓰게 된 동기는 1차 대전 전의 말세적인 위기의식과 중심 상실 그리고 가치붕괴 등 허물어져 가는 정신 상황을 분석하고 현대 세계를 전체적으로 재 파악, 재구성해 봄으로써 정신적인 인간은 현실에 어떻게 대처하고 행동을 해야 되는가를 밝혀 보려는데 있다. 이를 위해 작자는 주인공을 현실과는 아무런 이해관계가 없는 특성 없는 인생 휴가자로 만들어 초연한 입장에서 세계를 면밀히 관찰하게 하고, 비판하게 하고, 그리고 새로운 생, 즉 「다른 상태」를 실험하게 한다.

일반적으로 이 소설은 현대 사회와 현대 문명을 비판하기 위해서 쓰여 졌고, 현대 문명의 붕괴 과정을 종합적으로 조명해 보기 위해 쓰여 진 것이라고들 한다. 무질 자신도 이것을 뒷받침할만한 말을 곳곳에서 하고 있다. 현실 비판 소설이 「특성 없는 남자」외에도 많은 작품들이 있지만, 무질의 현실 비판은 타의 추종을 불허할 정도로 밀도 있고 실감나고 풍요롭고 방대하다.

무질은 모든 것을 동시적으로, 포괄적으로 한 평면 위에 파노라마처럼 펼쳐 보인다. 그것도 세계를 논한다든지, 정의한다든지 혹은 탄핵하는 태도를 취하지 않고 있는 그대로의 세계를, 있을 수 있을지도 모르는 세계의 상태를 아무런 편견도 정치적 또는 사회적 주제도 지니지 않은 「특성 없는 남자」의 눈을 통해 펼쳐 보이는 것이다.

(4) 그라스(Günter Grass, 1927~)

단치히에서 폴란드 계 독일인 아들로 태어났다. 어릴 때부터 빈곤 속에서 성장하였다. 고등학교 시절에 소집되어 독일 방위군에서 복무하다가 부상을 입고, 미군 포로가 되었다. 귀환 후에는 잡부와 석공으로 일하다가 조각가가 되기 위해 뒤셀도르프의 미술학교에 입학했다. 생활비를 벌기 위해 재즈 악단의 단원이 되기도 하였다. 1952년에 베를린의 미술학교로 옮겨 조각가로서의 수업을 끝마쳤다. 이 무렵부터 시를 쓰기 시작하였고, 1954년에는 방송국의 상을 받았다. 56년에 최초의 시집 「닭들의 재능(Die Vorzüge der Windhühner)」을 발표하였다. 그 후 약 4년 동안 파리에서 조각과 그래픽 일로 생계를 유지하면서 소설을 썼다. 1958년에는 「47그룹」의 회원이 되었고, 미완의 소설 일부를 발표하여 인정을 받았다. 그리고 그것이 완성도 되기 전에 그 해에 「47그룹상」을 받았다. 그것이 다음 해인 1959년에 발표되어 세계적인 선풍을 불러일으킨 그의 대표작 「양철북」이다. 1960년에 베를린으로 돌아온 그는 독일 사회 민주당(SPD)을 위해 적극적인 정치 활동을 전개하였고, 그의 뛰어난 글재주를 구사하였다. 이와 같은 정치 참여로 인해 그의 명성은 퇴색하였고, 작품 활동도 부진하였다. 70년대 초부터 그는 정치에서 돌아와 다시 집필을 시작하여 「넙치(Der Butt)」를 발표함으로써 문학적 역량을 다시 인정받기 시작하였다.

그의 작품은 기성의 도덕적, 사회적, 종교적 금기에 저항하고, 도전하고, 그것을 파괴하려 한다. 그리고 뵐처럼 독자들을 확신시키고 개선시키려 하지 않고 흔들어 일깨우면서 충격을 주려고 한다.

① 양철북(Die Blechtrommel, 1959)

정신병원에 수감된 한 불구자가 회상하는 형식으로 그의 일족의 역사를 비롯하여 자신의 고독한 학교시절, 단치히의 소시민적 세계, 전쟁 시대, 전후 시대 등 근 반세기에 걸친 일대 파노라마를 부정적 시각에서 펼쳐 보이는 자서전적 장편 시대 소설이다.

주인공 오스카 마체라트(Oskar Matzerath)는 세 살 된 그의 생일날에 성장을 중단하기로 결심한다. 그래서 1924년에 태어난 그는 94cm의 난장이로 머물렀으며, 1952년에 정신병 환자로서 요양소에 들어가 이른바 개구리 시각(Froschperspektive: 우물 안 개구리처럼 위를 보는 좁은 시각. 반대개념은 조감적 시각(Vogelperspektive)이다)으로 그의 지난 기억을 기술한다. 그의 사고는 불신에 차 있고 부정적이다. 이처럼 부정적으로 보는 그의 시각은 가족의 혈통을 기술할 때나 부모에 대하여, 자신에 대하여 서술할 때나 똑같이 계속된다. 그는 성장이 중단된 세 살 때부터 희고 붉게 번쩍이는 양철북을 치면서 돌아다닌다. 즉 그는 그 부조리한 기억들을 북을 치며 고발하는 것이다. 그의 이야기는 카슈비아 지방 출신인 그의 할머니로부터 시작된다. 오스카의 할머니는 감자밭에서 쫓기던 방화범을 네 폭 치마 밑에 숨겨 주었는데, 그 결과 오스카의 어머니가 잉태된다. 어머니의 기이한 출생과 이 가족의 불합리한 윤리 역사에서 우리는 오스카의 정신적 비극과 그가 갖기 시작한 비정상적, 부정적 시각의 근원을 찾을 수 있다. 그의 어머니는 알프레드 마체라트와 결혼한다. 그러나 폴란드인인 얀브론스키(Jan Bronski)와 농도 짙은 교제를 한다. 그래서 오스카는 브론스키가 실제 아버지라고 추측하고 있다. 그는 빵가게 아주머니에게서 글을 배웠고, 마적인 힘으로 교회의 창문 유리를 깨뜨리기도 한다. 그리고 한때는 부하들의 우두머리가 되기도 한다. 그는 어머니의 죽음에도 추측상의 아버지의 죽음에도 개의치 않는다. 전쟁 중에는 독일이 구축한 대서양 보루에서 나치와 전쟁에 관한 정치적 사건들을 체험한다. 한때는 난쟁이 전선 위문단의 일원이 되기도 한다. 전후에는 예술 아카데미의 모델로 석공과 재즈 연주자로 일한다. 그는 활발한 성 충동을 간호원에게서 달랜다. 그녀가 피살되었을 때 그는 정신병원에 수용된다.

이와 같이 그라스는 어린이와 같은 낮은 키 때문에 성인의 세계에도 속하지 못하고 성인의 지능을 가졌기 때문에 어린이 세계에도 속하지 못하는 주인공 오스카의 비 인습적 역할을 통해 도덕적, 종교적, 성적 터부를 무너뜨리고, 비뚤어진 그의 시각을 통해 전쟁과 전후 시대의 현실을 그로테스크하게 그리고 희화적으로 묘사하고 있다.

(5) 프리쉬(Max Frisch, 1911~1991)

스위스 출신의 극작가요, 소설가인 프리쉬는 스위스 취리히에서 건축가 아들로 태어났다. 취리히 대학에서 문학을 공부하다가 22세 때 아버지의 사망으로 중도 퇴학하고, 저널리스트가 되어 체코, 헝가리, 그리스 등을 편력하면서 여행기를 썼다. 25세 때 스위스 공과대학에 들어가 건축학을 배웠다. 그는 생을 재출발함에 있어서 다시는 글을 쓰지 않을 결심을 하고, 그때까지 써놓은 많은 원고를 모두 불태워 버렸다고 한다. 그러나 1939년 동원령이 내려 포병으로 국경 경비에 임했을 때, 다시 펜을 들어 일기를 썼다. 이것이 다음 해 「배낭 속의 편지(Blätter aus dem Brotsack, 1940)」라는 표제로 출판되었다. 29세에 대학을 졸업하고, 31세 때 여류 건축가와 결혼하여 건축 사무소를 차려 놓고, 이후 약 10년간 건축업을 하면서 희곡 「이제 또 노래 부른다(1945)」, 「중국의 만리장성(1946)」, 전쟁 중 유태인 학살에 가담한 남편을 숨겨 두고, 소련군 고관과 정을 통하다가 자살하는 여성을 다룬 「전쟁이 끝났을 때(Als der Krieg zu Ende war, 1949)」, 전제에 대해 전제로써 대항하는 어리석음을 주제로 한 「외덜란트 백작(Graf Öderland, 1951)」 등을 발표하여 내외의 주목을 받았다.

선입감을 싫어하고 자기의 눈으로 본 것만을 믿는 그는 그동안 유럽 각지, 특히 중부 유럽과 남부 유럽을 여행하였다. 이 여행의 인상이 「일기 1946~1949(Tagebuch 1946~1949, 1950)」에 선명하게 묘사되어 있다. 이 일기 형식이 그의 작풍의 하나의 큰 특징이기도 하다. 1951년에는 록펠러 장학금을 받아 미국과 멕시코 각지를 여행했다. 그 후 종래의 돈 환 모티프를 풍자적으로 재해석한 「돈 환 혹은 기하학에 대한 사랑(1953)」, 한 시대의 위험한 병폐를 공격한 「비더만과 방화범들(1956)」, 「안도라(1962)」 등의 희곡을 발표하는 한편, 장편 소설 「슈틸러(1954)」, 「호모 파버(1957)」 등을 썼다. 그리고 7년 후 발표한 장편 「내 이름은 간텐바인(Mein Name sei Gantenbein, 1964)」이 반 년 가까이 베스트셀러의 톱을 차지함으로써 명실 공히 그는 현대 유럽을 대표하는 작가가 되었다.

그의 문학의 일관된 테마는 인간의 분열성, 그것에 의한 파국을 예견하지 못하는 인간의 모습, 평범하고 단조로운 생활에 대한 혐오 등이며 고정관념의 베일을 벗겨 시민사회의 구조를 밝히려는 데 그 본질이 있다. 그래서 그는 희곡에서 고정 관념의 집착에서 생기는 인류 최대의 어리석은 행위를 비꼰다. 그는 소설에서 인간 존재의 가능성을 철저히 분석하여 인간의 본질을 탐구하려 한다. 1958년에는 뷔히너 상을, 그리고 1976년에는 독일 서적 협회 상을 수상한 바 있다.

① 호모 파버(Homo Faber, 1957)

「보고(Ein Bericht)」라는 부제가 붙어 있는 심리적, 시대 비판적 소설이다. 기술자인 파버는 과학과 기술만 믿으며, 그것으로 인생과 세계를 마음대로 조정할 수 있다고 생각하고 신비와 운명을 부정하였으나, 나중에 뜻한 바와는 달리 우연에 의해 비극적인 운명에 빠진다는 이야기이다.

② **슈틸러(Stiller, 1954)**

이 작품은 인간을 일정한 역할 속으로만 몰아넣는 일상 세계로부터의 탈출 희구와 자아의 동일성 상실 문제가 중심 테마로 되어 있는 장편 소설이다. 주인공 슈틸러는 첫 문장에서 「나는 슈틸러가 아니다」라고 선언한다. 이것은 자연 상태에서 소외되고, 특수화되고, 기계화된 현대 사회를 사는 인간들이 자기 자신을 잃어버리고 방황하는 모습이며, 그들의 당면 문제이며, 또한 그들의 고뇌인 것이다.

(6) 뵐(Heinrich Böll, 1917~1985)

쾰른에서 목공수의 여덟째아들로 태어나 고등학교를 졸업한 후 서점에서 근무하였다. 1939년 군에 입대하고부터 종전이 될 때까지 보병으로서 각지의 전투에 임하여 네 번이나 부상을 입었다. 종전 후에는 목공소 조수를 하면서 독일 문학을 연구하였다. 1947년경부터 단편과 방송극을 쓰기 시작하였는데, 1951년 「47그룹 상」을 수상하고부터 그것이 계기가 되어 본격적인 작가 활동으로 들어갔다. 이 후 그는 전쟁 체험과 전후의 황폐를 그린 우수한 작품을 매년 발표하여 수많은 상을 받았고, 전후 독일에 있어서 가장 걸출한 작가의 한 사람으로서 내외의 주목을 크게 받았다. 1960년에는 노벨상 후보로 추천되기도 했다. 1970년부터 2년간은 서독 펜클럽 회장직을, 그리고 1971년부터 74년까지 국제 펜클럽 회장을 역임했다. 1972년에는 노벨 문학상을 수상하였으며, 많은 국제 훈장과 명예 훈장을 받았다.

그는 정신적 카톨릭시즘의 입장에서 전쟁을 몰고 온 온갖 악을 추적하고, 그 악조건 속에서도 어떻게 하면 구제를 발견할 수 있을까 하고 노력하는 인간상을 주로 그렸다. 물론 이 속에는 전시, 전후의 비참한 사회에 대한 신랄한 비판이 있고, 인간 가치의 몰락에 대한 고발이 있다. 60년대 정치 문제가 한창 쟁점이 되었을 때는 휴머니즘의 미학을 내세운 참여 작가로 변신하여 정치 문제와 사회 문제를 비롯한 서독 사회 전반을 신랄하게 비판했다. 작품으로는 「열차는 정시에 도착하였다(Der Zug war pünktlich, 1949)」, 「아담 너는 어디 있었느냐?(Wo warst du, Adam?, 1951)」, 「보호자 없는 집(Haus ohne Hüter, 1954)」, 「어느 광대의 의견(Ansichten eines Clowns, 1963)」 등이 있다.

① **그리고 아무 말도 하지 않았다(Und sagte kein einziges Wort, 1953)**

전후 주택난이 극심한 도시에서 한 귀환병 부부의 위기를 주제로 하여 사회 불균등 현상을 파헤치고, 그 개선을 요구하는 소설이다. 전쟁으로 인한 파괴, 경제적 궁핍, 견딜 수 없이 비좁은 주거 공간, 한편으로는 불균등하게도 너무 넓게 사용하는 이웃 사람의 집 등등이 이 부부의 애정을 침식한다. 국가는 사람들에게 무거운 의무만 강요하는 반면에 사람들은 그 의무만큼 국가로부터 혜택을 받지 못한다. 주인공은 고르지 못한 사회의 불균형 때문에 삶에 대한 허무와 의욕 상실을, 그리고 사회로부터의 소외감만 느낀다.

② 아홉시 반의 당구(Billard um Halbzehn, 1959)

한 건축업자의 가정을 중심으로 50년대 독일의 정신 풍토를 반영해 주는 작품이다. 아버지가 지은 대수도원을 당구에 미친 아들이 파괴한다. 그는 문화재를 인간들의 생명보다 더 아끼는 것에 격분하였기 때문이다. 그러나 손자가 다시 짓는다.

(7) 발저(Martin Walser, 1927~)

바서부르크에서 여관집 주인 아들로 태어났다. 17세 때 사병으로 소집되었고, 전후 레겐스부르크와 튀빙겐에서 문예학, 철학, 역사학 등을 공부했다. 대학 시절부터 방송극을 신문, 잡지에 발표한 바 있다. 1951년에 그 당시 일부에서만 그 존재를 알고 있었던 카프카를 테마로 한 「근대 서사문학의 형식 문제」라는 논문으로 학위를 받았다. 그 후 신문과 방송 관계의 일을 하면서 창작활동을 시작하였다. 1955년에는 카프카의 영향이 짙은 단편집 「옥상의 비행기」를 발표하여 「47그룹 상」을 받았고, 이어 1957년에는 타락한 전후의 독일 사회를 통렬히 풍자한 방대한 사회 비판적 장편 소설 「필립스부르크의 결혼」을 발표하여 헤르만 헤세 상을 받았다. 여기서부터 그는 카프카의 영향에서 서서히 벗어나 현실 참여적, 시대 비판적 경향으로 나아갔다. 이후 그는 다른 업무를 그만두고 창작에만 전념하여 많은 소설과 희곡을 발표하였다. 특히 희곡에서는 브레히트의 영향이 지대함과 동시에 그 영향의 발전적인 극복을 시도하였다.

① 필립스부르크의 결혼(Ehen in Philippsburg, 1958)

기적과 부흥의 시대에 접어든 서독 사회의 온갖 인간들의 모습을 미시적인 눈으로 세밀하게 묘사한 특이한 리얼리즘적 수법의 소설이다. 다소 좌경적인 지방의 소시민 출신 인테리 청년이 신흥 상류계급 속으로 동화되어 가는 것이 줄거리의 핵심이며, 줄거리보다도 정밀 묘사에 그 특색이 있다. 일체의 미화를 허용하지 않는 작가의 눈에 비친 문명 사회와 그 모랄의 공허함이 폭로되고 있다. 그 폭로 속에는 풍자문학이 갖는 통쾌함을 느낄 수 없고, 오히려 침통한 느낌을 받는다.

② **시간의 절반**(Halbzeit, 1960)

「필립스부르크의 결혼」처럼 상류사회를 비판한 장편 소설이다. 소시민 계급 출신인 주인공 안젤름(Anselm Kristlein)이 학업을 포기하고 결혼한 후, 사업에 투신하여 광고계의 베테랑으로 출세하는 과정이 그려져 있다. 그는 기계처럼 힘의 세계를 통과하면서 목적을 달성하기 위해 온갖 사기와 파괴와 위선을 자행한다. 그리고 여기서는 가정중심적인 처와의 결혼생활과 몇 사람의 다른 여성과의 교제가 집중적으로 묘사되고 있다. 이것은 분명히 간통 소설의 범주에 속한다고 할 수 있겠는데, 현대에서는 간통을 악으로 생각하는 모랄이 이미 존재하지 않기 때문에 전 세기의 간통 소설과 같은 비극성은 없다. 오히려 주인공과 다른 여성과의 교제를 통해 사회의 최소 단위인 결혼 문제가 새로운 각도에서 관찰되고 있다. 사랑과 사업, 이기주의와 무구속성, 이것이 현대사회의 생리라 할 수 있다.

(8) 렌츠(Siegfried Lenz, 1926)

60년대의 인기 소설가 중의 한사람이다. 동프로이센의 리크에서 관리의 아들로 태어나, 전후 함부르크에서 철학과 영문학을 공부하였다. 1950년에 신문 「세계(Die Welt)」의 문예란 편집원이 되었다가, 1951년부터 자유 문필가로서 살고 있다. 47그룹의 회원이었고 수많은 상을 받은 바 있다. 그는 우리 현실의 삶의 문제를 깊이 추구하였는데, 그것이 언제나 과거의 시대적 고통과 죄과와 책임 속에서 반영되고 있다.

작품으로는 정치권력의 횡포를 다룬 장편 소설 「하늘의 매(Es waren Habicht in der Luft, 1951)」, 명상적인 이야기집인 「줄라이켄은 아주 친절하였다(So zärtlich war Suleyken, 1955)」, 노인의 문제를 다룬 사회 비판적인 시대 소설인 「강 속의 남자(Der Mann in Storm, 1957)」, 단편 소설집 「조소받는 사냥꾼(Jäger der Spotte, 1958)」, 「등대선(Feuerschiff, 1960)」, 방송극 드라마인 「죄 없는 사람들의 시대(Die Zeit der Schuldlosen, 1963)」, 장편 소설 「독일어 시간(Deutschstunde, 1968)」, 시대 비판적인 교육소설인 「모범(Das Vorbild, 1973)」 등이 있다.

① **독일어 시간**(Deutschstunde, 1968)

정치적 권력과 예술적인 자유 사이의 갈등을 그린 장편 소설이다. 미술품 절도죄로 소년원에 수용되어 있는 지기(Siggi)는 독일어 시간에 벌로 "의무의 기쁨"에 관한 작문을 과제로 받고 10여 년 간의 어린 시절을 회상하며 글을 쓴다. 제3제국 말기 북독의 작은 마을 경찰관이었던 아버지는 직업활동 금지 처분을 받은 화가 난젠(Nansen)을 감시하는 것이 그의 임무였다. 난젠은 실제의 화가 에밀 놀데(Emil Nolde, 1867~1956)의 면모를 그대로 나타내고 있다. 지기는 아버지를 위해서는 화가의 예술작업을 철저히 정탐해야 하고, 존경하는 화가를 위해서는 그림을 빼앗기지 않도록 보호해야 하는 딜레마에 빠진다. 부여받은 임무에 투철한 경관과 창조에 전념하는 화가에게서 우리는 나치 시대 독일인들의 두 얼굴을 보는 느낌이 든다.

3. 현대의 드라마

1945년 직후에 생겨난 드라마 중에서 보르헤르트의 「문밖에서」와 쭉크마이어의 「악마의 장소(1946)」가 주목을 끌었다. 그 다음에는 스위스의 프리쉬와 뒤렌마트가 그들의 초기 작품들로써 독일어권 무대에서 확고한 위치를 차지한다.

후에 마르틴 발저, 롤프 호흐후트, 페터 하크스 등은 지난 과거의 대재앙에 직면한 인간의 새로운 자각에 대한 토론을 벌이는 작품들로 성과를 거두게 되었다.

1차 대전 후의 전통에서 성립한 내용과 형식에 따른 드라마 작품과 더불어 당시까지 거의 취급되지 않던 소재를 구사하고 형식에서도 독자적인 방향을 모색하는 희곡들이 관객과 비평의 주목을 끌게 된다. 기록을 수단으로 하여 과거와 현재의 사건을 평가하는 기록 극에서 허구적이거나 혹은 구전에 의한 어떠한 사건도 배제하며 언어 자체를 실험 영역으로 만드는 '언어 극'에 이르기까지 새로운 가능성을 지닌 드라마가 나타나게 된다.

(1) 보르헤르트(Wolfgang Borchert, 1921~1947)

함부르크에서 교사의 아들로 태어났다. 고등학교 졸업 후, 책방 점원을 거쳐 배우가 되었다가, 20살 때 군에 소집되어 동부전선에 참전했다. 곧 부상과 질병 때문에 국내로 후송되었는데, 병역 기피자로 몰려 사형을 구형 받았다. 그를 이해해 주는 변호사의 덕분으로 무죄가 되었으나, 그것과는 별도로 나치를 비방한 죄로 6주간의 금고형을 선고 받았다. 출옥 후 그는 다시 참전하였는데 이번에는 황달과 티푸스에 걸려 후송 입원되었다. 퇴원 후 또 전선으로 갔으나, 몸이 전투 불능 상태에 있었기 때문에 이번에는 전선 위문 극단에 소속되었다. 1945년 봄에 또 전투에 참가하였으나, 얼마 후 미군 포로가 되었다가 종전 후 석방되었다. 고향에 돌아온 후에는 연극 활동을 시작했지만, 극도의 심신쇠약으로 그 일을 감당하지 못하고 병상에 누워 2년 후 요양지 스위스에서

26세를 일기로 세상을 떠났다. 「가로등과 밤과 별(Laterne, Nacht und Sterne, 1946)」, 단편집 「민들레(Die Hundeblume, 1947)」, 그리고 희곡 「문밖에서」 등은 모두 병상에서 쓰여진 것들이다.

① **문밖에서**(Draußen vor der Tür, 1947)

전후 독일 문단에 큰 충격을 준 그의 대표작으로서 전쟁의 참혹성을 고발한 반전극이다. 처음에는 라디오 드라마로 방송되었다가 작가가 운명한 다음 날 함부르크 극장에서 초연되어 큰 반향을 불러 일으켰다. 그 내용은 포로 베크만(Beckmann)이 시베리아에서 가스마스크용인 이상한 안경을 쓰고 고향인 함부르크로 귀환한다. 아이는 폭사해 버렸고, 처는 다른 남자의 팔 안에 누워 있었다. 그래서 그는 엘베 강에서 투신자살을 기도하였으나, 한 여자에게 구조되어 그녀의 집으로 간다. 거기에 여자의 전남편이 스탈린그라드 전투에서 실종되었다가 다리 하나를 잃고 지팡이에 의지하여 나타난다. 이 불구자 남편은 베크만이 끝까지 사수하라고 명령을 내렸던 옛 부하였다. 그래서 그의 지팡이 소리는 베크만에게 죄의식을 불러일으킨다. 그 남자는 이들 관계를 오해하여 엘베 강에 투신자살한다.

베크만은 옛날의 상관이었던 대령을 찾아가 죽은 전우에 대한 책임을 추궁하려고 한다. 그러나 대령은 전형적인 군인으로서 엄격한 자기 규범과 이데올로기에만 사로 잡혀 있을 뿐, 베크만의 휴머니즘적인 호소를 거들떠보지도 않는다. 마지막으로 베크만은 부모가 살고 있는 집으로 찾아간다. 그러나 부모는 가스 자살을 해버렸고, 집은 다른 사람의 소유가 되어 버렸다. 그는 괴로워 소리친다. 그러나 그의 비통한 외침에 대해 아무도 대답해 주지 않는다.

이처럼 이 희곡은 전쟁 직후의 절망을 강렬하게 그리고 통렬하게 묘사함과 동시에 마음의 상처를 안은 전후 사회에서 자기의 위치를 발견하지 못하는 젊은이들의 소리를 대변하고 있다. 나치에 속아 헛된 공상에 사로잡혔던 그 당시의 젊은 세대들은 이 작품을 통해 자기 자신을 재발견할 수 있었던 것이다.

(2) 프리쉬(Max Frisch, 1911～1991)

스위스 출신의 극작가요 소설가인 프리쉬의 인적 사항은 앞 단원 "현대의 서사문"에서 자세히 언급하고 서사작품 「호모 파버」와 「슈틸러」를 소개했다.
이 장에서는 그의 작품 중 드라마 2편 「만리장성」과 「안도라」를 소개한다.

① 중국의 만리장성(Die chinesische Mauer, 1946)

히로시마의 원폭 투하에 충격을 받고 쓴 것이라 한다. 만리장성을 건설한 진시황제 시대를 무대로 전제자, 추종자, 침묵만 하는 민중, 무력한 인텔리들 속에 클레오파트라, 돈 환, 나폴레옹 등의 역사상의 혹은 문학상의 인물을 등장시켜, 2천 년 전의 사건과 현대를 연결시키면서 상징적으로 전체주의를 비판하고, 인류가 역사에서 교훈을 얻는 능력이 결핍되어 절멸의 위험에 빠져 있는 어리석음을 풍자하고 있다.

② 안도라(Andora, 1962)

시민 사회의 비정을 공격한 고발 극이다. 안도라라 불리는 작은 나라의 학교 교사가 그의 사생아 안드리(Andri)를 유태인의 고아라고 속여 집으로 데려와서는 자기는 유태인 박해를 반대하는 입장이라고 선언한다. 그러나 유태인을 박해하는 이웃 나라의 공격을 받고 희생을 강요받았을 때, 안드리는 유태인으로서 죽게 된다. 교사가 진상을 고백해도 이미 때는 늦었다. 이처럼 사회집단이 가지는 고정관념과 위선이 개인을 비정하게 희생시키는 과정이 잘 묘사되어 있다.

(3) 뒤렌마트(Friedrich Dürrenmatt, 1921～1990)

막스 프리쉬와 더불어 스위스가 세계에 자랑하는 현대의 극작가요 소설가이다. 베른주의 코놀핑겐에서 신교 목사 아들로 태어났다. 취리히와 베른 대학에서 신학을 공부했으나 문학과 자연과학 강의를 즐겨 들었다고 한다. 25세 때 최초의 희곡 「그렇게 쓰여져 있다(Es steht geschrieben, 1947)」를 발표하였는데, 이것은 종교전쟁 시대에서 취재하여 세례파의 광태를 그로테스크하게 그린 것으로서 초연 때 경찰이 제지할 정도로 큰 소동을 일으켰다고 한다. 이후부터 발표작품마다 좋은 성과를 올려 오늘날의 지위를 구축하게 되었다. 그가 고정관념을 배제하고 기성의 이데올로기에 사로잡히는 것을 거부한 점은 막스 프리쉬의 경우와 비슷하다. 그리고 두 사람 모두 사회가 안고 있는 문제점을 폭로해 보이지만 해결의 방법을 절대로 암시하지 않는다. 또 감정이입을 철저히 배제한 우의극을 쓴 점에 있어서는 브레히트의 직접적인 후계자라고 할 수도 있다. 그러나 브레히트가 관객으로 하여금 사회개혁의 희망을 가질 수 있게 한데 반해 뒤렌마트는 사회변혁의 가능성을 부정하고 역으로 관객들에게 절망을 가르치려고 한다. 그의 극들은 충격적인 줄거리로 현대 사회의 모순을 극적으로, 풍자적으로 표현하고 있다. 그 속에는 간혹 무서운 환상이 그려질 때도 있고 쇼킹한 상황이 전개될 때도 있다.

그는 또 많은 방송극과 소설도 썼는데 희곡의 경우와 마찬가지로 그 모티프를 범죄에서 주로 구하고 현대 유럽의 비뚤어진 사회와 정신을 날카롭게 해학적으로 해부한다. 「재판관과 형리(Der Richter und sein Henker, 1952)」, 「혐의(Der Verdacht, 1953)」, 「약속(Das Versprechen, 1958)」, 「백주의 사건(Es geschah am hellichten Tag, 1958)」 등은 고급 추리소설이다.

① 노부인의 방문(Der Besuch der alten Dame, 1956)

작자의 이름을 세계적으로 떨치게 한 희비극으로서 경제번영의 유혹이 도덕적인 저항을 무력화시키는 과정을 냉철하게 묘사하고 있다. 그 내용은 경제부흥에서 외면당하고, 급행열차도 쉬지 않는 귈렌(Güllen)이라는 소도시에 이곳 출신인 클레르 차하나시안 부인이 억만장자가 되어 나타나자, 이 도시는 일대 혼란에 빠진다. 왜냐하면 이 부인이 10억 마르크의 기부금을 내겠다고 제의를 하였기 때문이다. 거기에는 조건이 있다. 그녀는 옛날 일(Ill)이라는 남자로부터 버림을 받고 임신한 채 그 도시에서 쫓겨났다. 일은 위증자를 내세워 아이를 인정하지 않았다. 그녀는 매춘부로 전락하였다가 석유왕의 눈에 들어 결혼하고, 막대한 유산을 상속받아 대부호가 되었다. 그녀는 46년 전에 잃어버린 정의를 되찾기 위해 10억의 거금을 내놓는 대신 일의 처형을 요구한 것이다. 시장을 위시하여 온 시민들이 처음에는 인간성을 내세워 그것을 거부하였으나, 점점 그 돈의 매력에 이끌리어 드디어는 도시 전체가 공범자가 되어 일의 처형을 당연한 것으로 생각하게 된다. 도망칠 궁리를 하던 일도 자기의 죄과를 인정하고 희생될 것을 승낙한다. 그는 축하연 석상에서 합법적으로 교살되어 심장마비로 진단이 내려진다. 귀부인은 보상된 정의의 댓가로 수표를 주고 그 도시를 떠난다는 내용이다.

② 물리학자들(Die Physiker, 1962)

전 세계의 몰락을 초래할지도 모르는 과학 문명을 풍자한 탐정 소설풍의 살인 희극이다. 그 내용은 어느 정신병원에 세 사람의 물리학자가 정신착란으로 수용되어 있다. 모두 자기가 뉴턴, 아인슈타인, 솔로몬 왕이라고 망상하고 있다. 뉴턴이 3개월 전에 간호원을 교살하였는데, 이번에는 아인슈타인이 같은 사건을 일으킨다. 병원장인 올드미스는 이런 사태를 막기 위해 간호원 폐지를 결정한다. 남몰래 솔로몬 왕(본명 뫼비우스)을 사랑하는 간호원이 그와 헤어지지 않기 위해 병원장의 허가를 얻어 병원을 나와 새 생활을 할 것을 간청하자, 그는 그녀를 포옹한 채 교살해 버린다. 이 세 사람은 사실은 정신착란자가 아니다. 천재 뫼비우스는 무서운 위력을 발휘하는 인력과 장의 이론을 발견하였는데, 그 발견이 위정자들에게 오용되어 인류의 파멸을 두려워한 나머지 정신착란을 가장하여 발견을 파기하고 정신병원에 숨어 산다. 뫼비우스의 냄새를 맡고 비밀기관의 의뢰를 받은 가짜 정신병자가 들어왔는데, 그들이 바로 세계적 물리학자 뉴턴(본명 길턴)과 아인슈타인(본명 아이슬러)이다. 뫼비우스를 가운데 두고 두 사람이 서로 주시하지만, 그는 자기가 연구를 파기한 이유를 그들에게 밝힌다. 세 사람의 간호원이 살해된 것은 이들이 그 비밀을 눈치 채었기 때문에 각자의 신조에 따라 비밀을 지키기 위해서였다. 뫼비우스는 대량 살인을 막기 위해 한 사람의 간호원의 생명을 희생시킨 것이다. 두 사람은 뫼비우스의 의견에 동의하고 죽은 간호원의 명복을 빈다. 그런데 올드미스 병원장이 이 세 사람을 감금하고, 그녀의 원대한 계획을 밝힌다. 그녀는 처음부터 모든 비밀을 알고 있었으며, 뫼비우스를 마취시켜 그의 대 발견을 실토하게 한다. 간호원을 부추켜 그들에게 살인을 범하게 한 것도 그녀의 계략이었다. 이제 무서운 발견이 권력과 결탁하여 트라스트 건설을 꿈꾸는 광기의 노처녀 손에 넘어가고 물리학자들의 은둔행위는 무의미한 것으로 끝난다는 것이다.

(4) 바이스(Peter Weiß, 1916~1982)

베를린 근교의 노바베스(Nowawes)에서 유태인 아버지와 스위스 출신 어머니 사이에서 태어났다. 그는 학교에는 별관심이 없고, 독서와 그림 그리기에 열중했다. 1939년에 가족이 이주한 스웨덴으로 가서, 1944년에 시민권을 얻었다. 그곳에서 개인전을 열어 그림에 전념하는 한편, 스웨덴어로 소설을 쓰다가 뒤에 독일어로 쓸 것을 결심하고, 소설 「추방된 사람(Der Vogelfreie, 1948)」을 발표했으며, 영화 제작에도 관여하였다. 1960년에 「마부 몸의 그림자(Der Schatten des Körpers des Kutschers)」라는 소설이 주목을 받았다. 다음 해 자전적인 소설 「양친과의 결별(Abschied von den Eltern)」을 발표하여 헤세로부터 절찬을 받았다. 최초의 희곡 「손님있는 밤(Nacht mit Gästen, 1963)」 등을 발표한 다음 제목이 유별나게 길고, 전작들과는 달리 내면 침잠적인 경향에서 벗어나 그의 정치적, 사상적 태도가 나타나 있는 「사드 후작의 지도하에 샤랑통 정신병원 연극 그룹에 의해 상연된 쟝 폴 마라의 박해와 암살(Die Verfolgung und Ermordung Jean Poul Marats dargestellt durch die Schauspielgruppe des Hospiezes zu Charenton unter Anleitung des Herrn de Sade, 1964)」이라는 희곡을 발표하여 세계적인 반향을 불러 일으켰다. 그는 정치 활동에 적극 참여하여 자기가 사회주의자임을 스스로 천명하였다. 이와 같은 정치적 입장에서 그는 아우슈비츠 재판을 다룬 기록 극 「수사」를 썼는데, 동서 양 독의 16개 극장에서 일제히 초연되어 독일 연극사의 초유의 사건이 되었다고 한다. 이후 그는 기록물에 의거한 연극 「베트남 토론」과 「망명의 트로츠키(Trotzki in Exil, 1970)」, 그리고 지식인의 체제순응을 다룬 「횔덜린(Hölderlin, 1971)」 등을 발표하여, 60년대와 70년대 독일의 인기 있는 극작가로 군림했다.

① 수사(Die Ermittlung, 1965)

아우슈비츠 재판 기록을 토대로 한 극이다. 이것은 「기록 극」이라는 쟝르와 관련이 있는데, 소재로 주어진 기록 문서를 어떻게 예술적으로 승화시키느냐 하는 기법이 또한 문제가 된다. 바이스는 아우슈비츠 재판에 등장한 피고와 증인들의 실명을 피하고 모두 번호를 붙였으며, 법정의 진술과 변론을 자유 율시 형으로 표현하고 있다. 이와 같은 기법은 그 방대한 기록을 압축시킬 수 있을 뿐만 아니라, 인물을 비개성화시킴으로써 현상을 보편화 하는데 크게 기여한다. 보편화된 이 정보는 일방적인 정보만 접할 수 있는 사람들에게는 진실을 전해 주는 수단이 되고, 시민들의 저항 운동과도 같은 의미를 지니게 된다.

(5) 그라스(Günter Grass, 1927~)

폴란드계 독일인인 그라스는 앞장 "현대의 서사문"에서 작가론적인 문제를 다루었다. 그의 극작가로서 남긴 업적 중에서 「민중은 반란을 시도한다」가 유명하다.

① 민중은 반란을 시도한다(Die Plebejer proben den Aufstand, 1966)

1953년 6월 17일의 베를린 폭동을 소재로 한 동독의 반정부 반란과 무력한 지성인을 묘사한 희곡으로서 역사와 현실, 혹은 이상과 현실의 괴리를 나타내어 관객을 스스로의 사고 속으로 끌어 들이려고 한 작품이다. 브레히트를 모델로 하여 정치와 예술과의 틈바구니 속에 끼인 한 예술가의 고뇌를 다루고 있다.

(6) 발저(Martin Walser, 1927~)

바서부르크에서 태어난 발저는 앞장 "현대의 서사문"에서 작가론적인 측면에 관하여는 언급되었다. 많은 소설과 희곡을 발표한 그의 업적 중 그의 희곡들은 브레히트의 영향을 많이 받았으나, 그 영향을 발전적으로 극복하려고 시도했다. 소설가이면서 처음 발표한 희곡 작품인 「들름길(Der Abstecher, 1961)」, 변화하는 체제에 순응해 가는 사람들의 모습을 풍자적으로 묘사한 우의극인 「떡갈나무와 앙고라 토끼(Eiche und Angora, 1962)」, 발저의 새로운 연극 관을 개진한 「정신적인 목욕탕으로서의 연극

(Theater als Seelenbadeanstalten, 1967)」, 「실내의 싸움(Die Zimmerschlacht, 1968)」, 「아이들의 장난(Ein Kinderspiel, 1970)」 등의 작품이 있다.

① 검은 백조(Der schwarze Schwan, 1964)

아우슈비츠 재판이 행해지고 있을 무렵, 한 독일 청년이 아버지 세대가 유태인에게 지은 죄를 대신 속죄하기 위해 이스라엘을 위한 간첩활동을 하다가 아랍 연합에 체포되었던 사건에서 착상하여 쓴 희곡이다. 아버지 세대의 죄를 속죄하는 아들 세대라는 것이 이 드라마의 테마이다.

유태인에게 생체실험을 행한 수용소 의사의 아들 루디가 주인공이다. 아버지의 친구이며 역시 수용소 의사였던 리브레는 처벌을 피해 외딴 곳에 있는 정신병원 의사가 되어 세상에서 잠적한다. 리브레의 딸은 아버지가 수용소 의사였다는 사실을 전혀 몰랐으나, 루디에 의해 그녀의 기억이 되살아난다. 루디는 리브레의 양심에 호소하기 위해 정신병자를 시켜 연극을 상연하였으나, 아버지 세대들은 그 죄를 자각하지 못한다. 루디는 그 죄를 대신 속죄하기 위해 스스로 생명을 끊는다.

(7) 한트케(Peter Handke, 1942∼)

오스트리아의 케른텐 주에 있는 그리펜에서 태어났다. 그라츠 대학과 법과에 들어간 그는 법학 공부보다도 문학에 더 열중했다. 특히 젊은 예술가들의 모임에 부지런히 드나들면서 그 시대의 문화적 기류에 휩쓸려 과거의 문학적 전통을 거부하고, 실험적이고 전위적인 문학 활동을 시작했다. 졸업 몇 달 전에 그의 첫 소설인 「호르니센(Die Hornissen, 1965)」이 주르캄프 출판사에서 간행되자, 법학 공부를 포기하고 문학에만 전념하게 되었다. 이후부터 실험적이고 반전통적인 그의 극들이 큰 성공을 거두어 실험적 전위문학의 기수가 되었으며, 동시에 많은 물의를 불러 일으켰다. 그의 극의 주제는 대체로 전달 기관으로서의 언어에 대한 절망을 기상천외한 방법으로 표현하는 것이다. 즉 언어가 의미를 전달하지 못한다는 인식에서 처음부터 의미를 포기하고, 의미가 없는 말, 말하자면 成句, 상투어, 미사여구 등을 사용하며, 말 그 자체를 주제로 하는 희곡을 만들었다. 이런 것을 그는 순수 언어 극이라고 부르고 있다.

극 외에도 「행상인(Der Hausierer, 1967)」, 「골키퍼의 불안(Die Angst des Tormanns beim Elfmeter, 70)」, 「긴 작별에 대한 짧은 편지(Der kurze Brief zum langen Abschied, 1972)」 등의 소설도 있는데, 이것 역시 언어의 작용, 행동양식과 언어양식의 관계가 다루어지고 있다.

① 관객 모독(Publikumsbeschimpfung, 1966)

그의 최초의 극작품으로서 말 자체가 주제가 되는 반연극적 희곡이다. 무대장치도 없고, 아무 줄거리도 없이 연기자가 무대에 나와 관객을 향해 처음부터 끝까지 욕설만 퍼붓는다. 여기서 언어의 문제와 마찬가지로 중요한 것은 극이 현실 모방이라는 대전제를 뒤엎은 점이다. 극장은 이제 브레히트의 경우처럼 오늘의 세계를 재현시키는 장소가 되지 못한다. 작자의 말처럼 극장에서 관객이 도전받고 있는 것은 현실 그 자체이지 재현도 모방도 아닌 것이다.

② 카스파르(Kaspar, 1968)

언어를 테마로 한 그의 대표작이다. 소재는 19세기 초 어른이 될 때까지 말을 모르고 자랐다는 카스파르 하우저(Kaspar Hauser, 1812~1833)의 이야기라고 한다. 작중의 카스파르는 말을 모르는 상태에서 무대에 등장하여 주위에서 들려오는 소리를 통해 온갖 어구와 문장을 암기한다. 이것을 우리는 정보사회 속에 사는 인간들의 비유로 간주할 수 도 있다. 말은 원시적인 상태로 환원되고, 팬터마임에 의해 그 내용이 설명된다. 주인공은 차례로 말을 외우면서 체제 속에 동화되어 간다.

Epik & Drama der Moderne

Kafka und Broch setzen sich, anders als die ‚Bewahrende', in Distanz zu der Tradition des 19. Jahrhunderts mit der geistigen Situation des modernen Menschen auseinander. Persönliche Erfahrungen und Konflikte decken sich im Werk Kafkas mit den Zweifeln einer Generation an allen überkommenen Werten. Broch gibt, gestützt auf soziologische und tiefenpsychologische Erkenntnisse und unter dem Einfluß des modernen europäischen Romans(vor allem Joyce' 「Ulysses」, 1922), Analysen geistiger und gesellschaftlicher Entwicklungen.

Von den unmittelbar nach 1945 entstandenen Werken erregten vor allem Borcherts 「Drau ß en vor der Tür」 und Zuckmayers 「Des Teufels General」(1946) Aufmerksamkeit. Dann errangen die Schweizer Frisch und Dürrenmatt mit ihren ersten Stücken einen festen Platz auf den deutschsprachigen Bühnen. Später setzen sich Martin Walser, Rolf Hochhuth und Peter Hacks mit Werken durch, in denen sie die Diskussion um ein neues Selbstverständnis des Menschen angesichts der Katastrophe der jüngsten Vergangenheit aufgreifen und fortsetzen. Neben dramatischen Werkexn, die nach Inhalt und Form in der Tradition der ersten Nachkriegsjahre stehen, haben Bühnenstücke die Aufmerksamkeit von Publikum und Kritik erregt, die sich bisher wenig geläufiger Stoffe bemächtigen und auch formal eigene Wege zu beschreiten suchen.

참고문헌 Reference

(1) 국내문헌

고익환: 독일문화사, 대구대학교출판부, 1996

고익환: 세계문화의 이해, 대구대학교출판부, 2000

김광요: 독일희곡사, 명지사, 2000

김연순: 독문학용어사전, 탐구당, 2000

김영철: 문학의 이해, 형설출판사, 1989

김종대: 독일문학사, 법문사, 1987

김주연: 독일문학의 본질, 민음사, 2000

박종서: 독일문학개설, 고대출판부, 1977

박인수: 독일학서설, 일신사, 1981

박찬기: 독일문학사, 일지사, 2000

박찬기: 독일고전주의의 문학사적 연구, 일지사, 1984

박철희: 문학개론,형설출판사,1995

박병화: 소설의 이론, 현대소설사, 1993

송창화: 독일문학사, 서린문학사, 1986

안인길: 독일문학사, 정음사, 1986

이동승: 독일문학사, 탐구당, 1981

이유영: 독일문예학개론, 삼영사, 1979

장남준: 독일 낭문주의의 연구, 나남, 1989

전도근: 라이프코치, 북포스, 2010

조창섭: 예술시대의 독일문학, 서울대학교 출판부, 2000

조창섭: 현실주의 독일문학, 서울대학교 출판부, 1994

조창섭: 여명기에서 폭풍노도까지의 독일문학, 서울대학교 출판부, 1995

조창섭: 독일문학개론, 남영문화사, 1985

조철제: 독일문학사, 경북대학교 출판부, 1990

지명열: 독일문학사조사, 서울대학교 출판부, 1986

지명열: 독일낭만주의 연구, 일지사, 1985

한기상: 독일문학개론, 학연사, 1986
한국독어동문학회: 독일문학사, 대성출판주식회사, 1970
황현수: 독일문학사, 을유문화사, 1989
허창운: 독일문학사, 삼영사, 1988
허창운: 중세 독일문학개설, 탐구당, 1983
허창운: 현대 문예학개론, 서울대학교 출판부, 2001

(2) 외국문헌

Arnold, Heinz Ludwing: Gründzüge der Literatur- und Sprachwissen- schaft, München, 1983
Beutin, Wolfgang: Deutsche Literaturgeschichte, Stuttgart, 1979
Boesch, Bruno: Deutsche Literaturgeschichte in Gründzügen, Bern u. München, 1967
Boor, Helmut de und Richard Newald: Geschichte der deutschen Literatur, Von den Anfängen bis zur Gegenwart, München, 1979
Bortenschlager, Wilhelm: Deutsche Literaturgeschichte, Von den Anfängen bis zum Beginn des l. Weltkrieges, München, 1985
Brockhaus: Deutsches Wörterbuch, Stuttgart, 1982
Denkler, H. und K. Prümm: Die deutsche Literatur im Dritten Reich, Stuttgart, 1976
Durzak, Manfred: Der deutsche Roman der Gegenwart, Stuttgart, 1971
Glaser, Horst Albert: Deutsche Literatur, Hamburg, 1982
Glaser, Hermann: Wege der deutschen Literatur, Frankfurt, 1981
Grabert, Willy: Geschichte der deutschen Literatur, München, 1984
Grimm, Reinhold: Deutsche Romantheorien, Frankfurt, 1974
Haas, Hans - Egon: Die deutsche Literatur, München, 1966
Kayser, Wolfgang: Das sprachliche Kunstwerk, Bern, 1978
Knapp, Gerhard P.: Die Literatur des deutschen Expressionismus, München, 1979
Kohlschmidt, Werner: Reallexikon der deutschen Literaturgeschichte, Berlin, 1958
Koopmann, Helmut: Der klassisch - moderne Roman in Deutchland, Stuttgart, 1983.
Knörrich, Otto: Form der Literatur, Stuttgart, 1981
Kunze, Karl: Grundwissen Deutsche Literatur, Stuttgart, 1976
Korff, H. A.: Geist der Goethezeit, Leipzig, 1966
Lammert, Eberhard: Bauformen des Erzählens, Stuttgart, 1980

Ried, Georg: Wesen und Werden der deutschen Dichtung, München, 1972

Schnell, Ralf: Die Literatur der Bundesrepublik, Stuttgart, 1986

Schütz, Erhard: Einführung in die deutsche Literatur des 20. Jahrhunderts, Wiesbaden, 1977

Stolte, Heinz: Kleines Lehrbuch der deutschen Literaturgeschichte, Hamburg, 1982

Strich, Firtz: Goethes Faust, Bern, 1964

Trunz, Erich: Goethes Werke, München, 1977

Walter, Hans - Albert: Deutsche Exilliteratur, 1933-1950, Stuttgart, 1984

Wunberg, Gotthart: Theorie und Technik des Romans im 20. Jahrhundert, Tübingen, 1979

Wiese, Benno von: Von Lessing bis Grabbe, Düsseldorf, 1968